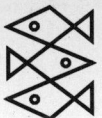

Es gibt wenige deutsche Schriftsteller von Rang, denen in ihrer Überlieferungsgeschichte so erfolgsverhindernd mitgespielt wurde wie Heinrich Mann. Bis heute sind noch nicht einmal alle Texte aus dem Nachlaß ediert; und nicht zufällig fehlte bis vor kurzem eine biographische Untersuchung, die sich angemessen mit Leben und Werk von Heinrich Mann auseinandersetzte. Die liegt mit Willi Jaspers Buch jetzt vor. Zeitlebens stand Heinrich Mann im Schatten seines Bruders Thomas, des Prominenteren, des Nobelpreisträgers. Dabei hat Heinrich mit Büchern wie ›Der Untertan‹, ›Professor Unrat‹ oder den beiden ›Henri IV‹-Romanen Werke hinterlassen, die es nach Qualität und Bedeutung gewiß mit den Werken von Thomas aufnehmen können. Heinrich war Radikaldemokrat, der politisch Entschiedenere, früher Antifaschist. Das ist ihm nicht gut bekommen. »›Eigentlich haben sie mich nie gemocht‹, kommentierte Heinrich Mann kurz vor seinem Tode im kalifornischen Exil die eigene Wirkungsgeschichte.« So lautet der erste Satz dieser sorgfältig recherchierten und solide gearbeiteten Biographie. Von der ersten Seite bis zum Schluß kann der Leser verfolgen, warum Heinrich Mann bei den einen als einer der größten deutschsprachigen Satiriker dieses Jahrhunderts und bei den anderen als der ›Boulevard-Moralist‹ schlechthin gilt. Vor allem zeigt Jasper, daß Heinrich Mann ein höchst eigenständiger Schriftsteller war, einer der wichtigsten Autoren zwischen Kaiserreich und Exil.

Willi Jasper, Jahrgang 1945. Studium und Promotion an der FU Berlin (Germanistik, Polit. Wissenschaften). Lebt als Kritiker und Publizist in Köln; er ist stellvertretender Direktor des Salomon-Ludwig-Sternheim-Institut für deutsch-jüdische Geschichte in Duisburg; zuletzt erschien von ihm eine Ludwig-Börne-Biographie ›Keinem Vaterland geboren‹ (1989).

Willi Jasper

Der Bruder

Heinrich Mann

Eine Biographie

Fischer Taschenbuch Verlag

Veröffentlicht im Fischer Taschenbuch Verlag GmbH,
Frankfurt am Main, Mai 1994

Lizenzausgabe mit freundlicher Genehmigung des
Carl Hanser Verlags München Wien
© 1992 Carl Hanser Verlag München Wien
Druck und Bindung: Clausen & Bosse, Leck
Printed in Germany
ISBN 3-596-11885-9

Gedruckt auf chlor- und säurefreiem Papier

Inhalt

VI. Mann gegen Mann

VII. Das öffentliche Leben

VIII. Geist und Macht

IX. Exil

Anhang

I. Einleitung

»Eigentlich haben sie mich nie gemocht«, kommentierte Heinrich Mann kurz vor seinem Tode im kalifornischen Exil die eigene Wirkungsgeschichte. Heute ist er mehr denn je zum Prügelknaben der Kritik geworden. Sie richtet sich gegen den Schriftsteller *und* politischen Essayisten. Eine Zeitlang war der strenge Moralist und unerbittliche Gegner des Nationalsozialismus davon ausgenommen. Aber auch das ist vorbei. Heute wird er als Phantast mit Neigungen zum Totalitarismus, als Geistesapostel und Humanitätsverfechter ohne Wirklichkeitsbezug gescholten, als politischer Ignorant sogar der Gefährlichkeit bezichtigt. Erstaunlich dabei ist, daß die gängigen Abqualifizierungen Heinrich Manns bis hin zur Wortwahl aus dem Waffenarsenal des »Bruderzwistes« stammen. Thomas Mann polemisierte schon 1918 aus der Kulturperspektive eines »Unpolitischen« gegen den »Zivilisationsliteraten« Heinrich Mann. Wie erklärt sich die erstaunliche Langlebigkeit dieser Polemik? Die dramatische brüderliche Beziehungsgeschichte war ebenso mit persönlichen Konflikten verknüpft wie mit den Katastrophen eines Zeitalters. Der Streit ging um literarische Traditionen, politisch-moralische Beziehungen und psychoanalytische Aspekte. Die Brüder Mann führten seit dem Ersten Weltkrieg eine prototypische »Intellektuellen-Debatte«, die weit über den unmittelbaren Kontext gewirkt hat. Während Thomas den Weg der machtgeschützten und ästhetisch verfeinerten Innerlichkeit beschritt, entwickelte Heinrich seine Auffassung von Literatur als öffentlich-politischer Praxis, bekannte sich zum Geist, der »zersetzt«. So erklärt sich auch seine frühe Wahlverwandtschaft mit deutsch-jüdischen Autoren wie Max Brod, Albert Ehrenstein, Stefan Zweig oder auch Kurt Tucholsky. Sowohl der sich unpolitisch gebende Ästhet Thomas Mann als auch der politisierte Literat Heinrich Mann beanspruchten kulturelle Legitimität und gesellschaftliche Autorität. Nach

1945 hat man den Bruderstreit für den deutsch-deutschen Konflikt instrumentalisiert. Thomas Mann wurde das »Bürgerideal« des Westens, Heinrich Mann der »Bündnispartner« des Ostens. Unbestreitbar ist, daß Heinrich Manns Werk bereits vor dem Ersten Weltkrieg gesellschaftskritischer Analyse und moralisch-politischem Engagement verpflichtet war und seitdem blieb. Man weiß um die Schwächen seiner idealistischen »Geist-Tat«-Konzeption, die stets auf der Suche nach dem Kantschen Intellektuellen-Typus und der »Gelehrtenrepublik« war und sie schließlich selbst im Stalin-System zu erblicken glaubte. Aus unveröffentlichten Nachlaß-Notizen geht hervor, daß Heinrich Manns Aufruf zur »Diktatur der Vernunft«, der im Dilemma des »militanten Humanismus« mündete, nicht nur auf französische Geistestradition des 18. Jahrhunderts zurückzuführen ist, sondern auch auf den deutschen »Meisterdenker« Hegel.

Wer als Biograph die Wirkungsgeschichte Heinrich Manns untersucht, wird auf Schritt und Tritt mit neuralgischen Punkten der Kultur- und Ideologiegeschichte des deutschen Bürgertums im 20. Jahrhundert konfrontiert. An Heinrich Mann haben sich die Geister auch schon vor 1933 geschieden. Kaum faßbar war seine literarische Vieldimensionalität und politische Entwicklungsfähigkeit: »fin de siècle«-Artistentum in den frühen »Göttinnen«-Romanen, massive Sozialkritik im »Untertan«, die Vernunftutopie des »Henri Quatre«, Agitationsschriften im Exil und irritierende Altersromane mit einer Kritik am »rückständigen Verräter« Heidegger. Heinrich Manns Ideenpolitik setzte sich zusammen aus einer kontrastreichen Mischung von Konservativismus und Sozialismus, er war ein Anhänger Nietzsches und Gegner Wagners, ein Feind Hitlers und ein Sympathisant Stalins. Wo ist da die Einheit? – fragte und fragt man sich.

Vor allem mit seinem »Untertan«, der Romanstudie des autoritären Charakters, provozierte der Autor die deutsche Öffentlichkeit und geriet als »Abtrünniger seiner Klasse« zwischen alle Stühle. Mit der Schlagzeile »auch ein Heinrich, vor dem uns graute...«, begleitete der »Völkische Beobachter« ihn ins Exil. Heinrich Manns Stil war nie »dichterisch« im Sinn einer populären Ästhetik, ein Grund für seine Ausgrenzung durch die Literaturgeschichte der Moderne. Er brachte jedoch Formulierungen hervor, die nach Bekunden Theodor W. Adornos »im Deutschen ohne Beispiel« waren und »ihre Spuren hinterlassen haben weit über den Umkreis dessen hinaus, was die Literaturgeschichte ›Einfluß‹ nennt«. Ein solcher Satz Heinrich Manns, der den Umkreis der Literaturgeschichte verlassen hat, hieß: »Was eine Gesellschaft und ein Jahrhundert werden, weiß die Literatur voraus – oder niemand weiß es.« Mit dieser Aussage verbunden war die Hoffnung auf die »Macht des Wortes«. Hatte das Wort jemals Macht? Das, was bei Heinrich Mann »Wissen, Vorauswissen« hieß, wird heute in bewußter Verkürzung mit dem abschreckenden Begriff »das Politische« belegt. Der Geltungsanspruch einer gesellschaftlichen Literaturtheorie, selbst wenn sie ästhetisch formuliert wird, ist längst obsolet geworden. Die postmoderne Gleichgültigkeit beherrscht die Szene.

»Die Werke folgen als Ergebnis des Lebens«, lautete eine Erkenntnis Heinrich Manns, die er immer wieder in autobiographischen Skizzen, angefangen mit seinem »Plan« von 1893 bis hin zum Memoirenwerk »Ein Zeitalter wird besichtigt«, zu konkretisieren versuchte. Als der Kulturhistoriker Wilhelm Dilthey vor mehr als achtzig Jahren den »Lebensverlauf« als ein »vollständiges und in sich abgeschlossenes klar abgegrenztes Geschehen« beschrieb, mochte er klassische Zeugnisse für die Entwicklung des abendländischen Persönlichkeitsbewußtseins vor Augen gehabt haben wie Dantes »Vita Nuova« oder Goethes »Dichtung und Wahrheit«. Während sich die spätere schöngeistige Richtung der Autobiographik mehr im Sinne einer »Literatur der Selbstentblößung« (Helmut Heissenbüttel) entwickelte, blieben politische Memoirenschreiber wie Heinrich Mann dem abendländischen Sendungsbewußtsein weitgehend treu.

Das gleichnishafte Bild und der belehrende Anspruch im

»Zeitalter« scheinen tatsächlich dem Gestaltungsprinzip Goethes nachempfunden zu sein. »Als Kritik des erlebten Zeitalters von unbeschreiblich strengem und heiterem Glanz, naiver Weisheit und moralischer Würde«, erkannte Thomas Mann in des Bruders Autobiographie eine »Prosa, deren intellektuell federnde Simplizität« ihm »als Sprache der Zukunft« erschien. Naturgemäß hat aber der Autobiograph Heinrich Mann nur jene Erlebnisse in die Betrachtung einbezogen, deren Bedeutsamkeit sich im Rückblick auf die Gesamtgeschichte seines Lebens aufdrängte. Im Gegensatz zum Briefeschreiber und Tagebuchautor war der Memoirenschreiber gezwungen, zu sichten und zu sondieren. Wie alle Exilautobiographien ist auch das »Zeitalter« nur in beschränktem Maße introspektiv. Es ging dem Autor weniger um seine innere, persönliche Geschichte als um das Aufzeichnen unmenschlicher und unfaßbarer geschichtlicher Vorgänge. Die Präsenz des Nichtformulierten hinter der offiziellen Selbstdarstellung zu entdecken, blieb die Aufgabe dieser Biographie.

Wichtigste Quelle für das Aufspüren des verschwiegenen Allzumenschlichen hinter der für die Öffentlichkeit zurechtgemachten Fassade war die umfangreiche, zum großen Teil unveröffentlichte Korrespondenz Heinrich Manns. Vor allem aus seinen Briefen und Tagebuchnotizen ließ sich mosaikartig das Psychogramm eines Lebens in extremis zusammensetzen. Im Mittelpunkt stand die »Jagd nach Liebe«. Die Frauen, die Heinrich Manns Leben und Werk maßgeblich beeinflußten, kamen aus der Bohème, der Halbwelt und dem Himmel: die Mutter, die Schwester Carla, Nena, Mimi, Nelly, Diana, Minerva, Venus, Marlene Dietrich und Eurydike. Oft benutzte der Dichter Frauen als sensible Aufzeichnungsinstanzen. Nicht immer folgte die Literatur dem Leben, manchmal war es auch umgekehrt – mit tragischem Ausgang.

Wir kennen Heinrich Manns äußere Erscheinung von Photos, Porträts und Karikaturen. Er war von großer Gestalt, trug einen Schnurr- und Kinnbart, später nur einen dichten, grauen Schnurrbart. Im Berlin der Weimarer Zeit sagte man, er gliche den Filmfiguren, wie man sie von den Seitensitzen im Kino sehe, habe länglich verzogene Züge. Auffällig waren seine verhängten Augen, die im Gespräch auffunkelten, und sein dunkler Teint. Den Maler Willi Geiger, der ihn porträtierte, hat er an einen »Calatravaritter« El Grecos erinnert. Zeitgenossen haben die widersprüchliche Persönlichkeit Heinrich Manns skizziert. Er war »ein Opernheld und ein Großbürger, ein Revolteur und ein Erbe, ein Ästhet und ein Kneipenbesucher, ein Akademiepräsident und ein virtueller Roué, der schockierend scharfe antibürgerliche Satiriker mit schon fast steifen, großbürgerlichen Manieren, mit ätzendem Spott und wahrhaft gütigem Zartsinn«. Er war »ungeduldig mit unserer Zivilisation«, ein »Volkstribun und Theaterdichter, ein figurenwimmelnder Romancier und das einsame Urbild von einem Dutzend seiner Figuren« (Hermann Kesten). Auch im Exil wirkte der über Sechzigjährige immer noch wie ein »soignierter Patrizier«, war »reserviert, unprätentiös und sprach mit leiser Stimme, ohne Geste, aber deutlich artikulierend, pointiert, druckreif. Er war kein Rattenfänger, da er in seinen Zuhörern nie Ratten sah. Er war ein sehr dezidierter Liberaler, der noch im Zeitalter der Demagogen glaubte, man könne die aufgewühlten Massen mit einleuchtenden Argumenten zur Vernunft zwingen« (Ludwig Marcuse). Er versuchte in jeder Situation Contenance zu bewahren. »Heinrich Mann blieb vor der Türe stehen im strömenden Regen, den Hut in der Hand, bis ich außer Sicht war. Er war der letzte Ritter« (Martha Feuchtwanger). Nahestehende sahen in der förmlichen Steifheit aber nicht nur Tugenden, sondern auch »Schwächen, Starrheiten, Selbstverblendungen«. Denn er war »ein sehr eigensinniger Mensch und konnte in Sachen, die für ihn wesentlich waren, durchaus keinen Widerspruch vertragen; kaum auch nur in unwesentlichen« (Golo Mann).

Starrsinnig verhielt er sich auch in Kalifornien gegenüber den Abschiebeplänen nach Ostberlin. Daß der alte und kranke Heinrich Mann der Familie des Bruders Thomas Mann zur Last fiel und man ihn »loswerden« wollte, geht unter anderem aus einem bisher unbekannten Brief Katia Manns vom 16. September 1949 hervor. Nach der Zementierung der deutschen Spaltung im Jahre 1949 war Heinrich Manns Hauptkummer, »daß nur ein Teil Deutschlands« ihn rufe. Bis zuletzt hat er auf eine Einladung Adenauers gewartet. Doch geschrieben hat ihm nur Wilhelm Pieck. Entscheidung und Reise wurden ihm erspart. Ein gütiges Schicksal zog ihn am 12. März 1950 »aus dem Verkehr zurück«. Dagegen, daß man 1961 seine Urne nach Ostberlin holte und Walter Ulbricht erklärte: »Er ist unser«, konnte er sich nicht mehr wehren. Auch der Nachlaß mit 22 000 Blatt Werkmanuskripten, Briefen, persönlichen Urkunden, Geschäftsunterlagen, Photos und seiner Arbeitsbibliothek (4000 Bände) kam nach Ostberlin. Die Akademie der Künste verwaltete Archiv und Lizenzen. Wesentliche Ursache für die Forschungs- und Verlagsmisere war die deutsch-deutsche Rezeptionsproblematik. Nach wie vor existiert keine einheitliche und vollständige Gesamtausgabe der Werke Heinrich Manns. Ein wichtiger Erfolg dieser Biographie wäre es daher auch, editorische Anregungen zu vermitteln.

Dabei soll es nicht um die Kanonisierung von Ewigkeitswerten gehen. Die oft polemisch und dünkelhaft gestellte Frage, ob es bei Heinrich Mann »zum Klassiker reicht«, kann nur der Leser beantworten. Heinrich Mann selbst wußte, daß der Ruhm »selten mehr ist, als ein weit verbreiteter Irrtum über unsere Person«.

Für die Überlassung von Archivmaterial und sonstige Unterstützung bin ich folgenden Einrichtungen zum Dank verpflichtet:

Akademie der Künste (Berlin-West), Arbeitskreis Heinrich Mann (Marbach/Neckar), Archiv der Sozialen Demokratie/Friedrich-Ebert-Stiftung (Bonn), Exil-Archiv der Deutschen Bibliothek Frankfurt/Main, Gesellschaft für Exilforschung, Ferdinand-Bruckner-Archiv/Akademie der Künste (Berlin-West), Heinrich-Mann-Archiv/Akademie der Künste (Berlin-Ost), Institut für Geschichte der Arbeiterbewegung/Zentrales Parteiarchiv (Berlin), The Jewish National & University Library (Jerusalem), Klaus Mann-Archiv (Universitäts- und Stadtbibliothek München), Lion-Feuchtwanger-Institute (Los Angeles), Schiller-Nationalmuseum/ Deutsches Literaturarchiv Marbach/Neckar, Stiftung Deutsche Kinemathek (Berlin), Zeitungsausschnittsammlung/ Zeitungsarchiv der Bibliotheken der Stadt Dortmund.

Für persönliche Anregungen, Gespräche und Hinweise danke ich vor allem: Michael Krüger (München), Sigrid Anger (Berlin), André Banuls † (Saarbrücken), Margot Cohn (Jerusalem), Thomas A. Eckert (Fréland), Walter Fabian † (Köln), Fritz Heine (Bad Münstereifel), Walter Huder † (Berlin), Heike Klapdor (Berlin), Ariane Martin (Marburg), Peter-Paul Schneider (Marbach), Lutz Winckler (Paris), Bernhard Vogt (Duisburg).

Ein besonderer Dank gilt Julius H. Schoeps, der mir die Arbeit im Rahmen des Salomon-Ludwig-Steinheim-Instituts ermöglicht hat. Gewidmet ist das Buch meiner Frau Renate, die mir unermüdlich zur Seite stand.

Willi Jasper   Köln, April 1992

II.
Die Flucht vor dem »Millionengestank«

1. Das Buddenbrook-Milieu

»Man kennt meine Herkunft ganz genau aus dem berühmten Roman meines Bruders«, schrieb Heinrich Mann 1904 in seiner autobiographischen Skizze für Albert Langens Verlagskatalog.[1] Der Romanentwurf war, so heißt es an anderer Stelle, »unsere Geschichte, das Leben unserer Eltern, Voreltern«.[2] Den Stoff für die »Buddenbrooks« lieferte die Mannsche Familienchronik. »Die alten Leute haben bedachtsamer als wir ihre Tage gezählt, sie führten Buch. Die Geburten im Familienhaus, ein erster Schulgang, die Krankheiten und was sie die Etablierung ihrer Kinder nannten, Eintritt in die Firma, Verheiratung, alles wurde schriftlich aufbewahrt.«[3] Wie den Eintragungen in die »Familienbibel« zu entnehmen ist, liegt der Ursprung der Manns in fränkischen Bauerngeschlechtern und Nürnberger Handwerkerdynastien, von denen sich ein Zweig im 17. Jahrhundert in Mecklenburg ansiedelte. Der Urgroßvater Heinrich Manns verlegte die Kaufmannsgeschäfte von Rostock nach Lübeck, erhielt dort den Bürgerbrief und gründete 1790 die Firma »Johann Siegmund Mann, Getreidehandlung, Kommissions- und Speditionsgeschäfte«, die einhundert Jahre bestehen sollte. Der Großvater Johann Siegmund Mann (jun.) erwarb 1841 von der Familie seiner zweiten Frau, Elisabeth Marty, das »Buddenbrookhaus« in der Mengstraße 4. Der Besitz eines der schönsten alten Stadthäuser symbolisierte den errungenen gesellschaftlichen Status.

Heinrich Mann hat den in den Napoleonischen Kriegen durch Getreidelieferungen an Preußen erworbenen »blitzblanken« Reichtum der Martys als symbolisches Beispiel deutsch-französischer Zwietracht kritisiert. Dieser Abschnitt seiner Ahnengeschichte lieferte ihm auch Anregungen für die Darstellung bürgerlicher Korruption und Profitgier. Später entdeckte er hier sogar gleichnishaft die Wurzeln seines persönlichen und weltanschaulichen Zwistes mit dem Bruder Thomas.

Johann Siegmund Mann (jun.) konnte über Ämtermangel nicht klagen. Er betätigte sich in folgenden Institutionen: Finanz-Departement, Commerz-Kollegium, Kaufmanns-Dröge, Rechnungs-Revisions-Deputation, St.-Annen-Armen- und Werkhaus, Kaufleute-Schützenhof, Zentral-Armen-Deputation, Heiliggeist-Hospital. Darüber hinaus war er auch Mitglied der Handelskammer und Mitbegründer der »Lübecker Privatbank«. Besonderen gesellschaftlichen Glanz brachten die Übertragung des »Kaiserlich-Brasilianischen Vicekonsulats« und vor allem die 1845 angetretene Nachfolge des verstorbenen Schwiegervaters als »Königlich-niederländischer Konsul«. 1848 wurde der Konsul Mann auch in die Bürgerschaft, das Parlament des Stadtstaates, gewählt. »Meine Eltern machten damals ein sehr großes Haus, jeden Donnerstag war Empfang«, schrieb Maria Elisabeth Mann, Heinrichs Tante.[4] So wurden auch im Jahr 1848 die Salontüren zum Empfang geöffnet. Man versammelte sich aus Anlaß der 25jährigen Partnerschaft von Mann Senior und Junior wie so oft zum Festmahl in dem blau ausgeschlagenen Speisesaal mit den weißen Götterfiguren an langer Tafel. Gekocht wurde nach den handgeschriebenen Rezepten der Urgroßmutter, die trotz der damals relativ niedrigen Lebensmittelpreise permanent »über Teuerung« klagte. Zum Repertoire der familiären Kochtradition gehörte zum Beispiel die Kunst, aus einer Mischung von Kalbskopf, Ochsenfleisch, Speck und Pfannkuchen »Mock-Tortel« zuzubereiten oder mit Johannisbeerensaft, Senf, Öl und Essig »einen Wilden Schweinskopf zu kochen«.[5]

Das Revolutionsjahr 1848 brachte aber auch politische Aufregung nach Lübeck. Ausgelöst durch erregte Verfassungsdiskussionen und einen Volksauflauf erlitt Johann Siegmund Mann (sen.) nur kurze Zeit nach der Familienfeier einen tödlichen Schlaganfall. Auch der Junior verfügte über keine robuste Gesundheit, die Kuraufenthalte in Obersalzbrunn, Bad Ems, Wildbad oder Bad Harzburg wurden von Jahr zu Jahr länger. Vielleicht war die aus Vernunftgründen geschlossene zweite Ehe nicht so harmonisch, wie es nach außen erschien. Es gab Probleme mit den Kindern aus der ersten Ehe, vor allem mit dem ältesten Sohn, der die Stiefmutter für familiäre Spannungen verantwortlich machte.

Jedenfalls überlebte die Konsulin Elisabeth Mann (geb. Marty) ihren Gatten um 27 Jahre. Noch vor dem Tod des Konsuls im Jahre 1863 wurde die Geschäftsführung der Firma dem Sohn Johann Thomas Heinrich übertragen. Das übergebene Familienvermögen betrug 215 000 Curantmark, ein stattlicher Rückhalt zur Fortführung der Geschäfte und Soireen im großen Stil. Die Ehe des Senators mit der achtzehnjährigen Tochter einer portugiesisch-kreolischen Brasilianerin und eines ausgewanderten Skandinaviers besaß für Lübecker Patrizierverhältnisse eine exotische Dimension. Heinrich und Thomas Mann waren als Kinder heimliche Beobachter, wenn die Mutter glänzende Feste und Maskenbälle in der Mengstraße arrangierte. Man kennt aus den »Buddenbrooks« und anderen Romanen Beschreibungen der »Diele« und der »Säulenhalle«, in denen ausgelassene Gesellschaften Quadrillen tanzten. Heinrich Mann vergleicht seine Mutter mit Kaiserin Eugénie, der Gemahlin Napoleons III., und erinnert sich: »Ich darf Mamma bewundern ... Nackte Schultern, mild vom Licht überzogen, Haare, schimmernd wie Schmuck und Juwelen, die blitzen vom Leben, wenden sich mühelos im Tanz. Mein Vater ist ein fremder Offizier, gepudert mit Degen, ich bin durchaus stolz auf ihn. Mama Cœurdame schmeichelt ihm mehr denn je ... Ich stehe mit sieben Jahren hinter der Tür des Ballsaales, rastlos ergriffen von dem Glück, dem alle nachtanzen.«[6] Die halb-romanische Herkunft Julia da Silvas wurde den Kindern dieser Ehe (Heinrich, Thomas, Julia, Carla und Viktor) eine »durchaus bestimmende Mitgift«.[7]

Als Ludwig (Luiz) Heinrich Mann, der Älteste, am 27. März 1871 geboren wurde, hatte Bismarck den Siegesrausch der Deutschen soeben genutzt, um Wilhelm I. im Spiegelsaal von Versailles zum Kaiser des neuen Deutschen Reiches proklamieren zu lassen. Die Lübecker Bürgerschaft verfolgte Bismarcks Politik mit skeptischem Interesse. Heinrich Mann erinnert sich an seine ersten Wahrnehmungen des politischen Klimas im »Buddenbrookhaus«: »Mein Vater, ein Kaufmann, der den Freistaat Lübeck zum guten Teil regierte, denn er verwaltete die Abgaben, las die Zeitung: eine neue Rede des Fürsten. Sie sollte lange in aller Munde bleiben, besonders der Satz: ›Wir Deutschen fürchten Gott, sonst nichts in der Welt.‹ Senator Johann Thomas Heinrich Mann war skeptisch wie sein Jahrhundert. Er schnob die Luft aus und meinte leichthin: ›In Wirklichkeit fürchten wir manches.‹«[8]

Die Kaufleute der ehemaligen Freien Reichsstadt Lübeck fürchteten angesichts ihrer Erfahrungen mit dem Zollverein und dem Norddeutschen Bund bei der Eingliederung ins Deutsche Reich vor allem die finanziellen Folgen des Verlustes der Zollautonomie. Zum Zeitpunkt der Reichsgründung war Lübeck eine mittlere Hafenstadt mit kaum mehr als 50 000 Einwohnern. Die gewachsenen vorindustriellen Strukturen hielten sich länger als in den großen Industriestädten. Auch zehn Jahre nach der Reichsgründung lag das Schwergewicht in der Lübecker Wirtschaftsstruktur noch eindeutig bei Handel und Kleinbetrieben.[9] Den Ton gab nach wie vor der traditionsreiche Kaufmannsstand an. Dadurch wurden alte gesellschaftliche Verhältnisse und Formen konserviert, der Aufbau der Stadtgesellschaft blieb traditionell hierarchisch, ein Aufstieg von der einen Schicht zur anderen war kaum möglich. Thomas Mann, vier Jahre später als Heinrich geboren, schien es um die »bürgerliche Gesundheit« seiner Vaterstadt »eigentümlich suspekt zu stehen, nicht ganz geheuer, nicht ganz uninteressant«. Er beobachtete in den »gotischen Winkeln« und »Giebelgassen« bei einem späteren Besuch »allzu Altes«, »Erblasthaftes«, etwas »wie religiöse Seelenkrankheit«. Das alte Lübeck, »in dem wir kleine Jungen waren«, sei »ein merkwürdiges Nest«.[10] Seine

Beschreibung des Vaters, als einen resignierten, zur »decadence« neigenden Epigonen, war indes wohl in erster Linie eine »dichterische Lizenz der ›Buddenbrooks‹«.[11] Johann Thomas Heinrich Mann hatte bereits als junger Mann im Unternehmen der van Hensleben & Vollenhoven in Amsterdam Erfahrungen gesammelt, die einen Blick über die Kirchturmspitzen Lübecks hinaus ermöglichten. Heinrich Mann erinnerte sich an eine dynamische Persönlichkeit: »Mein Vater war damals ein schöner und stolzer junger Mann. Ob heiter, ob zornig, immer erschien er mir auf der Höhe des Lebens. Er trug weiches Tuch, niedrige Hemdkragen, an den Schläfen noch die vorgebürsteten Haarbüschel, die Napoleon III. getragen hatte. Er ging wiegend und so sicher wie ein Kapitän auf seinem guten Schiff.«[12] So erkennt man ihn auch in der Roman-Gestalt des Konsul West in »Eugenie oder Die Bürgerzeit« wieder: »Er nahte mit wiegenden, schnellen Schritten, in hellen Beinkleidern, dunklem Rock, und über einem Arm lag sein Mäntelchen, mit dem seidenen Futter nach außen. Er hielt den steifen grauen Hut in der Hand. Aus dem Hause lief ein Dienstmädchen und nahm ihm beides ab. Er begrüßte die Gesellschaft mit Würde und Leichtigkeit. Seine Frau küßte er auf die Wange, dann hob er seinen Jungen zu sich auf.«[13] Johann Thomas Heinrich Manns Ansehen in Lübeck war hoch. Er trat nicht nur das Familienerbe als »Königlich Niederländischer Konsul« an, sondern wurde auch zum Senator auf Lebenszeit gewählt. Im Senat war er zuständig für die Steuern und übernahm verantwortliche Funktionen unter anderem in der »Baudeputation« und in der »Kommission für Handel und Schiffahrt«. In der letzten Funktion setzte sich der Senator Mann vor allem für den Ausbau der Hafenanlagen und der Dampfschiffverbindungen ein. Er bemühte sich, die Lübecker Bürgerschaft von der Notwendigkeit zu überzeugen, neue Gewerbezweige in die Stadt zu holen. So nahm nach Einführung der Schutzzollpolitik im Jahre 1879 die Industrialisierung auch in Lübeck einen Aufschwung. Vor allem in den Bereichen der Eisen- und Metallgießerei, des Maschinenbaus, der chemischen Industrie, des Baugewerbes sowie der Nahrungs- und Genußmittelindustrie siedelten sich neue Betriebe an.[14]

Engagement für das »öffentliche Wohl« bedeutete für Johann Thomas Heinrich Mann mehr, als sich nur um Handel und Schiffahrt zu kümmern. Wie sein Vater faßte auch der Steuersenator Mann die Mitarbeit in der »Zentralen Armen-Deputation« als eine persönliche Verpflichtung zu sozialer Verantwortlichkeit auf. Das hanseatische Lübeck zeichnete sich durch eine besondere, bis ins 18. Jahrhundert zurückreichende, »gemeinnützige« Tradition aus. Für diejenigen, die erfolgreich waren und Vermögen besaßen, war es »ein ungeschriebenes Gesetz, daß sie für ihre Untergebenen zu sorgen hatten, daß sie sich um die Armen und die ins Unglück Geratenen kümmerten«.[15] Seit 1789 gab es eine von Patrizierkreisen gegründete »Gesellschaft zur Beförderung gemeinnütziger Tätigkeit«, die sich als private Ergänzung zur öffentlichen Sozialfürsorge verstand. Die von der Gesellschaft herausgegebenen »Neuen Lübeckischen Blätter« diskutierten die Notwendigkeit von Sozialreformen und entwickelten sich gleichzeitig zu einem kulturpolitischen Forum.

»Das Charakteristische Lübecks«, so der Stadtdichter Emanuel Geibel, »beruht einerseits auf seiner republikanischen Verfassung und auf seiner Verbindung mit dem Norden, ... andererseits aber und ebenso hauptsächlich auf einer großbürgerlichen Gediegenheit, auf einem alterthümlich reichsstädtischen Zuschnitt... Mit unserer Eigenthümlichkeit, mit der Möglichkeit, dem gesamten Deutschland in scharf ausgesprochener Individualität entgegenzutreten, steht und fällt auch unsere Selbständigkeit.«[16] Die eigenartige Mischung von konservativ-individualistischem Hierarchiedenken und modernen Sozialstaatsideen, die für das Lübecker Patrizier-Milieu typisch waren, haben die geistige Entwicklung Heinrich Manns nachhaltiger geprägt als die des Bruders Thomas. Der Knabe Heinrich »las über die Schulter des Vaters« die Reden Bismarcks in der Zeitung mit. Es war »ein wirksamer Text«, dessen »Eindruck« auf den Knaben sich auch, so das eigene Eingeständnis, »auf den

Mann und seine Anschauung menschlicher Tugend« übertragen hat. »Ungefähr fünfzehn Jahre später betrachteten mein Bruder und ich die beiden Erscheinungen des abgelaufenen Jahrhunderts, Napoleon und Bismarck. Ich gab Bismarck den Vorzug. Mein Bruder bezweifelte es, und ich wußte, daß meine Meinung angreifbar war. Aber man empfängt eine Religion sehr früh, lernt sie wohl beurteilen und bekennt dennoch sie oder ihr Andenken bis ans Ende.«[17] Heinrich Manns Religion war, wie selbst in den späteren Volksfront-Essays erkennbar, eine Rationalität und Progressivität, die direkt aus dem achtzehnten in unser Jahrhundert gekommen zu sein scheint. Gestalten und Szenen aus dem Lübecker Milieu tauchen immer wieder in seinen Romanen auf. Noch im amerikanischen Exil hat der über Siebzigjährige Kindheitserinnerungen mit dem Zeichenstift festgehalten.

Heinrich Mann lernte als Kind »die Gesellschaft von oben herab kennen«.[18] Die Kinderjahre in der gehobenen Atmosphäre des Elternhauses bedeuteten dem behüteten Patriziersohn eine von ihm beklagte Einschränkung der Bewegungsfreiheit. »Die Straße reichte für den kleinen Jungen vom Krämer Dreifalt bis zum Hotel Duft. Weiter reichte sie nicht, weil sie verboten war und in fremde Bereiche führte.«[19] In Begleitung des »Kinderfräuleins« wurden gelegentlich die Grenzen des familiären Wohnbereiches überschritten. Der älteste Sohn des Senators sollte rechtzeitig an das geschäftige Treiben der Hansestadt gewöhnt werden, und so zeigte man ihm die Umschlagplätze, Kontore und großen Speicher am Traveufer. Der nur einige hundert Meter traveabwärts gelegene Hafen allerdings blieb Sperrbezirk. Das Gewimmel der vielen kleinen Schoner und Kutter, die großen viermastigen Segelschiffe und die nach Stockholm, Riga und St. Petersburg auslaufenden Dampfer durfte der Knabe nur aus der Ferne betrachten, zu nahe lag der verbotene Bereich der Hafenkaschemmen, das Dunkel der schmalen »Twieten« und Gänge. Erst als Gymnasiast machte er heimliche Erfahrungen mit dem Milieu des »Blauen Engel«. An den auswärtigen Repräsentationspflichten des Vaters als Steuersenator und Getreidehändler beteiligte sich der Schüler gern. »Mit ihm im gemieteten Zweispänner über Land zu fahren war ein Fest. Die großen Bauern erschienen auf den Türschwellen, wir wurden bewirtet, und alles Getreide ging dabei an seine Speicher über.«[20] Die damit verbundenen Schmeicheleien entgingen dem Halbwüchsigen nicht. Ähnliche Erfahrungen machte er, wenn er die Mutter beim Einkaufen begleitete. Beim Tuchhändler bediente man die Frau Senatorin »völlig anders als eine ärmere Frau«, die »neben ihr vor den Ladentisch trat« und »mit einer geringschätzigen Kopfbewegung an eine unfreundliche Verkäuferin« verwiesen wurde.[21]

Der erste größere Ausbruch aus der Enge Lübecks erfolgte im Sommer 1884. Der dreizehnjährige Schüler durfte in den Ferien mit dem Dampfschiff »Newa« ganz allein, allerdings umsorgt von der Kapitänsfamilie, eine Seereise nach St. Petersburg unternehmen. In der russischen Handelsmetropole, zu der der Vater besondere Geschäftsbeziehungen unterhielt, wohnten Tante Olga und Onkel Gustav Sievers, der in den »Buddenbrooks« als Pastor Tiburtius vorgestellt wird. Der Onkel »war schon am Hafen als das Schiff anlangte«, beruhigte Heinrich die besorgten Eltern in seinem ersten Brief aus Petersburg. Er sei auch »auf der ganzen Fahrt« von Lübeck bis St. Petersburg »garnicht seekrank geworden«. Begeistert schilderte er den Blick »vom Hafen auf die Isaakskirche«..., »welche mit ihren schönen, goldenen Kuppeln ganz wundervoll aussieht«. Er glaubte »auch schon etwas russisch lesen« zu können, »da die russische Schrift sehr viel Ähnlichkeit mit der griechischen« habe.[22] Zeit seines Lebens hat Heinrich Mann die im Juli 1884 gekaufte Ansichtskarte von der Isaakskathedrale mit dem eindrucksvollen Säulenportal aufbewahrt. »Umarme die Säule«, fordert ihn der Onkel auf, als sie gemeinsam auf den Stufen der Kathedrale stehen. »Als ich meine Arme an sie gelegt hatte«, so erinnert er sich, »faßte ich von ihrem Umfang so gut wie nichts.« Diese Szene ist auch Motiv einer im amerikanischen Exil entstandenen Zeichnung.

Die Eindrücke dieser ersten Bildungsreise Heinrich

Manns sind nicht nur in den Briefen an die Familie wiedergegeben, sondern vor allem in einem ausführlichen Reisetagebuch. »Mein Tagebuch führe ich ganz sorgfältig, und kann
ich dann zu Hause hoffentlich Euch alles vorlesen«, schrieb er
am 17. Juli den Eltern.[23] Vom 5. Juli bis 3. August, während
seines Aufenthaltes in der Sommerdatsche der Sievers in
Pargala, brachte der junge Gast jeden Abend seine Notizen zu
Papier. Am 14. Juli beispielsweise berichtete er über die
Besichtigung »der Casanschen Kirche, welche nach dem
Muster der Peterskirche in Rom erbaut ist«. Während seiner
Besichtigung »wurde gerade geräuchert. Dies geschah mit
silbernen Gefäßen, welche von den Popen geschwenkt wur-
den. Dazu sangen diese Priester einen schrecklich monotonen
Gesang, der einen zum mindesten melancholisch stimmen
konnte.« Später begab er sich mit dem Onkel zu Leiners
Restaurant und sie »nahmen zum Frühstück ein russisches,
sehr stark gepfeffertes Gericht ein«, das ihm »wunderschön
mundete«.[24] Am Donnerstag, dem 24. Juli, standen die
Kunstschätze der »Eremitage« auf dem Programm. Der
Besucher »kann gar nicht alles erzählen, was man hier sieht:
Mächtige Vasen aus schönen sibirischen Steinen, viele Bild-
säulen der Kaiser und Kaiserinnen, endlos viele ausgegrabene
pompejanische Sachen und vor allem eine fast zahllose Menge prachtvoller Bilder aus der holländischen, italienischen,
spanischen, russischen Schule, u. s. w. fast 2000 Bilder sind
dort zu sehen, von denen manche so groß sind, daß sie
beinahe eine ganze Wand ihres Saales bedecken...«[25] Am
29. Juli, nach Erhalt eines Telegrammes vom Vater, standen
die Vorbereitungen zur Rückfahrt nach Lübeck mit einem
modernen Dampfschiff an. »Die ›Henriette‹ soll ja sehr rasch
gehen.« Vor der endgültigen Rückkehr in die heimatliche
Enge hätte der Reisende gern noch Zwischenstation in Travemünde gemacht, »dies geht aber wegen des Zolles nicht«.[26]
Der Wunsch des Schülers, im mondänen Strandbad Travemünde die Ferien abzuschließen, läßt auf bereits früh ausge-
prägte Neigungen zur Extravaganz schließen. Damals war es
nur begüterten Kreisen möglich, am Badebetrieb mit seinen

kostspieligen Aufwendungen für Beköstigung, Wohnung, ärztliche Behandlung und diverse Dienstleistungen teilzunehmen. In der Regel benutzte man den Badekarren nur einmal am Tag und reservierte sich den Rest der Zeit für andere Vergnügungen, wie Billard, Kegeln, Vogelschießen, Karussellfahren oder Reiten. Die größte Anziehungskraft ging von der 1825 eingerichteten Spielbank aus. Sie lockte auch zahlreiche russische Aristokraten an, die – wie 1884 der junge Heinrich Mann – mit dem Dampfschiff aus St. Petersburg kamen. Gogols erste Europareise fand in Travemünde ein unerwartet schnelles Ende. Auch Turgenjew und Dostojewski gehörten zu den bekannten und regelmäßigen Besuchern des Travemünder Casinos. Schon 1859 hat ein anonymer Autor die verderblichen Auswüchse des Glückspiels, das schließlich durch Reichsgesetz vorübergehend verboten wurde, beklagt: »Diesen Sommer wird in Travemünde so viel, so allgemein, so leidenschaftlich gespielt, daß Verlust und Gewinn am Grünen Tisch den Hauptinhalt der skandaleusen Chronik der Badegesellschaft bilden (...) in dieser Gesellschaft, wo bankrotte Kaufleute und lendenlahme Landjunker, vagabundierende fremde Offiziere und reichtumsmüde Deutschrussinnen, dumme, geldstolze Bauern und abgefeimte Lüstlinge als die besten Kunden den Ton angeben, herrscht eine gewisse Nichtachtung von Ehre und Anstand, die bis zur offenen Frivolität und Beleidigung ausartet.«[27] Zweifellos hätte das Milieu der Travemünder Badegesellschaft wichtige Anregungen für Heinrich Manns Reisetagebuch geliefert. Doch die mußte er sich später holen, zusammen mit dem jüngeren Bruder. Thomas Mann hat in Travemünde nach eigenem Bekunden »die unzweifelhaft glücklichsten Tage« seines Lebens verbracht. »An diesem Ort«, so erklärte er im Jahre 1926, »gingen das Meer und die Musik in meinem Herzen eine ideelle, eine Gefühlsverbindung für immer ein.«[28] Daß Heinrich Mann sein »Tagebuch einer Ferienreise nach St. Petersburg« auch ohne die erhofften Abschlußnotizen aus Travemünde als ersten, ernsthaften literarischen Versuch betrachtete, geht daraus hervor, daß er die Notizen zwei Jahre später stilistisch überarbeitet und mit einem Nachtrag versehen hat. Die Eintragungen in das Oktavheft enden mit dem 3. August 1884. Einen Tag später, am Montag, begann das neue Schul-Vierteljahr.

Heinrich Mann war, wie ein Zeugnis beweist, kein unbegabter Schüler. In allen Fächern (mit Ausnahme von Kopfrechnen, wo er nicht über eine »3« hinauskam) bekam er eine »2«, in »Deutsch« sogar »1-2«. Zu wünschen übrig ließen aber »Aufmerksamkeit«, »häuslicher Fleiß« und regelmäßige Anwesenheit. Immerhin blieb der älteste Sohn des Senators Mann nicht zweimal »sitzen« wie der jüngere Bruder Thomas. Dennoch erreichte auch er nicht das Abitur, sondern verließ das Lübecker Katharineum mit der Unterprima-Reife. Während seiner Schulzeit fühlte er sich »hart geplagt mit übertriebenen Hausaufgaben« und sah sich »tagtäglich einem anderen Verderben ausgesetzt«.[29]

In der Auseinandersetzung mit Gymnasialprofessoren vom Typ Unrat entwickelte der Schüler Heinrich Solidarität mit den Leidensgenossen und einen »unbeugsamen Rechtssinn«. In der widersprüchlichen Gefühlswelt des Heranwachsenden äußerten sich seine »Gedanken meist kühn und trotzig, wenn sie nicht gerade mutlos und besorgt waren«.[30] Den Gleichaltrigen war Heinrich Mann weit voraus. Hatte er schon als Dreizehnjähriger Einblick in die Petersburger Gesellschaft nehmen dürfen, so fragte er sich ein Jahr später: »Was treibt man in Paris?« Das versnobte Adelsmilieu von Paris ist der Schauplatz seines ersten novellistischen Versuches »Apart« (1885). Der Held, Graf Anatole Vernier, Millionenerbe und Liebling der Frauen, hat bereits im 25. Lebensjahr mit dem Leben abgeschlossen. Als Figur eines vierzehnjährigen Autors vertritt er erstaunliche Ansichten: »Die Genüsse dieser Welt hatte er kennengelernt, er hatte gefunden, daß man sich eine Zeitlang im Trubel ganz wohl befinde, daß dieses Leben jedoch, zu lange genossen, schaal und eklig werde.«[31]

2. Der Traum von der Bohème Dorée

Nach dem Umzug der Familie Mann im Jahre 1882 von der Mengstraße in die Beckergrube waren Theater und Börse in Sichtweite gerückt. Heinrich Mann konnte vom Fenster aus beobachten, wie der Vater zur Mittagszeit »mit vielen anderen Herren auf dem Bürgersteig« vor der Börse stand und diskutierte. »Die Börse war vorhanden, damit Papa von dort zum Essen kam.«[32] Die Börsengeschäfte blieben dem Schüler fremd, magisch angezogen fühlte er sich von dem gegenüberliegenden Theater. Schon als Kind hatte er Bajazzo-Inszenierungen für sein Puppentheater entworfen und gemeinsam mit dem Bruder Thomas Papiermaché-Köpfe gebastelt. Phantasieanregungen für die richtige, große Bühne lieferten der in der Nachbarschaft wohnende Schauspieler Gewert sowie das Kindermädchen Mine, das »auf gewisse Abendstunden« verwies, wenn er »schon schliefe«. Dann werde das Theater »mit Gas beleuchtet« und »es geschähen dort Dinge«.[33]

Seit 1799 existierte ein Theater mit festem Ensemble an der Beckergrube. 1857/58 wurde durch die »Casino-Gesellschaft«, die sich aus Senatoren und wohlhabenden Kaufleuten zusammensetzte, am alten Platz ein neues Schauspielhaus, das spätere Stadttheater, errichtet. Das neue Haus, das – wie die Lübecker Zeitgenossen stolz betonten – »nach den Ideen von Schinkel« gestaltet war, verfügte immerhin über 1038 Sitz- und Stehplätze. Als der Gymnasiast Heinrich Mann seine ersten Theaterbesuche machte, wurde das Haus von Friedrich Erdmann-Jessnitzer geleitet. Damals kam dem Unterhaltungsbedürfnis des Publikums vor allem die deutsche und französische Spieloper entgegen. Das Schauspiel sah seine besondere Aufgabe darin, die Werke des Lokaldichters Emanuel Geibel, Dramen wie »Meister Andreas« oder Komödien wie »Sophonisbe«, aufzuführen. Zum Repertoire der Bühne gehörten natürlich auch die klassischen Stücke von Shakespeare, Goethe, Schiller und Lessing. Seltener kamen

Autoren des »Jungen Deutschland« wie Laube und Gutzkow zum Zuge. Als Sensation galt die gelegentliche Aufführung »moderner Franzosen« wie Scribe und Dumas.[34]

Der Schüler Heinrich Mann war enttäuscht, sein kritischer Blick ging bereits hinter die Kulissen. »Welch ein bedauerliches Institut!« konstatierte er 1889 in den »Fantasien über meine Vaterstadt L.«: »Wer verdient denn etwas dabei? Kaum ein Direktor; denn die weit einträglicheren und erfolgreicheren Geschäfte, welche gewisse Damen vom Theater zuweilen mit wohlaccreditierten L'er Herren eingehen, sind viel zu diskreten Geruches, um hier erwähnt zu werden.«[35]

Noch mehr Affären als Kunstdarbietungen lieferte das »Tivoli« an der Wakenitz. Im Sommer, wenn das Stadttheater geschlossen war, wurden hier Possen, Operetten und varietéhafte Sensationsdarstellungen geboten. Zu den Stammgästen dieses Etablissements gehörte auch der Onkel Friedel, dessen Vorlieben für Nachwuchsschauspielerinnen und Halbweltdamen (als Christian Buddenbrook im Roman dargestellt) die Familie peinlich berührte. In seiner Skizze über »die scandalöse Geschichte der X.« (1888) solidarisierte sich Heinrich Mann mit dem leichtlebigen Onkel und erkannte, daß »er der Menge seiner lieben Verwandten sehr zuwiderlaufende Ansichten über Liebe, Ehe, Religion, Kirche etc. (...) in seinem revolutionären Kopfe« trage.[36] Die Sympathien des Schülers für die »skandalösen« Liebesbeziehungen des Onkels entsprachen schon früh angelegten ähnlichen Neigungen. Die von den Eltern voller Sorge betrachtete Freundschaft Heinrichs mit dem gleichaltrigen Carl aus der Beckergrube war verbunden mit einer heimlichen Anbetung dessen Mutter, einer geheimnisvollen Sängerin, »Fürstin« genannt, die überall die Rechnung schuldig blieb und schließlich vom Hauswirt auf die Straße gesetzt wurde. Demgegenüber wurden erste Annäherungsversuche an ein Mädchen aus standesgemäßen Patrizierkreisen durch Schuldkomplexe erschwert, da er »jeden anderen ihrer würdiger hielt«.[37]

Die für das hanseatische Lübeck charakteristische, eigenartige Verbindung von Börse und schönen Künsten personifizierte der nationalkonservative Dichter Emanuel Geibel. Thomas Mann hatte ihn »noch als Kind gesehen« und erinnerte sich 1926 anläßlich der 700-Jahr-Feier im Lübecker Stadttheater an »seinen weißen Knebelbart und seinen Plaid über der Schulter«.[38] Auch in Heinrich Manns Roman »Eugenie oder Die Bürgerzeit«, der 27 Jahre nach den »Buddenbrooks« als moralistisches Gegenstück erschien, erkennt man in der zentralen Figur des »Professor von Heines« den magenkranken Geibel. Die Lübecker Honoratioren schätzten diesen eklektischen Verfasser von Jambentragödien so hoch, daß sie ihm nach seiner Rückkehr von der Tafelrunde Maximilians II. dankbar eine silberne Tischglocke und eine mit Eichenlaub gerahmte Schreibfeder stifteten. Und nach seinem Tod erhielt er ein Denkmal in zentraler Lage, nicht weit von Theater und Börse. Der junge Heinrich Mann hatte für den »Reichsherold« der Stadt Lübeck nur spöttische Verachtung übrig. Sein frühes dichterisches Vorbild war der denkmallose Heinrich Heine, »das vorweggenommene Beispiel des modernen Menschen«.[39] Ihm war auch einer der ersten poetischen Versuche im Jahre 1888 gewidmet, eine Attacke gegen die Geibel-Anhänger und Freunde der zeitgenössischen Epigonenliteratur:

> »(...) Ihr habt euch stets nur wenig
> Beschäftigt mit Literatur,
> Drum habt ihr auch vom Verständnis
> Der Dichter keine Spur.
>
> Man setzt, um ihn nicht zu vergessen,
> Ein Denkmal manch' elendem Wicht,
> Doch ist das bei Ihm nicht nötig –
> Einen Heine vergißt man nicht! –«[40]

Für den achtzehnjährigen Heinrich Mann symbolisierte die räumliche Nähe von Aktienmarkt und Musentempel ein für

Lübeck typisches Milieu des »Millionengestanks«. Zynisch lobt der Unterprimaner den »genialen Gedanken«, die Börse mit ihrem »Duft von Käse, Petroleum, Schmalz, Leder etc. etc.« in »unmittelbarster Nähe des Theaters« zu placieren, »welches die schlechten und geruchslosen Eigenschaften der Kunsthalle wenigstens einigermaßen zu heben im Stande ist«.[41]

Intensive Anregungen für die intellektuelle und künstlerische Entwicklung Heinrich Manns gingen von den Eltern aus. Die Mutter las den Kindern vor, meist aus romantischen Texten von Fouqué, Clemens Brentano oder Bettina von Arnim. Sie veranstaltete mit Alexander von Fielitz, dem Ersten Kapellmeister des Stadttheaters, Hausmusikabende und spielte Klavier, »gerade ein wenig zu gut für eine Dame in ihrer Stellung, und sang fremdländische Lieder, die lieblich, aber auch verfänglich klangen«.[42] Zweifellos hatte das exzentrisch-südländische Temperament der Mutter entscheidenden Anteil an der späteren Orientierung des ältesten Sohnes nach Italien und Frankreich.

Von Viktor Mann, dem jüngsten Bruder Heinrichs, kennen wir die exotische Herkunft der Mutter: »Maria hieß auch die südlich-wunderschöne zwanzigjährige Senhorita da Silva, die unsere brasilianische Großmutter wurde, als sie den extrem nordischen Großvater, den ›Mann von wenig Worten‹ nahm. 1848 heirateten sie, und drei Jahre später, am 14. August 1851, als das Ehepaar von einer seiner Besitzungen zur anderen in der Gegend von Angra durch Tropenwald reiste – die Herrin im Tragstuhl, der Herr zu Pferde, Sklaven voran und im Nachtrab – gab es einen plötzlichen Halt. Die Herrin mußte schnell unter die Bäume gebettet werden. Schwarze Frauen stürzten herzu und bald darauf hielten sie dem Herren ein Töchterchen entgegen, indes droben Papageien kreischten, neugierige Affen lugten und winzige Kolibris wie bunte Strahlen durch den Schatten zuckten. Die Eltern nannten die Kleine zärtlich ›Dodo‹ und man taufte sie Julia.«[43] Die autobiographischen Aufzeichnungen der Mutter, »Aus Dodos Kindheit«, hat Heinrich Mann später als

Material für seinen Roman »Zwischen den Rassen« verwandt. Er blieb der Mutter zärtlicher zugetan als Thomas, der mehr am Vater orientiert war.

Auch der Vater, Senator Johann Thomas Heinrich Mann, zeigte erstaunliches Interesse für Literatur, allerdings ohne jemals den geringsten Zweifel daran aufkommen zu lassen, daß der Getreidehandel die wichtigste Sache der Welt sei. Als junger Mann hatte er sich in Pau, jenem Pyrenäenort, in dem Heinrich Mann 1925 auf seinen »Henri Quatre«-Stoff stoßen sollte, einer Kur unterzogen und sich offensichtlich mit französischen Autoren beschäftigt. Zu seiner Bibliothek gehörten unter anderem Bände von Maupassant und Emile Zola. In Zolas Romanzyklus »Les Rougon-Macquart« war die »Buddenbrook«-Thematik, das Schicksal der eigenen Familie, vorweggenommen: die Sozialgeschichte vom Verfall einer großen Familie im Zweiten Kaiserreich. Heinrich Mann erinnert sich: »1885 mußte mein Vater um den Band Zola einen Schutzumschlag tragen, die Leute hätten ihm den Autor verdacht.«[44] Wie viele Kaufleute erlitt auch der Steuersenator Mann im Fieber der Gründerjahre innerhalb kürzester Zeit existenzbedrohende Kapitalverluste. Er »brauchte«, so Heinrich Mann, »sein ganzes noch übriges Leben, bis er wiederhatte, was in wenigen Tagen verlorengegangen war«.[45]

In dieser Situation der unsicheren Geschäftsgrundlage kam der Senator offensichtlich zu der Einsicht, daß sein ältester Sohn, der nicht einmal »die Namen der Lübecker Straßen hersagen konnte«, kaum der Richtige für das Familienerbe sei. So rückte Thomas in seinen Plänen an die Stelle des Erstgeborenen. Für Heinrich wurde nun eine Laufbahn als Jurist und später als Bürgermeister vorgesehen. Doch dessen Schulabbruch vor dem Abitur zerstörte alle Hoffnungen auf seine akademische Karriere.

Im Oktober 1889 begann Heinrich Mann eine Buchhandelslehre bei Zahn & Jaensch in Dresden. »Die Zeiten sind ernst und die Aussichten für die Zukunft noch mehr«, schrieb ihm der Vater im 100. Jubiläumsjahr der Firma Mann, am

22. Februar 1890. »Mehr denn je ist es geboten auf persönliche Tüchtigkeit, Unabhängigkeit und Einschränkung der Bedürfnisse hinzuarbeiten. Jetzt zu regieren ist kein Vergnügen. Gott erhalte den Kaiser und Bismarck...«[46]

Aus dem Briefwechsel Heinrich Manns mit seinem Vater in jenen Tagen geht aber auch hervor, daß man sich intensiv über literarische Fragen austauschte. So bedankte sich der Sohn am 10. November 1889 »für die Zusendung des Hoffmann'schen Werkes« und empfahl dem Vater als Weihnachtslektüre »Die Ahnen« von Gustav Freytag. »Von den älteren Dichtern«, so schreibt er weiter, »wüßte ich keinen, an dem Du Gefallen finden könntest. Unsere Nationalheiligen Herder, Wieland, Klopstock etc. etc. sind zwar alle ungeheuer edel und enorm groß, zugleich aber auch empörend langweilig und merkwürdig veraltet. Die französischen Classiker kenne ich wenig (...) Byron, den Du erwähnst, mag im Original wundervoll sein; schade, daß keine wirklich gute Übersetzung von ihm existiert.« Er selbst wünschte sich »in betreff des bevorstehenden Festes« als Geschenk Joseph Viktor v. Scheffels »Trompeter« sowie die »Geschichte der Nationallitteratur des 19. Jahrhunderts« von Ludwig Salomon.[47] In der Bibliothek des Buchhandellehrlings nahm, wie er dem Freund aus der Schulzeit, Ludwig Ewers, mitteilte, »naturgemäß die Lyrik den hervorragendsten Platz« ein. Neben »den selbstverständlichen Schiller und Goethe sowie dem ungleich selbstverständlicheren Heine« wurden aufgelistet: »2 Bände Lenau, Geibel, Bürger, 1 Band Platen, Meißner, Scheffel, Storm, Jensen, Henckell, Saphir, Paul Behr.«[48]

Das Dresdener Milieu, das Heinrich Mann als Logisgast bei Mademoiselle Lincke in der Räcknitzstraße 1 und an seiner Lehrstelle in der Großen Klostergasse vorfand, war leider nicht so literarisch, wie seine Großmutter es sich vorstellte, als sie ihm schrieb: »Ich sehe Dich im Geiste mit einem netten Buch in der Hand dort lesend sitzen und möchte bei Dir sein.«[49] Der Teilhaber der Buchhandlung Jaensch, Robert von Zahn, Mitglied der Deutsch-Nationalen Volkspartei, verstand sich in erster Linie als Kunsthändler und

Antiquar. Im Dresdener »Adress-Buch« von 1893 wurde er als »Sammler von Kunstsachen, Gemälden, Kupferstichen und Handzeichnungen« geführt. Bücher spielten in seinem Commisleben eine untergeordnete Rolle, zählten nur hinsichtlich ihres kommerziellen Aspektes. Der Umgang des Volontärs mit Literatur beschränkte sich überwiegend auf den Dienst am »Cassapulte«. Er fühlte sich an die Leidenszeit des Vorbilds Heine erinnert, der in seinem Alter, ähnlich wie er, in einem Bankkontor mißmutig Wechsel ausstellen und in den Gewölben eines Kolonialwarengeschäftes das Aussehen von Muskatnüssen studieren mußte. Weltschmerz und das Gefühl der einsamen Auflehnung, alles das fand der achtzehnjährige Heinrich Mann vorgelebt und gedichtet von Heinrich Heine. Wie schwärmerisch er sich mit ihm während seiner Dresdener Zeit beschäftigt hat, dokumentieren die Briefe an Ludwig Ewers:

»Nimm ein Gedicht von Heine – welches Du willst. Da jagt eine Idee die andere. Bald ist's ein tiefer philosophischer Gedanke, bald ein leichtes Wortspiel, immer ist's poetisch. Vermissest Du jemals Wohlklang? Findest Du überhaupt irgendwo mehr Wohlklang?« Und: »Der *einzige* Dichter, der so glücklich ist, alle meine Ansprüche zu erfüllen, ist Heinrich Heine. Ich liebe ihn also als Dichter und kann ihn als Menschen mindestens nicht verachten; denn seine Schwächen entstammen heißem Blut und kühner Phantasie...« Oder: »Es ist immer dasselbe: Ich kann vornehmen, was ich will – ich komme immer auf den zurück, der mich gebildet und erst zum Menschen gemacht, der mein einziger Lehrer ist (...), denn ich habe mich von Anfang an nach Heine gebildet...«[50]

Schon als Schüler in Lübeck hatte Heinrich Mann, wie die seit 1885 überlieferten Skizzen, Novelletten und Gedichte beweisen, Heines Stilmittel der Volksliedstrophe oder »ironisch umkehrenden Pointierung«[51] formal beherrscht. An seinen Prosaversuchen, wie der Novellette »Apart« (1885) oder der Skizze »Fantasien über meine Vaterstadt L.« (1889), lassen sich direkte Einflüsse von Heines »Reisebildern« erkennen. Seine erste Manuskriptsammlung, die er zwischen zwei graue Pappdeckel mit blauem Schleifenverschluß legte, versah Heinrich Mann handschriftlich mit dem Titel »Erste poetische und novellistische Versuche von 1885/86 bis Anfang 1891«. Über 90 kleinformatige, beidseitig beschriebene Bögen enthalten zehn novellistische Versuche und 103 Gedichte. Einige der Novellen blieben Fragmente, die meisten wurden nicht veröffentlicht. Die erste Veröffentlichung Heinrich Manns war der anonyme Abdruck seines Prosastücks »Beppo als Trauzeuge« in der »Lübecker Zeitung« vom 23. Mai 1889.

Es ist die Geschichte eines Lazzarone, der in seiner ureigensten Angelegenheit, der Kuppelei, überlistet wird. Unfreiwillig verhilft er seiner eifersüchtig gehüteten Nichte zur Ehe und übernimmt dabei auch noch das Amt eines Trauzeugen. Schon hier, in dieser frühen Erzählung, versucht sich der Autor in einer Milieuschilderung Italiens. Am 14. Juli des gleichen Jahres folgte in der gleichen Zeitung der Abdruck seiner zehnseitigen Novelle »Der Geburtstag der Frau Baronin«, die er im Winter 1888 verfaßt hatte. Durch das unsystematische Abreißen von Kalenderblättern entstehen für die genaue Datierung des Geburtstages der Baronin Schwierigkeiten. So wird die simple Verwicklung der Handlung konstruiert, für die ein »entsetzlich abgeschmackter Geck«, der den bezeichnenden Namen Herr von Strohwitz trägt, verantwortlich ist. Mit der Figur der nervenschwachen und kunstsinnigen Baronin problematisierte der Autor bereits den Aspekt des »Dilettantentums« in Leben und Kunst, ein Thema, das in den frühen Romanen immer wiederkehrt.

Und am 29. September 1889 brachte die Beilage der Berliner »Eisenzeitung« mit dem imposanten Untertitel »Fachblatt für Eisen-, Stahl-, Metall-, Kurzwaren-, Maschinen- und Werkzeughandel und -Industrie, sowie für alle verwandten Hilfsgeschäfte« sein 14 Seiten umfassendes Werk »Novellette« mit dem Titel »Beweise«. (Heinrich Mann hat auf dem Manuskript die Zeitung fälschlicherweise mit »Eisenbahnzeitung« bezeichnet.)

In der achtzehnjährigen Hauptperson Franziska begegnet uns Heinrich Manns Schülerliebe, derer er sich, wie schon erwähnt, nicht für »würdig« erachtete. Franziska heiratet einen Mathematikprofessor, der um ein vielfaches älter und reicher ist als sie. Der Titel der Geschichte leitet sich von dem Umstand ab, daß »Zahlen beweisen«. Der Professor – eine Reproduktion des eigenen »Mathematiklehrers, dem bebrillten« – vernachlässigt seine junge Frau und schützt sich mit schalldichten Türen vor ihrem Klavierspiel. Ein junger Privatdozent dagegen ist bereit, mit Franziska das Musikvergnügen zu teilen. Natürlich will er mehr von ihr und muß das Haus verlassen. Er schreibt ihr leidenschaftliche Briefe, die sie achtlos liegen läßt. Als ihr Mann einen der Briefe findet, greift Franziska zu einer Notlüge, um ihre Treue zu »beweisen«. Die Frage, ob sie wirklich treu geblieben ist, läßt der junge Autor offen. 1889 entstand auch »Eine pessimistische Katzengeschichte«, die Heinrich Mann, wie auf dem Manuskript vermerkt, »kühn ans ›Humor.Deutschl.‹ geschickt« hat. Das »Humoristische Deutschland«, ein Beiblatt der Berliner »Neuesten Nachrichten«, druckte die Erzählung auch noch im gleichen Jahr ab. Die humoristische Verwicklung besteht darin, daß eine Hauskatze den gleichen Namen trägt wie die weibliche Hauptperson: Mizi. Während das Mädchen ihr Glück bei einem gewissen Eduard findet, erkrankt die Katze an Krätze und wird dem Schinder übergeben. Eine weitere handschriftliche Notiz des Autors auf dem Manuskript lautet: »Einziger humoristischer Versuch durch die Lektüre Hackländers angeregt.« Friedrich Wilhelm Ritter von Hackländer (1816–1877) schrieb überwiegend derbhumoristische Soldatengeschichten, triviale Sittenromane mit der Tendenz zur Verwässerung sozialer Themen, Reisebücher und Komödien. Welche seiner Schriften aus dem mehr als 60bändigen Gesamtwerk Heinrich Mann als Vorlage für seine »Katzengeschichte« diente, ist unklar. Für den jungen Heinrich Mann verkörperte Hackländer vermutlich das Ideal der Bohème dorée.

In der stickigen Atmosphäre des Dresdener Buchhandels,

entnervt von der eintönigen und demütigenden Lehrarbeit, kam Heinrich Mann kaum zur Fortsetzung der begonnenen Schriftstellerei. Auch für seine zweite große Neigung, die Malerei, fand er keine Zeit und Laune mehr, abgesehen von einem gelegentlich »am Cassapulte stehend« nebenbei gefertigten, »immer schmieriger werdenden Geschmier«.[52] Resigniert teilt er dem Freund mit: »Wie es mit meiner Malerei steht, fragst Du? Ex, mein Junge, complet ex – wie mit dem ›Idealismus‹.«[53] Der Abkehr vom »Idealismus« folgte die Zuwendung zum Naturalismus und Realismus. Im modernen Antiquariat besorgte er sich für 3 Mark – statt des Neupreises von 12 Mark – den Jahrgang 1886 der Zeitschrift »Gesellschaft« mit dem Untertitel »Realistische Wochenschrift für Literatur, Kunst und öffentliches Leben«. Hier fand er »eine Reihe von Aufsätzen«, die »ganz genau mit Wesen, Zweck und Ziel der neuen Schule bekanntmachen«.[54] Auch Ludwig Ewers riet er »zu diesem Blatte«, da er »hier aus den verschiedenartigsten Erzeugnissen aller wirklichen Realisten die ganze Bewegung besser kennen lernen« könne »als aus einem einzelnen Buche von Conrad, Alberti oder anderen«.[55] Wie es scheint, hatte Ludwig Ewers Mühe, dem schriftstellernden Freund auf seinen sprunghaften Ausflügen in immer neue literarische Sphären zu folgen. Er blieb ein wenig bieder der herkömmlichen Lektüre treu. So schenkte er Heinrich Mann vor dessen Abreise nach Dresden Emanuel Geibels »Zwölf Sonette«, versehen mit einer handschriftlichen Widmung. Und als er sich endlich, der »Belehrung« des Freundes folgend, um Verständnis für Heines Schriften bemühte, war Heinrich Mann schon wieder einen Schritt weiter und pries einen neuen Autor an: »Kennst Du Theodor Fontane? Er ist mein Leibpoet unter den Neuen.«[56]

Heinrich Manns besonderes Interesse für die »Gesellschaft« erklärt sich vor allem daraus, daß diese Zeitschrift im Gegensatz zu vergleichbaren Blättern, wie die »Gegenwart« oder die »Blätter für litterarische Unterhaltung«, auch Gedichte abdruckte. Er sei nun »unter die ›Schweinekerls‹ gegangen«, umschrieb der junge Autor seine Mitarbeit bei den

Münchner »Naturalisten«. Mit der Bitte »um vollständige Diskretion« teilte Heinrich dem Freund mit, daß er hoffe, dem Vater anläßlich des bevorstehenden 100jährigen Firmenjubiläums »durch Zusendung (seines) ersten gedruckten Gedichtes eine (hoffentlich angenehme) Überraschung machen zu können«. Auch der Bruder Thomas, der ihn schon bei anderer Gelegenheit »sofort mit einem schwärmerischen Bewunderungsausbruch in Schrecken setzte«, dürfe vorher nichts erfahren.[57] Die unerwartete Hoffnung hatte ihm der Redakteur der »Gesellschaft« gemacht, als er auf die Zusendung des Gedichtes »Geh' schlafen« mit folgender Postkarte reagierte: »Das Gedicht ist eine gute Talentprobe. Ich nehme es mit Dank für die ›Gesellschaft‹ an. Der Abdruck kann im April- oder Maiheft geschehen, früher nicht. Ich bitte also um Geduld. Hochachtungsvoll Conrad.« Abgestempelt war der Brief, wie der junge Autor stolz vermerkte, am 9. November 1889 »in München«.

Zum Abdruck des Gedichtes in der Zeitschrift kam es allerdings erst ein Jahr später, im 4. Quartalsheft vom 11. November 1890. Mit der »angenehmen Überraschung« zum Jubiläum der Firma Mann wurde es nichts. Dafür nahm die »Berliner Börsenzeitung« in ihrer Ausgabe vom 21. Mai 1890 im Namen der Lübecker Bevölkerung »an dem Festtage des angesehenen Hauses einmüthigen und herzlichen Antheil«. Man bescheinigte dem Herrn Senator Mann, daß er sich »hohen, ungetheilten Ansehens in allen Kreisen« der Stadt erfreue. Im Kreise der Familie Mann indes wurde der Jubiläumstag überschattet durch schlechte Nachrichten aus Dresden. Die Buchhandlung Zahn & Jaensch hatte sich massiv über den Lehrling Heinrich Mann beschwert. Umgehend informierte der Senator seinen ältesten Sohn über die Vorwürfe der Prinzipale, die er zu teilen schien. Da ist die Rede vom »apathischen, indolenten Wesen« des Lehrlings, dem es »an eigener Lust und Liebe zu dem gewählten Berufe« fehle. »Laß Dich warnen, aber bei Zeiten«, heißt es in den eindringlichen Zeilen des Vaters, »bald ist es zu spät«. Die Hauptsorge des Senators war, daß sein Sohn »ohne gutes Zeugnis von

dort nach träger Hinschleppung (seiner) Jahre entlassen«
werden könnte. »Sei doch verständig«, bat er ihn, »laß die
Mahnungen derjenigen, die es gut mit Dir meinen nicht
ungehört und namentlich nicht unbefolgt.«[58] Selbstbewußt
und nicht ohne Ironie antwortete der Kritisierte aus Dresden
am 28. Mai 1890:

»Lieber Papa, Dein Brief hat mich begreiflicherweise sehr
betrübt. Ich möchte Dir jedoch versichern, daß ich mich
keineswegs so schuldig fühle, wie du vielleicht meinst (...)
Ich springe, wenn mich einer der Chefs ruft, mit einer weder
apathischen noch indolenten Schnelligkeit die Treppe hinauf
und antworte auf jede Frage, wie es mir zukommt, kurz und
bestimmt (...) Das aber weiß ich: es giebt Leute auf der Welt,
die mehr mit Individualitäten rechnen als Herr Jaensch, der
mir in den ersten Wochen einmal einen Auftritt machte, weil
ich ihm nicht laut und fröhlich genug ›Guten Morgen‹ zuge-
rufen hatte (...) Aber ich bin alt und skeptisch genug, um
nichts, gar nichts blindgläubig als Evangelium hinzunehmen,
– besonders von einem Herrn, der mir wie Herr Jaensch,
schon verschiedentlich Beweise von nicht allzu umfassender
Bildung gegeben hat (...) Ich habe nur einiges zu erklären
versucht, – und werde mich umso mehr bemühen, mein
Benehmen so zu verändern, daß es meine Prinzipale befriedigt. – Dein treuer Sohn L. Heinrich Mann.«[59]

Fast ein ganzes Jahr hielt Heinrich es den Eltern zuliebe noch
in Dresden aus. Während dieser Zeit suchte er Vergnügungen, die ihm sein Onkel Friedel schon in Lübeck empfohlen
hatte: »Theater, Konzerte, Cafés, Puffs«.[60] Erst dann erschien
seine Weiterarbeit bei Zahn und Jaensch nicht mehr akzepta-
bel. Der Vater, der bis zuletzt gehofft hatte, sein ältester Sohn
werde die Lehre doch noch zu einem geregelten Abschluß
bringen, zeigte sich sehr enttäuscht. Deutlich brachte er dies
in seinem Brief vom 3. April 1891 zum Ausdruck, in dem er
einen persönlichen Besuch in Dresden ankündigte:

»Lieber Sohn.

In der Zeit da Deine Alters- und Schulgenossen nach beendigtem Examen in gehobenem Gefühl sich rüsten, um hinauszuziehen und sich weiter für das Leben durch Studien vorzubereiten, muß es Deiner Mutter und mir beschieden sein, durch unseren Sohn den Schmerz zugefügt zu erhalten, daß er durch Unbotmäßigkeit und Mangel an Willenskraft wiederum unsere Absichten durchkreuzt und in Bahnen einlenkt, die nach meiner Meinung nicht zum Glück führen (...) Ich habe die Nacht vergehen lassen, um mich zu sammeln, nichts in Übereilung vorzunehmen, um dann in Ruhe zu beschließen – Zunächst hatte ich H. Zahn u. Jaensch geschrieben, daß ich am Sonntag, übermorgen Mittag H. Jaensch meinen Besuch machen würde und mag sich dann das Weitere finden – Nur Eines melde ich Dir schon gleich: Mein Sohn verläßt weder wie ein Flüchtiger noch wie ein Hinausgeworfener ein ehrenhaftes Haus (...) Ich erwarte Dich am Sonntag Morgen um etwa 9 Uhr im Hotel Bellevue. Ich hatte den Wunsch, Dich unter anderen Verhältnissen wiederzusehen. Dein Vater«[61]

Man einigte sich schließlich doch auf einen sofortigen Abbruch der Lehre. Heinrich Mann hatte bereits von Dresden aus an den Verleger Samuel Fischer geschrieben, ob er als Volontär in dessen Verlag eintreten könne und erhielt »umgehend zustimmende Antwort«. Nach einer Unterredung des Vaters mit Fischer ging Heinrich noch im gleichen Monat (April 1891) nach Berlin. »Ungeeignet befunden für das väterliche Geschäft, eine über hundertjährige Handlung, Schiffsreederei, Getreide Im- und Export«, so resümiert er später, »hätte der Sohn den Vater auch nicht befriedigt, wenn er ein staubiger Sortimenter wurde – alle dieser Branche sahen verstaubt aus. Senator Mann hat natürlich gewußt, daß sein Junge nur fort wollte, aus Lübeck, von der Schule, gleichviel in welche Art Leben (...)

Baldmöglichst brannte er von der Stelle durch, warf sich in Berlin auf das Gebiet seiner Neigungen... machte Schulden.«[62]

Der Vater hielt Heinrich, aus berechtigter Sorge vor den Verlockungen der Großstadt, recht knapp. Er hatte zwar nichts dagegen, daß der Sohn dem von Fischer protegierten »Verein Freie Bühne« beitrat, schlug aber vor, den Beitritt aus Sparsamkeitsgründen bis zum August des Jahres aufzuschieben. Er legte ihm auch nahe, möglichst billige Theaterkarten zu nehmen und beim Rasieren das Geld für den Barbier zu sparen. Die Summe der ersten Überweisung aus dem Elternhaus nach Berlin setzte sich zusammen aus 100 Mark Pensionsgeld, 4,50 Mark für die »Stiefel« sowie 5 Mark für »den hohlen Zahn«. Das »Monatsgeld« wurde auf 13,25 Mark festgelegt. »Sei so gut«, schrieb der Vater am 29. April 1891, »und schätze den Wert des Geldes nicht nur, wenn Du keines hast.«[63] Heinrich strich sich den Satz mit Tinte an und versuchte ihn auf seine Weise zu beherzigen. Er gab für eine Theaterkarte nicht mehr als 2 Mark aus, investierte für einen Konzertbesuch nur 30 Pfennige und genehmigte sich hin und wieder »1 Glas Bier im Zwischenakt« für 20 Pfennig. Portokosten für die Korrespondenz mit den Eltern entfielen, da der Vater stets Briefmarken für die Rückantwort beilegte. Das wenige, was er zurücklegen konnte, benötigte er für den Besuch einschlägiger Etablissements. Heinrich Manns Berliner Adresse lautete im Juni 1891: c/o Frau Physikus Dr. Krebs, Genthiner Straße 17, Berlin W.

Er habe in anderen Städten nie »lange genug gelebt, um Berlin zu vergessen«, heißt es in einem späteren Brief. Berlin habe ihn zu seiner »bildsamsten Zeit in Besitz« genommen, zu einer Zeit, in der er »durch Miterleben erfuhr, was geistige Bewegung ist«.[64] Eine zentrale Rolle für das damalige »geistige Leben« in Berlin spielte der Universitätsbetrieb. Man kam aus ganz Europa, um so berühmte Professoren wie Wilhelm Dilthey, Herman Grimm oder Heinrich von Treitschke zu hören. Auch Heinrich Mann bemühte sich als Gasthörer an der Friedrich-Wilhelm-Universität um die Erweiterung seiner literaturhistorischen Kenntnisse. Vermutlich einer Empfehlung Samuel Fischers folgend, besuchte er

Vorlesungen von Ludwig Geiger, Erich Schmidt und Moritz Lazarus. Der Kulturhistoriker Ludwig Geiger arbeitete damals an einer vergleichenden Studie über »Renaissance und Humanismus in Italien und Deutschland«, Erich Schmidt, ein Schüler Max Schelers, bereitete die Edition seiner zweibändigen Lessing-Biographie vor, und Moritz Lazarus, Völkerpsychologe und Mitbegründer der »Hochschule für die Wissenschaft des Judentums«, referierte über den »Ursprung der Sitten« und die »Ideen der Geschichte«.

Der Verlagsvolontär Heinrich Mann scheint über den Ausflug ins abstrakte akademische Milieu nicht besonders glücklich gewesen zu sein. Er »fühlte sogleich, daß eigene Studien« ihn »weiter brachten«.[65] Praxisnähe bedeuteten ihm vor allem Theaterbesuche. Die Aufführungen im »Verein Freie Bühne« betrachtete er nicht als passiver Kulturkonsument, sondern bereits mit den Augen des Rezensenten. »Die Gesellschaft«, für deren naturalistisches Programm er schon in Dresden geschwärmt hatte, war an einigen kürzeren Artikeln über den »spezifisch berlinerischen Freien-Bühnen-Realismus« interessiert. Die ersten, 1891/92 veröffentlichten, Theaterkritiken Heinrich Manns zeichnen sich nicht unbedingt durch Originalität aus. Er verriß eine offensichtlich mißlungene Dramatisierung von Zolas »Thérèse Raquin« sowie das Stück »Der Sumpf« von Julius Hart. Für Oskar Blumenthals und Gustav Kadelburgs »Großstadtluft« hingegen, von Franz Mehring zu Recht als Produkt einer »Schwankfabrik« bezeichnet, fand der Zwanzigjährige nur lobende Worte.

Als Heinrich Mann bereits Mitte Juni 1891, also nur knapp sechs Wochen nach Aufnahme seiner Tätigkeit im Fischer-Verlag, Ferienpläne schmiedete, kam es erneut zu einer Auseinandersetzung mit der Familie. Dem Vater mißfiel, daß der Sohn so frühzeitig in die Ferien gehen wollte, obwohl die Pension bis zum 1. August bezahlt war und er generell die geplante sechswöchige Abwesenheit vom Verlag eingedenk der Dresdner Erfahrungen nicht billigen konnte. Doch Heinrich setzte seine Ferienpläne durch und weilte bis Anfang

August in Travemünde, wie aus seiner anschließend verfaßten »Seebad-Reminiszenz« zu schließen ist. Inzwischen war der Vater schwer erkrankt, wahrscheinlich an Blasenkrebs, und mußte sich einer Operation unterziehen. Tief besorgt um das Schicksal seiner Familie, insbesondere aber um die Zukunft des ältesten Sohnes Heinrich, entwarf er vorher, am 30. Juni 1891, sein Testament. Darin heißt es unter anderem: »Den Vormündern mache ich die Einwirkung auf eine praktische Erziehung meiner Kinder zur Pflicht. Soweit sie es können, ist den Neigungen meines ältesten Sohnes zu einer s.g. literarischen Thätigkeit entgegenzutreten. Zu gründlicher, erfolgreicher Thätigkeit in dieser Richtung fehlen ihm m.E. die Vorbedingnisse: genügendes Studium und umfassende Kenntnisse. Der Hintergrund seiner Neigungen ist träumerisches Sichgehenlassen und Rücksichtslosigkeit gegen andere, vielleicht aus Mangel an Nachdenken.«[66] Und noch am nächsten Tag (1. Juli) folgte die Ergänzung: »Ich bitte, daß mein Bruder Einfluß auf meinen ältesten Sohn ausübe, damit er nicht auf einen falschen zu seinem Unglück führenden Weg gerate. Man soll das Ende ins Auge fassen, nicht nur die gegenwärtigen Wünsche.« Aber auch die Ehefrau wurde ermahnt. Sie möge sich »allen Kindern gegenüber fest zeigen und alle immer in Abhängigkeit halten«. Wenn sie »schwankend würde, so lese sie König Lear«. Von seinem Sohn Thomas erwartete der Vater, im Gegensatz zu Heinrich, daß er der Mutter »eine Stütze« sein werde. Er sei »ruhigen Vorstellungen zugänglich«, habe »ein gutes Gemüth« und werde sich »in einen praktischen Beruf hineinfinden«. Der Vater war überzeugt: »Tommi wird um mich weinen.«[67] Die Krankheit war nicht mehr aufzuhalten. Am 4. Oktober schrieb die Mutter nach Berlin: »Mein lieber Heinrich, Dein guter Vater ist sehr krank. Nach meiner Ansicht ist es gerathen, dasz Du recht bald kommst, um falls es nöthig ist, ihm noch die Hand zu reichen u. ihm, mit uns allen, nahe zu sein. Nimm Dir von Fischer die Erlaubniss vorläufig auf einige Tage. Mit herzl. Gruß, Deine Mama.«[68]

Der Konsul Johann Thomas Heinrich Mann starb am

13. Oktober, offensichtlich an den Folgen einer Urämie. Er war gerade 51 Jahre alt.

»Als das pomphaft-feierliche Begräbnis vorüber war«, so Viktor Mann, »die Ehrenkompanie abmarschierte, Bürgermeister und Stadtkommandant, Senat, Bürgerschaft und sonstige Honoratioren in hundert Kutschen davonrollten und die schwarze Menge von Kaufleuten, Kapitänen, Handelsgehilfen, Matrosen und Speicherarbeitern sich zerstreute, ging die hanseatische, die hochbürgerliche Periode unserer Familiengeschichte zu Ende.«[69] Das mangelnde Vertrauen des todkranken Vaters dem ältesten Sohn gegenüber, ja sogar eine Zurücksetzung gegenüber dem jüngeren Bruder Thomas, wie es im Testament zum Ausdruck kam, müssen Heinrich Mann schwer getroffen haben. Später hat er die romantische Version verbreitet, der Vater habe sich noch in der Sterbestunde mit seinem Plan, Schriftsteller zu werden, ausgesöhnt. Es existiert eine Zeichnung Heinrich Manns, die ihn kniend am Sterbebett zeigt, die Hand des Vaters küssend. Noch nach mehr als fünfzig Jahren, in einem Brief an Karl Lemke, malte er diese Version aus: »Dem Zwanzigjährigen sagte der Sterbende, was er längst gemeint, nur verschwiegen hatte: ›Ich will dir helfen, Schriftsteller zu werden‹: beiden war es klar; der eine küßte dem andern die Hand, er küßt sie ihm noch heute.«[70]

Die Liquidation der Firma Mann, nach Verfügung des Testaments des Senators eingeleitet, ergab mehr als 400 000 Mark, die der Mutter Julia monatlich etwa 600 Mark, dem volljährigen Heinrich, wie auch später Thomas, monatlich ungefähr 180 Mark an Zinsen einbrachten, einen Betrag, den Thomas als »nichtswürdig« bezeichnete. Heinrich behauptete später, er habe aus dem ererbten Einkommen bis zur Inflation nach dem Ersten Weltkrieg »das Nötigste« bestreiten können. Kurz nach dem Tode des Vaters wurde er selbst krank. Zurückgekehrt nach Berlin erlitt er dort im Januar 1892 einen Blutsturz und begab sich bis zum Februar zur Pflege in das Sanatorium des Dr. Oppenheim. Damit war auch das Provisorium im Fischer Verlag beendet. Ende Februar verließ er Berlin und fand im Wiesbadener Sanatorium »Im Lindenhof« ein klimatisch günstigeres Umfeld. In Wiesbaden blieb er den ganzen Frühling. »Frühjahr 1892, während meiner Genesung von der Lungenblutung«, so umschrieb er seine damalige Umbruchsphase, »begann eine neue geistige Epoche für mich.«[71] Eingeleitet wurde diese neue »Epoche« zunächst durch rastloses Reisen von Bad zu Bad. Von Juni bis Oktober sucht er verschiedene Erholungsstätten im Schwarzwald auf (Freyersbach, Todtnau, St. Blasien, Erlenbruck). Den Winter (von Oktober bis Ende März) verbrachte er in Lausanne und im April/Mai sah er zum ersten Mal Paris. Im Mai 1893 besuchte er auch noch einmal, das letzte Mal in seinem Leben, die Geburtsstadt Lübeck. Die Mutter hatte das große Haus in der Beckergrube verkauft und war in eine vor dem Burgtor gelegene kleine Villa gezogen. Mit der Liquidierung der Firma war auch das Ansehen des Namens Mann erloschen. »Das Wort von der ›verrotteten Familie‹ lief um.«[72] Im Mai 1893 siedelte die Senatorenwitwe mit den Kindern Thomas, Carla, Julia und Viktor nach München über, in die Rambergstraße. Heinrich besaß der Familie gegenüber nur noch den Status eines Besuchers. Er führte ab 1892 das selbständige Vagantenleben eines Bohème-Literaten.

III.
Götterdämmerung oder Nervosität?

1. Nietzsche als Vorbild:
»freischwebend am Trapez«

Angeregt durch die Zauberberg-Atmosphäre, die ihn auf seinen Bäder-Reisen umfing, und im Selbstbewußtsein gestärkt durch Zeitschriftenaufträge, bereitete sich der Zweiundzwanzigjährige auf seine Rolle als »freier Schriftsteller« vor. Doch zunächst wollte er sich einen Namen machen als Kritiker der als »modern« geltenden Literatur. Vom Standpunkt einer jugendlich »forcierten Überlegenheit« aus, dem Lebensgefühl, das er in seiner Novelle »Haltlos«[1] skizziert hatte, besprach Heinrich Mann 1892 in der »Gesellschaft« die Reclam-Ausgabe von Tolstois »Krieg und Frieden«. Der Roman sei zwar in den Details »lobenswert«, in der Gänze aber ein »Monstrum«, eine »wahre Cheopspyramide des (russischen) Chauvinismus«, heißt es da etwas vorlaut. Und wenig später verurteilte er mit pauschaler Ignoranz in Paul Lindaus »Gegenwart« die angelsächsische Literatur als »arm an modernen Ideen und zeitgemäßer Technik«. Als einzige positive Ausnahme erschien ihm die Amerikanerin Julien Gordon, an deren Romanen »A Diplomat's Diary« und »Vampires« er die Gestaltung »intimer Charakterbilder« lobenswert fand.[2] Im Sommer des Jahres 1892 versuchte der junge Kritiker Heinrich Mann in der Auseinandersetzung mit Maurice Maeterlincks Drama »Pelléas et Mélisande« dann zum ersten Mal eigene ästhetische Anschauungen zu entwickeln. Er lobte in seinem Aufsatz »Neue Romantik« (erschienen in der »Gegenwart«) Maeterlincks Mittel »der allerfeinsten Psychologie«, mit denen »die Lücken und ›Grenzen des Naturerkennens‹ zu bestimmen« wären. Eine neue Romantik richte sich gegen »die verlorenen Söhne der sogenannten Moderne«, die »schwer evolutionsfähig« seien.[3] Mit der behaupteten Originalität dieser »neuen« Gedanken war es allerdings nicht weit her. Eine Spur führt deutlich zu Emil Du Bois-Reymond, der in seinem Leipziger Vortrag »über die Grenzen des Naturerkennens« bereits 1872 eine Eigengesetzlichkeit psychischer Vorgänge zugunsten des Idealismus akzentuiert hatte. Er lehnte einen Determinismus für die menschliche Psyche ab und betonte statt dessen die Bedeutung der Willensfreiheit. Aus einer ähnlichen Negierung des Kausalitätsverhältnisses von Materie und Geist leitete Heinrich Mann seine Definition einer dominanten Geist-Kategorie ab. Erstmals vermittelt wurden ihm diese erkenntnistheoretischen Neuerungen vermutlich durch den Naturwissenschaftler und Helmholtz-Schüler Heinrich Lehmann, den er 1892 in Wiesbaden kennengelernt hatte. In »Ein Zeitalter wird besichtigt« bestätigt der Autor, daß die Freundschaft mit dem »jungen Doktor« Lehmann, einem »ausgezeichneten Schüler der Helmholtz und Dubois-Reymonds«, bis zu dessen Tode im Jahre 1898 gedauert habe.[4]

Die Polemik gegen die »sogenannte Moderne« in dem Artikel »Neue Romantik« verweist auf den Literaturkritiker Hermann Bahr. In dessen Aufsatzreihe »Zur Kritik der Moderne« war 1891 unter anderem auch die Schrift »Überwindung des Naturalismus« erschienen, von der Heinrich Mann offensichtlich angeregt wurde. Aus der Psychologie, so Bahr, werde sich als letzte Stufe der Moderne »eine nervöse Romantik« entwickeln. Die Überwindung des Naturalismus geschehe »durch eine Mystik der Nerven«.[5] Aus der literarischen Einflußzone der Jahrhundertwende wären auch Namen wie Gabriele d'Annunzio, Honoré de Balzac, Gustave Flaubert oder Hugo von Hofmansthal zu nennen. Innerhalb des intellektuellen Zeitgeist-Rahmens das genaue Ausmaß direkter Einflüsse festzustellen, ist allerdings sehr schwierig, da sich oft vergleichbare Ideen und wechselseitige Rezeptionen begegneten. Konkret nachweisbar ist vor allem der Einfluß von Paul Bourget und Friedrich Nietzsche. Auffällig sind auch die häufigen expliziten Flaubert-Reminiszenzen, auf die ich später noch eingehen werde.

Heinrich Mann hat seinen Erstlingsroman »In einer Familie« (1894) dem französischen Dekadenz-Psychologen Paul Bourget gewidmet. Er übernahm bis zu einem gewissen Grad Ästhetik und Weltbild jenes konservativ-romantischen Franzosen, der auch als Anreger und Vorläufer der Kulturkritik Friedrich Nietzsches gilt. So wurde zum Beispiel nachgewiesen, daß Nietzsches Charakteristik des dekadenten Stils nahezu wörtlich mit Passagen aus Bourgets Baudelaire-Aufsatz von 1883 übereinstimmt. In seinen Artikeln für »Das Zwanzigste Jahrhundert« hat Heinrich Mann die soziologische und psychologische Begriffskonstruktion Bourgets von der »Krankheit des Willens« umstandslos mit Nietzsches Antisozialismus und Antidemokratismus vermischt. Vor allem in Bourgets »Essais de Psychologie contemporaine« (1883) ließen sich Versatzstücke finden, die er mühelos mit Nietzsches Theoremen der Lebensschwäche zu einem eklektischen Gesamtbild zusammenfügen konnte. In der Literaturwissenschaft ist viel über den psychologischen Leitbegriff des »Dilettantismus« in Heinrich Manns Frühwerk geschrieben worden. Gemeint ist die literarische Charakterisierung einer nervösen Veranlagung, der Ungläubigkeit, Willensschwäche und Angleichung an fremde Lebensformen.[6] Das Werk des jungen Autors »bietet eine Galerie von Neurotikern, erschöpften jungen Damen, entnervten Jünglingen«.[7] Blieb Heinrich Manns Versuch, von Bourget ausgehend, eine Theorie des psychologischen Romans zu entwickeln, bruchstückhaft und eklektisch, so gilt das erst recht für seine frühen philosophischen Orientierungsbemühungen.

»Ich glaube, wenn ich überhaupt zur Analyse gemacht bin, nur auf diejenige der haute vie«, heißt es in seinem autobiographischen »Plan« vom 11. November 1893. »Die moralischen Dispositionen, die ich meinen eigenen entsprechend aufsuche, finden sich nur dort.«[8] Was der junge Dandy anstrebte, war »ein kosmopolitisches, durch die letzten kulturellen Erzeugnisse der alten Welt gebildetes und getragenes Dasein«.[9] Natürlich »müßte Paris der Schauplatz sein«, die Milieuvorstellung war sehr detailliert: »Sobald ich das wenige Vermögen, das mir zukommt, an mich gezogen habe, würde ich eine Summe aufnehmen, die mir einen Monat einer existence supérieure ermöglichen würde. 5000 frs. sind etwa die monatlichen Renten eines dreifachen Millionärs, das würde also genügen (...) Ich würde mir also ein kleines Appartement nicht weit von den Boulevards nehmen; da die Herrlichkeit auf Zeit ist, müßte es allerdings möbliert sein; das wird durch Illusion leicht ersetzt. Worauf es ankommt, sind die Details des täglichen Lebens. Von Kopf zu Fuß vom ersten Pariser Schneider gekleidet (...) schleunig eine so elegante Frau genommen, wie mit dem Gelde, das ich bieten kann, erreichbar (...) Von dieser Pariserin kann ich mich als distinguierter Fremder anleiten lassen; sie wird die restaurants chics und die Logen im Theater wählen. Die Tages- und Nachteinteilung, Toilette und s. w. wird von ihr bestimmt.«[10] Hier zeigt sich unverhüllt das naive Verlangen des Schwachen nach einem starken Leben. Die berechtigte Sorge des jungen Autors war, daß die eigene Lebensschwäche, der Maxime von Bourget und Nietzsche, das Leben als Kunstwerk zu gestalten, nicht gerecht werden könnte: »Ich frage mich wohl, ob ich so nicht befürchten muß, ausschließlich die demi-monde kennen zu lernen.«[11]

Eine intensive Beschäftigung mit Nietzsches Philosophie fiel in die Italien-Zeit von 1895 bis 1898, als Heinrich und Thomas in Rom und Palestrina gemeinsam unter anderem »Jenseits von Gut und Böse« und »Zur Genealogie der Moral« lasen und diskutierten. Heinrich besaß diese Schriften in der zweiten Auflage von 1891/92. »Höchst willkommen war dieser Philosoph«, erinnerte er sich später. »Er stellte an die Spitze seiner geforderten Gesellschaft den stolzen Geist – warum nicht uns selbst?«[12] Wie aus frühen Gedichten erkennbar, kam Heinrich bereits 1891 als Buchhandelslehrling in Dresden mit »Also sprach Zarathustra« in Berührung. Im Mai 1892 bezeichnete er Nietzsche »fürs erste« als seine »Hauptlektüre«[13] und bekannte sich in einem Brief an Ludwig Ewers zum »theoretischen Anarchismus à la Nietzsche«: »Zudem merke ich, wie sich meine Anschauungen allmählich zu einem System auswachsen, das, glaube ich, der Zeit

entspricht und doch einer gewissen Originalität nicht ent-
behrt. Beim theoretischen Anarchismus à la Nietzsche muß
es wohl bleiben: dahinüber läßt sich für lange nichts denken.
Das muß aber Philosophenphilosophie sein; es darf kein
Hauch davon in die Menge dringen. Es muß alle Popularisie-
rung vermieden werden. Der Glaube an den ›Freien Willen‹,
auf dem die ganze offiziell bestehende Weltanschauung beruht, darf nicht erschüttert werden, denn die Welt, wie sie auf
diese Anschauung gegründet besteht, ist die denkbar beste. «[14]
Doch es blieb nicht beim Nietzsche für den Hausgebrauch. In
der Zeitschrift »Das Zwanzigste Jahrhundert«, auf die an
anderer Stelle ausführlicher eingegangen wird, äußert sich
Heinrich Mann 1896 öffentlich zu Nietzsches Philosophie
(»Zum Verständnisse Nietzsches«). Erstaunlicherweise interpretiert er hier Nietzsche gegen Nietzsche, weigert sich,
dessen »Fatalismus« zu akzeptieren und versucht, ihn als
Repräsentanten eines Denkens hinzustellen, das weit entfernt
vom »theoretischen Anarchismus« ist. Nietzsche sei »kein
Anarchist oder Skeptiker, denn es ist nicht Skepsis, an die
erlösende Kraft eines Kulturprinzips zu glauben, wie er es in
der Kunst erfaßte, und es ist nicht Anarchismus, abgegriffene
Werte umzumünzen und für eine alte und vielfach gefälschte
Moral jenes neue Sittlichkeitsideal aufzustellen, das sich aus
der Vervollkommnung der Rasse und der Gesellschaft ablei-
tet. «[15] Nietzsches »Übermensch« wird nicht als »Einzelper-
sönlichkeit«, sondern als »ein soziales und ein Rassensym-
bol« und als »Prophet« eines »wiedererwachten Nationalbe-
wußtsein(s)« gedeutet.[16] Eine veränderte und authentischere
Nietzsche-Rezeption wird erst gegen Ende der neunziger
Jahre erkennbar. Interpretationshilfe lieferte offensichtlich
der Aufsatz von Georg Brandes: »Friedrich Nietzsche. Eine
Abhandlung über aristokratischen Radicalismus«, der damals in dessen Essaysammlung »Menschen und Werke«
erschienen war.[17] Brandes referiert in diesem Aufsatz Nietzsches Moralpsychologie sowie dessen Thesen zur Kultur-
und Zeitkritik, vor allem seine »aristokratische« Auffassung
von der Isoliertheit des Geistigen in der Gesellschaft. Nietz-

sche selbst wird als »ein Geist« beschrieben, der »Unabhängigkeit mittheilt und der für andere jene befreiende Macht werden kann«.[18] Nietzsches kulturpessimistischen Gedanken, so seine These, daß Kultur und Staat »Antagonisten« seien, werden am Beispiel der »Unzeitgemäßen Betrachtungen« erläutert. Die »Unzeitgemäßen Betrachtungen«, zu denen man vier »Stücke« rechnet (»David Strauß, der Bekenner und der Schriftsteller«, »Vom Nutzen und Nachteil der Historie für das Leben«, »Schopenhauer als Erzieher« und »Richard Wagner in Bayreuth«) waren in der Zeit von 1873 bis 1876 als »kritisch-enzyklopädische Reihe« angelegt.

Nietzsche ging es nicht so sehr um eine umfassende, allgemeine Beschreibung von Bildung und Historie der Deutschen, sondern vor allem um eine Kritik der Entwicklung Deutschlands nach der Bismarckschen Reichsgründung, um eine konkrete Analyse der wechselseitigen Beziehungen von Staat, Gesellschaft, Wissenschaftsbetrieb, Kommunikationswesen und Sprache. Er beschreibt das Zeitgefühl der Deutschen als permanente Bedrohung durch kulturfeindliche Elemente, als Diskrepanz vom offiziellen und heimlichen Reich, als Kampf zwischen politischem und »geistigem« Deutschtum. Symptome einer zum Fetisch erniedrigten Kultur und entfremdeter Lebensverhältnisse entdeckte er vor allem im ökonomischen Taumel der beginnenden Gründerjahre. In Deutschland sei »der reine Begriff der Kultur« verlorengegangen. »Kultur«, so Nietzsche, »ist vor allem Einheit des künstlerischen Stiles in allen Lebensäußerungen eines Volkes.« Das Problem der Deutschen sei »Stillosigkeit«: »In diesem chaotischen Durcheinander aller Stile lebt aber der Deutsche unserer Tage: und es bleibt ein ernstes Problem, wie es ihm doch möglich sein kann, dies bei aller seiner Belehrtheit nicht zu merken und sich noch dazu seiner gegenwärtigen ›Bildung‹ recht von Herzen zu freuen. Alles sollte ihn doch belehren: ein jeder Blick auf seine Kleidung, seine Zimmer, sein Haus, ein jeder Gang durch die Straßen seiner Städte, eine jede Einkehr in den Magazinen der Kunstmodehändler; inmitten des geselligen Verkehrs sollte er sich des Ursprungs seiner Manieren und Bewegungen, inmitten unserer Kunstanstalten, Konzert-, Theater- und Musenfreuden sich des grotesken Neben- und Übereinander aller möglichen Stile bewußt werden. Die Formen, Farben, Produkte und Kuriositäten aller Zeiten und aller Zonen häuft der Deutsche um sich auf und bringt dadurch jene moderne Jahrmarkts-Buntheit hervor, die seine Gelehrten nun wiederum als das ›Moderne an sich‹ zu betrachten und zu formulieren haben.«[19]

Heinrich Mann hat während seiner eigenen Gratwanderung gespürt, daß ästhetische Texte als Markierungen der historischen Tendenz zur Barbarei dienten. Nietzsche hatte auf seine Weise früher als andere Denker die Krisenhaftigkeit und Brüchigkeit der deutschen und europäischen Ordnung erkannt. Er sprach davon, daß »alles wackelt«, daß »alle Erde bebt«. In ihm entfaltete sich die »Modernität der Meisterdenker«, er »nahm die letzten Reinigungen vor und sprengte all das in die Luft, bei dem die alten Meister noch Zurückhaltung gezeigt hatten«.[20] Die zentrale Kategorie der Philosophie Nietzsches zur Bezeichnung des natürlichen und gesellschaftlichen Geschehens wurde der Begriff »Leben«. Leben interpretierte er als irrationale, von Trieb, Instinkt und Willen beherrschte »dionysische«, in permanentem Werden und Vergehen befindliche, widersprüchliche, grausame, »dunkle, treibende, unersättlich sich selbst begehrende Macht«[21], als eine im Wesen der Wirklichkeit selbst begründete Unabänderlichkeit. Leben sei »Aneignung, Verletzung, Überwältigung des Fremden und Schwächeren, Unterdrückung, Härte« und vor allem »Aufzwängung eigner Formen«.[22] Später setzte Nietzsche »Leben« mit dem »Willen zur Macht« gleich, als bewegende Kraft der Menschheitsgeschichte und Ursprung von Kultur, Wissenschaft, Philosophie und Religion. Die Begriffe »Leben« und »Wille zur Macht« sollten die traditionellen philosophischen Kategorien ersetzen. Das Absolute wurde in Form einer künstlerischen Weltsicht zur greifbaren Wirklichkeit erhoben. »Nur als ästhetisches Phänomen«, so Nietzsche, »ist das Dasein und die Welt ewig gerechtfertigt.«[23] Nietzsches Kunstbegriff bewegte sich zwischen Metaphysik und Politik. Erst nach »Vernichtung« des Gegensatzes von Form und Inhalt sei eine »Einheit« des deutschen Geistes und Lebens erreichbar. An dieser »Transformation der Kunst«[24], an der Apotheose von Größe und Macht, einer mythischen Identität von Geist und Leben wollten nun gerade auch diejenigen teilhaben, die Nietzsche selbst als Mittelmaß und Bildungsphilister beschimpft hatte. Julius Langbehns Visionen vom »Rembrandt-Deutschen« waren nichts anderes als eine platte Nietzsche-Paraphrase, ein Beispiel dafür, daß sich kulturelles Pathos gut für profane Zwecke verwenden läßt. Ohne selbst Künstler zu sein, eröffnete sich für eine ganze Epigonenschar die Möglichkeit, am Glanz des »Übermenschlichen« teilzuhaben. Nietzsches dionysische Ausbrüche, von Thomas Mann »Ausschweifung seiner ästhetischen Trunkenheit« genannt, nahmen schließlich die Nationalsozialisten in besonders eklektischer Weise für bare Münze. Daß Hitler ein neuer Michelangelo geworden wäre, wenn er nicht Baumeister des Reiches hätte sein müssen, davon waren viele seiner Anhänger überzeugt. Goebbels tröstete sich damit, daß auch die Politik im Sinne von Nietzsche eine Kunst sei. »Wir, die wir die moderne deutsche Politik gestalten«, schrieb er 1933 an Wilhelm Furtwängler, »fühlen uns dabei als künstlerische Menschen.«[25] Nietzsches Nachlaßverwalterin, seine Schwester Elisabeth Förster-Nietzsche, favorisierte mehr den italienischen Faschismus. Zu seinem 50. Geburtstag, am 29. Juli 1933, schickte sie Mussolini ein Telegramm: »Dem herrlichsten Jünger Zarathustras, den sich Nietzsche träumte, dem genialen Wiedererwecker aristokratischer Werte in Nietzsches Geist, sendet das Nietzsche-Archiv in tiefster Verehrung und Bewunderung die schönsten Glückwünsche.«[26] Hitler, der natürlich auch als »Jünger Zarathustras« gelten wollte, finanzierte den Bau der Nietzsche-Gedenkhalle in Weimar und ließ sich demonstrativ vor der Marmorbüste des Philosophen photographieren. Er wurde in die Gunst der Nachlaßverwalterin einbezogen. Als er sich im Juni 1934 mit Mussolini in Venedig traf, kam aus Weimar das Telegramm: »Die Manen Friedrich Nietzsches umschweben das Zwiegespräch der beiden größten Staatsmänner Europas.«[27]

Vorgewarnt durch seine italienischen Erfahrungen, erkannte Heinrich Mann in der deutschen Variante des Faschismus früher als andere einen besonders brutalen Rückfall in die Barbarei. In Mussolini sah er lediglich einen relativ harmlosen Borgia-Verschnitt, der ohne Hitlers Unterstützung nichts bewirkt hätte. »Tragiker werden die Narren, sooft der Deutsche hinzutritt.«[28] Hitler war für ihn zwar auch ein verfehlter Künstler, ein Schmierenkomödiant – doch er war »der leibhaftige Irrationale«, übertraf Mussolini als »mondial exzedierender Wüstling«.[29]

Im Zusammenhang mit der Herausgabe und Einleitung eines Bandes ausgewählter Nietzsche-Schriften für den Pariser Correa-Verlag, entstand im Frühjahr 1939 Heinrich Manns Porträt-Essay für die Zeitschrift »Maß und Wert«. Nietzsches »Werk ist furchtbar, es ist bedrohlich geworden«, heißt es da im Hinblick auf die faschistische Inanspruchnahme.[30] Würde der Philosoph des »Willens zur Macht« den Nazikult noch erlebt haben, so die Mutmaßung, »seine ›blonde Bestie‹ bliebe ihm in der Kehle stecken«.[31] Andererseits, so fragt sich Heinrich Mann, was wäre Nietzsche ohne seine »Glanznummer« der »blonden Bestie«? Ohne »diesen Akt am freischwebenden Trapez« wäre er »niemals populär geworden«.[32] Die Frage nach Übereinstimmung und Gegensätzen zwischen Nietzsches Philosophie und den Ideen des Nationalsozialismus war Gegenstand zahlloser Debatten deutscher Emigranten während des Krieges und danach. Auch Thomas Mann beschrieb diese Problematik in seinem Essay von 1947. Seiner Meinung nach käme es darauf an, »hier Ursache und Wirkung umzukehren und nicht zu glauben, daß Nietzsche den Faschismus gemacht hat, sondern der Faschismus ihn – will sagen: politikfern im Grunde und unschuldig-geistig, hat er als sensibelstes Ausdrucks- und Registrierinstrument mit seinem Machtphilosophen den heraufsteigenden Imperialismus vorempfunden und die faschistische Epoche des Abendlandes (...) als zitternde Nadel angekündigt«.[33] Ludwig Marcuse hat 1944 in seinem für das amerikanische Publikum geschriebenen Essay »Was Nietzsche a Nazi?« durch Gegenüberstellung von Nietzsche- und Hitler-Zitaten zu Themen des »Ariertums«, des Antisemitismus und des Christentums die Unterschiede regelrecht aufgelistet.[34] Und Klaus Mann läßt den Professor Samuel in seinem Exilroman »Der Vulkan« die Formel verkünden: »Den Philosophen der ›Macht‹ konnte nichts überraschen: er hatte die Abgründe in sich, vor denen er warnte; er selbst war Teil des Unheils, gegen das er sich seherisch empörte.«[35] Der brutale martialische Aspekt von Nietzsches Immoralismus hat auch Heinrich Mann in erhebliche Verlegenheit gebracht, doch er wandte sich nicht von ihm ab, wie oft behauptet wird. Es gab einen Nietzsche, der bis zuletzt sein Ideal blieb: nicht der Beschwörer des Machttriebes, nicht der Prediger des Verfalls von Geist und Moral, sondern der Philosoph der »Leidenschaft der Erkenntnis«. Er bleibe Vorbild, wenn die »Leser von ihm die Leidenschaft der Erkenntnis, nichts anderes« lernen.[36] Nietzsche habe »die Erkenntnis als einen leidenschaftlichen Zustand empfunden«. Sein Denken bekomme »nachgerade den Sinn eines Liebesaktes«.[37] Nur in der Liebe entwickele sich eine Einheit von Geist und Leben. »Das Leben stark fühlen ist alles«, heißt es in Heinrich Manns Autobiographie, »es ergibt die Werke und die Taten.«[38] Starkes Lebensgefühl war auch die Basis des bewunderten Werkes von Zola. Die Französische Revolution fand in einem Milieu der »All-Liebe« statt, während in Deutschland der Geist reine Theorie blieb, denn dort liebe man einander nicht. Bereits im Jahre 1906 formulierte Heinrich Mann einen aufschlußreichen Satz für das Verständnis des Zusammenhangs von ästhetizistischem Frühwerk und der politisch engagierten späteren Phase: »Die romanischen Demokratien wurzeln in erotischer Erregbarkeit.«[39]

2. Deutschland, eine Wagner-Oper

Während Heinrich Mann sich dem Einfluß Nietzsches bis zuletzt nicht entziehen konnte, schauderte es ihn stets beim Gedanken an Wagner. Zwar dröhnen auch in seinen Werken Bayreuther Opern-Klänge, doch stets ironisch gebrochen. Bereits in seinem ersten Roman »In einer Familie« setzte er Beethoven »als logische Gegenkraft gegen den Sinnenrausch des ›Tannhäuser‹«.[40] Im »Untertan« konzentrierte sich dann die Kritik am deutschen Geistesleben eindeutig auf Wagner. In der »Lohengrin«-Satire erscheint Wagners Musik als Abziehbild der aktuellen Verhältnisse. Der Untertan Heßling (»Ich gehe nur in Konzerte, wo ich Bier trinken kann«) fühlte sich in Wagners Opern »wie zu Hause«: »Schilder und Schwerter, viel rasselndes Blech, kaisertreue Gesinnung, Ha und Heil und hochgehaltenes Banner und die deutsche Eiche: man hätte mitspielen mögen.«[41] Hier ist Nietzsches Kritik der deutschen »Entwicklung« aufgenommen, die Kritik eines Begriffes, »der im Bunde mit deutschem Bier und deutscher Musik, daran arbeitet, ganz Europa zu verdeutschen«.[42] Heinrich Manns Frontalangriff gegen Wagner erfolgte in seinem Essay »Kaiserreich und Republik« (1919). Nach einer Verteidigung Nietzsches, der »die Herrschaft einer Akademie verlangt« hätte, »anstatt eines Klüngels von Waffenfabrikanten und Generalen«[43], wird Wagner als krasser Ausdruck des Wilhelminismus dargestellt, als »einer der ihren, erfolgsüchtig, vom Stoff besessen, mit der Lüge auf bestem Fuß«. Zwar hätten viele »neben ihm mitgeschaffen an der Verderbnis«, zum Beispiel der »berüchtigte Treitschke«, doch Wagner konnte über den »populärsten Apparat« verfügen: »Er entzog seine Mittel der Aufsicht der Vernunft, und er war bedenkenlos wie einer, weil im Vorrecht des Künstlers (...) Freiheit und Menschentum, die versagen, haben allem anderen Platz zu machen, das auf der Opernbühne nur ziehen kann: einer schwitzenden Kraftentfaltung, dem als Zustand waltenden Siegesgetöse, gewissen Schwülsten von Deutschtum, die um des Farbenspieles und Effektes willen sogar antisemitisch schillern. Wie sieht er die Macht, die ihm heilig ist? In der Gestalt von Zaubermännern mit Schwanenhelmen. Wie das Volk? In den Spalieren eines vom Glanz seiner Herren geblendeten, von den Ereignissen ewig überraschten Chores. Wie den Deutschen? Als den ruchlosen Tölpel Siegfried. Wie sich selbst, der Plebejer? Mit den adeligen Zügen eines blonden Stolzling (...) Was bleibt? Musikalisches Ausdrucksvermögen, genial so viel man will, für vergiftete Gefühle und einen verfälschten Geist; die Oper, die ein schönes, luftig-sinnliches Gebilde gewesen war, grob und materialisiert und zum Wagnerbetrieb gemacht, einer vorwiegend sozialen und wirtschaftlichen Tatsache, die den Bestand ihres Gründers länger sichern wird, als seine Kunst es vermöchte.«[44]

Es bedurfte nicht erst der Ereignisse im Hitler-Deutschland, um fatale Elemente der Wagner-Kunst transparent zu machen. Schon die tränenreiche Verzauberung des jungen bayerischen Kronprinzen Ludwig durch die »Lohengrin«-Aufführung im Jahre 1861 führte zu Spottversen und Karikaturen. »Nein, nein und dreimal nein«, erregte sich der Schriftsteller Ludwig Speidel im August 1876 nach der Bayreuther Erstaufführung des »Ring des Nibelungen«. Das deutsche Volk habe »mit dieser nun offenbar gewordenen musikdramatischen Affenschande« nichts gemein. Der ebenfalls in Bayreuth weilende Kaiser Wilhelm I. hingegen applaudierte ostentativ. Wagners deutsch-romantische Glorie des Gralsrittertums ließ und läßt sich nicht rein musikalisch konsumieren. Nietzsche, durch eine Art Haß-Liebe an den magischen Komponisten gefesselt, hat als erster das psychologische Phänomen des Unbehagens, das den Musikgenuß überlagert, als politische Kategorie analysiert. Er erklärte Wagner 1884 zum deutschen »Fall«. Wagner bleibe »für Deutschland und deutsche Kultur« ein »großes Fragezeichen, ein deutsches Unglück vielleicht«. Der deutsche Geist habe zu allen Zeiten »in psychologicis der Feinheit und Divination ermangelt«. Wo er »unter dem Hochdruck der Vaterländerei und Selbstbewunderung« stehe, verquicke und vergröbere er sich zusehends, »wie sollte er dem Problem Wagner gewachsen sein!«.[45] War Heinrich Mann diesem Problem gewachsen? Er lehnte Wagner zwar entschieden ab, dennoch waren seine Gefühle für ihn ambivalent. Die Ausstrahlung Wagners und seines Kultes gerade auf sensible Naturen ist auffällig. Im Oktober 1913 überredete Heinrich Mann seinen juristischen Berater und Freund Maximilian Brantl, ihn zu einer »Lohengrin«-Aufführung nach Augsburg zu begleiten. Obwohl er vorgab, nur wegen seiner Recherchen für das entsprechende »Untertan«-Kapitel die Wagner-Aufführung zu besuchen, war er anschließend doch stärker beeindruckt als beabsichtigt. Zwei Postkarten an Maria Kanová, fast gleichzeitig abgeschickt, zeugen von einer gewissen Wagner-Verwirrung des Absenders. Am 14. Oktober 1913 schrieb Heinrich Mann an seine zukünftige Frau: »Soeben Lohengrin: es war phantastisch schön...« und einen Tag später: »Der Lohengrin in Augsburg war trist und komisch...«[46] Mit ähnlich widersprüchlichen Wagner-Gefühlen hatte auch Nietzsche zu kämpfen. Einerseits vermutete er in ihm und seinem Werk »lauter Hysteriker-Probleme«, eine »Überreiztheit der nervösen Maschinerie« und die Bühnenpräsentation einer »Kranken-Galerie«, andererseits erschien ihm der Schöpfer des »Ring des Nibelungen« als »der moderne Künstler par excellence«.[47] Mit dieser medizinischen Beschreibung des »überreizten« Wagner, die zugleich ein tragisches Selbstporträt war, hat Nietzsche frühzeitig (1888) auf die »nervöse« Geistes- und Körperbefindlichkeit der Intellektuellen um die Jahrhundertwende hingewiesen. Während Freud 1900 mit seiner Traumdeutung die Tiefenstruktur der Neurasthenie auslotete, analysierten andere das mehr exogene Verhältnis von »Nervosität und Kultur«.[48] Man erklärte sich »die Zunahme der Nervosität« aus einem Circulus vitiosus der ästhetischen Genußsucht: »Das Leben in den großen Städten ist immer raffinierter und unruhiger geworden; die erschlafften Nerven suchen ihre Erholung in gesteigerten Reizen, in stark gewürzten Genüssen, um dadurch noch mehr zu ermüden.«[49] Diese lust- und leidvollen Erfahrungen hat auch Heinrich Mann gemacht. Er kurierte seine Neurasthenie-Anfälle am Gardasee im Sanatorium des Dr. von Hartungen aus. Mit der Überwindung seiner »nervösen Romantik« verschwand auch zunehmend der Typus des »entnervten Jünglings« aus seinen Romanen. Wagner war für Heinrich Mann ein »Problem«, weil er die privat überwunden geglaubte »nervöse Romantik« in einer virtuosen Komposition von Mythos und Moderne als öffentliches Gesamtkunstwerk präsentierte. Gesamtkunstwerke dieser Art waren und sind in Deutschland als Seelen-Programm gefragt.

Auch das Jahr der nationalsozialistischen Machtergreifung war ein Wagner-Jahr. Man gedachte des 50. Todestages des Komponisten. Am 21. Februar, nur wenige Tage vor seiner Verhaftung, äußerte Carl von Ossietzky in der »Weltbühne« die bange Vermutung, daß »aus Deutschland eine Wagner-Oper werden« solle. Hermann Rauschning, Ex-Nationalsozialist und Senatspräsident von Danzig, beschreibt in seinen Erinnerungen einen Hitler, der Wagner-Motive summt und den Komponisten zur »größten Prophetengestalt« Deutschlands erklärt. Vor allem der »Parsifal« hatte es ihm angetan, denn da werde ein neuer Adel des reinen Blutes verkündet. Angesichts des programmatischen Antiintellektualismus der Nationalsozialisten schien Musik das Ausdrucksmedium zu sein, welches die größte Unmittelbarkeit garantierte. Für die von deutschen Emigranten herausgegebene »Pariser Tageszeitung« war Wagner der »einzige wirkliche Klassiker« der NS-Ideologie.[50] Die Gralshüter des nazideutschen Kulturbetriebes reagierten im April 1933 geradezu eifersüchtig auf einen Wagner-Vortrag von Thomas Mann. »Ohne es zu wissen und zu ahnen«, habe er mit diesem Vortrag »von Deutschland Abschied« genommen, erklärte der Schriftsteller 1937 in Zürich.[51] Im April 1933 hatte sich Thomas Mann noch nicht mit dem Exil solidarisiert. Sein Vortrag anläßlich des Wagner-Jubiläums vermied die Auseinandersetzung mit der nationalsozialistischen Rezeption und nahm keinerlei

Bezug auf Wagners Antisemitismus. Wagners Kunst sei »die sensationellste Selbstdarstellung und Selbstkritik deutschen Wesens« und sei »danach angetan, selbst einem Esel von Ausländer das Deutschtum interessant zu machen«.[52] Ab 1936 äußerte sich Thomas Mann zwar dezidiert im Sinne des politischen Exils, doch sein Wagner-Bild veränderte sich nicht wesentlich. 1942 betonte er in einem Brief an Agnes E. Meyer ausdrücklich, daß seine »Redeweise über Wagner« nichts »mit Chronologie und Entwicklung zu tun« habe. Sein Verhältnis zu Wagner sei immer »ambivalent« gewesen.[53] Kritischer als Thomas Mann ging zwar Theodor W. Adorno 1939 mit Wagner um (»Zwischen Idiosynkrasie und Verschwörungswahn knüpft sich die Rassentheorie«[54]), doch generell erteilte das deutsche Exil dem Lohengrin-Komponisten die Absolution.[55] Vor allem Ernst Bloch, der Philosoph des »Prinzips Hoffnung«, demonstrierte Gelassenheit und Unbefangenheit gegenüber dem Bayreuther »Mythenschmied« (Brecht). Jene, die Wagner in Zusammenhang mit Hitler brachten, qualifizierte er als »zivilisierte Spießer« mit »Realschul-Verstand« ab. Die Wagner-Kritiker wurden regelrecht ausgegrenzt. Auch Ludwig Marcuses fulminante, 1000 Seiten umfassende monographische Studie fand als Manuskript beim Exilverlag Querido in Amsterdam keine Gnade.[56] Er »kenne viel Gehässiges gegen den Meister«, aber so etwas habe er »noch nicht gelesen«, soll sich Stefan Zweig empört haben. Das »Wort ›Genie‹« komme in Marcuses Auseinandersetzung mit Wagner »nicht ein einziges Mal vor«.[57] Und die deutsch-jüdische New Yorker Wochenzeitung »Aufbau« berichtete noch nach Kriegsausbruch schwärmerisch über Wagner-Aufführungen (»Walküre wie einst«).[58] 1938, im Jahr des 125. Geburtstages von Wagner, organisierte man im Exil Konkurrenzveranstaltungen zu den Feierlichkeiten im Nazi-Deutschland. Auch in der Sowjetunion wurde Wagners Geburtstag gefeiert. Die in Moskau erscheinende Zeitschrift »Das Wort« reklamierte die Wagner-Tradition für sich mit dem Hinweis, daß man »dümmer« als die Nationalsozialisten den Meister »kaum fälschen« könne.[59] Höhepunkt der Wagner-Peinlichkeiten war die »Walkü-re«-Aufführung im Moskauer Bolschoi-Theater, die 1939 dem Hitler-Stalin-Pakt die offizielle Weihe gab. Inszeniert wurde das Spektakel, das auf höchste Weisung »judenfrei« besetzt werden sollte, von Sergej Eisenstein, dem berühmten Regisseur des »Panzerkreuzer Potjomkin«, selbst Sohn eines deutschen Juden.[60] In einem Artikel für die »Deutschen Blät-ter« erläuterte Eisenstein auch noch 1941 die Unbefangenheit seiner Wagner-Schwärmereien: In Wagners Musik, in seinen »herrlichen Gestalten«, habe »der kollektive Genius des deut-schen Volkes seinen hervorragenden Ausdruck« gefunden.[61] Die Wagner-Diskussion nach 1933 ist ein schlagender Beweis dafür, daß auch die Ideengeschichte des Exils untrennbar mit der deutschen Gesamtgeschichte und ihren Schattenseiten der politischen Kultur verbunden blieb. Nach dem Krieg konnten sich die Wagner-Freunde im Osten und Westen des geteilten Deutschlands auf dieses gemeinsame Kulturerbe berufen. Bereits 1946 erklang in Chemnitz wieder der Schlachtenlärm von Tannhäusers »Sängerkrieg«, und auch das »neue Bayreuth« berief sich 1951 auf die Wagner-Rezep-tion des »anderen Deutschlands«. Dem von Wieland Wagner 1962 zum 150. Geburtstag seines Großvaters herausgegebe-nen Sammelband verlieh der deutsch-jüdische Exilautor und ehemalige Redakteur der »Literarischen Welt«, Willy Haas, durch seinen zentralen Beitrag die entsprechende Legitima-tion.[62]

Heinrich Mann hat die Exildiskussion über Wagner weit-gehend ignoriert. Für ihn war alles wesentliche bereits von Nietzsche gesagt. Er übernahm dessen Motto »Il faut médi-terraniser la musique«. Mit ihm träumte er »von einer Erlö-sung der Musik vom Norden«, von »einer überdeutschen Musik, welche vor dem Anblick des blauen wollüstigen Meers und der mittelländischen Himmels-Helle nicht ver-klingt, vergilbt, verblaßt, wie es alle deutsche Musik tut«.[63] Es gibt keinen zusammenfassenden Musikessay von Hein-rich Mann, doch enthält sein Werk an jeweils zentralen Stellen eine Anzahl musikalischer Einzelszenen. Vor allem in den Romanen »In einer Familie«, »Die Göttinnen«, »Die Jagd nach der Liebe«, »Zwischen den Rassen«, »Die kleine Stadt« und »Der Untertan« ist die Wirkung von Opernaufführungen in satirischer Absicht auf die Handlung bezogen und wird psychologisch analysiert. In späteren Werken, wie in »Der Kopf« oder »Empfang bei der Welt« erscheint die Oper als ernsthaftes, gesellschaftliches Phänomen des neuzeitlichen Musikbetriebes. Oper und Musik sind bei Heinrich Mann nahezu synonyme Begriffe.

Erste, entscheidende Einflüsse auf den Umgang mit Musik waren von der Mutter ausgegangen. Ihr »lieblicher« Gesang, rauschende Maskenbälle und die »kratzenden« Töne der Kindergeige hatten schon das Lübecker Elternhaus mit einer Opernatmosphäre umgeben. In der Oper sah Heinrich Mann das ideale Medium, um Leidenschaft auszudrücken und zu empfinden. Der vollkommenste »Darsteller des leidenschaftlichen Lebensgefühls jener Tage« war für ihn Giacomo Puccini. Puccini, der sich seine Operntechnik und Klangfärbung aus den unterschiedlichsten nationalen Traditionen zusammengestellt hatte, traf den Ton des Weltbürgertums der Jahrhundertwende. Für Heinrich Mann war Puccini als Repräsentant der Mailänder Tradition von Antonio Bazzini und Amilcare Ponchielli ein Antipode des nordisch-teutonischen Wagner. Die Opern des Italieners verkörperten mit ihrem »Schmelz, Aufschwung, Todesverlangen«[64] die Musik des Südens. »Die italienische Musik ist nicht banal«, heißt es in Notizen Heinrich Manns. »Wenn sie geistig nicht fortgeschritten« sei, habe sie »doch eine sinnliche Macht, die die anderen Nationen nicht erreichen, und die sie darum nicht banal nennen sollten.« Für ihn sei sie »Erholung«. »Die Musik in Italien, wie das Volk beruhigen mich.«[65] Mit dem Maestro Puccini »bekannt« wurde der junge Heinrich Mann im November 1900, als er »auf der hinteren Plattform einer langsamen Pferdebahn von Florenz bergan nach Fiesole fuhr« und zum ersten Mal die Klänge der »Bohème« hörte. »Damit keine Banalität fehlte«, so die selbstironische Erinnerung, »war es ein Leierkasten.« Er »vernahm die große Arie des Rodolfo, Akt I, auf einer Landstraße«. Und in Riva »bei einem Weinwirt«, von dem er noch nach mehr als fünfzig Jahren wußte, »daß er Marchetti hieß«, hörte er erstmalig »Io moio desperato« aus »Tosca« III.[66] Später ist er den Operntruppen in Italien »von Stadt zu Stadt« nachgereist. Einer Sängerin namens Livia folgte er von Florenz bis Mailand, nur um aus ihrem Mund die mehr gehauchten als gesungenen Worte »Gli occhi... neri« zu hören – und wegen ihrer faszinierenden, leichten »Bewegung des Schenkels«.[67] Seine Romanfiguren beschreiben die Wirkung, die die Puccini-Musik auf den Autor ausgeübt hat. Lola aus dem Roman »Zwischen den Rassen« zum Beispiel erlebt die »Tosca« als Glücks- und Liebesrausch: »Und als die kleine Logentür hinter ihr dumpf zuklappte und harfend, mit verbleichenden Sternen und erster Morgenröte ein Garten von Tönen, ja plötzlich ein klingendes Paradies sie aufnahm, da stand sie, bebte, verschluckte Tränen, fühlte die Brust sich spannen und das Flügelrauschen der Erlösung über ihren zugedrückten Lidern. Das Glück! Diese Töne waren das Glück! (...) Alle Schranken fielen. Mächtig glänzend öffneten sich Himmel, die ganz Liebe waren.«[68] In der »Jagd nach Liebe« lösen die Klänge der »Manon Lescaut« schwere und süße »Wellen von Jasminduft« aus, verbreiten »über die Welt einen roten Schein«, der »zu Sehnsucht hinriß«.[69] Und schließlich, in dem 1909 erschienenen Roman, der eine Liebeserklärung an das bei Rom gelegene Palestrina (Geburtsort des großen Komponisten Praenestinus) ist, macht Puccini »eine einzige ›kleine Stadt‹ singend«. Der junge Dirigent Enrico Dorlenghi verkörpert hier mit seiner »glühenden Sehnsucht, Musik für ein ganzes Volk zu ersinnen«, den »werdenden Puccini«. Der Roman »Die kleine Stadt« symbolisierte den von Thomas Mann argwöhnisch betrachteten »Fortschritt der Musik zur Demokratie«. Ohne seine Puccini-Inspiration hätte er den Roman »nicht geschrieben«, behauptet der Autor im »Zeitalter«.[70] In Werk und Leben Puccinis drückte sich »das beste Lebensgefühl eines Kontinents« und ein Künstlerideal aus, das auch Heinrich Mann für sich beanspruchte: »Die elegante

Figur und Kleidung des Mannes täuschen nicht, die leidenschaftliche Verzücktheit seiner Erfindungen, die Macht der
Sinne, der Sturm der musikalischen Sprache sind eitel Schein:
sie gehören den wenigen Stunden, in denen man produktiv
ist, und gerade dann ist man nüchtern. Ich kenne das.«[71]
Persönlich hat er den so hoch geschätzten Komponisten nie
kennengelernt. 1921, als Puccini in Oberammergau weilte,
setzte ein Berliner Journalist den Maestro davon in Kenntnis,
daß er einen »besonderen Verehrer« in Deutschland habe.
Puccini ließ sich den Namen wiederholen und schüttelte den
Kopf: »Jamais entendu.« Heinrich Mann, unsicher, ob dies
als Geste des Hochmuts oder der Ironie zu deuten sei, zeigte
sich dennoch »beglückt«. Seine Musikauffassung war rein
gefühlsmäßig. Stand Puccinis Musik für Harmonie und »leidenschaftliche Verzücktheit«, so mußte Giuseppe Verdis
»Aida« zur lautmalerischen Unterstreichung des dämoni-
schen, unmenschlichen Künstlercharakters in der Novelle
»Die Branzilla« (1908) dienen. Später, im kalifornischen Exil,
hat Heinrich Mann, wie der Bruder Thomas bemerkte,
»seine Kenntnis des symphonischen Weltbestandes erheblich
erweitert und vertieft«.[72] Im Werk des alternden Autors
finden sich auch Verweise auf Mozart, Tschaikowskij, Debussy, Mascagni, Massenet und Ravel. Doch Puccini ist er
immer treu geblieben. Auch in seiner Todesnacht hat er ihm
gelauscht.

IV.
Tief in Italien

Im Alter von 73 Jahren erinnerte Heinrich Mann sich noch an eine Italienerin, die bewundernd über seine Italienischkenntnisse geäußert hatte: »Parla come se non avesse mai fatto altro« (Er spricht, als hätte er nie etwas anderes getan!).[1]

1. Rom und die kleine Stadt in den Bergen

Nach Übersiedlung der Familie nach München, in der Zeit von 1893 bis 1905/1906, hat Heinrich Mann sich »viel in Italien aufgehalten: anfangs um der Farben und Linien willen, die hier Land und Kunst haben, allmählich immer mehr aus Interesse am Volk«.[2] Er ging, sobald er konnte, »heim nach Italien«, und »eine Zeitlang« glaubte er sogar, dort »zu Hause zu sein«.[3]

Die wichtigsten Stationen seiner Reisen waren Riva und Bozen (Oktober 1893), Florenz (November 1893 bis März 1894), Viareggio (März/April 1894), Bologna und Verona (April 1894), Assisi (Dezember 1894), Rom und Palestrina (Januar 1895 bis 1898) und dann wieder Florenz. In Riva am Gardasee war er auch später regelmäßiger Gast im Sanatorium seines Arztes und Freundes Christoph von Hartungen. Der erste Brief aus dem gelobten Land erreichte den Jugendfreund Ludwig Ewers Anfang Oktober 1893. Er sei »kurz entschlossen aufgebrochen«, um »nach Florenz weiterzureisen«, weil das Münchener Familienleben in der Rambergstraße »immer unleidlicher geworden« sei, schrieb Heinrich aus Riva.[4] Erfaßt von der alten deutschen Sehnsucht nach dem Süden, betrachtete er die Landschaft der Zypressen und Pinien mit ihren »weißen Mauern, die unter dem blauen Himmel, von dessen Licht sie gebleicht sind« und »jeder Straße des Südens ihren charakteristischen Ausdruck verleihen« mit den Augen des Malers.[5] Während seiner Italien-

Reisen, vor allem in der ersten Zeit in Florenz – aber auch noch später in Rom und Palestrina –, zeichnete er viel, studierte die Maltechniken der Dynastie Bellini und beschäftigte sich mit Sandro Botticelli sowie mit Malern der venezianischen Schule. Seine Tagebuchaufzeichnungen aus jener Zeit registrieren sorgfältig die Architektur von Palästen, Kirchen und Parkanlagen. Auch die im Nachlaß erhaltene umfangreiche Sammlung von italienischen Ansichtskarten und Photos dokumentiert die Motivsuche des Malers bei seinen Streifzügen und Wanderungen. Von Florenz bewahrte er eine Karte mit dem Panoramablick von Fiesole auf, in Venedig fesselte ihn ein »Fest auf dem Canal grande«, in Mailand der Corso Vittorio Emanuele und in Neapel die Porta Capuana. Zu den Andenken aus Rom gehören eine Abbildung des Konstantinbogens sowie Photos von der Via dei Fori Imperiali und der Fontana di Trevi. »Aus der Fontana Trevi in Rom tranken wir zuletzt, damit wir wiederkämen. Wir – von Winckelmann und Goethe bis hinauf zu den frühesten deutschen Humanisten.«[6]

Den Winter 1893/94 verbrachte er in Florenz, einer Stadt, die man ihm als »kosmopolitisch« beschrieben hatte und wo er »Pariserinnen und andere Süssigkeiten« zu finden hoffte.[7] Doch die Stadt Dantes enttäuschte den Besucher, der in erster Linie amouröse Abenteuer erwartet hatte: »Florenz wäre ohne den Fremdenverkehr sehr still, die großen landschaftlichen Reize, die Kunst und das schöne Klima lassen mich der Stadt nicht überdrüssig werden, mais ça manque de femmes...«[8] Der Kosmopolitismus von Florenz offenbarte sich nicht im Boulevardbereich der Demi-Monde, sondern als urbanes Gesamtkunstwerk, als Paradigma verschiedener kultureller und politischer Möglichkeiten. Die Geschichte von Florenz war eine Geschichte der intellektuellen Experimente. Landschaft, Menschen und Kunstwerke verschmolzen zu einem Begriff der rationalen Sensibilität, die Heinrich Mann erst während späterer Aufenthalte wahrzunehmen begann. In den Jahren 1903 bis 1905 war Florenz auch für Heinrich Mann eine Stätte der geistigen Kreativität und der

Liebe. Er lernte dort die Schauspielerin Inés Schmied kennen, verlobte sich mit ihr und produzierte in kürzester Zeit mehrere Romane und Novellen. Noch im autobiographischen Rückblick von 1945 erinnert er sich seiner »unversieglichen Produktivität« im Theater Alfieri, wo ein Opernabend ihm »fertige Romanszenen« (»Professor Unrat«) diktierte.[9] Im Frühjahr 1894 allerdings mußte er sich von den Winter-Strapazen der florentinischen Opernabende im Seebad Viareggio erholen. Acht Wochen lang umfing ihn die toskanische Landschaft zwischen Bergen und Meer, deren blühende Gärten und Felder bis zum Strand von Viareggio reichten. Er genoß den malerischen Blick vom Meer aus auf die Versilia mit den weißen Marmorbrüchen und den Apuanischen Alpen im Hintergrund. Nur wenige Kilometer südlich von Viareggio, am Lago di Massaciuccoli, befand sich damals auch die Sommerresidenz seines Lieblingskomponisten Puccini.

Von Mitte April bis Juni des Jahres 1894 mußte der junge Autor in München die Drucklegung seines ersten Romans (»In einer Familie«) beaufsichtigen. Die Mutter, Julia Mann, hatte dem Münchner Verleger Dr. E. Albert dafür 500 Mark gezahlt, obwohl »den das Buch«, wie Heinrich sich erinnerte, »höchstens zweihundert gekostet haben kann«.[10] Im Herbst besuchte er mehrere Theateraufführungen in Berlin, ob er Rezensionsaufträge hatte, ist nicht bekannt. In seinem Nachlaß finden sich Notizen unter anderem über Hauptmanns »Weber«-Aufführung im »Deutschen Theater« am 25.(?) September 1894 und eine Grillparzer-Inszenierung (»Esther«) Anfang Oktober sowie über eine Sudermann-Aufführung (»Heimat« ?) im Lessing-Theater. Zum Jahreswechsel 1894/95 war er wieder in Italien. Er ließ sich in Rom nieder und hatte im Pantheonsviertel bis 1898 eine feste Adresse: Via Torre Argentina 34. Von der Wohnungseinrichtung blieben ihm vor allem der Steinboden und die Korbstühle in Erinnerung.

Die junge italienische Hauptstadt war damals ein Mekka deutscher Dichter und Denker, eine Entwicklung, die mit der deutschen Künstlerkolonie unter dem Patronat des bayerischen Kronprinzen Ludwig begonnen hatte und im letzten Drittel des 19. Jahrhunderts ihren Höhepunkt erreichte. Nach Bismarcks Sieg über die Franzosen, der den Italienern die Rückgabe Venedigs und Rom als Hauptstadt eines einheitlichen Staates beschert hatte, gehörte es zum guten Ton des deutschen Bildungsbürgers, das von den Franzosen »befreite« Rom zu besichtigen. Jeder deutsche Autor, Künstler oder Wissenschaftler, der etwas auf sich hielt, hatte in Rom zumindest vorübergehend eine »feste Adresse«. In den siebziger Jahren waren es neben den unzähligen Theologen, Archäologen und Malern unter anderem auch die Schriftsteller Theodor Fontane, Fanny Lewald, Alfred Meißner, Paul Heyse oder die Kulturhistoriker Ernst Curtius, Theodor Mommsen (er wurde später zum Ehrenbürger Roms ernannt) und Ferdinand Gregorovius. In den achtziger und neunziger Jahren kamen unter anderem der »Rembrandt-Deutsche« Julius Langbehn, Friedrich Nietzsche (1883), Gerhart Hauptmann, der sich 1883/84 als Bildhauer versuchte, Ludwig Fulda (1893/94), Hermann Sudermann (1897) und Max Halbe (1898). Herausragende Gestalt der deutschen Maler- und Bildhauerkolonie war damals Max Klinger, der von 1888 bis 1893 seine Werkstatt am Kolosseum betrieb. Die Fortschritte im Verkehrswesen, die das zu Ende gehende Jahrhundert mit sich brachte, erleichterten die Verbindungen Deutschlands mit Italien. In rascher Folge erscheinende modische Reiseführer und Reisefeuilletons förderten den Bildungstourismus der Deutschen ungemein. Ihre Schwärmerei für das sonnige Land der Orangen und Zitronen, der alten Kulturschätze und romantischen Überlieferungen mischte sich mit einer gewissen gönnerhaft zur Schau gestellten Nachsicht der Überlegenen gegenüber den Einheimischen. Baedekers Kritik am Auftreten deutscher Reisender in Italien, die in jeder Auflage verschärft formuliert wurde, verhallte ungehört. Italienische Intellektuelle gingen dazu über, den deutschen Fremdenstrom als »passo del conquistatore« zu bezeichnen, und die Zeitungen eröffneten in den Jahren vor dem Ersten Weltkrieg einen regelrechten Feldzug gegen die »Verdeutschung« des Gardasees.

Als der angesehene römische »Presseverein« (»Associazione della Stampa«) im Herbst 1894 einen demonstrativen Empfang für Emile Zola organisierte, empörte sich die deutsche Kolonie, deren kulturelle Aktivitäten von der römischen Presse in der Regel nicht beachtet wurden, lauthals über diese »geräuschvolle Ehrung« eines französischen Intellektuellen. Besonders wenig Achtung genossen in Rom die deutschen Journalisten. Im Unterschied zu den französischen oder englischen Korrespondenten fehlte es den deutschen Pressevertretern an Ausstattung und Geldmitteln für solide Recherchen und angemessene Repräsentanz. Je oberflächlicher die Recherche war, desto arroganter fiel die Kritik der italienischen Verhältnisse aus. So wurde beispielsweise der Berichterstatter der »Frankfurter Zeitung«, Moritz Grunwald, wegen seiner grob-verächtlichen Darstellung der italienischen »Mißwirtschaft« im April 1890 aus Rom ausgewiesen.

Auch Heinrich Mann, der während seiner ersten Monate in Rom »weder Erwerb noch einen bestimmt entschiedenen Beruf«[11] hatte, versuchte zunächst als freier Italien-Korrespondent Fuß zu fassen. Wie unter anderem sein im März 1894 in der Berliner »National-Zeitung« abgedrucktes Reisefeuilleton »Februar in Florenz« belegt, zeichneten sich seine Italien-Berichte nicht durch die sonst übliche teutonische Arroganz aus.[12] Nach seinen Florenz-Erfahrungen bemühte er sich durch das Studium der Reise- und Kunstbeschreibungen von Théophile Gautier und Hippolyte Taine auf die Begegnung mit Rom vorzubereiten. Als er zu Beginn des Jahres 1895 das erste Mal die »Ewige Stadt« sah, empfand er den »Zauber des Neuen, Unbekannten« dort »dermaßen gesteigert«, daß er sich vorkam, »wie die arabischen Seefahrer in 1001 Nacht«.[13] Doch schon nach drei Wochen betrachtete er die Stadt mit dem routinierten Blick des Flaneurs. Am 26. Januar 1895 notierte er in sein Tagebuch: »Beim Verlassen der Osteria hinter S. Paolo machte ich die, jedesmal wieder überraschende, Bemerkung, daß es in Wirklichkeit nur drei wahrhaft reelle und durch nichts zu compensirende Werthe giebt: Satt zu essen, schönes Wetter in einem schönen Land und dann und wann eine angenehme Frau.«[14] Man konnte zwar noch gegen Ende des 19. Jahrhunderts in Rom und Umgebung Natur als menschenbelebte, zivilisiert geformte Landschaft erkennen, so wie sie Hans von Marées gemalt hat, doch es dominierte bereits die Ausstrahlung einer dynamischen Metropole. Von 1870 bis zur Jahrhundertwende hatte sich die Einwohnerzahl mehr als verdoppelt und war auf knapp 500000 gestiegen. In Rom verband sich eine neue und konkrete Realität der italienischen Kapitale mit dem ein wenig schimärisch und archäologisch wirkenden Internationalismus. »Hier wächst Alles über jedes gewöhnliche Maß hinaus und damit auch Begierde und Einbildung«, konstatierte Heinrich Mann.[15]

Am 5. März 1895 traf ein Freund aus Deutschland, der Physiker und Physiologe Heinrich Lehmann, zu einem mehrwöchigen Besuch in Rom ein. Gemeinsam unternahmen sie Exkursionen in die nähere Umgebung, in das Hügelland der sogenannten Castelli Romani. Ihre Touren führten sie von Marino bis Castelgandolfo, Albano und Genzano, von Frascati bis Rocca di Papa, Nemi und Velletri. Sie folgten mythischen Spuren in den Sabiner Bergen und entdeckten schließlich Palestrina, das antike Praeneste, den Ort der ältesten Göttin Italiens, der Fortuna Primigenia. Ihr Tempel war damals allerdings kaum sichtbar, da die terrassenförmig an einem Steilhang klebenden Häuser ihn verdeckten. Erst nach den Zerstörungen durch den Zweiten Weltkrieg eröffnete sich die Möglichkeit, ursprüngliche Strukturen der antiken Architektur freizulegen und zu erneuern. Das galt auch für die Restaurierung des über der Stadt thronenden Palazzo Barberini, der heute als Museum dient. Die Geschichte Palestrinas symbolisiert eine Archäologie der Demokratie und des Widerstandes: Plebejer gegen Patrizier, Ghibellinen und freie Kommune gegen die Päpste, Garibaldi gegen Franzosen und Österreicher, Partisanen gegen Hitlertruppen. Palestrina war aber nicht nur eine mythische Stätte, sondern auch der

Geburtsort des gleichnamigen Komponisten und Kapellmeisters, der das Trienter Konzil von der Bedeutung der Musik für die Kirchenreform überzeugen konnte. Palestrina ist Heinrich Manns »kleine Stadt«, der Schauplatz jenes Romans, in dem sich Musik, Liebe und Volk zur »Wärme der Demokratie« vereinen.[16] Der Ort ist im Roman so plastisch beschrieben, daß es den meisten Lesern ergeht wie dem jüngsten Bruder des Autors, Viktor Mann. Ihm traten bereits nach den ersten Seiten »die Straßen, Plätze und Menschen dieser italienischen Bergstadt so deutlich entgegen wie aus einem Gemälde. Diese Typen provinzieller Enge, die doch das große Leben im Kleinen, manchmal Lächerlichen, aber immer sehr Menschlichen spiegelten; das schäbige Café an der Piazza, vor dem die Honoratioren auf das einzige Ereignis des Tages, die Ankunft des auf der Serpentinenstraße heraufknarrenden Postwagens warteten.« Viktor Mann war vor der Lektüre des Romans noch nie in Italien gewesen, aber er »sah die eisernen Stühle im Schatten des Cafés, sah den Platz mit Brunnen und Dom in greller Sonne und blickte über die braune Ebene, die im Dunst des Horizontes das Meer ahnen ließ«.[17] Heinrich Mann hat zentrale Plätze des Ortes mit dem Zeichenstift rekonstruiert: das »Café zum Fortschritt«, die Apotheke und die Piazza Regina Margherita mit Kirchturm. Einzelne Romanfiguren lassen sich als reale Personen identifizieren: so der Wirt, der Advokat und vor allem der langjährige Gemeindesekretär Francesco Coltelacci, der im Roman den Namen Camuzzi trägt. Im Gästebuch der Casa Bernardini, der einzigen Pension in Palestrina, ist als Ankunftstag von Heinrich Mann und Dr. Lehmann der 30. April 1895 vermerkt. Wenige Wochen später reiste auch Thomas Mann und trug sich dort etwas hochtrabend als »Dichter aus München (poeta di Monaco)« ein. Heinrich, inzwischen erfahren im Umgang mit den sanitären Verhältnissen, bat die Eigentümerin der Pension, Signora Pastini, die Betten vorsorglich mit Insektenpulver zu behandeln (»preparare i letti con polvere«).[18] »Ich reiste«, schrieb Thomas Mann, »und wir verlebten, was wenige Deutsche tun, einen langen, glutheißen italienischen Sommer zusammen in einem Landstädtchen der Sabiner Berge.«[19] Die Wochen von Juli bis Oktober 1895 in Palestrina waren für die Brüder Heinrich und Thomas, wie ein überschwenglich-heiterer Feriengruß vom August des Jahres an Mutter und Schwester belegt, wohl die unbeschwerteste gemeinsam verbrachte Zeit ihres Lebens. Die Briefe an die Familie in München mündeten allerdings oft, wie Viktor Mann sich erinnerte, »in humoristisch geschilderter Geldnot«.[20] Die enge menschlich-künstlerische Zusammenarbeit der beiden Brüder in Italien dauerte – mit kurzen Unterbrechungen – bis April 1898. Es war jedoch nicht nur die Zeit der kreativen Pläne für Buchpublikationen, sondern auch jene Phase, in der Heinrich und Thomas gemeinsam die berüchtigte völkische Zeitschrift »Das Zwanzigste Jahrhundert« redigierten. Dazu mehr an anderer Stelle. In Rom teilten sie sich regelmäßig ein Menü-Abonnement in einem kleinen Restaurant im Pantheonsviertel, abends saßen sie immer im gleichen Café, tranken Wein, spielten Domino oder diskutierten über Nietzsche. »Nach der Hitze eines Sommertages« stiegen sie oft zusammen mit dem zugelaufenen Hündchen Titino von der Höhe ihres »römischen Bergstädtchens« Palestrina »auf die Landstraße hinab«.[21] Im Sommer 1897 reifte im »kühlen, steinernen Saal«[22] der Casa Bernardini jenes Romanprojekt, das Jahrzehnte später den Weltruhm von Thomas Mann begründen sollte: »Buddenbrooks«. Aus der Korrespondenz mit Samuel Fischer geht hervor, daß der Roman ursprünglich als eine Gemeinschaftsarbeit beider Brüder mit dem Titel »Abwärts« geplant war. Doch man wurde sich nicht einig in der Bewertung der Familiengeschichte. Noch in seinen Memoiren beansprucht Heinrich Mann, an dem »berühmten Buch« einen gewissen »Anteil« gehabt zu haben, »einfach als Sohn desselben Hauses, der auch etwas beitragen konnte zu dem gegebenen Stoff«.[23] Das einzige von Heinrich und Thomas in Italien wirklich realisierte Gemeinschaftsprojekt war das den Geschwistern Carla und Viktor gewidmete »Bilderbuch für artige Kinder«. Es existierte nur als handgeschriebenes und handillustriertes Originalexemplar. Viktor Mann verglich die

Zeichnungen später mit denen von George Grosz.[24] An eine andere, nicht zu Ende gebrachte Bild- und Textkombination hat Thomas 1931 in seiner Ansprache zum 60. Geburtstag Heinrichs erinnert: »Als wir jung waren, zu jener vorläufigen Zeit in Rom, saßest du während vieler Wochen täglich am Tisch und stricheltest mit deiner Zeichenfeder an einer endlosen Bilderfolge, die wir ›Das Lebenswerk‹ nannten und deren eigentlicher Titel ›Die soziale Ordnung‹ lautete.«[25] Was die Laudatio verschwieg, war, daß sich bereits damals, also vor der Jahrhundertwende, in den Diskussionen der Brüder über die Gestaltung der italienischen Bilderbücher widersprüchliche Auffassungen über Begriffe wie »Leben«, »Natur«, »Kunst« und »Geist« andeuteten. Heinrich identifizierte sich mit dem Leben in Italien, wie der 1897 erschienene Novellenband »Das Wunderbare« beweist. Auch die in diesem Band enthaltenen »Geschichten aus Rocca de'Fichi« haben ein romantisch verfremdetes Palestrina zum Schauplatz. Thomas konnte dem Alltag der Kleinstadt keine Romantik abgewinnen, ihn störten vor allem die frei auf den Treppengassen herumlaufenden Esel und Schweine. Ihm »mißfiel« auch die »Schönseligkeit«, wenn Heinrich den Sonnenuntergang in den Sabiner Bergen mit byzantinischen Bildern verglich.[26] In seinen Notizbüchern hat Thomas die Italiener abschätzig als Menschen geschildert, die nur an Essen und Geld dächten. Und Tonio Kröger läßt er seine eigenen Gedanken aussprechen: »Italien ist mir bis zur Verachtung gleichgültig! Das ist lange her, daß ich mir einbildete, dorthin zu gehören, Kunst, nicht wahr? Sammetblauer Himmel, heißer Wein und süße Sinnlichkeit (...) Kurzum, ich mag das nicht. Ich verzichte. Die ganze bellezza macht mich nervös.«[27] Heinrich hingegen hatte entdeckt, daß »das italienische Volk wache Sinne und eine Künstlerphantasie« besaß, »von der seine beste Menschlichkeit« abstammte.[28] »Vom Herbst 1893 bis zum Frühling 1898« saß Heinrich Mann, wie er es in einem Brief ausdrückte, »tief in Italien«.[29] Das intensive Italien-Erlebnis, Vertrautheit mit Volk, Menschen und Landschaft, das alles setzte eine neue intellektuelle Sensibilität frei, die sich nicht mehr mit der

Redaktionskonzeption des deutsch-nationalen »Zwanzigsten Jahrhundert« vereinbaren ließ. Nach Einstellung seiner Mitarbeit an der Zeitschrift, das heißt ab Sommer 1896, begann eine Phase der schriftstellerischen Produktivität. In rascher Folge entstand eine ganze Reihe von Novellen. Bereits die im Oktober 1896 abgeschlossene Novelle »Das gestohlene Dokument« zeugte von einer soziologischen Erweiterung des psychologischen Interesses des Autors. Hier artikulierte sich erstmals Heinrich Manns Kritik am Untertanengeist der Beamten-Gesellschaft. Aus Rom, wo ihn »nach dreijähriger Wirkung der Stadt« das »Talent überfiel«[30], vertrieb ihn aber bald das wieder einsetzende Reisefieber.

Ruhelos begann er das neue Jahrhundert: »Ich bin also auf dem Wege nach Neapel ausgestiegen, in Capua, über Land gefahren nach Caserta, Aversa, Neapel, dann nach Salerno und hierher, nach Ravello... Morgen will ich nach Sorrent, übermorgen nach Neapel zurück. In ein paar Tagen fahre ich dann über Florenz nach Venedig, um noch rasch ein paar Eindrücke aufzufrischen.«[31]

In Florenz fand der inzwischen dreißigjährige Autor dann für kurze Zeit Erholung von den Strapazen des Reiselebens. Symbol seiner vorübergehenden Seßhaftigkeit war ein nach altem florentinischen Muster geschnitzter Schreibtischsessel, den ihm ein Schreiner aus der Via Ogni Santi angefertigt hatte. Für die Zeit seiner Abwesenheit aus Florenz gab Heinrich Mann den Sessel stets zur Aufbewahrung in die Werkstatt des Schreiners. »Gegen den blaugoldenen, harten Rücken dieses Sessels gelehnt«, so der schwärmerische Rückblick, »ließ sich die Geschichte gestalten von dem Intellektuellen 1903, der gern ein Condottiere und von purem Stahl wäre.«[32] Doch er war nicht aus Stahl, sondern ein typischer Repräsentant der Bohème-Kultur von 1900. Die Figur des Arnold Acton aus dem Roman »Zwischen den Rassen« spiegelt die existentielle Situation des Autors um die Jahrhundertwende: »Ich haftete nirgends, fing nur im unbemerkten Vorbeikommen Leben auf; und jedes der Zufallsquartiere, wo ich mich vor einen Haufen Papier setzte, war umtobt von einer Welt, die ich zu bändigen hatte. Ich lebte, erhielt mich nur, um zu schreiben; alle Sinne darbten.«[33] Eine vollständige Identifikation mit dem italienischen Lebensstil war auch für Heinrich nicht möglich. Er beklagte, daß er »zwischen zwei Ländern hin und her pendele, von beiden Kulturen etwas habe und weder im einen noch im anderen völlig zu Hause« sei. Nach eigener Aussage kannte er 1905 »in Florenz vielleicht ebenso viele Menschen wie in München«.[34] Die Fremdheit »zwischen den Rassen« und die Einsamkeit des Reiselebens zwangen ihn aus Gründen der Selbsterhaltung zur schriftstellerischen Produktivität: »Richtiges Lebensgefühl habe ich nur, solange ich schreibe.«[35]

Vielleicht liegt hier der Ursprung des von Zeitgenossen bei Heinrich Mann beobachteten merkwürdigen Nebeneinanders von Rausch und Kälte. Die sinnliche Intensität seiner Romanfiguren stand oft im Widerspruch zur soziologischen Distanz des Autors, eine Distanz, die sich auf seinen Umgang mit Menschen übertrug. Als Fünfunddreißigjähriger bekannte er gegenüber Ewers, daß es ihm schwerfalle, sich »an Menschen heranzumachen«.[36] Erst die Einwirkungen Italiens, eine gewisse Volksnähe und die Liebesbeziehung mit Inés Schmied in Florenz, eröffneten ihm neue Möglichkeiten der gesellschaftlichen und individuellen Kommunikation. 1907 »schwamm« er in Mailand sogar »in der Volksbewegung des Generalstreiks mit« und kam zu der Erkenntnis: »Ich bin kein Ästhet und habe mit dem großen Leben doch vielleicht mehr zu tun gehabt.«[37] In seiner Gesellschaftstheorie und der Kunstauffassung wandte er sich immer mehr vom »Modell Deutschland« ab und beschäftigte sich gleichzeitig »mehr denn je mit ihm«.[38] Erst Italien machte Heinrich Mann zum Deutschland-Analytiker und zu jenem Satiriker, als der er in Deutschland heute gilt. Schon 1896 in Rom sagte er sich: »Es ist notwendig, soziale Zeitromane zu schreiben. Diese deutsche Gesellschaft kennt sich selbst nicht.«[39] Ein Jahr später begann er dann mit seiner Kritik der Berliner Décadence im »Schlaraffenland«. Am Gardasee kam ihm die Idee für die »Jagd nach der Liebe«, dem Roman, der in der

Münchner Schickeria spielt, und während einer Theaterpause in Florenz setzte sich in seinem Kopf das »Professor Unrat«-Thema fest. Auch für den »Untertan« machte er sich erste Notizen in Italien. Das italienische Ideal produzierte die deutsche Satire: »Ich möchte Helden hinstellen«, schrieb er im Oktober 1906, »wirkliche Helden, also generöse, helle und menschenliebende Menschen, als Gegensatz zu dem menschenfeindlichen, der Reaktion ergebenen Geschlecht von heute.« Dieses »Geschlecht von heute« zeige sich vor allem in Deutschland, wo »bei jedem beliebigen Akt sich jeder als Vorgesetzter und als Feind des anderen aufführt; so unverhüllt und brutal wie sonst nirgends auf der Welt«.[40] Man könnte zusammenfassend für die italienische Zeit Heinrich Manns festhalten, daß die Entwicklung zur individuellen Liebesfähigkeit die Voraussetzung der Öffnung zum Sozialen war. Die »hochkomplexe Sinnlichkeit des Mannes Heinrich«[41] führte vermutlich seit 1903/1904 in eine Persönlichkeitskrise, die untergründig bereits seit 1900 bemerkbar war. Die selbstkritischen Reflexionen seiner Schwierigkeiten und emotionalen Bedürfnisse, wobei ihm Nietzsche eine wichtige Stütze war, führten nicht nur zur Überwindung der »Lebensschwäche«, sondern auch zu Themen für seine Romane. Italienerfahrung und Nietzsche-Diskussion waren der Ausgangspunkt für die Entwicklung jener für Heinrich Mann typischen »kommunikativen« Thematik und Stilbildung in Werk und Leben.

2. Das Talent kam bei den »Romanen unter feinen Leuten«

»Mit zwanzig konnte ich gar nichts, gegen dreißig lernte ich an meinem ›Schlaraffenland‹ die Technik des Romans.«[42] Mit diesem Bekenntnis gegenüber dem Exilgefährten Alfred Kantorowicz hat Heinrich Mann seine oft zitierten, fast schon geflügelten Worte »in Rom überfiel mich das Talent«

ein wenig relativiert.[43] Es war kein Musenkuß, sondern ein mühsamer Lernprozeß, der mit »dreijähriger Wirkung der Stadt« einherging. Erst die Distanz aus der italienischen Perspektive ermöglichte die Entwicklung einer Begabung, »soziale Zeitromane« zu schreiben. Das »Talent« zeigte sich in genauer Detailerfassung bei der Gestaltung satirischer Formen. Nietzsches Kritik des neuen Reiches als Reich der Neureichen führte ihm die Feder. Er »glaubte einen Bleistiftentwurf zu machen«, als er 1897/98 in Rom mit den Aufzeichnungen begann, »schrieb aber beinahe den fertigen Roman«.[44] Noch bevor das letzte Kapitel beendet war, schickte er das Manuskript an den Verleger Albert Langen. In der Korrespondenz mit Langen hat Heinrich Mann auf das Typische seines Stils selbst hingewiesen, fühlte sich aber noch unsicher: »Aus der beobachteten Wirklichkeit hervor wächst bei mir doch sehr viel Karikatur und Exzentrizität. Soll ich das abstreifen? Ich weiß es nicht. Möglicherweise ist es gerade das Entwicklungsfähige?«[45] Doch der Verleger entschied sich spontan für den Druck des Manuskriptes, das Heinrich Mann 1900 in Riva am Gardasee beendete. In seiner Zusage schrieb Langen: »Mir gefällt das Freche an Ihrer Arbeit sehr, vielleicht aber auch dies Springen aus der Wirklichkeit in eine Burleske. Kurzum, ich will Ihren Roman verlegen und zwar unter folgenden Bedingungen. Sie erhalten 15 % vom Ladenpreis bei 1000 Exemplaren Auflage.«[46]

»Im Schlaraffenland, ein Roman unter feinen Leuten«, wie der Untertitel heißt, geht auf den Mythos vom goldenen Zeitalter zurück. Albert Langens Anmerkung (»daß dieser gute Titel nicht mehr neu ist, wissen Sie wohl«) verwies auf Travestien des späten Mittelalters, auf alte Erzählungen vom Lande der »Schlaraffen«. Für Heinrich Mann war das Berlin der Gründerzeit jenes »Land des faulen Genusses«. Zentrum der Handlung ist die prächtige (oder protzige) Villa des Bankiers James Louis Türkheimer, zu der sich die »Schlaraffen« auf unterschiedlichste Weise Zugang verschafft haben. Die »feinen Leute«, der Hausherr inbegriffen, sind ordinäre Neureiche, die ihr Geld mit fragwürdigen Geschäften gemacht haben, verarmte und dekadente Adelige, die durch günstige Verbindungen auf Sanierung hoffen. Für eine »kulturelle« Ausstaffierung der Salonatmosphäre sorgen mäßig begabte Künstler, Schriftsteller und Schauspieler. Der Held des Romans, Andreas Zumsee, ein verkrachter Journalist und Dichter, war, wie es im Vorwort der Neuausgabe von 1929 heißt, besonders »intim hineinverwickelt in die Sensationen des Hauses Türkheimer«. Beschrieben wird das Reich des Finanzmagnaten Türkheimer als eine dekadente Gesellschaft von machtgierigen Zynikern, »matten Genießern« und »lustigen Tieren«. Auch die Intellektuellen werden als abhängig dargestellt, sind durch Geld beherrscht, »zur Ware verdinglicht«.[47] Im Tenor von Nietzsches Kulturkritik beklagt Heinrich Mann, daß die »Pöbelherrschaft des Geldes« nur eine Scheinfreiheit der Kunst zulasse. Der Intellektuelle krieche vor dem »Renaissance-Menschen«. Drei Jahre nach Erscheinen des Romans rechtfertigte der Autor sich gegenüber Kritikern in der Wiener »Zeit«: »Ich habe keine blaue Romantik erfinden wollen, sondern eine Wirklichkeit, intensiver gesehen als man sie sieht. Aber solche Überspanntheiten bringen Unglück unter den Bewohnern des neuen Deutschlands, wahren Snobs des gesunden Menschenverstandes. Man muß heute im Roman recht nützliche Beobachtungen alltäglicher Gegenstände – Arbeiterfrage, Frauenbewegung, Agrarnot, Glaubensbedenken – in gemeinplätzlicher Sprache ausbreiten. Oder man muß das Recht erwerben, sich darüber hinwegzusetzen. Also habe ich mich vorerst einmal an der Gesellschaft und dem geltenden Geschmack belustigt. Das war ›Im Schlaraffenland, ein Roman unter feinen Leuten‹: er ist da, um zu zeigen, daß ich die glatte Realistik nicht aus Mangel an Wirklichkeitssinn liegen lasse, sondern aus Geringschätzung.«[48] Heinrich Manns »Geringschätzung« der »feinen Leute« hatte aber auch eine deutliche antisemitische Tendenz. Der Bankier Türkheimer, der ausdrücklich in einen Zusammenhang mit Bismarck gestellt wird, erscheint gewissermaßen als Karikatur des berühmten jüdischen Finanzgenies Gerson Bleichröder. Auch Türkheimers Vertrauensleute und die Pressevertreter (Wacheles, Abele, Golem etc.) sind als zeitgenössische Darstellungen »typischer« Juden zu erkennen. Da Heinrichs erste Arbeitsphase an dem Roman noch in die gemeinsame Italienzeit mit dem Bruder fiel, ist der Hinweis von Peter de Mendelssohn auf den »onomatologischen Beitrag« Thomas Manns in diesem Zusammenhang hochinteressant.[49] Heinrich Mann läßt seinen Romanhelden einen »Generalkonsul Ausspuckeles« parodieren und in den Notizen von Thomas findet sich der »Commerzienrath Moritz Ausspuckeles aus Galizien«.

Ein »feinhöriger« Kritiker »nannte« bereits im Zusammenhang mit dem »Schlaraffenland« »den Namen d'Annunzio«. Doch der Autor, obgleich er zugab, daß er »schon aus den matten Stimmungen dieser Berliner Satire« habe »manchmal ein Stück heißeren, tönenderen Stils hervorbrechen lassen«, leugnete den Einfluß des sich als letzten Vertreter des »Renaissancemenschen« stilisierenden Italieners: »Ich kenne d'Annunzio gar nicht und vermeide es, ihn zu lesen, so lange als ich dem Verdacht der Abhängigkeit noch nicht entwachsen bin.«[50] Der Verdacht verstärkte sich, als Heinrich Mann Albert Langen nach Abschluß seiner Übersetzung des Romans von Alfred Capus »Qui perde gagne«[51] im Dezember 1900 sein neues Werk »Die Göttinnen« ankündigte: »Es sind die Abentheuer einer großen Dame aus Dalmatien. Im ersten Theile glüht sie vor Freiheitssehnen, im zweiten vor Kunstempfinden, im dritten vor Brunst.«[52] Konzipiert hatte er den ersten Entwurf von 86 Seiten, mit nur teilweise ausformulierten Dialogen, in Riva am Gardasee. Zunächst war nur ein Band mit drei Teilen geplant, der »Die Leidenschaften der Herzogin von Assy« heißen sollte. Die endgültige Niederschrift erfolgte von November 1900 bis August 1902. Im Dezember 1902, rechtzeitig zum Weihnachtsgeschäft, wurden dann drei Bände (»Diana«, »Minerva« und »Venus«) ausgeliefert. Kaum war die Romantrilogie, die der Autor selbst »als ein Werk der neuen Renaissance«[53] bezeichnete, erschienen, vermutete das »Berliner Tageblatt« sogleich den Ursprung im »Zaubergarten der Sinne«, den d'Annunzio »zuerst eröffnet« habe.[54] In einem Brief an die Redaktion dementierte der Autor der »Göttinnen« erneut, unter dem Einfluß von d'Annunzio zu stehen und behauptete, »das einzige« ihm »bekannte epische Werk des d'Annunzio« sei »l'Innocente«.[55] In einem Brief an den Freund Ludwig Ewers unmittelbar nach Erscheinen der Rezension war er immerhin bereit einzugestehen, »daß aber in meiner Abstammung, in meinem Bildungsgang und in meiner körperlichen und geistigen Beschaffenheit vielleicht Momente sind, die bewirken, daß ich ganz selbständig auf ähnliche Sachen verfalle wie d'Annunzio«.[56] In seinen Notizen zum Waschzettelentwurf war die Rede von einer »Römischen cronique scandaleuse«, von »gesteigerter Erotik in einer leidenschaftlichen Natur«, von »heidnischer Lebensanschauung« und dem Versuch, »antikes Leben in die modernsten, raffiniertesten Verhältnisse (zu) übertragen«.[57] Die »Ähnlichkeit mit d'Annunzios »romanzi del giglio« ist in der Tat nicht zu übersehen. Daß Heinrich Mann d'Annunzios rauschhafte Genrebilder nicht zur Kenntnis genommen haben will, ist unglaubwürdig angesichts des Recherchenaufwandes, den er über einen Zeitraum von drei Jahren betrieb, um seine halb phantastische, halb aus Zeitungsmeldungen und Anekdoten zusammengesetzte literarische Welt der »Göttinnen« zu konstruieren. Vielleicht war d'Annunzio auch nur das Medium für Nietzsche. Daß dessen individualistische Persönlichkeitsutopie für die Gestaltung der stark-schönen »Herzogin von Assy« Pate gestanden hatte, konnte und wollte der Verfasser nicht leugnen.

Nach 1900 begann sich Heinrich Manns Selbstverwirklichungssehnsucht optimistisch einzufärben. Seine tiefe Depression (»Verzweifelung, die in Nihilismus überging«) schien er überwunden zu haben. »Meine Nervenkraft ist bescheiden«, heißt es in dem schon erwähnten Brief an Langen vom Dezember 1900, »doch reicht sie seit dem rettenden Eingreifen meines Freundes des Dr. von Hartungen/Riva wieder zu regelmäßiger Arbeit.«[58] 1899/1900 hatte er sich in von Hartungens Sanatorium Miralago in Riva wegen vermuteter Neurasthenie behandeln lassen. Dem ärztlichen Ratgeber, der als Dr. von Männingen in die »Göttinnen« eingegangen ist, fühlte er sich sehr verpflichtet. Auch später, in seinen Memoiren und im Altersroman »Der Atem«, gedachte Heinrich Mann des Arztes und Freundes. Der nach dem Sanatorium neu gewonnene Optimismus drückte sich vor allem in der literarischen Gestaltung des »hohen Lebensgefühls« einer sich selbst genießenden großen »Persönlichkeit« – nicht zufällig als überragende Frauengestalt konstruiert – aus. Aber der gelebte Ästhetizismus artikulierte sich ebenso als problematischer Widerspruch von Amoralität und Einsamkeit. Der Autor war auf der Suche nach Liebe, Kommunikation und einem festen Wohnsitz. »Ich habe das Umherstreichen, das ich seit 10 Jahren betreibe, satt, und möchte mir irgendwo ein Häuschen kaufen. Dazu brauche ich 10 Auflagen.«[59] Doch der Verkauf der »Göttinnen« verlief sehr schleppend. Vier Jahre dauerte es, bis die 2000 Exemplare der Erstausgabe ihre Leser gefunden hatten. Erst 1907 erschien das dritte bis vierte Tausend als »wohlfeile Ausgabe in einem Bande« wiederum bei Albert Langen. Teilweise finden sich bei dieser Auflage schon Einbände mit dem Impressum »verlegt bei Paul Cassirer in Berlin«, was darauf schließen läßt, daß der neue Verleger eine unverkaufte Restauflage der »wohlfeilen Ausgabe« in Buchblöcken übernommen hat. Gleichwohl hatte Heinrich Mann bereits im Januar 1903 das Konzept für einen neuen Roman fertig: »Die Jagd nach der Liebe«. Die Idee entstand in S. Vigilio am Gardasee, die Niederschrift erfolgte in der Rekordzeit von etwas mehr als fünf Monaten (Februar bis September 1903) in Florenz und München. Der Roman erscheint vordergründig als Satire, ist aber in Wirklichkeit eine Elegie auf unerfüllte Sehnsucht und Liebe. Die Hauptfigur, der reiche Flaneur und Erbe Claude Marehn verzehrt sich in jahrelanger, verzweifelter Jagd nach der Liebe der macht- und karrierebewußten Schauspielerin Ute Ende. Die Dekadenz der Schickeria im München der Jahrhundertwende wird kritisch dargestellt:

»Schwäche« verwandelt sich allmählich in »Menschlichkeit«, eine neue, konstruktive Perspektive des Autors deutet sich an. Die im Roman thematisierte Problematik der Schauspielerin Ute entsprach, wie wir noch sehen werden, dem persönlichen Dilemma der geliebten Schwester Carla. Die Tatsache, daß in dem Roman ausschweifende Liebe zu »unverhüllt« dargestellt war und sich die Münchener Gesellschaft durch lokale Anspielungen brüskiert fühlte, führte zu heftig ablehnenden Reaktionen. Vor allem der Bruder Thomas empörte sich über die »vollständige sittliche Nonchalance« Heinrichs.

Nicht viel besser erging es der Novelle »Pippo Spano«, die Heinrich Mann während seiner Arbeit an der »Jagd nach der Liebe« kurzfristig »eingeschoben« hatte. »Pippo Spano schrieb ich 1903 in einem lieblichen Frühling, als ich am Lungarno delle Grazie wohnte, inmitten des besten Florenz«, erinnerte er sich. »Abends, bei leeren Straßen, spazierte ich nach den Brücken, bis auf die Piazza della Signoria, immer produzierend. Die Figur (...) drängte sich von selbst vor den kürzlich begonnenen Roman.«[60] Weil in dieser Novelle Künstler anzutreffen sind, »die zwei Frauen gleichzeitig vollauf befriedigten, eine auf der Leinwand ihrer Staffelei und eine auf der ihres Bettes«[61], versuchte noch 1917 ein deutsches Gericht, die Verbreitung solch »unzüchtiger Schriften« zu unterbinden. Nur dank des glänzenden Plädoyers des für Heinrich Mann eintretenden Sachverständigen Prof. Artur Kutscher, der auf das »Überwiegen des Seelischen, Geistigen« hinwies, kam es nicht zur Einziehung und Vernichtung der Ausgabe der Münchener »Weltliteratur«, in der die Novelle abgedruckt war. Der Kern der Novelle ist die auf einige Wochen zusammengedrängte Geschichte des Dichters Mario Malvolto (diesmal zweifelsfrei als Gabriele d'Annunzio zu identifizieren), der sich in die »Übermenschen« der Renaissance hineinträumt, in jene »Condottieri des Lebens, die in einer einzigen Stunde ihr ganzes Leben verschlingen und glücklich sterben«. Doch es gab nicht nur Kritik und Anfeindungen. Rainer Maria Rilke zum Beispiel war davon überzeugt, daß die Novelle »die jungen Leute, die von der Natur unabhängig werden wollen, hinreißen« müsse, denn es sei ein »im Deutschen« einmaliges Beispiel des »ganz in die Sprache gelösten Lebens«.[62] Und Gottfried Benn schwärmte noch im Alter, daß seine »Generation, ihr Stil, ihr Rhythmus, ihre Thematik« nicht denkbar sei, »ohne den geradezu sensationellen Einfluß der ersten Bücher von Heinrich Mann«.[63] In einem Brief an Karl Lemke erinnerte sich der durch das Lob aus unterschiedlichen Kreisen irritierte Autor, daß auch ein unbekannter Repräsentant des Typs, »der bald faschistisch heißen sollte«, ihm geschrieben habe: »Von Ihnen liebe ich eine Novelle.«[64] Gemeint war »Pippo Spano« und der darin enthaltene Bezug auf d'Annunzios Roman »Il trionfo della morte«. Das »Fatum der Novelle« sei wohl, so Heinrich Mann, »ein Erkennungszeichen zu sein für einen und den anderen«.[65] Der Autor fühlte sich unwohl in der Nachbarschaft von d'Annunzio, der schon lange vor seinem berüchtigten Handstreich auf Fiume das bewußte »vivere pericolosamente«, die Verherrlichung von Gefahr, Sinnlichkeit und Brutalität, als Erlösung aus einem sinnentleerten Leben gepriesen hatte. Heinrich Mann erkannte früher als andere zeitgenössische Literaten die Gefahr, die von der Faszination der »Tat« ausging, das Umschlagen von Ästhetizismus in einen nihilistischen Heroismus, der später sowohl im Expressionismus als auch im Faschismus zum Ausdruck kam. Der Ausbruch des Ersten Weltkrieges wurde von vielen Intellektuellen als orgiastisches Glücksgefühl, als »befreiende Tat« empfunden. »Eine betäubende Zugehörigkeit riß uns das Herz aus den Händen«, hieß es bei Robert Musil im Herbst 1914.[66] Und Gottfried Benns »Rede auf Marinetti« illustrierte anschaulich die prekäre Affinität von expressionistisch-futuristischen und faschistischen Ideen.[67] Den Dekadenzprozeß der Ästhetik erfuhr Heinrich Mann in Italien, noch bevor Mussolini die »Tat« zu seiner Doktrin erklärte. Zusammen mit dem Bruder Thomas wurde er selbst eingeweiht in jene psychologische Verfassung, die zu »verantwortungslosen Ausschreitungen des Hochgefühls«[68] fähig ist.

Heinrich und Thomas Mann hatten gemeinsam erfahren, wohin der Versuch der »Schwachen«, zur Stärke zu gelangen, führen kann. »Was aber 1895 eine interessante ästhetische Haltung, Paradoxie und Schöne Literatur gewesen war«, bemerkte Thomas Mann 1952, »das wurde 1933 akute Politik.«[69] Heinrich Mann formulierte bereits 1925 in satirischer Distanz: »Ein schöner Sprung in den Abgrund befriedigt ästhetisch wie wenig anderes auf der Welt.«[70] Und im »Zeitalter« bekannte er seine eigene, gefährliche Gratwanderung im Land der Liebe und des Rausches: »Den italienischen Faschisten abzustreiten, hätte ich kein Recht: ich habe ihn entdeckt und dargestellt, als er sich selbst noch lange nicht begriff, viel weniger die politische Macht wollte. Sein Faschismus ist nicht Weltanschauung, nicht ausgebrütet aus fremden Eiern. Er ist die einfache Herrschsucht des Blutes, ist erotischer Herkunft: – erotisch bleiben sie dort, was immer sie täten. Dasselbe herrschsüchtige Blut arbeitet roh im Faschisten, und in den Meistern der schönen Dinge sublim. Traurig, wenn ich es nicht wüßte.«[71]

3. Das Café »Zum Fortschritt«

»Die kleine Stadt ist mir von meinen Romanen der liebste«, schrieb der Autor dem Freund Ewers im Dezember 1909 aus Nizza, »denn er ist nicht nur technisch eine Eroberung, auch geistig. Es ist Wärme darin, die Wärme der Demokratie, die darin wiedergegeben ist, ein Glaube an die Menschheit...«[72] Ursprünglich sollte es nur eine knappe polemische Geschichte für den »Simplicissimus« werden, eine Antwort auf die vorherrschende literarische Richtung der »politischen Gleichgültigkeit«, die sich zum einen als »enge, welt- und bewegungsfeindliche Heimatkunst« und zum anderen als »Ästhetizismus« artikulierte.[73] Doch dann verbiß er sich eineinhalb Jahre in das Thema und machte einen Roman daraus. Er begann die Niederschrift im Herbst 1907 in Florenz, arbeitete in München und Venedig weiter und beendete das Manuskript am 31. März 1909 in Meran. Als Schauplatz der Handlung ist, wie bereits erwähnt, unschwer Palestrina zu erkennen. Zum Manuskript, das im Nachlaß erhalten ist, gehört eine Lageskizze des Autors, die neben der »Piazza« mit dem Café »Zum Fortschritt«, der Gasse der Hühnerlucia, der Apotheke und dem Glockenturm im Hintergrund, eine Aufstellung der Hauptakteure des Romans enthält. Thema ist eine bürgerkriegsähnliche Auseinandersetzung zwischen den fortschrittlichen und konservativen Kräften des Ortes, ausgelöst durch das Opern-Gastspiel einer Komödianten-Truppe. Hauptdarsteller ist das »Volk«, repräsentiert durch gegensätzliche und zum Teil skurrile Typen wie dem pathetisch-»menschheitlichen« Advokaten Belotti, Führer der liberalen Fortschrittspartei, dem reaktionären Priester Don Taddeo, dem romantischen Kapellmeister Dorlenghi oder der schönen Sängerin Italia Molesin. Während der Opernaufführung ist fast die gesamte Bevölkerung im Theatersaal versammelt. Auch für die »symphonische Durchführung« dieses »Durcheinander von hundert Personen« hat der Autor eine Skizze gefertigt.[74] Ein detaillierter Plan regelt die exakte Sitzverteilung der einzelnen Gruppen in Parkett, Logen und Rängen. Das »Volk« stellt keine einheitliche Masse dar und ist auch nicht so ideal wie in den Propagandaträumen der Fortschrittspartei. Es besitzt alle menschlichen Schwächen, ist unzuverlässig, opportunistisch, egoistisch, triebhaft (»tierisch«) und anfällig für Massenhysterie. Mit der Musik kam Erotik in die kleine Stadt. »Um die Musik her begann ein Drehen: die Stadt tanzte. Sie lärmte in der Nacht, war bunt...«[75] Es war wie ein Rausch. Der Operntenor konstatiert, daß die Anwesenheit der Künstler die Einwohner der »kleinen Stadt« ermutigt habe, »ihre Laster in Freiheit zu setzen«.[76] Objekt der Begierde ist vor allem die schöne Sängerin, die bezeichnenderweise den Namen »Italia« trägt. Sie erscheint als Verkörperung des Eros, wird von den »Fortschrittlichen« als »prachtvolles Weib« begehrt und von den Klerikalen als »Weib von Babel« verflucht. Das »Weib von

Babel« kehrt übrigens in Heinrich Manns Hauptwerk »Henri Quatre« wieder, diesmal als Gabriele d'Estrées. Die Vermutung, daß »Die kleine Stadt« in gewisser Weise als ein früher »Vorläufer des späteren großen Romans« zu betrachten ist, erscheint nicht abwegig.[77] In beiden Romanen geht es um die Entwicklung humanistisch-demokratischer Ideale aus der Verbindung von Politik und Liebe. In diesem Kontext erhält auch der Satz von Heinrich Mann, daß »die romanischen Demokratien« in »erotischer Erregbarkeit« wurzeln, seine Bedeutung.[78] Erläutert wird diese These bereits in der Anfangsszene der »kleinen Stadt«. Ort des Geschehens ist leitmotivisch, wenn auch ironisch gebrochen, das Café »Zum Fortschritt«. Während man hier auf die Post und die Ankunft der Künstler-Truppe wartet, wird über Garibaldis Freiheitsbegriff und die Rivalität im Erotischen diskutiert. Auch die Versöhnung der »Bürgerkriegsparteien« findet im Café statt, sie wird als wünschenswerte Synthese von Kunst und Leben gefeiert. Vom Caféhaustisch aus läßt der Advokat Belotti Komödianten und Stadtbewohner hochleben und ruft mit weit geöffneten Armen: »Wir sind ein Stück vorwärtsgekommen in der Schule der Menschlichkeit!«[79] In einem offenen Brief an die Zeitschrift »Zukunft« vom Februar 1910 hat der Autor als Ursache für die »lächerliche« Pathetik dieser und anderer Romanszenen seine »Schwierigkeit« benannt, einen »Vorgang von hundert Jahren in wenige Tage zu drängen«. Er verglich den »Kirchthurmpolitiker« Belotti mit den »achtundvierziger Demokraten«, deren »ahnungslose Sonnigkeit« die ganze »Geringschätzung des Modernen« zu erleiden hatte. Es sei an der Zeit, daß jene Geringschätzung als »Empfindungsform« durch »eine neue ersetzt« werde. Man solle »an die Zunahme der Menschlichkeit glauben«, trotz des »Wissens vom Menschen« und seiner »thierischen« Vergangenheit.[80]

Mit diesem moralischen Appell stieß Heinrich Mann in Deutschland auf taube Ohren. Vor allem das Wort »Demokratie« war verpönt. Als sein Verleger Anton Kippenberg (Insel-Verlag) entdeckte, daß in dem vom Autor entworfenen Werbeprospekt »Die Kleine Stadt« als »das hohe Lied der Demokratie« bezeichnet wurde, ließ er die bereits gedruckte Prospekt-Auflage von 20 000 Exemplaren einstampfen.[81] Eine Zeitung, der Heinrich Mann für 6000 Mark den Vorabdruck des Romans angeboten hatte, schrieb ihm »einen ungezogenen Brief« mit der Bemerkung, daß er »nicht der Autor sei, an den man so viel Geld wende«.[82] Schließlich mußte er sich beim Insel-Verlag mit einer Honorarvereinbarung begnügen, die ihm für die ersten drei Auflagen (mit jeweils 1000 Exemplaren) nicht mehr als zusammen 3000 Mark zugestand. Als Heinrich Mann dann im November 1909 die ersten Belegexemplare erhielt, stellte er entsetzt fest, daß auf dem Einband der Name des Autors fehlte. Nach heftigen Kontroversen versicherten beide Vertragspartner, daß ihnen noch kein anderes Buch so viel Verdruß bereitet habe. Auch die Kritiker taten sich schwer. Außer den Freundschaftsdiensten von Ludwig Ewers in der »Königsberger Allgemeinen Zeitung« und Maximilian Brantl in der Berliner »Schaubühne« gab es nur wenige positive Besprechungen. Hermann Hesse zum Beispiel registrierte verständnislos in der »Neuen Zürcher Zeitung« eine ins Italienische gewendete Kleinstadtsatire, wobei »der Kompaß Heinrich Manns eine leise Verrückung gegen das pathologische hin« zeige.[83] Und noch 1930 erklärte Gottfried Benn im Rundfunk, daß »Die Kleine Stadt« nicht die geringste »Wirkung ausgeübt« habe, »nicht einmal eine stilistische«.[84] Der Autor hatte das vorausgesehen. »Auf breiten Erfolg darf ich nicht hoffen«, erklärte er im Februar 1909, »die geistige Richtung in Deutschland ist mir zur Zeit noch zu feindlich.«[85] Doch noch im Alter war er davon überzeugt, daß dieser Roman »das Stärkste« war, das er »gemacht habe«.[86]

V.
Die Jagd nach Liebe

1. »Übersetzung ins Weibliche«

Im Rückblick auf die Gestaltung seines Lebens und seiner Romane bezweifelte Heinrich Mann, daß »etwas Ursprüngliches« habe entstehen können »ohne den Sexus«[1] und erklärte gleichzeitig die »geistige Liebe« zur »Tatsache«.[2] Er entwickelte eine Lebensphilosophie, nach der in der Liebe Eros und Geist vereint sein müssen. Das gelte besonders für »die Liebe der öffentlichen Männer«.[3] Nur jemand, der aus Liebe handele, könne politische und moralische Ideale verwirklichen. Andererseits stammt aber auch von ihm die Feststellung: »Jeder Einzelne ist, weil ihm immer eine Frau dazwischenkommt, undisziplinierbar.«[4] Eine spannende Frage ist daher: Welche Frauen kamen ihm im Werk und Leben »dazwischen«? Oder genauer: Welchem Bild mußten sie folgen?

Es gehe »nichts über eine richtig gesehene, eindrucksvolle Frauengestalt«, belehrte der dreiundzwanzigjährige Heinrich Mann seinen Freund Ludwig Ewers. »Sie ist der Prüfstein für jeden Dichter, und wer keine hervorragenden Frauencharaktere aufweist, ist nach meiner Überzeugung überhaupt keiner (...) Il manque de femme.«[5] Die Frauengestalten, die sein Leben und Werk maßgeblich beeinflußten, kamen überwiegend aus der Bohème, der Halbwelt oder dem Himmel. Seine Heldinnen waren Schauspielerinnen, Sängerinnen, Tänzerinnen, Animierdamen, Prostituierte und Göttinnen. »Diese Frauen – ihre Art scheint mit dem Zeitalter abzugehen – gaben mehr von sich her, als Menschen erwarten lassen. Den Teufel im Leibe haben, nannte es M. de Voltaire.«[6] In Heinrichs Romanen, Novellen und Dramen finden wir sie alle wieder: Julia, Carla, Nena, Mimi, Nelly, Diana, Minerva, Venus und Marlene Dietrich aus dem »Blauen Engel«. Zeit seines Lebens hat er seine Frauengestalten auch mit dem Zeichenstift gemalt, noch in den letzten Tagen des Exils, als der über Siebzigjährige an seinen Memoiren arbeitete, entstand ein ganzer Zyklus. Es waren nicht nur Bilder von »dicken, nackten Weibern« (Thomas Mann), die man nach seinem Tod in der Schreibtischschublade fand – auch scheue, erotische Reminiszenzen. Einige dieser Zeichnungen sind offensichtlich parallel zu Werkmanuskripten entstanden und illustrieren den Zusammenhang von Erzählhandlung und autobiographischem Hintergrund.[7]

Heinrich Manns typische Sichtweise des Weiblichen reproduzierte im frühen Werk und Leben eine Trennung von Liebe und Sexualität, eine Einteilung der Frauen in Heilige und Huren. Das Heiligenbild entsprach natürlich weitgehend dem Mutterbild. Wie wir schon erfahren haben, war Julia Mann eine südländische Schönheit, die »durch ihre starke Musikalität, eine neue, freiere Note in das traditionell-hanseatische Milieu« gebracht hatte.[8] Sie war zwar, wie ihr jüngster Sohn Viktor erklärte, eine »elegante Repräsentatin des großen Hauses«, aufgeschlossen gegenüber »der Natur, den Menschen und den Künsten«, doch in erster Linie »Mutter mit jeder Faser ihres Herzens«.[9] Heinrich hat sie etwas widersprüchlicher gesehen. Obwohl sie während ihrer gesellschaftlichen Glanzzeit für die biederen Lübecker Bürgerverhältnisse exotisch wirken mußte, war sie im rückblickenden Urteil Heinrichs »eine ganz junge, ahnungslose Frau«.[10] In Novellen und Romanen (vor allem in »Eugénie oder Die Bürgerzeit«) ist das Mutter-Porträt mit naiven und spielerischen Zügen ausgestattet. Ihr frühes Gegenbild war für Heinrich jene geheimnisvolle »Fürstin« aus dem Theatermilieu, die Mutter des Spielgefährten Carl. Bei einem Besuch in ihrem Haus beobachtete Heinrich verblüfft, daß Carl der »Fürstin« die Hand küßte. Es »befremdete« ihn beträchtlich: »Ich hatte dies niemals weder gesehen noch gelernt, ein kleiner Junge, der seiner Mutter die Hand küßt!«[11] Und in einer frühen Novelle heißt es: »Ich kann eine krätzige, vollgesoffene Dirne küssen, aber meine Mutter kann ich nicht küssen.«[12] Eigenartigerweise enthält Heinrichs Memoirenwerk »Ein Zeitalter« ausführliche Passagen über Vater, Bruder und Schwester – während die Mutter nur ein einziges Mal beiläufig erwähnt wird. Im 18. Kapitel schildert der Autor unter der Überschrift »Wir könnten anders sein« ein Treffen mit einem Diplomaten, der ihm über seine Heimat Brasilien berichtet. Heinrichs Kommentar: »Ich sah ihn an und dachte: ›Mama hätte auch dort bleiben können, ich wäre vielleicht was er ist!‹«[13] Wäre Julia Mann in Brasilien glücklicher geworden? In den Augen Heinrichs glich ihre bürgerliche Existenz in Lübeck der einer »Gefangenen«. Seine Entwürfe für die »Kleine Encyclopädie des Zeitalters«, die als Vorarbeiten für die Autobiographie entstanden, enthalten eine Passage, die diese bedrückende Existenzsweise beschreibt: »Um 1880 empfing eine Dame, deren Hände ohne Spur einer Arbeit waren, Besuche in ihrem mäßig verdunkelten ›Boudoir‹: wörtlich ›Schmollwinkel‹, weil man dort schwieg oder sich verstellte. Das eigentlich Gemeinte kam nie zur Sprache. Die Dame war eine Gefangene. Ausgehen konnte sie nur unter dem Schutz des Gemahls oder der Mutter – meistens zu anderen Damen, die in demselben Boudoir saßen.«[14] Julia Manns niedergeschriebene Erinnerungen an ihre brasilianische Heimat (»Aus Dodos Kindheit«) hat Heinrich, wie bereits erwähnt, als Material für seinen Roman »Zwischen den Rassen« (1907) verwendet. Doch neben den Erfahrungen der Mutter spiegeln sich in der Hauptfigur Lola gleichzeitig auch schon die vertrauten Charakterzüge jener beiden Frauen, die für die nächsten Jahre das magische Mutterimago ersetzen sollten: die Schwester Carla und die Freundin »Nena« (Inés Schmied). Für dieses dreifache Frauenporträt in einer Figur fand Heinrich die Erklärung: »Ich übersetze mich darin ins Weibliche.«[15] Biographie und Literatur korrigierten sich wechselseitig. Bereits in der Roman-Trilogie »Die Göttinnen« (1903) ist ein Wandel des dichotomisch veranlagten Frauenbildes erkennbar. In diesem Roman geht es nicht nur um die Ästhetisierung und Mythisierung des »Lebenskultes«, wie in der Regel interpretiert wird, sondern auch um die Verbindung von Weiblichkeit und Revolution.[16] Die Herzogin von Assy und nach ihr andere Romanheldinnen gehörten einem, wie Heinrich Mann es nannte, »siegreichen« Geschlecht an, »siegreich« nicht im Kampf Frau gegen Mann, sondern im Kampf um die Weiterentwicklung des Menschen.[17] Vor allem George Sand war für ihn eine jener vorbildhaften Frauengestalten, die »einen emotionalen Vorsprung gegenüber dem im Mann verankerten Prinzip« besaßen.[18] Seine Rede »an Knaben und Mädchen«, die vor dem »Betrieb des männlichen Daseins«, das »in einem durchaus unnützen Maß verwickelt und unzuverlässig« sei, warnte, gipfelte in dem Appell: »Stellt die Frauen in eurem Leben voran, ihr selbst werdet dabei gewinnen. Eure Kultur sogar wird gewinnen an Tiefe und innerer Schönheit – an Wert.«[19] Sicherlich, die Einkehr der amerikanischen Sachlichkeit in das Großstadtleben – die Entzauberung der Sexualität durch einen modernen Frauentypus –, das bereitete ihm Unbehagen, doch hat er es toleriert. Selbst im neuen Haarschnitt »Bubikopf«, den alle älteren Herren damals »unweiblich« fanden, sah Heinrich Mann nicht den Untergang des Abendlandes. Eine funktionale Frisur sei das, so praktisch wie die kurzen Röcke, eine »Erfindung«, die allen gelegen komme, den »Schwimmerinnen«, »Filmsternchen« und »Industriearbeiterinnen«.[20]

Es scheint so, als ob Heinrich Mann den für das Kaiserreich typischen Schicksalsweg vom Mutterschoß zum Männerbund nicht gehen wollte und auch andere davor warnte. Das bewahrte ihn allerdings nicht vor der Wirksamkeit männlicher Machtmechanismen wie Verdrängung, Entwertung und Unterdrückung. Seine Feinfühligkeit gegenüber Lebensäußerungen ihm nahestehender Frauen ging oft einher mit brutalen literarischen Ausbeutungsinteressen. Die Grenzen zwischen Realität und Fiktion verwischten im berüchtigten Grauzonenbereich von »Couch und Schreibmaschine«.[21] Heinrich Mann benutzte Frauen als »Aufzeichnungsinstanzen«, als »sensibelste Registratoren dessen, was läuft«.[22] So war es mit der Verwertung der Kindheitserinnerungen der Mutter, der unmittelbaren Übernahme von Briefen der Schwester Carla in seine Manuskripte und der Regieanweisung an Nelly, ihr »ganzes Leben auf(zu)schreiben«.[23] Nicht immer folgte die Literatur dem Leben, manchmal war es auch umgekehrt – im Fall von Carla und Nelly mit tragischem Ausgang.

Seine erste »Liebesgeschichte«, so der Titel einer autobiographischen Novelle, hatte Heinrich im Jahre 1886 als fünfzehnjähriger Schüler mit einer sieben Jahre älteren Kusine. Die Verführungsszene dieser Novelle ist durch eine Zeichnung des Autors illustriert: »Damit er sie in einige seiner Künste einweihte, wenn noch so flüchtig, stand sie nahe hinter ihm, schlang um seine Schulter den Arm, ließ ihn ihren Atem spüren, und an seiner Schläfe schwirrten ihre langen Wimpern.«[24] Den Jüngling »übermannte« jedoch lediglich die »Versuchung«, der jungen Dame die »Nase, aufwärts gebogen, weit vorgestreckt«[25] zu küssen. Ein anschauliches Beispiel für den »Eros der Ferne«, der für Heinrichs Beziehungen zu »besseren« Frauen typisch war. Für die Befriedigung seiner sexuellen Bedürfnisse, »der tierischen Gewohnheit« oder »gemeinen fleischlichen Lust«, wie es in der frühen Novelle »Haltlos« heißt, suchte er Kontakte in gewöhnlicheren Kreisen. In der »Liebesgeschichte« war die Konkurrentin der Kusine eine Trödlerin, die Schulbücher kaufen wollte: »Die Händlerin kam, sie war eine beleibte, nicht übel erhaltene Figur, das ungepflegte Gesicht faltig, aber lüstern. Haarfransen hatte auch sie. Statt des ›Goldfuchses‹, den sie für seine Habe bot, nahm er sie selbst, und sie war es zufrieden, doppelt sogar, da sie mit ihrem geretteten Geld wieder abzog.«[26] Auch von dieser offensichtlich ebenfalls autobiographischen Szene existiert eine Zeichnung, datiert auf das Jahr 1888. Andere Bleistiftskizzen und vor allem die Briefe an Ludwig Ewers dokumentieren, daß Heinrich in dieser Zeit, also im Alter zwischen siebzehn und neunzehn, bereits über ausgiebige Bordellerfahrungen verfügte. Anregungen für diese Art von Vergnügungen hatte ihm der bereits erwähnte Onkel Friedel vermittelt. So konnte Heinrich auch dem Freund Ewers schon im Jahre 1891 konkrete Empfehlungen für das Lübecker Hafenmilieu geben: »Ich rate Dir, möglichst alle Ausgaben zu vermeiden, bis Du 10 Mark beieinander hast. Dann lenke die beschleunigten Schritte in die Straße (ich habe vergessen, wie sie heißt) vis-à-vis der Ägidienkirche. Das Haus, oben rechts in der Gasse, hat von außen ein blankmessingnes Stiegengeländer, und drinnen befindet sich die Pension Knoop, deren eine Pensionärin mir einst meine ersten normalen sinnlichen Seligkeiten verschaffte. Das sind liebe Erinnerungen, so was.«[27] Und in Dresden, während seiner Buchhandelslehre, fühlte er sich schon ganz als »physischer Genußmensch«. Seinen Freund informierte er detailliert: »Eben kehre ich aus den (notabene, verbrenne dies Blatt!) – also aus den Armen der sogenannten Liebe heim. Schöne Liebe, das! Mühsam gepumpte 10 Mark für eine Nacht resp. zwei Pollutionen. Du siehst, ich bin aufrichtiger, als vielleicht richtig ist. Bitte, verbrenne zugleich mit diesen Zeilen auch die Erinnerung daran. – Du glaubst es übrigens wahrscheinlich nicht, wie ich mich verachte. Gestern abend las ich in Conradis ›Liedern eines Sünders‹ – und ging doch.«[28] Das Gefühl, Verbotenes zu tun, die Angst, die Eltern könnten von seiner »krankhaften Sinnlichkeit« (»Haltlos«) erfahren, die hier noch anklingt, findet sich nicht mehr in seinen Berichten über die Ausschweifungen in Berlin (Herbst 1891). Er habe »ein horizontales Mädchen gefunden«, so die Mitteilung an Ewers, »das das Ideal, das sich meine Sinne vom weiblichen Körperbau gemacht haben müssen, so ziemlich verkörpert«. Diese »üppige Schlankheit« reize ihn zu »Exzessen«. Der Akt sei »das einzige, was man vom Leben hat«.[29] Zwei Tage später, als er sein »Ideal«, eine »Hamburger Blondine«, »weder auf dem Strich noch im Café« fand, entschädigte er sich »mit einer wilden schwarzen Berlinerin: pikant und gemein. Selbst im Bett immer die Zigarette im Munde, und zwischen den einzelnen Akten immer neue psychopathisch-sexuelle Fälle eigener Erfahrung erzählt.«[30]

Der junge Heinrich Mann erlebte und beschrieb seine »Exzesse« mit der festen Absicht, sie literarisch auszuwerten. 1893 notierte er in sein Tagebuch, es sei notwendig, sich in der »Seele der Halbwelt« auszukennen, um »jeder Äußerung (seines) Talents eine originelle Würze (zu) geben«.[31] Gleichzeitig erkannte er die Gefahr, »ausschließlich die demi-monde kennen zu lernen«. Im Rückblick auf diese Phase seines Lebens räumte er sogar ein: »Zuhälter wäre er bei passenden Umständen auch geworden.«[32] In seinem späteren Leben war es vor allem Nelly, die die »Seele der Halbwelt« verkörperte. Als Romanheldin hieß sie Marie Lehning (»Ein ernstes Leben«) oder Gabriele d'Estrées (»Henri Quatre«). Als Heinrich sie kennenlernte, arbeitete sie in einer Bar und hatte einen »Beschützer«. Ort des Geschehens war das halbseidene Berlin der zwanziger Jahre, die deformierte Sinnlichkeit der Vergnügungsetablissements, wie wir sie aus den Zeichnungen von George Grosz und Otto Dix kennen. Im Kurfürstendamm-Milieu, wo sich mondäne und ordinäre »demi-monde« berührten (Louis Aragon zog den Vergleich mit der versunkenen, maroden Pariser Passagen-Pracht), da gingen Leben und Literatur, Realität und Fiktion ineinander über. Wenn es stimmt, daß die Ideenwelt der »Matriarchen« verantwortlich ist für die Projektion gespaltener und verzerrter Frauenbilder, für die Schöpfung »der Evas, Marias, der Holden und Unholden, der Engel, Hexen und Dämoninnen«, dann war das auch die Welt Heinrich Manns.[33]

2. Der »Schädel Natanael«

Unerfüllte Sehnsucht nach Liebe, Leiden an den verdinglichten Beziehungen, am Liebesversagen, das sich im »Sinnenrausch« äußert, ist das Thema des Romans »Die Jagd nach Liebe« (1903) Das »fast in einem Zuge geschriebene«[34] Werk bot genügend Angriffsflächen für Kritiker. Man erkennt an Form und Stil die Hast eines Produktionsprozesses, in dem der erste Teil des Manuskriptes bereits in Satz ging, bevor die zweite Hälfte abgeschlossen war. Um den knapp gesteckten Zeitplan einzuhalten, wandte der Autor eine skrupellose Montagetechnik an. Als Vorlage dienten ihm der 1887 erschienene zweibändige München-Roman Michael Georg Conrads »Was die Isar rauscht«, vermutlich auch Gabriele d'Annunzios »Il fuoco« (1900), sowie Artikel aus den Zeitschriften »Die Gesellschaft«, »Jugend« und »Simplicissimus«.[35] Merkwürdigerweise war es aber nicht die Form, sondern die inhaltliche Darstellung des Liebesrausches, was auf Mißfallen und Unverständnis der Kritiker stieß. Sie empörten sich über die »Steckbriefnotizen« und »das üble Niveau des Schlüsselromans«.[36] Einige sahen in dem Romangeschehen »ein einziges, großes Bordell«.[37] Der Autor, der das Werk »mit einer Heftigkeit der inneren Anteilnahme wie sonst kaum etwas«[38] verfaßt hatte, fühlte sich mißverstanden: »Man hat es auch nur für einen Erguß der Sinnlichkeit gehalten: es ist mehr.«[39] Der Bruder Thomas ahnte und die Schwester Carla wußte, daß es »mehr« war. Es ging um die Offenbarung verbotener Geschwisterliebe. In dem unglücklichen Roman-Liebespaar Claude und Ute war für Eingeweihte die ebenso unglückliche Verbindung zwischen Heinrich und Carla zu erkennen. Der Autor hatte eindeutig formuliert: »Claude dachte an den Frühling des vorigen Jahres, mit seinem still wie bei Bruder und Schwester dahingerauschten Glück (...) Sie hatten hoch gelebt, um schlimm zu enden. Ja, durch Verbrechen, Ausgestoßenheit, Armut, Schande waren sie immer wieder einander in die Arme gestürzt.«[40] Und die Schauspielerin Carla akzeptierte in der Schauspielerin Ute ihr Ebenbild. »Die Ute hat mich außerordentlich interessiert«, teilte sie Heinrich in einem Brief vom 21. 11. 1903 mit, »besonders, da ich künstlerisch mehr Ähnlichkeit mit ihr habe, als Du glaubst (...) Nur, die einfach zusammenbrechen geistig und körperlich, kann ich spielen. Dann natürlich alle, die von vornherein hysterisch oder sonstwie krankhaft veranlagt sind. Und ich glaube, daß es Ute ähnlich geht, nicht wahr?«[41] Das Bruder-Schwester-Verhältnis »als eine illusionäre Form der Liebe unter Schwachen« ist zwar auch in anderen Werken Heinrich Manns dargestellt, aber nur in der »Jagd nach Liebe« und der Novelle »Die Schauspielerin«, die ein Jahr später entstand, wird der Tabubereich des Inzestes so unmittelbar berührt. In einer außerordentlich realistisch beschriebenen Szene fühlt sich Claude »stark« wie ein »Kerl« und versucht Ute zu vergewaltigen. Im Roman scheiterte der Versuch und bereitete Trennung und Tod vor. Offensichtlich begann die besondere Beziehung zwischen Heinrich und Carla schon sehr früh. Liebesgedichte, die Heinrich vor seinem Aufbruch nach Italien verfaßte, sprechen dafür, daß er die Schwester schon als Dreizehnjährige angebetet hat. Als »Die Jagd nach Liebe« erschien, war Carla zweiundzwanzig. Über die erotische Ausstrahlung der Schwester berichtete Heinrich noch vierzig Jahre später: »Ich sehe sie, als ob sie lebte, sich entfalten; aufrecht in dem langen, eng angeschmiegten Kleid, wie sie damals getragen wurden. Sie bewegte Arme, Schenkel, Hals, ließ ihre Stimme klingen, ihr Gesicht sich verwandeln und sprach mit der Zuversicht ihrer zwanzig Jahre. ›Du schreibst‹, sagte sie. ›Wer dich liest, sieht Menschen. Ich will selbst zu sehen sein, mich ihnen wirklich vorführen. Dasselbe wie du mit deinem Geist allein, bin ich in ganzer Gestalt.‹«[42] Das klingt nach mehr als nach einer romantischen Königskindergeschichte. Bruder und Schwester, auch wenn sie sexuell nicht zueinander kommen konnten, so symbolisieren sie in der Erinnerung eine vollkommene Einheit von Geist und Leben. Doch so war es nicht. Carlas Hoffnungen auf eine erfolgreiche Theaterkarriere und ein unabhängiges Leben erfüllten sich nicht. Schon im April 1904, nach einem enttäuschenden Engagement am Düsseldorfer Stadttheater (»Ich spiele seit Monaten überhaupt nichts.«), bat Carla Heinrich flehentlich um Hilfe, da sie sich vor Selbstmordgedanken fürchtete: »(Es) gibt Leute, die andere aus reiner Ästhetik zu Tode quälen, ohne etwas davon zu ahnen. Und darum brauche ich einen Menschen, der mich eventuell festhält, wenn ich dem Rhein zu nahe kommen sollte. Also komm so schnell wie möglich.«[43] Heinrich kam nicht. Carla suchte und fand eine neue »Seelenfreundschaft«. Er hieß Alfred Flechtheim, war jung, reich, gebildet und stammte aus der Familie Heinrich

Heines, dem er »in den Augen« und dem «Ausdruck« auch »ein wenig ähnlich« sah. »Nun, wir haben uns gefunden«, schrieb Carla an Heinrich, »so oft er irgend Zeit hat, sitzen wir jetzt abends beieinander und reden über Oscar Wilde und Jakob Wassermann, über dich und Tommy, über Judentum und christliche Moral (...) Besonders er ist über jede Liebe erhaben (...) Nur meine Hände liebt er und betet sie als Madonnenhände an.«[44] Heinrich Heine, das große Vorbild des jungen Heinrich Mann, war nun in den gemeinsamen Liebesbund aufgenommen. Wo hörte die Realität auf und wo begann die Fiktion? Es scheint so, als ob Carlas Leben seit diesem Zeitpunkt von den Literaturplänen des Bruders bestimmt wurde. Die Geschichte des Alfred Flechtheim hat Heinrich in seiner Novelle »Die Schauspielerin« verarbeitet. Doch »Seelenfreundschaft« allein war weder lebens- noch seitenfüllend. Carla und Heinrich suchten neue Abenteuer. Die Mutter Julia war besorgt. »Hörst Du zuweilen von Carla?« fragte sie Heinrich, »ich fürchte immer für ihre Gesundheit; sie irrt seit September von einem Ort zum Anderen, was mich traurig macht.«[45] Heinrich hatte von Carla gehört. Sie lieferte ihm soeben ein neues Lebenskapitel für sein Mauskript. Man hatte einen neuen, sinnlicheren Heine gefunden. Es war ein »Komödiant aus Galizien«, der gemeinsam mit Carla im Oktober des Jahres 1904 in Reichenberg (Böhmen) auf der Bühne stand. Hier ihr Bericht: »Leo Landau, der Rabbiners-Sohn, beim Theater Lenhart genannt, hat das rein-seelische seiner Liebe aufgegeben. Und ich? Ach lieber Heinrich, er ist mein Typus. Und dem werde ich mein Leben lang treu sein, wenn er auch noch unter vielerlei Namen in mein Leben treten wird. Er ist einfach der Jude, der verfeinerte natürlich, mit schönen Händen, sehr breitem Mund, schweren Augenlidern, glattrasiert, und ganz angefüllt mit Litteratur. Wenn dieser kommt und mich liebt, und er liebt mich immer, so bin ich wehrlos (...) Wenn die Heldin deiner Novelle, wie du andeutest, ich bin, kannst diesen Erguß ja gebrauchen. Warum solltest du sie nicht veröffentlichen? Wer weiß denn genug von mir, um mich wieder zu erkennen.«[46] Heinrich hat ganze Passagen aus den Briefen der Schwester in sein Novellen-Manuskript übertragen. Carla bezeichnete die »Sache« als »sehr, sehr fein« und fand »auch den Schluß vollkommen richtig. Es braucht ja kein Komödienschluß zu sein, da es doch überhaupt mehr eine psychologische Studie oder so etwas Ähnliches, als eine ›Geschichte‹ ist.«[47] Es wurde kein Komödienschluß, weder in der Literatur noch im Leben. Heinrichs Interesse für die Schwester ließ nach. Sie war auch ihrem »Typus« untreu geworden. Ihr Verlobter Arthur Gibo aus Mülhausen, wo sie 1908 und 1909 spielte, besaß kein verwertbares literarisches Niveau. Heinrich hatte inzwischen Inés Schmied kennengelernt und sich seinerseits verlobt. Im Mai 1910 bekam Carla in München eine Rolle in einem Stück, das »Totentanz« hieß. Zwei Monate später, am 30. Juli, nahm sie eine tödliche Dosis Gift. Heinrich schrieb über ihren Tod: »Und in dem ungeheuren Willensakt, als sie das Gift trinkt, nicht um Hilfe ruft, nur mit Gurgeln den Schmerz lindert, und sich zum Sterben hinlegt, allein, bei verriegelter Thür – darin ist auch zum Schluß noch die gewollte Rolle, die Losgelöstheit vom Leben, das Übersein des Lebens, dessen, was sie mehreren fühlenden Menschen anthat, das harte Spiel, die tödliche Komödie.«[48] Es existiert aber noch eine andere Äußerung von ihm, die nicht so nüchtern ist. Darin heißt es, daß er in der Todesstunde der Schwester eine Vision hatte: »Als ich bald vierzig war, starb, fern von mir, das geliebteste Wesen. Überall hin hätte mein Gedanke sie eher begleitet als in ihr Ende. Ich mußte wissen, und ahnte nicht einmal. Gegen Mittag erging ich mich in einem kahlen Garten, dem einzigen auf diesem Südtiroler Berg. Es war still, da wurde ich gerufen: ich meinte, aus dem Haus. Ich war so wenig vorbereitet, daß mir im ersten Augenblick nicht einfiel: hier ruft niemand mich bei meinem Vornamen. Später am Tage kam das Telegramm mit der Nachricht.«[49] Ob Heinrich sich schuldig fühlte? Er wußte, »sie hat(te) das Gift seit 1 1/2 Jahren«. Die Schwester hatte ihm gestanden, »welch sicheres Gefühl es einem gebe, jeden Augenblick Schluß machen zu können«.[50]

Heinrich kannte sogar das Versteck, in dem Carla das Gift aufbewahrte. Es war der geheimnisvolle » Schädel Natanael«, der auch eine Rolle im Roman » Die Jagd nach Liebe« spielt, ein echter Totenschädel, den die Schwester als schaurigen Begleiter auf allen Reisen mit sich führte. Unmittelbar nach Carlas Tod machte Heinrich sich daran, den Novellenstoff der »Schauspielerin« zum gleichnamigen Drama umzuarbeiten. In seinen Notizen für die Bühnenfassung erscheinen Leben und Tod der Schwester als unabänderliches, vorherbestimmtes Schicksal. Die Formulierungen sind kalt und sezierend: » Sie war Komödiantin. Dem Körper was des Körpers, rasche Liebesanfälle, die man im Grunde verachtet. Exaltation, an die man nicht ganz glaubt. Bewußtsein der Unvereinbarkeit mit einem andern Wesen, und der Künstlichkeit. Stolz darauf, Verachtung des Selbstbetrugs, der Schwäche, des Gemüthes; Degagirtheit vom Leben (...) Die Wärme ist nicht für sie da, für das Glück, die Gemeinschaft, für das Leben ist sie nicht geschaffen (...) Man muß lügen können, wenn man leben will. Carla ist nicht fähig zu leben (...) Unerlösbare Komödiantin (...) Endlich des Lebens sich würdig erweisen, dadurch daß sie stirbt. Ist an dem Ernst einer, die stirbt, zu zweifeln?«[51] Ein Jahr später, am 6. November 1911, wurde das Stück in Berlin im Theater in der Königgrätzer Straße uraufgeführt. Heinrich hatte in Tilla Durieux eine Darstellerin für Carla (im Stück hieß sie Leonie) gefunden, die »für sich und ihren Autor soviel herausgeholt, wie psychologische Effekte nun einmal erlaubten«.[52] Tilla Durieux war eine Idealbesetzung. In einem Artikel für die Zeitschrift »Zeit im Bild« bescheinigte Heinrich seiner Schauspielerin »diese Doppelrassigkeit« einer »Weltdame, Kaiserin, Luder, Heldin der Zeit, Heldin der Nerven«.[53] Hinzu kam noch eine günstige Geschäftsverbindung: Die bekannte Schauspielerin war mit dem Berliner Galeristen und Verleger Paul Cassirer verheiratet, in dessen Verlag damals auch Heinrichs Dramen in Buchausgabe erschienen. »Dann spielte Tilla Durieux und ich bekam Geld«, lautet eine Kurzformel Heinrichs zur Beschreibung seiner neuen Lebens- und Arbeitssituation nach 1910.[54]

3. Nena

Das Jahr 1910 bedeutete in mehrfacher Hinsicht einen Einschnitt im Leben Heinrich Manns. Er verlor nicht nur die Schwester Carla, auch seine damalige Verlobte, Inés Schmied, hatte sich kurz vorher von ihm getrennt. Es waren »zwei Frauen«, die ihm nach eigener Aussage zusammen mit »französischen Büchern, Krankheit« und dem »Leben in Italien« als »Bildungsmittel« gedient hatten.[55] Bei Inés, oder Nena, wie Heinrich sie nannte, gab es eine direkte Berührung mit dem »Leben in Italien«. Er hatte sie, wie schon erwähnt, 1905 in Florenz kennengelernt, und sie trug wesentlich zur psychologischen Gestaltung der Romanfigur Lola (»Zwischen den Rassen«) bei. Inés Schmied, die Tochter eines argentinischen Plantagenbesitzers, glich in ihrer »südländischen Schönheit« ein wenig Julia Mann. Als Heinrich sie kennenlernte, war sie 22 Jahre alt und befand sich zusammen mit ihrer Mutter und dem Bruder Rudolf auf einer ausgedehnten Europa-Reise. Mit ihrem unsteten Umherreisen, das von Hoffnungen auf eine Karriere am Theater begleitet war, erinnerte Nena auch stark an Carla. Der jüngste Bruder, Viktor, war von ihrer Erscheinung überwältigt: »Wenn Heinrich in jenen Jahren nach München kam, was nicht oft geschah, wohnte er in einer Pension an der Türkenstraße, und wir sahen uns meist bei Mama. Einmal aber traf ich ihn im Foyer eines Varietés und wurde einer Frau von solcher Schönheit vorgestellt, daß sie geradezu als Schock wirkte. Ich mußte sofort an die Senhoras da Silva und an die Lola aus ›Zwischen den Rassen‹ denken.«[56] Der Roman »Zwischen den Rassen«, der zwischen 1905 und 1907 entstand, ist ein autobiographisches Spiegelbild der neuen Liebesbeziehung. Umfangreiche Vorbereitungsnotizen, überwiegend Charakterisierungsskizzen Lolas, dokumentieren die für Heinrich Mann ungewöhnlich lange Bearbeitungszeit. Die Handlungs- und Strukturschwächen des Werkes sind unübersehbar. Rezensenten, die eine volkspsychologische Abhandlung erwartet hatten, wurden enttäuscht. Für Heinrich war »die Rasse« nur »Symbol für diese beiden Tendenzen: Einsamkeit und Liebe«.[57] Die ausführliche Korrespondenz Heinrichs mit Inés (er hat über einhundert Briefe und Karten aufbewahrt) belegt seinen menschlichen, literarischen und politischen Reifeprozeß. Es entstand ein ganz neuer Reflexionszusammenhang von individueller Liebe und Moralität mit gesellschaftlich orientierter Menschlichkeit (»Menschheitsliebe«). In »Zwischen den Rassen« faßt die männliche Identifikationsfigur des Autors, Arnold Acton, diese Erkenntnis zusammen: »Man muß den Helden hinter sich haben und verstehen, daß er wichtig erst durch die Liebe wird.«[58] 1905 war ein sehr produktives Jahr für Heinrich. Während seiner vorbereitenden Arbeit an dem Roman »Zwischen den Rassen« erschienen fast gleichzeitig »Professor Unrat«, der Novellenband »Flöten und Dolche«, der Essay über »Gustave Flaubert und George Sand« und seine Übersetzung von Choderlos de Laclos' »Gefährliche Freundschaften«. In einem Brief vom 25. Juli 1905 an Inés Schmied kommentierte Heinrich den persönlichen und literarischen Entwicklungsprozeß seit Erscheinen der »Göttinnen« im Jahre 1903:

»Meine kleine entzückende Nena! (...)
Ich will Dir sagen, woher, meines Erachtens, das Unbefriedigende des Buches (»Die Göttinnen«) kommt. Daher, daß die große, heidnische Sinnlichkeit, die darin gefeiert wird, doch eigentlich hier garnicht das Ideal ist. Sie ist nur Ersatz für etwas Höheres, woran man aber nicht glaubt. Du mußt Dich erinnern: es war mir keine Liebe begegnet und Nichts, was mir geliebt zu werden, werth schien. Aus Mangel an Nahrung für meine Zärtlichkeit behauptete ich, nur auf Sinnlichkeit komme es an; und behauptete es umso lauter, je weniger ich es innerlich glaubte (...) Dazu kommt, daß ich mich doch wirklich auch mit meiner Jugend-Sinnlichkeit auseinanderzusetzen hatte. Aber thatsächlich wurde das Bedürfniß nach wirklicher Liebe immer stärker; und nur dies giebt, meine ich, der Jagd nach Liebe den leidenschaftlichen Zug (...) Ich

reifte ja allmählich innerlich heran für Dich. (Als ich die
›Herzogin‹ schrieb, hätten wir uns vielleicht noch nicht so
viel zu sagen gehabt. Sich zur rechten Zeit begegnen, ist
Alles. Und Alles ist sehr merkwürdig und voll Schicksal)
›Unrat‹, dieses lächerliche alte Scheusal, fühlt doch wenigstens die Liebe zur Künstlerin Fröhlich, vertheidigt sie gegen
die ganze Welt, überhäuft sie mit all seiner wunden Zärtlichkeit. Darum ist er menschlicher als die Herzogin, und darum
verstehst Du ihn besser. Er hat doch einige Ähnlichkeit
(erschrick nicht!) mit mir: mit Dem, der Dich liebt (…) Zum
Schluß darf doch noch die Zärtlichkeit ausbrechen; und man
wird glücklich. Man ist nicht mehr ganz neu, nicht mehr sehr
jung; aber mit ein wenig Wehmuth und ziemlich viel Wissen
im Herzen, wird man glücklich. Gefällt Dir der Gedanke,
meine liebe, liebe Nena?«[59]

Erstaunlich an diesem Brief ist die Offenheit, mit der Heinrich über seine bisherige Unfähigkeit zu echter emotionaler
Bindung spricht. Menschen, die ihn näher kannten, erinner-
ten sich, daß ein Zusammensein mit ihm immer etwas Di-
stanziertes hatte. Der Schriftsteller und Publizist Wilhelm
Herzog, der privat mit Heinrich befreundet war und gleichzeitig beruflich als Lektor jahrelang mit ihm zusammengearbeitet hat, erinnerte sich: »Er war ein absolut kühler Mensch,
der sich nur am Schreibtisch erwärmte. Dort erhitzte er sich,
dort fieberte er geradezu. Er hat es mir oft gesagt. Sonst im
Leben glaubten viele Menschen, besonders Frauen, in seiner
Gegenwart zu frieren. ›Ein Eisberg‹ nannte ihn eine Dame,
die ihn als Schriftsteller sehr verehrte.«[60] Erst durch den
Einfluß von Inés Schmied hat Heinrich diese reservierte
Steifheit, die einer sozialen Selbstisolation glich, teilweise
abgelegt. Doch auch nach der heimlichen Verlobung im
Frühjahr des Jahres 1906 war er sich seiner Bindungs- und
Liebesfähigkeit nicht sicher. Dem Bruder Thomas teilte
Heinrich zwar den offiziellen Charakter der Liaison schon
1906 mit, der Mutter jedoch erst zwei Jahre (!) später. »Hein-
rich, der Sonderling« empörte sie sich im April 1908, »stellte

mir in München vor ca. 3 Wochen plötzlich seine Braut, Inés Schmied aus Buenos Aires, vor.«[61] Die Schwester Carla wurde mit einem literarischen Jugendporträt Nenas konfrontiert, das Heinrich mit seiner Novelle »Jungfrauen« entworfen hatte. Ihre Antwort: »›Jungfrauen‹ liebe ich sehr.«[62] Neben dem »leidenschaftlichen Zug« im Verhältnis von Heinrich und Nena existierte aber auch noch eine nüchterne Ebene, eine Form des literarischen Verwertungszusammenhangs, der in verblüffender Weise an die Produktionsbeziehung zur Schwester Carla erinnert. War die Romanfigur Lola Ergebnis eines langen und komplizierten psychologischen Entstehungsprozesses, so galt das weniger für die Frauengestalten der gleichzeitig produzierten Novellen. Diese Texte, in »hinreißendem Tempo«[63] geschrieben, wie Thomas ironisch anmerkte, waren meist für den schnellen Abdruck in Zeitungen und Zeitschriften konzipiert. So wie Heinrich die Briefe Carlas unmittelbar in »Die Schauspielerin« eingearbeitet hatte, verwertete er auch für Novellen wie »Heldin«, »Der Unbekannte« oder »Jungfrauen« (1906 als Sammelband »Stürmische Morgen« erschienen) in direkter Form Informationen aus Gesprächen und Briefen Nenas. Manchmal, wenn keine Zeit mehr für Rückfragen blieb, benutzte Heinrich auch die Mutter und den Bruder Nenas als Quellen. »Du weißt, daß auch das Gefühl in meiner vorigen Novelle (›Der Unbekannte‹) von Dir kam«, schrieb er im Juni 1905 an die Freundin in Florenz. »Ich möchte sie Dir gerne schicken, aber sie liegt seit 14 Tagen beim ›Berliner Tageblatt‹. Wenn es sie druckt, kann ich sie Dir vielleicht bald geben.«[64] Und noch im gleichen Monat: »Jetzt reut es mich, daß ich Dir die Novelle nicht vorher noch einmal gegeben habe, ehe ich sie an die Zeitung schickte. Aber man möchte so etwas rasch anzubringen suchen. Übrigens habe ich gemahnt und hoffe, du bekommst die Geschichte in nicht allzu langer Zeit wieder zu lesen. Die Frau darin heißt jetzt Estela, und mit diesem Namen habe ich Deiner Mama und Deinem Bruder die Geschichte vorgelesen. Sie waren angenehm berührt.«[65] Inés Schmied signalisierte ihm am 10. August 1905: »Sehr gespannt bin ich auf Deine neue Novelle (›Jungfrauen‹). «[66] Und zwei Wochen später teilte sie ihren Lektüreeindruck mit: »Diese Novelle interessiert mich sehr. Schon aus dem Grunde, weil du in ihr ein Mädchen beschreibst, wie ich mit 15-18 gewesen bin, in einem gewissen Sinne. «[67]

Inés Schmied träumte von einer Theater-Karriere in Europa. Ob Heinrich sie ernsthaft bei der Suche nach einem Bühnenengagement unterstützt hat, ist nicht bekannt. Ganz sicher quälte ihn die Vorstellung, seine Verlobte könnte ein ähnliches »Komödianten«-Schicksal erleiden wie die Schwester Carla. Allerdings war Heinrich Nenas Bruder Rudolf behilflich, Leseabende zur Präsentation seines Buchmanuskriptes »Carlos und Nicolas. Kinderjahre in Argentinien« zu organisieren. Zu einer von ihm vermittelten Lesung am 12. Oktober 1905 im Münchener »Neuen Verein« erschien auch Thomas. Dessen anschließend gegenüber Heinrich geäußertes Lob war natürlich nicht aufrichtig. In Wirklichkeit verachtete er Rudolf Schmied zutiefst als einen »bedenklichen« Neurastheniker, der »in Berlin um 6 Uhr abends aufzustehen und die Nacht durch zu sumpfen pflegte, auch die Arbeit im Ganzen nicht liebe«.[68] Vom Bruder Nenas wußte man, daß er während seiner Berliner Zeit Stammgast im Romanischen Café (Café Größenwahn) war und mit Exponenten des literarischen Frühexpressionismus, wie Paul Scheerbart, Ludwig Rubiner, Jakob van Hoddis (Hans Davidsohn) und Else Lasker-Schüler Umgang pflegte. Sehr gekränkt war Thomas, weil Nenas Bruder sich in aller Öffentlichkeit als »intimer Freund« und Verehrer Heinrichs präsentierte und seine »Königliche Hoheit« als einen »außerordentlich hohlen und schlechten Roman« bezeichnet hatte.[69] In seinem Beschwerdebrief an Heinrich heißt es: »Wenn der junge Schmied betrunken war, so entschuldigt das die Aeußerung, aber nicht die Meinung, – die also wohl auch die Deiner Verlobten und überhaupt derer um Dich ist. Unsere Freunde waren nie das Beste an uns. «[70] Ihm paßte die ganze Bohème-Richtung der Familie Schmied nicht. Allein der Umstand, daß Heinrich Nena zuliebe der Hochzeit des Bruders ferngeblieben war, hatte zur Folge, daß seine Verlobte von Anfang an in den Bruderstreit und die Querelen der Familie Mann verwickelt wurde. Im Frühjahr 1909 gab es die »Inés-Lula-Sache«, in der Thomas wie folgt (ver)urteilte: »Lula (die Mann-Schwester Julia) ist voller Schwächen und Nücken, aber daß sie immer noch fünfmal disziplinierter ist, als Inés, darüber kann doch – ich bitte tausend mal um Verzeihung! – kein Zweifel walten!« Inés habe »das Recht verwirkt«, in Angelegenheiten der Familie Mann »besonders kritisch zu sein«.[71] Für Inés selbst war die Erinnerung an die Familie Mann eine »Art Alpdruck«. Einige gemeinsam mit Thomas und Katia verbrachte Tage im Dezember des Jahres 1908 in Bad Tölz blieben in ihrem Gedächtnis als »schrecklich melancholisch« haften. »Die Stimmung war schrecklich«, schrieb sie an Heinrich. »Immer noch sehe ich das Gesicht Deines Bruders wie er so kalt, gleichmütig und doch mit einer Art Unbehagen in die Luft guckt.«[72] Die Vorstellung, in ein solches Milieu einzuheiraten, wurde schließlich unerträglich. Am 6. Januar 1909 teilte Nena Heinrich mit: »Deine Verwandten haben eigentlich Recht. Ich tauge nicht zum Heiraten. Du kannst Dir garnicht vorstellen, welches Grauen ich vor Familien etc....!!!! habe. Es ist für mich gerade so als ob ich in ein Futteral gesteckt werden sollte.«[73] Das »Futteral«, vor dem sie sich fürchtete, war aber nicht nur das Buddenbrook-Milieu, es ging vor allem um die Lebenstauglichkeit der ihr von Heinrich zugedachten Lola-Rolle »zwischen den Rassen«. Das »Norddeutsche« an Heinrich Mann, so heißt es in ihrem letzten Brief, habe nicht harmoniert mit ihrem südlichen-südamerikanischen Temperament, den Unterschied habe sie immer gefühlt.[74] Der Roman »Zwischen den Rassen«, parallel zu seiner Beziehung mit Inés Schmied geschrieben, war die literarisch-idealistische Version des Sechsunddreißigjährigen, sich und seinem Leben eine »Verfassung« zu geben. Doch das Leben erwies sich komplizierter als die radikale Vereinfachung in der Literatur. Der Roman stellt ein idealistisches Konstrukt dar, in das der Autor alle Wunschträume hineingepackt hatte: den Durchbruch zur Liebe, das Ende der Selbstsucht und Einsamkeit, Frauwerden, Mannwerden, Gleichwerden mit dem Volk und Erkämpfung einer gerechten Gesellschaftsordnung. Lola als übermächtige Frauengestalt (Mutter, Schwester und Geliebte in einer Person) verkörperte das »siegreiche« Geschlecht. Diese Göttinnen-Rolle konnte und wollte Inés Schmied in Heinrich Manns Leben nicht übernehmen.

Nach der Trennung von Inés Schmied und dem Tod der Schwester Carla konzentrierte sich Heinrich auf die Theaterarbeit und auf einen bisher kaum erprobten Bereich: die politische Essayistik. »Mit dem Theater« machte er sich »einige Jahre ein leichteres Leben als das sehr angestrengte (seiner) Romane«.[75] Das gewohnte Reiseleben setzte er fort, doch nicht allein wie früher, sondern meist mit Freunden aus München, vor allem mit Wilhelm Herzog. Das Ziel war stets der Süden: Florenz (Februar 1911), Monte Carlo (1912), Nizza (Winter 1909/10 und März bis Juni 1914) und immer wieder der Gardasee.

4. Mimi und München

Der Theaterbetrieb brachte neue Schauspielerinnen-Bekanntschaften: die schon erwähnte Tilla Durieux, die im Regelfall die Hauptrollen in seinen Stücken übernahm, Ida Roland, die Frau des Grafen Coudenhove-Kalergi, und dann die aus einer Prager jüdischen Familie stammende Maria (Mimi) Kanová. 1912, während der Berliner Probearbeiten zu seinem Stück »Die große Liebe«, sah Heinrich Mimi zum ersten Mal. Was ihn faszinierte, war die verblüffende äußere Ähnlichkeit mit Carla. In Klaus Manns Erinnerung wird sie als »so eine Dicke, Bunte, Muntere« beschrieben.[76] Heinrich nannte sie liebevoll »Pummi« und verhalf ihr in den ersten Jahren ihrer Bekanntschaft zu Bühnenengagements. »Dein gestriger Brief hat mich beglückt«, freute sich Mimi am 23. 6. 1913. »Es wäre zu schön, wenn ich endlich ein Engagement bekäme.« Als Zeichen des Dankes wollte sie ihren Mentor »pflegen wie ein Baby«.[77] Am 12. August 1914, zwei Tage vor Kriegsausbruch, heirateten sie, und 1916 wurde ihre Tochter Leonie geboren. Durch die Namensgebung Carla und Leonie, sollte die Tochter, das einzige Kind Heinrichs, gleich doppelt an die tote Carla erinnern. (Leonie hieß die Heldin in Heinrichs Schwester-Drama »Die Schauspielerin«). Ähnlich wie Inés Schmied war auch Mimi dem psychischen Druck eines neurotischen Familienklimas ausgesetzt. In den Bruderstreit wurde sie allein dadurch hineinverwickelt, daß sie Heinrichs Briefe an Thomas mit der Maschine tippen mußte. Der empörte sich 1918, daß man nun auch von Heinrichs Frau »Frechheiten zur Antwort« bekäme. Auch die Mutter Julia verbat sich eine Einmischung Mimis in den Familienstreit und teilte Heinrich mit: »Lasse nun auch bitte Mimi nicht mehr nach dem Befinden der Geschwister fragen, was gewöhnlich Anlaß zu Erörterungen gab.«[78] Auch der Familienbiograph Viktor zeichnet ein nicht gerade positives Bild von Mimi. Nach seiner Schilderung versuchte sie selbst am Sterbebett der Schwiegermutter (Julia Mann starb am 11. 3. 1923) »durch einen Ausbruch zu stören«.[79] Einige Jahre später, als Werk und Leben des inzwischen sehr berühmten Heinrich Mann beliebter Gegenstand öffentlicher Debatten war, interessierten sich auch die Klatschspalten verstärkt für sein Privatleben. Mimi wurde 1926 in der Zeitschrift »Die schöne Frau« als »sultaneske Mondäne« abqualifiziert, die »mit Bewußtsein nicht intellektuell« sei.[80] Auffällig ist, daß Heinrichs erste Ehefrau, obwohl sie fast fünfzehn Jahre mit ihm zusammenblieb, im Gegensatz zu Carla, Nena oder Nelly so gut wie keine Spuren in seinem literarischen Werk hinterlassen hat. Nach dem Scheitern der idealistischen Verbindung mit Inés Schmied, bedeutete die Heirat mit Mimi ganz offensichtlich eine eher pragmatische »Verfassungsgebung« für die Lebensmitte, denn Heinrich war damals mit seinen dreiundvierzig Jahren kein Jüngling mehr. Mimi wurde keine Romanheldin, sondern Organisatorin des Schriftsteller-Alltags. Sie kümmerte sich um Heinrichs Krankheiten und seine Garderobe, auf die er sehr viel Wert legte. Nach Preis- und Qualitätsvergleichen von Maßschneidereien empfahl sie ihm zum Beispiel im Januar 1920: »In Prag kostet ein Anzug 3000 K(ronen) Arbeitslohn, bei mitgebrachtem Stoff 1200 K(ronen). Ich rate Dir, gehe sofort zu einem guten Schneider und bestelle Dir einen Anzug in München.«[81]

Was viele überraschte, der ruhelose Schriftsteller war nach seiner Heirat in München seßhaft geworden. Es existiert ein geradezu symbolisches Photo: Heinrich Mann sitzt als stolzer Vater in der bürgerlich eingerichteten Etagenwohnung in der Leopoldstraße und schaukelt die kleine Tochter auf den Knien. »Der Schriftsteller Heinrich Mann«, so die Erinnerung Arnold Zweigs an jene Tage, »war für uns junge Leute eine der eindrucksvollsten Gestalten, die das literarische München aufzuweisen hatte. Wenn wir ihm gelegentlich in der Leopoldstraße begegneten, einen Kinderwagen mit seinem Töchterchen vor sich her schiebend, waren wir entzückt und respektvoller, als wäre er in einer Limousine vorgefahren.«[82] Und Martha und Lion Feuchtwanger, die ihn beim Besteigen der Straßenbahn beobachteten, waren »voll Ehrfurcht (und) ein wenig verwundert, daß ein Dichter des Buches der Leidenschaft, ›Die Herzogin von Assy‹, so würdig und unnahbar aussehen konnte«.[83] Mit 45 Jahren wirkte Heinrich Mann »wie ein von Greco gemalter spanischer Grande, mit seinem schmalen Kopf, seinen schwer herabfallenden Augenlidern, seinem dunkelblonden Spitzbart und in der unnahbaren Haltung eines distinguierten Diplomaten«.[84] Auch seine Arbeitsweise hatte sich verändert. Er arbeitete in seiner Münchner Wohnung (Leopoldstr. 49, später 59) in der Regel diszipliniert täglich vier bis fünf Stunden an seinen Manuskripten, die aus in kleinem Quartformat geschnittenen und mit feiner Handschrift beschriebenen Blättern bestanden. Die durch die Kriegssituation erzwungene Einschränkung der Teilnahme am öffentlichen Leben führte zu einem bisher unbekannten Familiengefühl. »Ich gestehe ruhig«, erklärte Heinrich Mann, »daß ich meine Arbeiten in einen völlig weltlichen Zusammenhang mit meinem Kinde bringe. Der Gedanke, noch 30 Jahre nach meinem Tode werde meine Arbeit Frucht tragen für mein Kind, erhöht in meinen Augen ihren Werth.«[85] Unterbrochen wurde die häusliche Zurückgezogenheit nur durch jährliche Kuraufenthalte und gelegentliche Vortragsreisen. Nach Kriegsende veränderte sich die Situation. Der Erfolg des »Untertans« brachte Heinrich Mann die ersehnte öffentliche Wirksamkeit. Mit Beginn der zwanziger Jahre war es vorbei mit der teils erzwungenen, teils gewählten Seßhaftigkeit. Heinrich wurde wieder von seiner alten Unruhe erfaßt. Er reiste oft ins Ausland, mehrfach nach Frankreich und immer häufiger zog es ihn nach Berlin. Die Korrespondenz mit seiner Frau reduzierte sich auf Telegramme und kurze Karten, in denen es meistens um die Organisierung von Reisen ging, um Abfahrts- und Ankunftstermine. Mimi begann zu kränkeln (Anfälle von Herzasthma) und flüchtete immer wieder mit Leonie zu ihren Eltern und der Freundin Mila nach Prag. Von dort aus schrieb sie (um 1922) in banger Ahnung an ihren Mann: »Wenn ich heimkomme, mußt Du mich sehr lieb haben – ich sehne mich danach so sehr. Ich fürchte immer, daß Du mich nicht mehr lieb hast.«[86] Die Befürchtungen waren berechtigt. Die Ehe war nicht mehr zu retten. In den Jahren 1925/26 hielt Heinrich sich häufiger in Berlin als in München auf. Gemeinsam in der Öffentlichkeit sah man Mimi und Heinrich zuletzt beim Begräbnis der Schwester Lula, die sich am 10. 5. 1927 das Leben genommen hatte. 1928 trennte Heinrich sich endgültig von Mimi und siedelte nach Berlin über. Mit Rücksicht auf die Tochter Leonie erfolgte die Scheidung erst im Jahre 1930. Doch auch dann brachen die Kontakte nicht völlig ab. Nach 1933, als Heinrich sich im französischen Exil befand, bemühte Mimi sich in Prag um Verlagskontakte und Übersetzungsmöglichkeiten für ihn. So schrieb sie ihm am 18. Januar 1935 nach Nizza: »Du solltest nicht so nervös sein, wenn ich Dir verspreche, etwas zu tun, so tue ich es immer.« Sie informierte Heinrich auch über die Probleme, die sich für Erika Manns Kabarett »Die Pfeffermühle« bei ihrem Prager Gastspiel ergaben:

»Übrigens hat Erika hier mit ihrer Pfeffermühle auch Schwierigkeiten. Der Gesandte des III. Reiches war bei der Polizei und hat fies gestänkert und die Polizei hat erst mal die Aufführung verboten. Aber morgen (19. 1. 1935) soll die Premiere sein.«[87]

Nach der Besetzung Prags durch die Hitler-Truppen begann für die Jüdin Mimi eine schreckliche Zeit. 1939 verschleppte man sie in das KZ Theresienstadt. Sie blieb dort bis zur Befreiung. Als Klaus Mann sie 1945 abholte, bot sich ihm ein erschütternder Anblick: »Ein Schatten ihrer selbst ist Tante Mimi, vom Fleisch gefallen, halb gelähmt, gebückt, verhutzelt, eingeschnurrt, mit dünnem weißem Haar, zittrigen Krallenfingern, die fahle Miene grimassenhaft verzerrt mit schiefem Mund und starrem Leidensblick.«[88] Von den in der KZ-Haft erlittenen schweren gesundheitlichen Schäden hat Mimi sich nicht erholt. Sie starb 1947 in Prag.

5. Nelly, die »Seele der Halbwelt«

»Ein Gast war noch nicht hier, aber die Musik spielte schon, um anzulocken. Marie träumte: das Hämmern eines Tanzes erfüllte ihr den Kopf, und im Augenblick des Besinnens war ihr noch zweifelhaft, was sie gehört hatte, das ferne Geräusch einer Bar über See... oder nur die Jazzband des ›Harem‹, Uhlandstraße, eine Minute vom Kurfürstendamm. Dann öffnete der Portier auf der Straße den ersten, unentschlossenen Gästen.«[89] Zu diesen Gästen hatte 1929 oder 1930 in Berlin auch Heinrich Mann gehört. In einer Atmosphäre, wie in seinem Roman »Ein ernstes Leben« beschrieben, hat er Nelly Kröger kennengelernt. Die Frage, ob es die »Bajadére« in der Joachimstaler Straße oder die »Kakadu«-Bar in der Nähe der Schaperstraße war, kann wohl nicht mehr geklärt werden. Vielleicht hat Nelly auch in beiden Nachtlokalen gearbeitet. Jedenfalls war sie ursprünglich Bardame und trank gern und viel. Ein Makel, den sie nie wieder los wurde.

Im Dezember 1928 brachten die Klatschspalten der Zeitungen die Meldung, daß Heinrich Mann die Absicht habe, »die bekannte Schauspielerin Trude Hesterberg« zu heiraten. Ob er sie wirklich heiraten wollte, weiß man nicht. Allerdings war er, nachdem er 1929 ständigen Wohnsitz in Berlin hatte, Stammgast im »Haus Vaterland« und lauschte dem Chanson der Hesterberg, die sang: »Ich brauch einen Mann... einen richtigen Mann.« In Wirklichkeit wollte sie die Hauptrolle im »Blauen Engel«. Die Rolle erhielt aber, wie wir wissen, die damals noch unbekannte Marlene Dietrich. Die Beziehung zwischen Trude Hesterberg und Heinrich Mann wurde frostig. In dieser Zeit muß Nelly in sein Leben getreten sein, ähnlich der Marie aus dem Roman »Ein ernstes Leben«. In diesem letzten Roman Heinrich Manns vor der Emigration verdichten sich in der Tat die biographischen Spuren Nellys. Sie selbst verbreitete folgende Version der Entstehungsgeschichte:

»›Da sagt doch der Heini immer, Nelly, du mußt mir dein ganzes Leben erzählen.‹ ›Was ist da zu erzählen‹, sage ich also und fange richtig an. Und da sagt doch der Heini: ›Nelly, du mußt dein ganzes Leben aufschreiben.‹ ›Und was ist da aufzuschreiben?‹ frage ich und fange richtig an. Ich schreibe also das Buch mit meinem ganzen Leben darin. Und da sagt doch der Heini: ›das ist aber eine sonderbare Geschichte, fast ein Roman.‹ ›Was ist das für ein Roman‹ sage ich, ›es ist mein eigenes Leben, und nun werde ich es nochmals verkaufen‹, sage ich, ›und du kennst doch Verleger‹, sage ich, ›und rufe mal einen an, und ich koche was Feines zum Abend.‹ Da sagt aber der Heini: ›Tu's lieber nicht, und blättert und blättert und blättert in meinem Manuskript und steht da, mit seiner Lesebrille auf der Nase, neben dem Kamin, in unserem Salon, und nickt mit dem Kopf wie gewöhnlich und lächelt ganz freundlich und wirft mir mein Manuskript ganz sachte ins Feuer. Und da sage ich noch: ›Was tust du da, Heini?‹ Und will lachen und weinen. Und da setzt sich doch der Heini hin und schreibt meine ganze Geschichte noch einmal und läßt einen Verleger kommen und gibt ihm sein Manuskript mit meiner Geschichte, so wie ich sie geschrieben hatte, oder nicht einmal so gut. Und da sage ich noch, wie der Verleger mit unserem Manuskript fortgegangen ist, ›was tust du da, Heini?‹ Und da sagt doch der Heini: ›Es ist ein ernstes Leben. Und das wird der Titel sein für mein neues Buch.‹« Heinrich Mann soll daraufhin kopfschüttelnd bemerkt haben: »Frau Kröger erzählt sehr sonderbare Geschichten – und sonderbar wahre Geschichten.«[90]

Die Heldin des Romans ist die Fischerstochter Marie Lehning. Sie verstrickt sich, stiehlt, will töten, bekommt ein Kind – aber nicht von ihrem Geliebten, der sie immer wieder im Stich läßt; sie wirft sich unter einen Zug, überlebt, wird erpreßt, arbeitet – schließlich in der Großstadt Berlin angekommen – in einer Nachtbar. Sie muß nicht nur für den eigenen Lebensunterhalt kämpfen, sondern auch für den des Kindes. Sie will sich nicht anpassen und wird hart dabei. Schließlich erhält sie nur noch der Wille am Leben, sich zu rächen, alle zu vernichten. Um das Verhängnis abzuwenden, erfindet Heinrich Mann einen märchenhaften Schluß.

Nicht nur der Schluß in Nellys Leben war anders als im Roman, doch wird ihre »sonderbare Geschichte« einen wahren Kern enthalten haben. In seinem später im Exil entstandenen »Henri Quatre« hat Heinrich Mann die Geschichte fortgeschrieben. In der Liebe des gütigen Henri zu Gabriele d'Estrée spiegelt sich die Beziehung des Autors zu Nelly. So wie Gabriele sich gegen die Intrigen der Hofkamarilla zur Wehr setzen muß, hatte Nelly gegen die Arroganz des Intellektuellen-Milieus zu kämpfen. Lion Feuchtwanger zum Beispiel führt sie in seinem Roman »Narrenweisheit oder Tod und Verklärung des Jean Jacques Rousseau« in der Rolle der Thérèse Levasseur als »Verworfene« und »Halbtier« vor.

Joachim Seyppel hat genauer recherchiert[91]: Geboren wurde Nelly am 15. Februar 1898 in Ahrensbök bei Lübeck als Emmy Johanna Westphal. Sie war die Tochter einer »unverehelichten Dienstmagd«, die um die Jahrhundertwende den Fischer Nicolaus Wilhelm Heinrich Kröger aus Niendorf heiratete. Der adoptierte Nelly im Jahre 1920, so daß sie den

Namen Kröger erhielt. Kindheit und Jugend verbrachte sie in dem Dorf an der Ostsee. Nach dem Ersten Weltkrieg wurde ihr das Dorf zu eng und sie zog nach Berlin. Sie geriet also während der turbulenten Inflationszeit in die Reichshauptstadt. Vermutlich wohnte sie irgendwo im Nordosten, in der Gegend des Lehrter Bahnhofs, wo sie eingetroffen war. Anfangs schlug sie sich als »Näherin« durch. Dann hat sie einen »Bankier« namens Schmidt (sie nannte ihn »Werther«) geheiratet, bekam ein Kind, das sie verlor, und geriet in das Vergnügungs- und Amüsierviertel am Kurfürstendamm. Ihre Scheidung erfolgte Mitte der zwanziger Jahre. Sie zog in die Kantstraße 156 (nicht weit vom Bahnhof Zoo) und trug den, wie sie es nannte, »Künstlernamen« Nelly Kröger. Als sie Heinrich Mann kennenlernte, war sie mit einem gewissen Rudi C., einem militanten Kommunisten, befreundet. Sie hat ihn vor dem berühmten Schriftsteller nicht versteckt. Ob sich eine »ménage à trois« entwickelte, weiß man nicht. Heinrich Mann jedenfalls war großzügig und Nelly auch. Sie gab der Garderobenfrau in der »Bajadére« (oder »Kakadu«-Bar) manchmal sogar die Anweisung, für Heinrich Kamillentee zu kochen. Doch sie tranken auch Schnaps in der »Kutscherkneipe« in der Marburger Straße und Sekt im Edenhotel. Daß hier an der Budapester Straße einst der Mord an Rosa Luxemburg und Karl Liebknecht geplant und gefeiert wurde, störte in den »Goldenen Zwanzigern« nur noch die Gesandtschaft der Sowjetunion, sie verbot ihren Mitgliedern auch später das Betreten des Hotels. Seit Mitte der zwanziger Jahre war das Eden eine der beliebtesten und elegantesten Vergnügungsstätten Berlins, das selbst dem edlen Hotel Adlon Unter den Linden Konkurrenz machte. Wenn der Barpianist den Schlager »Schöner Gigolo, armer Gigolo« anstimmte, waren Noske und Rosa Luxemburg vergessen. Außer Heinrich und Nelly verkehrten dort 1929/ 30 auch Künstler und Schriftsteller wie Albert Bassermann, Bert Brecht, Marlene Dietrich, Gustaf Gründgens, Wilhelm Herzog, Max Pallenberg und auch Fritz Kortner und Fritz Lang. Gesehen wurden auch Ernest Hemingway und Edgar Wallace. Kortner berichtet, daß »viel geschwatzt, viel geklatscht«, gelacht und »nur selten politisiert« wurde.[92]

Doch das änderte sich bald. Bereits im September 1930 erhielt Hitlers Partei 6 1/2 Millionen Stimmen. Demonstrationen und gewaltsame Auseinandersetzungen zwischen Nationalsozialisten und Kommunisten bestimmten das Straßenbild. Dann, am Abend des 30. Januar 1933, zog die SA nach dem großen Fackelzug auch provozierend durch die Wallstraße in Berlin-Charlottenburg. Hier wohnte Rudi C. Vor seinem Haus fielen tödliche Schüsse. Sie trafen den SA-Sturmführer Maikowski und den Polizei-Hauptwachtmeister Zauritz. Nach den Ermittlungen von Joachim Seyppel soll Rudi C. einer der Schützen gewesen sein.[93] Er tauchte unter und wurde später in Abwesenheit zum Tode verurteilt. In der Szene »Der Zeuge« im Anhang der Essaysammlung »Der Haß« hat Heinrich Mann diesen Vorgang literarisch verarbeitet. Als er am 21. Februar Berlin verließ, hielt Rudi C. sich noch in der Stadt auf. Nelly war durch ihre Verbindung zu ihm und zu Heinrich Mann in doppelter Lebensgefahr. Im Herbst 1933 floh sie gemeinsam mit Rudi C. Ihr Halbbruder besaß in Niendorf ein Segelboot. Es gelang die Flucht nach Dänemark. Von dort ging es über die Nordsee zu einem Kanalhafen und dann mit der Bahn nach Nizza.

»Eines Tages im Jahre 1933«, so Heinrich Mann, »die Tür meiner Sommerwohnung in Bandol am Meer, nahe Toulon, geht auf, meine Frau tritt ein. Sie war mir ins fremde Exil gefolgt.«[94] Ihr Begleiter Rudi C. fand Unterschlupf in einem kleinen Hotel in der Nähe. 1935 wurde er »ein paar Mal über die Grenze geschoben von Franzosen und Schweizern«.[95] Dann kämpfte er im spanischen Bürgerkrieg in den Reihen der Internationalen Brigaden. Er fiel nicht 1937, wie es bei Seyppel heißt, sondern wurde im April 1939 mit anderen asylsuchenden Spanienkämpfern im französischen Sammellager Gurs interniert. Hier hat sich Nelly noch um ihn gekümmert. Am 16. Juni 1939 schrieb sie aus Nizza an Heinrich Mann in Paris:

»Rudi hat einen Skorbut und bittet bescheidenerweise um viele Citronen, weil er sich geniert, um Geld zu bitten. Dass einige typhuskrank und wahnsinnig geworden sind, schrieb ich Dir. Seit einiger Zeit verschwinden immer Leute aus dem Lager – und eine Mutter aus Berlin, die ihren Jungen dort in dem Camp wußte, erkundigte sich, wieso ihr Sohn in dem Camp sei und sie eine Karte aus Dachau von ihm bekommen hat. Das ist so rausgekommen: In dem Camp sind Gestapobeamte, die den Leuten, die wirklich am verzweifeln sind (ohne Essen, hinter dreifachen Stacheldraht) die Hölle heiß machten und sie zur Rückkehr bewegten. Es sind 14 verschwunden. Wenn Du Dich, (ohne) Dich bloss zu stellen, dieser Sache annehmen willst!! Nur Vorsicht! Darum bitte ich Dich! Auch für Uns und für Rudi.«[96]

Über das weitere Schicksal des gemeinsamen Freundes ist nichts bekannt. Wenige Wochen nach diesem Brief überfielen Hitlers Truppen Polen. Seit dem 3. September befand sich auch Frankreich mit dem Deutschen Reich im Kriegszustand. Die Lage der Emigranten wurde von Tag zu Tag kritischer. Heinrichs Status als tschechoslowakischer Staatsbürger bot einen gewissen Schutz, Nelly hingegen wurde als »staatenlos« geführt. Sie entschlossen sich zur Heirat. Das Standesamt von Nizza beurkundete: »Le Mariage entre Mann, Luiz Heinrich et Kröger, Emmy Johanna, a été célébré le 9 septembre 1939.« Eine Feier im eigentlichen Sinn fand nicht statt. Mit wem auch? Die meisten Freunde waren interniert oder befanden sich schon auf ihrer zweiten Flucht. Selbst der Bruder Thomas nahm sich erst zweieinhalb Monate später die Zeit, aus dem fernen Princeton »in Katia's Namen nicht weniger als in meinem, zu euerer Vermählung zu gratulieren, herzlich erfreut«.[97] Es war schon ein etwas »sonderbares Ehepaar«, wie Ludwig Marcuse und René Schickele bemerkten: Heinrich, 68 Jahre, soignierter Patrizier, aber schon ein wenig »fett. Doppelkinn, das die Bewegungen des Kopfes nicht immer ganz mitmacht«, und Nelly, 41 Jahre, »blond, stattlich, derb, voll Witz und guter Laune«.[98]

Viele schüttelten den Kopf und meinten, Heinrich Mann sei »blind«. Zu den wenigen Schilderungen, in denen auch Sympathie für Nelly mitschwingt, gehört die von Alfred Kantorowicz:

»Auf ihre derbe, natürliche Weise war sie amüsant, unterhaltend, ja anregend in ihrer ungefügten Vitalität, ihrer naiven Ungehemmtheit, die allerdings zuweilen in Hemmungslosigkeit umschlagen konnte. Den Sommer 1938, nach unserer Rückkehr aus dem Spanien-Krieg, verbrachten wir mit Manns in Sanary (...) Zu Mittag aßen wir zu viert wohlfeil und gut in der kleinen Hafenkneipe zur ›Fischerin‹; dann gingen die beiden Frauen schon in eines der Cafés am Hafen, um dem schmackhaften Essen mit einem Cognac auf den Weg zu helfen. Sie verstanden einander trotz oder wegen ihrer Gegensätze vortrefflich, die große, schwere etwas plumpe und laute Frau Nelly und die zarte, schmale, verhaltene Friedel (...) Jedoch konnte es geschehen, daß Heinrich Mann und ich, noch im Gespräch vertieft, plötzlich aufgeschreckt wurden durch lautes Fluchen und Schimpfen in norddeutscher Mundart (...) Friedel in ihrer leisen, suggestiven Art vermochte die Wütende zu beruhigen und einen Skandal zu vermeiden.«[99] Unbeschwerte Ausflüge mit Freunden wie diese waren selten. Nelly war viel allein, denn Heinrich war für die Volksfront auf Reisen, hielt Vorträge oder arbeitete bis in die Nacht. Wenn er in Nizza war, aßen sie abends meist zu Hause, Nelly galt als gute Köchin, und tranken dort ihren Wein. Manchmal hat Heinrich Mann wohl auch einen Reise-Termin mit Rücksicht auf Nelly abgesagt. Louis Aragon schien das Problem zu kennen, als er in seiner telegraphischen Kongreß-Einladung vom Juni 1937 anbot: »Falls Madame Mann Sie zu begleiten wünscht, werden wir es entsprechend einrichten. Wir bitten Sie allerdings, über diesen Punkt Stillschweigen zu wahren, da wir anderen Teilnehmern eine solche Bitte abschlagen mußten.«[100] Nelly langweilte sich, wenn sie allein mit ihrem Hund Lion und den vier Kanarienvögeln in der Wohnung zurückblieb. Sie flüchtete sich in den Alkohol und litt schon in Nizza unter schlimmen Depressionen. Wenn sie getrunken hatte, kritzelte sie fast unleserliche Botschaften und Hilferufe auf Heinrichs Briefpapier. Auf einen Bogen, den Heinrich mit derben Frauenzeichnungen verziert hatte, schrieb sie: »Wäre nicht Lion, ich wäre schon tot!«[101] Aus manchen Briefen sprechen an Paranoia grenzende Angstvorstellungen. Dreimal versuchte sie sich in Nizza mit Schlaftabletten zu vergiften. Als 1940 die Fluchtvorbereitungen für Amerika getroffen wurden, war aber Nelly – wie schon 1933 in Berlin – wieder die organisatorische Hauptkraft. »Meine Frau löste in Nice unsere Einrichtung auf«, schreibt Heinrich Mann.[102] Und dann auf dem steilen und dornigen »Ziegensteig« über die Pyrenäen hat Nelly »ihren alten Mann mehr getragen als geführt, ihre Strümpfe hingen wegen der Disteln am Wege in Fetzen von ihren blutenden Waden«.[103] Auch in Lissabon war »sie eifrig im Kampf um die Schiffskarten«.[104]

Im amerikanischen Exil begann Nellys schwerste Zeit. Ihre nervliche und seelische Zerrüttung, die im Gegensatz zu ihrer äußeren Robustheit stand, entwickelte sich dramatisch. In Briefen an Friedel und Alfred Kantorowicz hat sie immer wieder über ihre Vereinsamung und die drückenden materiellen Sorgen berichtet. Zuletzt mußte sie für den Broterwerb als Uniformschneiderin und Krankenschwester arbeiten. Das alles ging über ihre Kräfte. Der Alkohol zeigte zerstörerische Wirkungen. Welche gesellschaftlichen und familiären Folgen das hatte, kann man in Thomas Manns Tagebüchern nachlesen. Einige Beispiele: »Zum Thee zu Heinrich m. Frau in Beverly Hills. Schreckliche Trulle.« (16. 4. 1941); »Zum Abendessen Heinrich und seine entsetzliche Frau.« (3. 3. 1942); »Mit Erika, dann auf der Promenade mit K. über das Problem Heinrich, dessen Existenz mit dem Weibe sich mehr u. mehr als unmöglich erweist (...) Trennung von der Frau notwendig.« (21. 4. 1942); »Heinrich und Frau zum Abendessen. Das Weib betrunken, laut und frech. Störte bei Heinrichs Vorlesung (...) Machte mich krank. Ist das letzte Mal hier gewesen. Zog mich ohne Abschied zurück.« (26. 6. 1942).[105]

Heinrich Mann hielt weiter zu ihr, brachte Geduld auf und behandelte sie trotz ihrer Ausfälle und Skandale stets respektvoll, »als wäre sie raffiniertestes Achtzehntes Jahrhundert«.[106] Dann kam das schreckliche Jahr 1944. Am 4. Januar nahm Nelly aus Angst vor einer Gerichtsverhandlung wegen grob fahrlässigen Autofahrens erneut eine Überdosis Schlaftabletten. Sie konnte im Krankenhaus gerettet werden. Die »Los Angeles Times« brachte am nächsten Tag eine »peinliche Reportage« (Thomas Mann). Heinrich ließ sich jetzt von seinem Bruder und der Schwägerin überzeugen, daß für Nelly eine Behandlung in einer Nervenklinik notwendig sei. Sie wurde dort noch im gleichen Monat offensichtlich gegen ihren Willen eingeliefert. Ihre hilferufenden Briefe aus der Klinik sind erschütternde Dokumente. So schrieb sie am 31. Januar 1944 an Heinrich: »Du muß mich auf jeden Fall hier abholen! Nielsen (der Arzt) ist einverstanden u. weiss, dass ich ruhig u. gesund bin u. dass *niemand* einen Gesunden u. normalen Menschen zwingen kann, in einer ›Nervenheilanstalt‹ zu bleiben. Denn hier ist es alles andere als erhebend u. belebend. Die nächtlichen Schreie, Tobsuchtszenen gehen mir sehr nahe.« Es sei »viel besser für (ihre) Nerven, zu wissen, daß sie »für die nächste Zeit ein garantiertes, bescheidenes Leben habe u. einen Notgroschen auf der Bank«. Und: »Bitte, versuche nicht, mich mit Gewalt hier zu halten, Du weißt, ich würde weglaufen.«[107] Am 9. Februar machte sie ihre Ankündigung wahr und verließ heimlich die Klinik. Daraufhin »Aufregung und vielfaches Telephon« bei Thomas Mann, »weil H.'s Frau aus der Anstalt entwichen u. H. nicht in der Wohnung war«.[108] Am 17. Dezember 1944, wieder aus Angst vor einem Prozeß, nahm Nelly Kröger bei ihrem fünften Versuch, sich zu töten, soviel Tabletten, daß jede Hilfe zu spät kam. Sie starb in der Ambulanz auf dem Wege ins Hospital. An der Trauerfeier auf dem Friedhof von Santa Monica beteiligten sich neben Heinrich, Thomas und Katia Mann auch Ludwig Marcuse, Alfred Döblin mit Frau, Liesl Frank und Salka Viertel. Als der Bestatter monoton einen Vers aus seinem Gebetbuch verlesen hatte, fragte er in die Runde, ob noch jemand ein paar Worte sprechen wolle. »Plötzlich wandte sich Heinrich Mann mit einem herzzerreißenden Schluchzen ab, bedeckte sein von Schmerz verzerrtes Gesicht mit einem Taschentuch und stolperte davon.«[109]

6. Die Briefe der Eurydike

Thomas Mann hat von »obszönen Zeichnungen« berichtet, die man nach Heinrichs Tod in seiner Wohnung fand. Nicht erwähnt wurden die Briefe der Berliner Prostituierten Margot Voss, einer alten Freundin Nellys. Auch Heinrich kannte sie aus der Zeit vor 1933, als er im Bar-Milieu des Kurfürstendamms verkehrte. Offensichtlich hat der 78jährige mit ihr nach Nellys Tod von Kalifornien aus wieder telefonisch und brieflich Kontakt aufgenommen. Ihre Stimmungsbilder vom Berliner Nachkriegskiez boten ihm ein anschauliches Kontrastprogramm zu den Politberichten aus Pankow. Der Inhalt des Briefwechsels mit Marga Voss widerlegt die Behauptung, Heinrich Mann sei 1949 »ein bitterer Greis« gewesen, »dessen Gefühl insofern abgestorben war, als es ihm an geeigneten Objekten fehlte«.[110] Margot Voss zumindest fand, daß er nach seinen interessierten Fragen zu schließen, »doch ganz auf der Höhe und lebenslustig« sei. Er sorgte auch dafür, daß der Aufbau-Verlag Margot nach langem Sträuben seine Überweisungen endlich in Westmark auszahlte, damit sie sich die langersehnte neue »Bock-Tasche« kaufen konnte – ein unerläßliches Status-Symbol, um gegenüber der jungen Konkurrenz auf dem Ku'damm bestehen zu können. Ihr grundsätzliches, berufsmäßiges Problem mit der Währungsreform »Ost gegen West mit Sachsen« konnte Heinrich Mann allerdings nicht lösen, das wurde schnell – wie heute – vom Markt reguliert. In Erfüllung ging auch der heimliche Wunsch der Margot Voss nicht, im »Spitzenmorgenrock von Nelli«, den Haushalt für Heinrich zu führen. Dann hätte der alte Dichter sich nach ihr umdrehen müssen. Er fürchtete den

Fluch der Götter. Als Orpheus sich gegen das Verbot nach seiner aus der Unterwelt erlösten Eurydike umdrehte, mußte sie für immer ins Totenreich zurückkehren. Zum Frauenfeind geworden, wurde Orpheus später von den schrecklichen Mänaden zerrissen. Um diesem Schicksal zu entgehen, brach Heinrich Mann rechtzeitig den Briefwechsel ab. Im folgenden Auszüge aus den Briefen der Margot Voss aus der Zeit vom 8. September 1948 bis 11. September 1949:[111]

Berlin am 8. Sept. 48
Lieber Herr Mann! (...) Wie geht es Ihnen? Kommen Sie nochmal nach Deutschland? Was sagt man in Amerika kommt Krieg? Der darf nicht kommen, dann gehen wir alle hier in Deutschland kaput. Aber wie Sie immer schreiben, Kopf hoch es wird schon besser werden. Verbleibe ich mit den besten Grüßen

Ihre Vossen.

23. 1. 49
2 Tage nach Weihnachten ihren Brief erhalten, das Paket kam nach langem Warten am 20ten Januar, aber so ein schönes Paket wie noch nie, da war alles dran und drin. Vielen Dank und küsse Sie in Gedanken und auch wohin Sie wollen. Luftpost kann ich leider nicht antworten. Nur wenn Sie mir Rückantwortscheine schicken. Heute kam Ihr Brief vom 14. Januar der ist sehr schnell gegangen. Die Adresse von der Grethe kann ich Ihnen leider nicht sagen, im Telephonbuch steht sie nicht, vielleicht ist sie nicht mehr in Berlin oder schon tot. Nun mußten Sie doch aus dem Hause ausziehen, wo sie so lange mit Nelli gewohnt haben da waren sie sicher sehr traurig. Ich habe vor einigen Tagen Bekannte Freundinnen von Nelli erzählt (...) Hier in Berlin ist noch alles beim Alten. Nur vom russischen Sektor zu amerikanischem und englischen Sektor sind neuerdings Polizeikontrollen, ob man nicht Kohlen oder sonstwas holt. Aber man bekommt in Berlin alles, aber nur gegen Westgeld. Eine Westmark sind momentan 3.50 Russenmark wie an der Börse. Hier im

Westen werden viele Lokale aufgemacht und gehen auch Pleite. Die neue Skala mußte vor 8 Tg. auch schließen. Femina steht kurz vor der Pleite da ist nichts mehr los. Es ist mehr los in Richtung KuDamm Ulanstraße (d. i. Uhlandstr.) kl. Mädchen tauchen wie Pilze auf alles will sich amüsieren und verdienen. Sehr viele schwule Lokale machen auf, für Männer und auch nur für Frauen. Von dem Paket werde ich bestimmt dicker, da war Schinkenspeck drin, davon hat mein Busen 5 cm zugenommen. Heute ist Sonnabend ich gehe mit einer Bekannte ins Tefi (Kurfürstenstr.) dort soll immer viel los sein und es ist lange Nacht, dann kommt spät dort alles zusammen. Hoffentlich erhalten Sie den Brief schnell, damit Sie es wegen dem Paket wissen. Schreiben Sie mir bald wieder, ich rufe am Montag im Aufbau-Verlag an, vielen Dank trinke heute Abend einen Schnaps auf Ihr Wohl. Viele Grüße von Ihrer

Vossen

Entschuldigen Sie den Klecks.

28. Febr. 49

(...) Das wunderbare Paket aus Dänemark im Februar erhalten und auch aus dem Aufbau-Verlag die Anweisungen, vielen Dank für alles. Sie schreiben heute Nelli hätte noch Kleider würde mich sehr freuen wenn noch irgendwas für mich dabei wäre. Finden Sie es nun nicht unverschämt wenn ich anfrage hat Nelli nicht noch eine Handtasche?, solch eine Tasche kostet hier 80-100 Westmark und meine ist total hinüber. Mir gehts immer noch so lila die Kurfürstendamm-Geschäfte sind sehr ruhig geworden. Aber der Frühling steht vor der Tür, und auf ein Neues, man muß den Mut nicht verlieren, besonders wenn ich von Ihnen Post bekomme, gehe ich mit großen Hoffnungen auf Tour, gleich mache ich ein anderes Gesicht. Ein Bild in der Form kann ich Ihnen leider nicht schicken, das müßte ich erst machen lassen, und ob meine Beine so schön sind wie Nellis glaube ich nicht wenn sie auch nicht schlecht sind, aber so schön sind sie doch nicht. Wie wohnen Sie denn jetzt? Ist es weit von St. Barbara?

Haben Sie doch ein ganzes Haus. Und ich möchte so gerne wissen wie Sie leben drüben, hoffentlich nicht einsam sondern viele Freunde. Kommen Sie bald nach Deutschland oder denkt man immer noch an Krieg. Hier sieht es im Moment nicht so aus. Ich habe Glück bis jetzt mit meinen Paketen gehabt, andere Pakete von Bekannte sind immer noch von Dezember nicht angekommen. Nun will ich schließen, in der Hoffnung bald von Ihnen zu hören verbleibe ich mit den besten Grüßen
Ihre Margot Voß
(Entschuldigen Sie den Klecks)

21. 3. 49
Habe mich über Ihren Brief sehr gefreut, er kam gestern. Vom Verlag bekam ich auch 50 Mk, vielen Dank. Leider kann ich mir die Tasche nicht kaufen, da ich immer nur Ostmark bekam (Verlag liegt in dem russischen Sektor) und 100 Ostmark sind 20 Westmark und ab heute gilt die Ostmark nicht mehr bei uns, sonst konnte man die Miete damit bezahlen und nun nichts mehr, ist das nicht schade? Und es wäre so mein »Bock« gewesen von Ihnen eine Tasche zu bekommen denn abergläubisch bin ich auch noch. Auf meiner »Tour« macht es sich auch sehr bemerkbar, hatte verschiedene Freier aus Sachsen, die können nicht mehr weil das Geld nicht mehr gilt hier im Westsektor, ist das ein Ding na das muß man doch irgendwie drehen können aber wie? Umsonst geht auch nicht, gegen meinen Mumm. Auf das Paket mit den Sachen freue ich mich sehr, hoffentlich werden bald die Sperren aufgehoben. Ihnen gehts ja gut, gleich zwei Freundinnen, Lassen Sie mich die dritte aus der Ferne sein. Schade daß Amerika so weit ist. Und wenn ich mal Sorgen habe ein Brief immer fünf Wochen dauert. Lösen Sie bitte das Problem Ost gegen West mit Sachsen? (...)
Ihre Margot Voß

19. April 1949

Es war ein Osterfest wie seit langem nicht, vor 10 Tagen kam der Brief vom Verlag, bekam 50 Westmark, habe mir gleich am selben Tag noch meine Tasche gekauft und es war der Bock, ich wußte es, habe auch dabei stark an Sie gedacht, weiter kann ich ja aus weiter Ferne nichts machen sehr schade. Und am Ostersonnabend bekam ich das Dänemark Paket wenn ich nun nicht kugelrund werde, weiß ich nicht. Vielen Dank für alles. Hier jetzt ein Wetter wie im Hochsommer und auf dem Kuh-Damm Hochbetrieb, ich finde wenn die Sonne scheint sieht alles besser aus. Auch die Männer haben bessere Launen. Wenn nur das Ost und Westgeld nicht wäre (...) Wann kommen Sie nach Berlin? Ich glaube in Santa Monica ist es besser überhaupt wenn Sie so viele Freunde und Freundinnen haben, ich glaube die haben Sie auch in Deutschland. Jedenfalls haben Sie eine bestimmt und das bin ich. Und denk besonders Abends auf meiner Tour oft an Sie. Würde mich freuen wenn ich bald wieder was von Ihnen hören würde. An dem Tage wo ich von Ihnen einen Brief bekomme ist immer ein Feiertag. Viele Grüße und in Gedanken einen Kuß

Ihre Margot Voß

21. April

Lieber Herr Mann (lieber Heinrich)

Gestern zwei Briefe von Ihnen bekommen, habe ja so über den einen gelacht, das war zu viel was Sie schreiben, würde nie denken daß Sie ein so genannter (unleserlich) sind. Meinen Brief werden Sie wohl inzwischen erhalten haben, die Handtasche gleich gekauft (...) Sie sagten am Telephon die 50 West wären somit erledigt, von früheren Westzahlungen wäre Ihnen nichts bekannt. Jedenfalls ist die Bocktasche da mit Ihrer Hilfe. Das gute Dänen Paket habe ich Ihnen auch im letzten Brief bestätigt, von den guten Sachen platzt mir die Bluse. Muß Ihnen Ihre Frage beantworten, Blond bin ich nicht sondern rotbraun (gefärbt) aber blond wäre auch nicht schlecht aber unten dann auch, von einem alten Kenner muß man sich belehren lassen. Auf dem Ku damm wird das Leben jetzt schon allmählich wieder wie früher, nur Küka in der Buderpesterstr. (d. i. Budapesterstr.) gibts nicht mehr. Am Ostermontag hatte ich mit einer Freundin einen netten Freier mit viel Schnaps wie früher, habe an Sie gedacht, weil ich immer alles Gute auf die Glückstasche schiebe. Aber aus weiter Ferne das geht noch nicht so richtig. Vom Nabel abwärts bin ich sehr empfindlich auf verschiedene Sachen ganz besonders was wohl? Nun aber genug von den süßen Sachen ich hoffe daß Sie bald antworten. Verbleibe mit den besten Grüßen

Ihre Margot

27. Mai 1949

Ihren Brief mit bestem Dank erhalten, bin so frech gewesen und in den Verlag gegangen, und mir die 50 W.M. geholt, bekam es auch gleich ausgezahlt, hoffentlich sind Sie mir deswegen nicht böse (...) Mit meinen sächsischen Freunden ging es bis vor 14 Tg noch aber jetzt ist die Ostmark wieder auf 4.50 W.Mark geklettert und da ist es sehr miß. Das auch das bischen Liebe immer von Geld abhängt. Aber da Sie ja so viel Verständnis für meinen Beruf haben können Sie doch verstehen, daß es ohne dem weh tut. Da Sie Ihre Freundin nur auf die Backe küssen ist mir zu hoch, auf die Dauer ist das auch nichts. Nun mal eine Frage gibts in Amerika eigentlich Puffe? Hier sind Sie in der Russenzone nicht mehr aber im (unleserlich) Berlin gabs ja immer nur heimliche (...) Lassen Sie bald von sich hören.

Viele Grüße

Ihre Margot Voss

11. Sept 49

Sind Sie krank? böse? oder warum schreiben Sie nicht mehr, haben Sie die Vossen aus Berlin vergessen? Ich hatte mich immer gefreut von Ihnen Post zu erhalten (...) Ich dachte immer Sie kommen mal nach Berlin, ich hätte Ihnen dann den Haushalt geführt, und dabei den Spitzenmorgenrock von

Nelli angezogen. Aber in der Zeitung lese ich auch nicht mehr von Ihren Plänen. Trotzdem Ihr Bruder in Weimar sagte er wolle Ihnen zureden nach Deutschland zu gehen denn Sie lebten ganz einsam in Amerika. Ist das wahr? Nach Ihren Briefen sind Sie doch ganz auf der Höhe und lebenslustig. Lieber Herr Mann schreiben Sie mal bald wieder wenn Sie 5 Minuten Zeit haben denken Sie mal an die Vossen in Berlin. Viele Grüße

Margot

VI.
Mann gegen Mann

1. Der Ältere und der »Eigentliche«

Selten sind die widersprüchlichen Möglichkeiten »deutscher Selbstverständigung«[1] im Übergang vom 19. ins 20. Jahrhundert so personifiziert diskutiert worden wie am Beispiel der beiden Schriftstellerbrüder Heinrich und Thomas Mann. Das Interesse gilt einer dramatischen Beziehungsgeschichte, die ebenso mit persönlichen Konflikten verknüpft ist wie mit den Katastrophen eines Zeitalters. Es wurde fast alles untersucht und diskutiert, die literarischen Traditionen, politisch-moralische Beziehungen und die psychoanalytischen Aspekte. Obwohl die »repräsentative Gegensätzlichkeit«, wie Thomas das Bruderverhältnis einmal bezeichnet hat[2], Gegenstand einer unendlichen Forschungs- und Publikationsgeschichte ist, fällt es schwer, die Unterschiede festzuhalten. Jeder Versuch, eine griffige Formel der Differenz zu prägen, läuft ins Leere. Es hat mehrfach in der Weltliteratur bedeutende Brüderpaare gegeben, die Brüder Grimm, die Brüder Schlegel, die Brüder Goncourt – aber nirgendwo haben »Ähnliches und Unähnliches, Verwandtes und Feindliches, Liebe und Haß, geistige Verdienste und Exzesse so aufeinander und gegeneinander gewirkt«, wie in diesem Fall.[3] Die Bindung der Brüder Mann aneinander, ob in Zustimmung oder Ablehnung, scheint unzertrennlich. »Ihre Charaktere und ihre Träume schienen kontrastierende Variationen des gleichen Themas zu sein. Das Leitmotiv, das sie gemeinsam hatten und unablässig abwandelten«, war die »schmerzlich-stimulierende Spannung zwischen dem nordisch-germanischen und dem südlich-lateinischen Erbe in ihrem Blute«, eine »recht eigentlich erotische Beziehung, wenn man Eros, im Sinne des Sokrates, als den Dämon der unstillbaren Sehnsucht, des dialektischen Spiels versteht«. (Klaus Mann)[4] Selbst in äußerlichen Geschmacksfragen offenbarte sich dieses dialektische Verwirrspiel der Widersprüche: Der nach eigener Aussage »nordisch-protestantische« Thomas umgab sich mit einer Wandtapete aus einem Dickicht von tropisch sinnlichen Blättern, während der (ebenfalls aus der Sicht von Thomas) »romanisch-katholische« Heinrich die kalte Eleganz einer Tapete mit großen Freiräumen und spannungsvollen leeren Zonen vorzog.

Dem Trend zur politischen Lagermentalität kam der Bruderstreit stets entgegen. Heinrich Mann nannte die wechselnden Freund- und Feindschaften Versuche, »den einen zu kränken, ohne darum den anderen zu lieben«.[5] Mit der Teilung Deutschlands nach dem Zweiten Weltkrieg wurde auch die Liebe zu den Brüdern redlich geteilt. »Heinrich Mann ist unser!« verkündete Walter Ulbricht, als man Urne und Nachlaß des Älteren nach Ostberlin überführte. Verlage und Bildungsinstitute des Westens dagegen erkoren Thomas zu ihrem »Bürgerideal«. Für den Neffen Golo Mann war das Gerede vom »rechten« und »linken« Bruder von Anfang an ein »Mißverständnis, aufgebracht von den Zeitgenossen, fortgeschleppt von den Nachkommenden«. Beide, Thomas und Heinrich, seien »Konservative von Haus« gewesen. »Beide wurden getragen von einem Gewissen, das über sie selbst weit hinaus ins Allgemeine, Soziale ging. Beide suchten und fanden den Gegenpol: der Jüngere gequält, tastend, aus Vernunft und Pflichtgefühl; der Ältere souverän, mit rhetorischer Ausstrahlungskraft, ohne Zweifel und Skrupel, ohne jede Vermittlung zwischen dem einen und anderen.«[6] Die Deutschen, so Thomas Mann kurz vor seinem Tod, »müssen uns immer gegeneinander ausspielen und streiten, wer der ›Eigentliche‹ sei. Der ›Eigentliche‹ wäre wohl der Mann gewesen, den die Natur aus uns beiden hätte formen sollen.«[7]

Dokumentationsquelle des widersprüchlichen »brüderlichen Welterlebnisses« ist in erster Linie die umfangreiche Korrespondenz. Obwohl sie nur fragmentarisch erhalten ist, sind inzwischen über 250 Briefe ediert. Das Problem bei einer so großen Zahl von Selbstzeugnissen besteht natürlich darin, daß mit vielen Zitaten Tendenzen nicht nur belegt, sondern auch widerlegt werden können. Ein aufmerksamer Beobachter der »vergleichenden Brüderforschung« hat konstatiert, daß der »Wettlauf« zwischen den Gelehrten und ihrem Gegenstand dem »zwischen Hase und Igel« gleiche: Die Brüder sind mit ihrer Selbstinterpretation immer schon da.[8] Manche der Äußerungen ist im Affekt geschrieben und wurde später wieder zurückgenommen, andere spiegeln nicht die authentische Meinung der Briefpartner, da sie von Rücksichtnahme und Taktik diktiert sind. Dies gilt vor allem für die zahlreichen gegenseitigen Buchwidmungen. Man darf nie vergessen, »daß beide Kontrahenten nicht nur leicht reizbare, sondern auch in hohem Maße neurotisch veranlagte Menschen waren«.[9] Der schon vor den Exiljahren mit Thomas und Heinrich befreundete René Schickele notierte nach einem gemeinsamen Treffen im Jahre 1933: »Wie immer reden die Brüder Mann liebevoll aneinander vorbei – Thomas am stärksten, wenn er Heinrich ausdrücklich beistimmt. Er hat dann ein merkwürdiges, verhaltenes Zögern in der Stimme.«[10]

In der ganz frühen und in der späten Phase ihrer Entwicklung finden sich die größten Übereinstimmungen. Immer wieder gingen die Erinnerungen des erwachsenen Thomas Mann zurück in die Lübecker »Buddenbrook«-Zeit, an den vermeintlich gemeinsamen, in Wirklichkeit imaginären Ort der Kinderträume. »Brüder sein«, so heißt es in seinem Gedächtnisritual aus dem Jahre 1931 beschönigend, das bedeute »zusammen in einem würdig provinziellen Winkel des Vaterlandes kleine Jungen sein« und »in organischer Verbundenheit und im Gedanken aneinander hineinwachsen, hineinaltern ins eben noch radikal ironisierte ›Leben‹«.[11] In Wirklichkeit gestaltete sich die gemeinsame Kindheit keineswegs in »organischer Verbundenheit«. Kinderphotos dokumentieren, daß Heinrich das Privileg des »Ältesten« genoß und die einstudierte Rolle früh zelebrierte. Bereits der Fünfjährige, aufgebaut vor einem Tisch mit Zinnsoldaten, selbst uniformiert und den Kopf schief wie Napoleon, gefiel sich in der

Pose des Erhabenen, der Individualität »behauptet«. Auf einem anderen Bild sitzt Heinrich, abseits von den Geschwistern, mit distanziert-arroganter Miene auf einem Stuhl, demonstrativ ein Buch als Statussymbol auf den Knien. Die Überlegenheit des Älteren spiegelte sich auch im sprachlichen Ausdrucksvermögen. Viktor Mann berichtet über Temperamentsunterschiede in der Tonart der Brüder, wie sie sich beispielsweise bei der Vorbereitung eines Hausfestes zeigten: »›Modder‹, sagte Thomas dann im breiten Lübecksch, ›überhaupt, weißt du, wir müssen endlich mal wieder bullern.‹ (...) Und Heinrich ergänzte fein, aber dringlich: ›Ja, Mama, du mußt wohl eine fête geben.‹«[12] Der Jüngere mußte hinnehmen, daß der Ältere manchmal mit ihm wochen- oder monatelang kein einziges Wort sprach, »ohne daß ein bestimmter Streitfall zwischen den Brüdern vorgelegen hatte«.[13] Oft blieb Thomas gegenüber dem kühlen Hochmut des Bruders keine andere Waffe als hemmungslose Aggression. Ein solch ohnmächtiger Akt war wohl auch die Zerstörung der geliebten Kindergeige Heinrichs. Erst in seinem letzten Lebensjahr war Thomas bereit, die »bange Verlegenheit« gegenüber dem Bruder, die wie ein Schatten auf seinem Leben gelegen hatte, einzugestehen. Sein »inneres Verhalten zu dem Älteren und seinem abweisend geistesstolzen Werk« sei »immer das des aufblickenden kleinen Bruders« gewesen. Explizit verweist er auf seine »autobiographische« Ausmalung der Bruderbeziehung in seinem Roman »Königliche Hoheit«, wo es heißt: »Ich habe immer zu dir emporgeblickt, weil ich immer gefühlt und gewußt habe, daß du der Vornehmere und Höhere bist von uns beiden und ich nur ein Plebejer bin, im Vergleich mit dir...«[14] Und als Heinrich kurz vor seinem Tod dem Bruder ein Buch widmete mit den Worten »Meinem großen Bruder, der den ›Doktor Faustus‹ schrieb«, war dessen Erschütterung nach eigener Aussage »unbeschreiblich«. Die noble Geste des Älteren erschien ihm »wie ein Traum«.[15] Heinrich war generell versöhnlicher. Das Unterkapitel seines Memoirenwerks »Mein Bruder« ist wie alle seine Erinnerungen an Freunde und

»Gefährten« harmonisierend, ohne ein böses Wort. »Ihn sehe ich an meiner Seite, wir beide jung, meistens auf Reisen, zusammen oder allein: an nichts gebunden...« Von den Schattenseiten der Bruderbeziehung ist nur beiläufig in verschlüsselter Form die Rede. Da werden »Schmerzen« erwähnt, mit denen »auszukommen« man in der Jugend habe »lernen« müssen und wieder ein Lob für Thomas: »Mein Bruder verstand dies früher als ich.«[16] Der Jüngere hatte vor allem zu »lernen«, mit der gespreizten Überheblichkeit des Älteren »auszukommen«. Sein Werk entstand zunächst aus Selbstbehauptung. »Das ›brüderliche Welterlebnis‹ war ihm Schicksal, Stachel und Ansporn.«[17] Anfangs hatte der Ältere einen Vorsprung, den es galt aufzuholen. Der Jüngere holte schnell auf und überholte den brüderlichen Rivalen bereits mit seinem ersten Roman. Als »Die Buddenbrooks« 1901 erschienen, war Thomas sechsundzwanzig Jahre alt. Mit der Ausgabe von 1903 wurde dieser Roman ein unerhörter Verkaufserfolg. In seinem »Lebensabriß« beschreibt der Autor seinen frühen Erfolgsrausch: »Alsbald, während die preisenden Pressestimmen, selbst in ausländischen Blättern, sich mehrten, begannen die Auflagen einander zu jagen. Es war der Ruhm. Ich wurde in einen Erfolgstrubel gerissen... Meine Post schwoll an, Geld strömte herzu, mein Bild lief durch die illustrierten Blätter, hundert Federn versuchten sich an dem Erzeugnis meiner scheuen Einsamkeit, die Welt umarmte mich unter Lobeserhebungen und Glückwünschen...«[18] Vor allem gegenüber Heinrich, der damals mit mäßigem Erfolg schnell und viel schrieb, kostete Thomas seinen Triumph aus.

2. »Das Sexuelle in seiner Problematik bei uns Geschwistern«

In einem Brief vom 5. Dezember 1903 schildert der Jüngere genüßlich sein neues Lebensgefühl als Erfolgsschriftsteller. Während der Ältere nach wie vor finanzielle Sorgen hat, »beschäftigt« der Jüngere sich, »sehr angenehm und aufregend, mit Möbelanschaffungen«. Nach dem Erfolg der »Buddenbrooks«, deren Auflagensteigerung er mehrfach in dem Brief erwähnt, werde nun alles von ihm »mit großem Genuß« gelesen. Der Verleger Samuel Fischer lobe ihn auch als einen »Meister der Skizze« und nehme ihm unbesehen alle Manuskripte ab. Er tat so, als ob ihm diese Entwicklung unangenehm sei: »Ich arbeite mit Ekel und ohne die geringste Genugthuung, ich gebe den Dreck in tiefster Verzweiflung, und dann kommen die Briefe, das Geld, die Lobsprüche, die Händedrücke, die ›Verehrung‹. Alle haben Genuß daran, nur ich nicht. Und das ist doch gemein.«[19] Obwohl davon überzeugt, daß die enormen Auflagen der »Buddenbrooks« den relativ erfolglosen Heinrich hart getroffen haben mußten, erklärte Thomas heuchlerisch, er wisse wohl, daß »der Erfolg von ›Buddenbrooks‹« dem Bruder nichts »angethan« habe – »es wäre dumm und lächerlich, das anzunehmen«. Im gleichen Atemzuge erfolgte ein demütigender Verriß von Heinrichs neuem Roman »Die Jagd nach der Liebe«, in dem er »nur ein neues Genre von Unterhaltungs- oder Zeitvertreib-Lektüre« erblicken wollte. »Daß ich mit Deiner litterarischen Entwicklung nicht einverstanden bin, muß einmal ausgesprochen werden«, tadelte der Jüngere den Älteren von oben herab. Vor allem war er nicht einverstanden, wie Heinrich »die Erotik, will sagen: das Sexuelle« darstellte. »Diese schlaffe Brunst in Permanenz, dieser fortwährende Fleischgeruch ermüden, widern an. Es ist zu viel, zu viel ›Schenkel‹, ›Brüste‹, ›Lende‹, ›Wade‹, ›Fleisch‹, und man begreift nicht, wie Du jeden Vormittag wieder davon anfangen mochtest, nachdem doch gestern bereits ein normaler, ein tribadischer und ein Päderasten-Aktus stattgefunden hatte. Selbst in der rührenden Scene zwischen Ute und Claude an des Letzteren Sterbebett, dieser Scene, bei der ich weich wurde, bei der ich gern vergessen hätte – selbst da muß unvermeidlich Utes's ›Schenkel‹ in Action treten, und ein Schluß war nicht möglich, ohne daß Ute nackt in der Stube umherging! Ich spiele nicht Frà Girolamo, indem ich dies schreibe. Ein Moralist ist das Gegentheil von einem Moralprediger: ich bin ganz Nietzscheaner in diesem Punkt. Aber nur Affen und andere Südländer können die Moral überhaupt ignoriren...«[20]

Hier geht es nicht um ästhetische Literaturkritik, sondern um eine Ablehnung der Sexualmoral Heinrichs, der in aller Öffentlichkeit ohne Rücksicht auf Konventionen die Intensität seiner erotischen Erlebnisse bekundete. Heinrich lebte, wie er leben wollte, Thomas konnte das nicht. Während Heinrich sich offen zu seinen zahlreichen Frauenaffären im Halbweltmilieu bekannte und in der »Die Jagd nach Liebe« auch seine Gefühle für die Schwester Carla offenbarte, litt Thomas damals schweigend an seiner Homosexualität. Für die sexuellen Nöte des jüngeren Bruders, von denen Heinrich seit der Schülerzeit wußte, hatte er nie großes Verständnis aufgebracht. »Mein armer Bruder Tommy«, so schrieb er bereits im November 1890 borniert und großspurig an Ludwig Ewers, »'ne tüchtige Schlafkur mit einem leidenschaftlichen, noch nicht allzu angefressenen Mädel – das wird ihn kurieren.«[21] Analog zur herrschenden Meinung wurde auch von Heinrich hier Homosexualität als Abweichung von der Norm geächtet und in den Bereich des Obskuren verwiesen. Allerdings hat er später das Mittel der »Ächtung« nie im brüderlichen Machtkampf benutzt. 1903 war nicht nur Thomas Manns unglückliche Beziehung mit dem Maler Paul Ehrenberg beendet, sondern auch der Versuch gescheitert, sie literarisch zu verarbeiten. Zwar sind einige Motive dieser Beziehung in die Novelle »Tonio Kröger« eingegangen, der Plan jedoch, daraus einen Roman mit dem Titel »Die Geliebten« zu machen, wurde nicht realisiert. Vor diesem Hintergrund erhält der Vorwurf gegen Heinrich, ihm durch geistigen Diebstahl den »Titel unmöglich« gemacht zu haben, eine nicht unwichtige Bedeutung. In dem Brief vom 5.12.1903 beklagt sich Thomas: »In Riva, im Ruderboot, haben wir schon einen Anlauf zu einer Auseinandersetzung über diesen unangenehmen Gegenstand genommen. Im Laufe von allerlei philosophisch-psychologischen Disputen, in denen wir unsere entgegengesetzten Standpunkte vertraten, hatte ich Dir von meinem Plane erzählt, einen Roman ›Die Geliebten‹ zu schreiben. In den ›Göttinnen‹ fand ich den psychologischen Inhalt dieser Gespräche in oberflächlicher und grotesker Weise verwerthet, vor allem aber den Gegensatz ›Die Geliebten – die Ungeliebten‹ wie etwas Gegebenes und allgemein Gebräuchliches wiederholt wörtlich benutzt.«[22] Und besonders übel nahm Thomas dem Bruder, daß er aus seinem »Tonio Kröger« die einfühlsame Beschreibung der »Wonnen der Gewöhnlichkeit« als sexuelles »Gemeingut« in den Roman »Jagd nach Liebe« übertragen habe und so ein völlig anderes »Pathos und Erlebnis« daraus mache. Es ist zu vermuten, daß Thomas, obwohl man ihm selbst vorwarf, mit den »Buddenbrooks« »sein eigenes Nest beschmutzt«[23] zu haben, Heinrich die autobiographisch-erotischen Familienbezüge in »Die Jagd nach der Liebe« (das heißt die Darstellung der Geschwisterliebe) besonders übelnahm. Noch nach Heinrichs Tod, in seiner Tagebucheintragung vom 11. März 1950, klagte Thomas, »daß er (Heinrich) jeden Tag gezeichnet, dicke nackte Weiber. Das Sexuelle in seiner Problematik bei uns Geschwistern, Lula, Carla, Heinrich und mir.«[24] Zweifellos waren demgegenüber die literarischen Frauenporträts von Thomas ästhetisches Filigranwerk. Aber waren sie deshalb feinfühliger gestaltet? Man hat seine Frauenbilder mit »erotischen Stilleben« verglichen. In diesen Porträts »werden Frauen einem männlichen Blick hingehalten als erotische Objekte, wie Stilleben, ohne ein erkennbares Eigenleben. Ausstrahlung ist ihr Geschäft. Denn Licht sollen sie werfen, Licht auf die männlichen Passionen, die sie aufstören.«[25] Und oft genug erkennen wir in den stereotypen Beschreibungen ovaler Frauengesichter mit braunen Augen und bläulichen Schatten das Mutterbild. Die Verflechtung von Familienbezügen, Erotik, Lebensplänen und Werkkonzeption finden wir bei Thomas ebenso wie bei Heinrich. Thomas Manns Tagebücher offenbaren, daß die Berücksichtigung biographischer Elemente den Zugang zum Lebenswerk erst ermöglicht. In der Literaturwissenschaft hat man den Zusammenhang von Thomas Manns verdrängten sexuellen Wünschen und seinem literarischen Produzieren eine »Notwendigkeit«[26] genannt. Der jüngere Mann-Bruder habe mehr unternommen, als nur eine »homoerotische Gefühlssträhne«[27] zu bewältigen. Er habe den Lebenskonflikt »als Produktionsstimulans, als Themenreservoir und als Strukturmuster seiner Literatur genutzt«.[28] Bei seinem Bruder Heinrich konnte Thomas offensichtlich keinen vergleichbaren Lebenskonflikt erkennen, keine »Notwendigkeit« für dessen Literaturproduktion. Mit seiner scharfen Kritik an der »Jagd nach der Liebe« hat er das deutlich zum Ausdruck gebracht. Thomas sah vor allem für Heinrichs Offenbarung der Geschwisterliebe (Ute/Carla und Claude/Heinrich) keine literarische »Notwendigkeit«, sondern eine Zerstörung der »Identität von Moral und Geist«. Diese Kritik stürzte Heinrich in tiefe Selbstzweifel. Er sah seine Existenzberechtigung als Schriftsteller in Frage gestellt. Auf die Rückseite eines Blattes des Briefes von Thomas, den er nicht beantwortet hat, kritzelte er: »Ein Charakter wie Claude (das heißt wie er selbst/W. J.) darf vielleicht gar nicht Medium eines Weltbildes sein. Das Bild wird zu krank, wüst, unerträglich. Das hieße mit anderen Worten, ich hörte überhaupt auf zu schreiben.«[29] Der Bruderstreit um »Die Jagd nach der Liebe« dehnte sich aus und wurde zum Familienkonflikt. Insbesondere die Schwester Julia verzieh Heinrich nicht, daß durch seine antibürgerlichen Attacken in dem Roman auch die Münchener Bankiersfamilie Löhr, in die sie eingeheiratet hatte, karikiert wurde. Thomas fühlte sich der zum Bürgerlich-Puritanischen tendierenden Schwester durch die äußeren Umstände verbunden. Auch er bereitete durch die Liaison mit Katia Pringsheim seinen Eintritt in die großbürgerliche Gesellschaft vor. Die Zeiten »bohèmehafter Absolutheit und Beziehungslosigkeit« waren für ihn vorbei.[30] Wie unglücklich er sich dabei fühlte, die einst in Italien mit dem Bruder gemeinsam erlebte Freiheit des Künstlertums gegen bürgerliche Zwänge einzutauschen, gestand er kurz vor seiner Heirat ein: »Ich habe es mir nicht ›gewonnen‹, es ist mir nicht ›zugefallen‹ – ich habe mich ihm unterzogen: aus einer Art Pflichtgefühl, einer Art von Moral, einem mir eingeborenen Imperativ, den ich, da er ein Zug vom Schreibtisch weg ist, lange als eine Form von Liederlichkeit fürchtete, den ich aber mit der Zeit doch als etwas Sittliches anzuerkennen gelernt habe.«[31] Auch noch ein Jahr nach der Heirat klagte er in einem Brief an Heinrich, daß er »ein Gefühl von Unfreiheit, das in hypochondrischen Stunden sehr drückend« sei, nicht los werde. »Du nennst mich gewiß einen feigen Bürger. Aber du hast leicht reden. Du bist absolut. Ich dagegen habe geruht, mir eine Verfassung zu geben.«[32] Diese »Verfassung« verlangte wohl auch eine distanzierte Haltung gegenüber Heinrichs Verlobung mit Inés Schmied. Pikiert erkundigte sich Thomas nach den näheren Umständen: »Aber Deine Verlobte ist Sängerin? Öffentlich? Wird es ein Wanderleben werden? Ich weiß nicht, ob ich Dir das wünschen soll!«[33] Auch zwischen der Schwester Julia (Lula) und Inés Schmied entwickelte sich eine, wie Thomas Mann es nannte, »Damen-Antipathie«.[34] Die Mutter, die, wie Viktor Mann berichtet, »unendlich stolz auf ihre berühmt werdenden Söhne« war, versuchte den Familienstreit zu schlichten. Im November des Jahres 1904 wandte sie sich mit einem längeren Brief an Heinrich, um ihn als Schriftsteller und Bruder zum Einlenken zu bewegen: »Du hast der Welt einen Spiegel vorhalten wollen, hast stellenweise Undank u. Unwillen geerntet, zugegeben: weil sie sich zu sehr getroffen fühlte – zugleich aber auch Dich in dieser Weise jetzt genügend ausgesprochen (nach meiner Meinung) u. gehst auf ein anderes Geleise, nicht wahr? (...) Bitte, bitte lieber Heinrich, befolge meinen Rat u. ziehe Dich nicht von T(homas) u. L(öhr)s zurück; behalte persönliche Liebenswürdigkeit bei, u. zeige von nun an wieder, dasz Du auch der sensibleren Classe von Lesern gerecht zu werden befähigt bist. Man darf nicht zu sehr Idealist sein, denn man wird ja vom kleinsten Theil der Mitmenschen verstanden (...) Ihr seid beide gottbegnadete Menschen, lieber Heinrich – lass das persönliche Verhältnis zu T. u. L.s nicht getrübt werden: wie konnten 1 1/2 Jahre es so ändern, blos weil Deine letzten Arbeiten nicht durchwegs gefielen! das hat doch mit d. geschwisterl. Verhältnis nichts zu thun!«[35] Natürlich hatte es etwas miteinander zu tun. Die Rollenpositionen von Heinrich und Thomas in der Familienhierarchie waren nicht zu trennen von ihrem sozialen Status als Schriftsteller. Schon während der Italien-Jahre gab es Streit über die Ausübung der Fürsorgepflicht gegenüber der Mutter und dem jüngsten Bruder Viktor. Thomas erinnerte Heinrich in der Korrespondenz von 1904 daran: »Das erste Gefühl, das Dein letzter Brief mir erweckte, war eine naive Entrüstung, ähnlich wie damals, als Du mir egoistische Gleichgültigkeit Mamma und Vicco gegenüber vorwarfst, während ich mich um Mama bereits gegrämt und krank gegrübelt hatte zu einer Zeit, wo Du in Italien Bilder besahst, und zu einer Zeit, wo ich selbst mir in einem noch weit entsetzlicheren Maße zu schaffen machte, als ich es heute thue.«[36] Heinrichs Funktion als männliches Familienoberhaupt war gefährdet durch die mangelnde Anerkennung im literarischen und gesellschaftlichen Bereich. Auch die Mutter wußte das und schrieb dem ältesten Sohn: »Ich wünschte so von ganzer Seele, dasz auch Dir die äusserliche Anerkennung zu Theil würde, denn leider kann der Schriftsteller nicht ohne sie fertig werden.«[37] Nach außen hin spaltete sich die Familie nach 1904 in das Lager der Bürgerlichen (Thomas und Julia) und in das der Bohemiens (Heinrich und Carla). Doch die Kluft war tiefer, es ging vor allem um patriarchalische Vorherrschaft und ödipale Verstrickungen. Die Namen Heinrich, Thomas, Carla, Julia und später auch Nelly und Klaus standen für eine moderne Besetzung der antiken Familientragödie um Ödipus, Laios, Iokaste, Eteokles und Polyneikes. »Laß die Tragödie unserer Brüderlichkeit sich vollenden.«

(Thomas Mann) Im gnadenlosen Kampf Mann gegen Mann blieben vor allem die Frauen auf der Strecke. Die Bilanz der Selbstmorde ist erschütternd: Carla (1910), Julia/Lula (1927), Nelly, Heinrichs zweite Ehefrau (1944) und Klaus (1949). Die familiäre Zwangssituation erklärt zum Teil auch die Rollenhaftigkeit der brüderlichen Positionen in der politischen Auseinandersetzung, in der Thomas Mann als aggressiver deutscher Nationalist auftrat und Heinrich Mann gleichzeitig als wirklichkeitsfremder Utopist agierte. Das oft bemühte Zitat von Golo Mann, es habe sich um den Streit von »zwei unwissenden Magiern« gehandelt, die sich »andere Wirklichkeiten« erträumten oder »Lieblingsträume mit Wirklichkeit« gleichsetzten, wird in der Regel verniedlichend interpretiert.[38] Die »Lieblingsträume« der Brüder waren ohne Zweifel handfeste »Männerphantasien«.

3. Läßt sich Literatur auf eine politische Moral verpflichten?

In der kritischsten Phase ihrer Beziehung, zwischen dem Herbst 1914 und dem Januar 1922, in der Zeit, in der sie kaum noch Briefe wechselten, diskutierten und stritten Thomas und Heinrich indirekt über ihre Publikationen miteinander. Literatur und Sprache offenbaren nicht nur die widersprüchlichen ästhetischen und ideologischen Voraussetzungen der Brüder Mann, sondern zugleich auch das unterschiedliche Niveau des politischen, moralischen und literarischen Denkens in Deutschland.

Die Dokumente der großen Auseinandersetzung sind bekannt und werden seit Jahrzehnten ausführlich diskutiert: Thomas Manns »Gedanken im Kriege« von 1914 und seine Schrift »Friedrich und die große Koalition« mit dem Untertitel »Ein Abriß für den Tag und die Stunde« von 1915, Heinrichs Erwiderung, der berühmte, 1915 verfaßte und publizierte Zola-Essay, und schließlich Thomas Manns »Betrachtungen eines Unpolitischen« von 1918. Um die Kontroverse als eine Auseinandersetzung zwischen dem »ästhetischen Subjektivismus« bei Thomas und dem »politischen Objektivismus« von Heinrich faßbar zu machen, hat man sich um historische Vergleiche bemüht. Und in der Tat erinnert der Bruderkampf Mann gegen Mann an die »folgenreichste Kontroverse der deutschen Literaturgeschichte – eine Kontroverse, die bis auf den heutigen Tag andauert« (Hans Magnus Enzensberger). Gemeint ist jene »säkulare Auseinandersetzung« zwischen Heinrich Heine und Ludwig Börne über die Frage: »Gibt es eine politische Moral, auf die sich Literatur verpflichten läßt?«[39] In seinen »Betrachtungen eines Unpolitischen« überträgt Thomas Mann Heines denunziatorische Psychologie des »Nazarener-Typs« Börne auf Heinrich Mann: »Der Typus (des) deutschen Anhängers der literarischen Zivilisation ist, wie sich versteht, unser *radikaler Literat*, er, den ich den ›Zivilisationsliteraten‹ zu nennen mich gewöhnt habe – und es versteht sich deshalb, weil der radikale Literat, der Vertreter des literarisierten und politisierten, kurz des demokratischen Geistes, ein Sohn der Revolution, in ihrer Sphäre, ihrem Lande geistig beheimatet ist (...) Man ist nicht Literat, ohne von Instinkt die ›Besonderheit‹ Deutschlands zu verabscheuen (...); man ist beinahe schon Franzose, (...) Revolutionsfranzose.«[40]

Die Kontroverse, die hier über einen »deutschen Sonderweg« geführt wird, schreibt einen Diskurs fort, der bereits im 19. Jahrhundert entwickelt wurde. Heinrich Mann kritisierte in seinen Essays und Romanen (besonders im »Zola«-Essay und im »Untertan«) eine verfehlte deutsche Entwicklung, die sich vom europäischen Paradigma der Moderne immer weiter entferne. Thomas Mann hingegen plädierte für einen Weg der machtgeschützten Innerlichkeit, die als Preis für eine ästhetisch-kulturelle Verfeinerung bewußt den Verzicht auf politische Öffentlichkeit in Kauf nahm. »Politiker und Patrioten« waren für ihn »schlechte Dichter«, und »Freiheit« taugte nichts als »poetisches Thema« (»Lotte in Weimar«).

Während Thomas den in den »Weißen Blättern« abgedruckten »Zola«-Essay bei Heinrichs Freund Maximilian Brantl ausgeliehen hatte und erst nach intensivem Studium mit einer »Entschuldigung wegen der Bleistiftstriche«[41] zurückgab, hat Heinrich die »Betrachtungen eines Unpolitischen« nach eigenem Bekunden nie gelesen. Als ihm aber ein Artikel des Bruders im »Berliner Tageblatt« vom 27.12.1917 zur Umfrage »Weltfrieden?« vorgelegt wurde, in dem die Thesen seines Essays bereits enthalten sind und vor allem die persönliche Kränkung als »brüderliche Qual« beschrieben wird, entschloß er sich zum handschriftlichen »Versuch einer Versöhnung«:

»Lieber Tommy,
Dein Artikel im ›Berliner Tageblatt‹ wurde in meiner Gegenwart verlesen. Ich weiß nicht, ob es den anderen Hörern auffiel, mir selbst schien es, als sei er in einzelnen Abschnitten an mich gerichtet, fast wie ein Brief. Daher glaube ich, Dir antworten zu müssen, wenn auch ohne den Umweg über die Presse und nur zu dem Zweck, um Dir zu sagen, wie unberechtigt der Vorwurf des Bruderhasses ist.– In meinen öffentlichen Kundgebungen kommt kein ›Ich‹ vor u. daher auch kein Bruder. Sie sind in das Weite gerichtet, sehen ab – wenigstens will ich es so – von mir, meinem Bürgerlichen, meinem Vortheil oder Nachtheil u. gelten allein einer Idee. Liebe zur Menschheit (politisch gesprochen: europäische Demokratie) ist allerdings die Liebe einer Idee; wer aber sein Herz so sehr in die Weite hat erheben können, wird es des öfteren auch im Engen erwiesen haben (...) Die Gegnerschaft Deines Geistes kannte ich von jeher, u. wenn Deine extreme Stellungnahme im Krieg Dich selbst verwundert hat, für mich war sie vorauszusehen. Dieses Wissen hat mich nicht gehindert, Dein Werk oftmals zu lieben, noch öfter in es einzudringen, wiederholt es öffentlich zu rühmen oder zu vertheidigen, u. Dich, wenn Du an Dir zweifeltest, zu trösten wie einen jüngeren Bruder. Bekam ich von dem allen fast nichts zurück, ich habe es mich nicht verdrießen lassen. Ich wußte, um sicher zu stehen, brauchtest Du die Selbstbe-

schränkung, sogar die Abwehr des Anderen – und so habe ich auch Deine Angriffe – (...) – noch immer ohne große Mühe verwunden. Verwunden u. nicht vergolten – oder erst dann ein einziges mal vergolten, als es nicht mehr um persönliches ging, nicht mehr um literarische Vorliebe oder geistige Rechthaberei, sondern um die allgemeinste Noth u. Gefahr. In meinem ›Zola‹ betitelten Protest war es, daß ich gegen die auftrat, die sich, so mußte ich es ansehen, vordrängten, um zu schaden. Nicht gegen Dich nur, gegen eine Legion (...) Vielleicht finden meine heutigen Erklärungen ein besseres Gehör. Das wäre möglich, wenn Deine neueste Klage gegen mich von Schmerz diktiert ist. Dann mögest Du erfahren, daß Du meiner nicht als eines Feindes zu denken brauchst.

Heinrich. «[42]

Thomas wollte von einer Versöhnung zu diesem Zeitpunkt nichts wissen, ihm war es »Bedürfnis und Gewohnheit intimer Anschauung«, das »Verhängnis« in seinem Bruder und ihm »symbolisiert und personifiziert« zu sehen.[43] Er brauchte die theatralische Pose des Bruderfeindes, um die »Betrachtungen« im begonnenen feierlichen Stil zu beenden. Kurz vorher hatte er der Kritikerin Ida Boy-Ed mitgeteilt, das Bruderproblem sei »das eigentliche, jedenfalls das schwerste Problem« seines Lebens.[44] So diktierte ihm der Rollenzwang die unversöhnliche Antwort:

»Lieber Heinrich,
Dein Brief trifft mich in einem Augenblick, wo es mir physisch unmöglich ist, ihn im eigentlichen Sinn zu beantworten (...) Ich frage mich aber auch, ob es einen Sinn hätte, die Gedankenqual zweier Jahre noch einmal in einen Brief zu pressen, der notwendig viel länger ausfallen müßte, als der Deine. Ich glaube dir aufs Wort, daß du keinen Haß gegen mich empfindest. Nach dem erlösenden Ausbruch des Zola-Aufsatzes und wie sonst Alles für Dich steht und liegt, zur Zeit hast du gar keinen Grund dazu. Das Wort vom Bruder-haß war auch mehr ein Symbol für allgemeinere Diskrepan-

zen in der Psychologie des Rousseauiten (...) Daß mein Verhalten im Kriege ›extrem‹ gewesen sei, ist eine Unwahrheit. Das Deine war es und zwar bis zur vollständigen Abscheulichkeit. Ich habe aber nicht zwei Jahre lang gelitten und gerungen, meine liebsten Pläne vernachlässigt, mich zum künstlerischen Verstummen verurteilt, mich erforscht, mich verglichen und behauptet, um auf einen Brief hin, der – begreiflicher Weise – Triumph atmet, mich nach letzten Argumenten suchend (...) Dir auf diesen in keiner Zeile von etwas anderem als sittlicher Geborgenheit und Selbstgerechtigkeit diktierten Brief hin schluchzend an die Brust zu sinken (...) Laß die Tragödie unserer Brüderlichkeit sich vollenden. Schmerz? Es geht. Man wird hart und stumpf. Seit Carla sich tötete und Du fürs Leben mit Lula brachst, ist Trennung für alle Zeitlichkeit ja nichts Neues mehr in unserer Gemeinschaft. Ich habe dies Leben nicht gemacht. Ich verabscheue es. Man muß zu Ende leben so gut es geht. Lebe wohl.

T. «[45]

Das Band war zerschnitten. Zwar machte Heinrich sich noch einmal systematische Notizen für eine Antwort und formulierte auch einen Briefentwurf, schickte ihn aber nicht ab. Er hatte erkannt: Die Zeit war nicht reif für eine Versöhnung. Aus den Formulierungen des Briefentwurfs spricht allerdings seine Hoffnung, daß das Zerwürfnis nicht für immer sein werde. Es dominierte der souveräne, teilweise auch arrogante Ton des Älteren, der sich überlegen fühlte: »Ich will Dir nach Kräften helfen, die Dinge später, wenn alles vorbei ist, gerechter zu sehen (...) Aber ich trenne mich niemals vorsätzlich u. für immer (...) Was mich betrifft, ich empfinde mich als durchaus selbständige Erscheinung, u. mein Welterlebnis ist kein brüderliches, sondern eben das meine. Du störst mich nicht (...) Bezieh nicht länger mein Leben u. Handeln auf Dich, es gilt nicht Dir, u. wäre ohne Dich wörtlich dasselbe (...) Die Stunde kommt, ich will es hoffen, in der Du Menschen erblickst, nicht Schatten, u. dann auch mich. «[46]

Das Ende des Jahres 1918 brachte dann für Heinrich den langersehnten, großen literarischen Triumph. Der bereits im Krieg geschriebene »Untertan« erschien im Dezember als Buchausgabe und erreichte eine sensationelle Auflage. Die vernichtende Satire auf das wilhelminische Deutschland war unmittelbar nach der Kapitulation »das richtige Buch im richtigen Augenblick«.[47] Des Bruders »Betrachtungen eines Unpolitischen«, die zwei Monate zuvor herausgekommen waren, stießen dagegen auf Unverständnis beim Leser. Aus Thomas Manns Tagebuchaufzeichnungen jener Tage sprechen Neid und Selbstmitleid eines Autors, der die veränderte politische Lage und den für ihn unerwarteten Erfolg des Bruders nicht akzeptieren wollte. Er hatte den Kontakt zu Heinrich vollständig abgebrochen. Die unentwegten, rührend-hilflos anmutenden Vermittlungsversuche der Mutter richteten sich in den Jahren 1918 und 1919 nur noch an Heinrich. Sie war zu der Auffassung gelangt, daß Thomas »es nicht für möglich hält, wieder dauernd brüderlich neben- oder miteinander zu leben«.[48] Im Januar 1918 schrieb sie an Heinrich: »Nun glaube ich auch nicht mehr, dasz mein Tod Euch alle wieder vereinigen wird, da es Carla's Tod nicht einmal vermochte; nun musst Du, sowie ich, uns mit dem Gedanken abfinden, dasz das, was nun noch von Deiner Seite geschah, das Letzte, deutlich Gutes wollende war. Nun bitte ich Dich recht herzlich, alles, auch in Schriften, ruhen zu lassen, u. nicht die Spur einer Kritik den Augen Unberufener, die nur Sensation aus dem Zwist zweier grosser Brüder machen, auszusetzen. Mit Dir sprach ich nun zuletzt über diese für mich so traurige Sache, mit T. nicht mehr, so lieb ich ihn habe. Ich hätte doch erwartet, dasz er auf gegenseitige Verzeihung hin, Versöhnung willkommen heissen werde. Also, lieber guter Heinrich, ich bleibe Dir was ich war, u. nie aufgehört habe zu sein u. hoffe, Dich bald wiederzusehen. Mit herzlichen Grüßen! Deine Mama.«[49]

Ein freundlicher Artikel Ludwig Ewers' zum 50. Geburtstag von Heinrich Mann war für Thomas eine »unangemessene Ehrung«, die ihn zu einer Desavouierung des Bruders

veranlaßte. In seinem Brief an Ewers vom 6.4.1921 heißt es:
»Ich halte ihn für einen gesättigten, mit der Welt und sogar
mit dem Vaterlande versöhnten Menschen, der Deine
Freundschaft heute im Grunde seiner Seele derjenigen seiner
jüdisch-radikalen Galoppins und Verkünder vielleicht wieder vorzieht. Wie es zwischen uns Brüdern steht, wirst Du
wissen. Der Krieg mußte die Gegensätze zwischen uns akut
machen.«[50]

Im Januar 1922 erkrankte Heinrich schwer: Zu einer Grip-
pe mit Bronchial-Katarrh und Lungenkomplikation kamen
zusätzlich Blinddarm- und Bauchfellentzündung. »Drei, vier
Tage lang war die Lage sehr ernst.«[51] Katia Mann besuchte
Heinrichs Frau Mimi, und der gemeinsame Freund Maximilian Brantl bewegte Thomas zu einem Zeichen der Anteilnahme. Am 31. Januar erhielt Heinrich von seinem Bruder
Blumen und ein Billett mit den Zeilen: »Es waren schwere
Tage, die hinter uns liegen, aber nun sind wir über den Berg
und werden besser gehen – zusammen, wenn Dir's ums Herz
ist wie mir.«[52] Doch eine echte Versöhnung war auch das
nicht. Wie Thomas wirklich über die Perspektiven einer
brüderlichen Wiederannäherung dachte, ist seinem Brief zu
entnehmen, den er zwei Tage später an Ernst Bertram
schrieb: »Freudig bewegt, ja abenteuerlich erschüttert, wie
ich bin, mache ich mir doch keine Illusionen über die Zartheit
und Schwierigkeit des neu belebten Verhältnisses. Ein modus
vivendi menschlich-anständiger Art wird alles sein, worauf
es hinauslaufen kann. Eigentliche Freundschaft ist kaum
denkbar. Die Denkmale unseres Zwistes bestehen fort.«[53] Die
wuchtigsten »Denkmale« wurden immerhin frisiert. Mit
seiner Rede »Von deutscher Republik«, mit deren Niederschrift Thomas im Juni 1922 begann, korrigierte er »eine
gewisse antiliberale Tendenz« seiner anrüchigen »Betrachtungen«, und Heinrich strich für die Neuauflage seines Zola-
Aufsatzes jene von Thomas als persönliche Beleidigung
empfundene Prophezeiung, daß er »früh vertrocknen« werde. Fortan blieben die Brüder im Gespräch, auch wenn es oft
nur im unverbindlichen Rahmen geschah. Es sieht so aus, als

ob sie beschlossen hätten, ihr Verhältnis für die Außen- und Nachwelt harmonisch zu stilisieren. Für den Betrachter ergab sich ein Bild der Bemühung um »stillschweigende gegenseitige Duldung, Schonung, Neutralität, Burgfrieden, Höflichkeit, herzliche Zurückhaltung, tiefere Differenzen verbergend nach dem Prinzip ›quieta non movere‹«.[54] In Wirklichkeit blieben die inneren Rivalitäten bestehen. Bereits 1925, in Heinrichs Schlüsselroman »Der Kopf«, geht es wieder um die alte Problematik. Hier spielen die Romanfiguren Terra und Mangolf die Rollen der Brüder. »Uns trennt«, heißt es da gleich zu Beginn, »ein einziges Wort, das er anbetet: Erfolg.« Obwohl Thomas den Roman noch nicht gelesen hatte, vermutete er »aber im Voraus, daß das Prinzip der Arbeitsteilung zwischen uns Brüdern gewahrt bleibt«.[55] Und als Thomas Mann 1929 den Nobelpreis für sein Jugendwerk »Die Buddenbrooks« erhielt, mischten sich in Heinrichs Laudatio unüberhörbar kritische Zwischentöne. Der Bruder sei damals, als er die »Buddenbrooks« schrieb, »ein alleinstehender, innerlich noch nicht gefestigter junger Mensch gewesen«, erklärte Heinrich. Auch die Dotierung des Preises schien ihn zu wurmen: »Der Nobel-Preis für Literatur beträgt dieses Jahr 200 000 Mark. In den meisten Ländern Europas ist dies ein mittleres Vermögen. Einen ohnedies erfolgreichen Schriftsteller versetzt es unter die Reichen.« Das hinzugefügte »So soll es auch sein« klang nicht sehr überzeugend.[56] Neuen Konfliktstoff bargen dann die Probleme der 1926 gegründeten Sektion für Dichtkunst der Preußischen Akademie der Künste. Obwohl Thomas ihm Zurückhaltung empfahl, übernahm Heinrich 1931 Vorsitz und Titel eines »Präsidenten der Dichterakademie«. Und als man etwas später Thomas – wie schon einmal im Jahre 1927 – als Nachfolger von Max Liebermann zum Präsidenten der Gesamtakademie vorschlagen wollte, intervenierte Heinrich. Er warnte den Bruder schriftlich mit Erfolg vor seiner Beteiligung an einer »Intrige« gegen den alten Liebermann.[57]

Auch nach Machtantritt der Nationalsozialisten veränderte sich zunächst nicht viel in der Bruderbeziehung. Eine

Notiz vom 27.10.1936 im Tagebuch von Thomas Mann enthüllt das tiefsitzende psychologische Trauma: »Geschlafen und schwer geträumt, zornig, von Heinrich, der eine bleiche Mischung mit Papa einging.«[58] Das offizielle Bild der im Alter versöhnten und sich gegenseitig mit Komplimenten versorgenden Mann-Brüder täuscht also. Zumindest für den Jüngeren blieb das Verhältnis bis zuletzt belastend. Der von Freud als klassisch analysierte Vorgang einer Übertragung der ödipalen Ängste vom Vater auf den älteren Bruder schien selbst noch beim Sechzigjährigen wirksam. Einschränkend muß angemerkt werden, daß bei Thomas Manns Traum-Notiz vermutlich auch der für ihn typische Drang zur Selbststilisierung (hier als Freud-Verehrer) die Feder mit führte. 1936 war das Jahr des 80. Geburtstages von Freud, und Thomas hat in diesem Zusammenhang mehrere Essays und Reden verfaßt. In seinem Vortrag »Freud und die Zukunft« erklärte er nämlich, er sei erstaunt, »daß er, bei so starker allgemeiner und persönlicher Disponiertheit, so spät der sympathischen Beziehungen seiner Existenz zur psychoanalytischen Forschung und dem Lebenswerke Freuds gewahr wurde«.[59] Wenige Monate vor seinem ödipalen Alptraum hatte Thomas den älteren Bruder öffentlich in den höchsten Tönen gelobt. »Der Fünfundsechzigjährige ist wahrhaft zu beglückwünschen«, lautete im März 1936 seine Geburtstagslaudatio für Heinrich. Er nannte ihn einen »großen Künstler«, dessen Leben »eine klare Einheit« bilde, »großes Format« habe und den »immer noch unvergleichlichen Genuß des Anblicks einer Persönlichkeit« gewähre.[60] Heinrich bedankte sich artig dafür, daß Thomas »liebevoll und tief« seiner Existenz gedacht habe und zu einem »glücklichen Ergebnis« gekommen sei: »Ja, zuletzt wird alles in Ordnung sein.«[61] Was dem Älteren gefallen hatte, waren nicht so sehr die lobenden Worte, sondern der Umstand, daß Thomas Mann sie für die als Propagandaorgan der Volksfront geltende »Neue Weltbühne« verfaßt hatte. »Ja, ich habe es wohl bemerkt, Du hast das erste Mal ein Emigrantenblatt benutzt«, lauteten Heinrichs anerkennende Zeilen aus Nizza.[62]

Und auch Klaus Mann bemerkte erfreut: »Was für ein schöner Übermut vom Vater, in der Weltbühne zu schreiben!«[63] Das Jahr 1936 bedeutete im Leben von Thomas Mann eine entscheidende Zäsur. Bis dahin hatte er es vermieden, direkte Angriffe gegen das NS-Regime zu richten und sich öffentlich mit Aktionen der Exilierten zu solidarisieren. Für den Entschluß Thomas Manns, sich eindeutig auf die Seite des »anderen Deutschlands« zu stellen, war ganz sicher der moralische Druck des bereits seit über drei Jahren im Exil publizierenden Heinrich mitentscheidend. Der ältere Bruder hatte den Nobelpreisträger offensichtlich davon überzeugen können, daß eine weitere unentschiedene Haltung gegenüber Hitlerdeutschland sich schädlich auf sein internationales Ansehen auswirken würde. In politisch-moralischer Hinsicht übte Heinrich wieder – wie schon zu Zeiten des Zola-Konfliktes – die Funktion des Lehrmeisters aus. Im Juni 1938, anläßlich einer Veranstaltung in Budapest, bekannte sich Thomas in öffentlicher Rede erstmals auch zum »militanten Humanismus«, jener für Heinrichs Ideenpolitik des Exils zentralen Kategorie. Die durch moralischen Druck erzwungene Annäherung an politische Positionen Heinrichs war vermutlich verantwortlich für Thomas' ödipalen Gespenstertraum vom Oktober 1936. Doch er lernte schnell, sich im Exil flexibler als Heinrich zu bewegen. Während der Ältere sich bis zuletzt an die Illusion Europa klammerte, setzte Thomas sofort auf die Chance in der Neuen Welt. Bereits 1938 sprach er vor zwanzigtausend Zuhörern im New Yorker Madison Square Garden. Im amerikanischen Exil hatte er schnell die Rolle des »praeceptor Germaniae« übernommen. Wie vorher Heinrich in Frankreich, eilte Thomas nun in den USA von Kongreß zu Kongreß, wurde vom Präsidentenpaar Roosevelt empfangen, »broadcastete« (wie er es nannte) nach Deutschland und war gleichzeitig literarisch erfolgreich. Die scheinbare Umkehrung ihrer politischen Rollen veranlaßte Heinrich, der im Oktober 1940 aus dem besetzten Frankreich nach Amerika geflohen war und hier nicht Tritt fassen konnte, gelegentlich zu sarkastischen Kommentaren. Während einer Autofahrt mit Erika Mann soll er geäußert haben: »Mit Deinem Vater verstehe ich mich politisch jetzt wirklich recht gut, nur etwas radikaler ist er als ich.«[64] In Wirklichkeit bemühte sich der Nobelpreisträger um deutliche Rücksichtnahme auf die Interessen des Gastgeberlandes. Wenn er sich öffentlich äußerte, gab er sich alle Mühe, seine politischen Ansichten weder als Zustimmung zu einem deutschen Exilpatriotismus noch als Unterstützung einer kommunistischen oder sowjetischen Aktion erscheinen zu lassen. Im Streit zwischen Bertolt Brecht und Thomas Mann über die Frage, ob man den Nationalsozialismus als Verkörperung des politischen Willens der Deutschen ansehen müsse, war Heinrich mit dem Herzen auf der Seite von Brecht, der sich für eine Differenzierung zwischen Nationalsozialismus und deutschem Volk aussprach. Heinrich wagte es aber nicht, wie die Exilgefährten Lion Feuchtwanger und Alfred Döblin, offen Partei zu ergreifen. Einen Streit mit Thomas hätte er sich auch nicht leisten können, da er materiell von ihm abhängig war. Während Thomas sich den »›hanseatischen‹ Wunsch nach einer würdigen und gewissermaßen repräsentativen Existenz im festen, persönlichen Lebensrahmen«[65] erfüllen konnte und als »Goethe in Hollywood« residierte, wie der »New Yorker« schrieb, beschloß Heinrich sein letztes Lebensjahrzehnt »in Armut, Vergessenheit, Einsamkeit und Unbedanktheit«.[66] Er konnte und wollte sich nicht mit dem amerikanischen Literaturmarkt arrangieren. Der inzwischen über Siebzigjährige war stets in Geldsorgen, auch wenn er nicht unmittelbar Hunger litt, wie die Polemik Bertolt Brechts gegen Thomas Mann suggeriert, oder wie seine Frau Nelly in hilfesuchenden Briefen behauptete. Der monatliche Scheck, den Heinrich nach der Kündigung seiner Beschäftigung bei der Filmgesellschaft »Warner Brothers« und dem Ausbleiben der Tantiemen des sowjetischen Staatsverlages vom Bruder erhielt, reichte nur für das Notdürftigste. Immer wieder mußte er um einen Zuschuß betteln, manchmal wartete er auch vergeblich auf eine zugesagte Summe: »Ich bin voll Dankbarkeit für die erhaltenen Checks und in Sorge um den zuletzt abgegangenen, der nicht angekommen ist. Von Montag bis heute wäre er fünf Tage unterwegs: da bleibt nicht viel zu hoffen (...) Inzwischen schulden wir die Miete und öffnen die Tür nur, wenn kein Gläubiger dahinter steht. So war es bestimmt, und wäre ohne Eure Güte noch schlimmer.«[67]

4. Verfall einer Familie

In seiner isolierten Situation war für Heinrich der Kontakt zu Thomas sehr wichtig. Er war nicht nur finanziell, sondern auch emotional abhängig. Man sehe sich »zu selten«, klagte er, »obwohl ich immer Zeit hätte«.[68] Thomas brachte oft fadenscheinige Gründe vor, um eine Einladung zu umgehen: »Wir haben große Personalnot, unsere Dunkeln verlassen uns und neue sind teils unerschwinglich, teils unerträglich. Aber einmal werden wir ja wieder in Ordnung kommen und hoffen, dann Nelly und Dich recht bald einen Abend bei uns zu haben.«[69] Wenn sie sich trafen, ging es sehr förmlich zu. Teegespräche der Brüder verliefen wie der höchst gelehrte und steife Disput zweier »Universitätsprofessoren, die einander gerade vorgestellt worden sind«.[70] Alfred Döblin beschreibt die Feier anläßlich Heinrichs 70. Geburtstag im Hause von Salka Viertel als ein groteskes Ritual: »Th. Mann zückte ein Manuskript und gratulierte daraus. Dann zückte der Bruder sein Papier und dankte auch gedruckt daraus.«[71] Haupthinderungsgrund für zu häufige Begegnungen war offensichtlich die Abneigung von Thomas und seiner Familie gegenüber Heinrichs Frau Nelly, der man die »Verbreitung trunkener Lügen«[72] vorhielt. Dann kam das Jahr 1944, für Heinrich Mann der Tiefpunkt seiner bedrückenden Exilzeit in Amerika: Hilflos mußte er dem rasch fortschreitenden Zerstörungs- und Selbstzerstörungsprozeß seiner geliebten Frau zusehen, der im Dezember des Jahres mit ihrem »freiwilligen« Tod endete. Thomas betrachtete den Tod Nellys als eine Erlösung für Heinrich, und der Neffe Golo Mann fällte später das harte Urteil: »Alles wurde besser, unvergleichlich besser, nachdem Nelly Manns letzter Selbstmordversuch ihr geglückt war.«[73]

Für Heinrich wurde alles noch trauriger. Die Geldsorgen stiegen und mit ihnen die Anhänglichkeit an den Bruder. Doch Heinrich wurde nicht selbstmitleidig, er behielt Fassung, Würde und auch seinen Sarkasmus. »Alter Schriftsteller ersten Ranges, im Ruhestand«, so lautete seine Selbstcharakterisierung Ende 1945. Fast scheint es so, als ob er sich mit seinem letzten Romanentwurf noch einmal gegen die übermächtige Vormachtstellung des Bruders aufbäumen wollte. Thematisch knüpfte »Die traurige Geschichte von Friedrich dem Großen«, an der Heinrich bis 1948 gearbeitet hat und als Fragment hinterließ, an den großen Zola-Streit mit dem Bruder an, den damals die Gestalt des preußischen Königs selbst zu einem Essay angeregt hatte. Für Thomas war das »letzte, ganz große Unternehmen« Heinrichs dann auch eine »überraschende Stoffwahl«.[74] Wie ernst es dem Jüngeren mit dem oft zitierten Kompliment des »Greisen-Avantgardismus« für den Älteren wirklich war, weiß man nicht. Doch ganz offensichtlich machte Thomas sich 1944 noch einmal unnötige Sorgen über einen Popularitätszuwachs Heinrichs in bestimmten Exilkreisen: »Zu denken, aufs neue, über die Verherrlichung des Bruders durch das nur hier siedelnde aktivistische Literatentum auf meine Kosten. Auferstehung alter Qual.«[75]

Im Juni 1945, als Thomas seinen 70. Geburtstag beging, würdigte Heinrich ihn mit dem Vorabdruck seines »Zeitalter«-Kapitels »Mein Bruder«. Bezeichnend für die Seelenverfassung des Älteren war, daß der Text mit der Erinnerung an den gemeinsamen »Buddenbrooks«-Plan aus der Jugendzeit endete: »Unser Vater hätte in unserer Zusammenarbeit sein Haus wiedererkannt.«[76] Der Untertitel des berühmten Romans, »Verfall einer Familie«, wurde für den alten Heinrich zum traumatischen Signal der Realität. »Schmerzliche Wochen, diese Trauer ist beständig«, schrieb er an Karl Lemke, als sein jüngster Bruder Viktor im April 1949 in München starb. Und als Klaus Mann sich einen Monat später in Cannes das Leben nahm, war Heinrich erschüttert: »Mein Neffe Klaus lebte nicht mehr gern; was ihn eigentlich tötete, war die vertane Zeit, der er angehörte (...) Geschwächt wird die Familie; wir waren zahlreich und hatten Einfluß.«[77] Die Klage, daß die Familie Mann ihren »Einfluß« verloren habe, gilt nicht in erster Linie dem Verlust patriarchalischer Strukturen, sondern eher dem Versiegen der rebellischen Tradition, die von Carla bis Klaus reichte. Das bohèmehafte Auftreten des Geschwisterpaares Klaus und Erika hat Heinrich in vielem an seine Münchener Zeit mit Carla erinnert. Kein Zufall sind auch die literarischen Parallelen. 1932 erschien Heinrichs Roman »Ein ernstes Leben«, in dem das Zwillingspaar Kurt und Vicky eindeutig nach der Vorbildkonstellation Klaus und Erika gestaltet wurde. Im gleichen Jahr beendete Klaus Mann seinen »Treffpunkt im Unendlichen«, dessen Thematik und Kulisse in auffälliger Weise Heinrichs »Die Jagd nach Liebe« gleichen. Bei Klaus Mann bestand, wie man weiß, schon vor dem Exil eine »Affinität« zum Tod. Mut für den Lebenskampf erhielt er oft nur durch das Vorbild Heinrich Manns. In zahlreichen öffentlichen und privaten Äußerungen hat der Neffe bekundet, daß er in Leben und Werk seines Onkels eine nachzueifernde Verbindung von Zivilisation, Ästhetizismus und Fortschritt sehe. Zu Heinrich Manns »schöpferischer Phantasie und zum erzählerischen Elan« komme als wichtige Ergänzung »der geistig-moralische Ertrag eines langen, bewußt und leidenschaftlich gelebten Lebens«.[78] Im amerikanischen Exil fühlten sich Neffe und Onkel durch die gemeinsame Erfahrung der Resignation verbunden. Am 1. Januar 1947 schrieb Klaus Mann aus New York:

»Mon Oncle,
(...) Immerhin sollst Du das erste Briefchen haben, das ich anno 47 verfasse – es ist mir danach zu Mute, Dir dieses Zeichen meiner treuen Gesinnung zu geben. Vielleicht ist es

etwas das schlechte Gewissen, das mich zu dieser Geste antreibt. Denn mich bedrückt manchmal der Gedanke, dass Du gewiß von mir enttäuscht bist und mich unaufmerksam, wenn nicht gar lieblos findest. Schließlich bin ich doch Dein ältester Neffe, dazu auch noch einer Deiner älteren Verehrer und ich habe manches bei Dir aufgeschnappt. Von Deinen Büchern habe ich viel gehabt, Du aber nichts von mir (...) Das liegt freilich auch an dem Umstand, dass ich die schwere Kunst des Aufbegehrens nicht beherrsche. Hinzu kommen andere Hindernisse, man hat immer so viel zu tun, ich muß sehr angestrengt arbeiten, um mir den Whiskey zum Soda zu verdienen – – manchmal bin ich ganz verzweifelt darüber, dass der Tag nur 24 Stunden hat. Jetzt ist es schon wieder ein Uhr morgens, und doch habe ich noch mehreres zu tun, ehe ich mich zur Ruhe begebe – – wahrscheinlich nicht allein, was das Leben einerseits heiterer, andererseits aber noch anstrengender macht. So geht es immer: da ist man als Neffe in schlechter Form. Ich wünsche Dir und uns, dass dieses beginnende Jahr ein Einsehen haben und friedlich vorbeigehen möge – – dies ist unsere kühnste Hoffnung. Jedes Jahr, in dem die Atombombe unbenutzt bleibt, ist ein Gewinn – – der größte, den wir uns erwarten dürfen. So bescheiden ist man geworden.

Ich bin 1947, wie schon seit geraumer Weile, Dein treuer Klaus.«[79]

In seinem Lebensbericht »Der Wendepunkt« hat Klaus Mann die Problematik des Bruderzwistes zwischen Heinrich und Thomas, »den Antagonismus zwischen ›Bürger‹ und ›Künstler‹«, die Frage, welches Element in diesem Gefühlskomplex die Oberhand gewinne, »die Sehnsucht oder die Verachtung«, auch auf sein eigenes Schicksal bezogen.[80]

VII.
Das öffentliche Leben

»Das Genie muß sich für den Bruder des letzten Reporters halten.« [1]

1. Kaiserreich und Republik

Die letzten Tage des Kaiserreichs hat Heinrich Mann in München erlebt. Noch war Krieg. Die Formen und Möglichkeiten öffentlicher Diskussion beschränkten sich auf kleine Gesprächsrunden mit Freunden und Kollegen in Schwabinger Literatencafés. Erich Mühsam hat über den Nachmittagskreis im Café Luitpold berichtet, ein Treffen, an dem auch regelmäßig Heinrich Mann, Frank Wedekind und Gustav Meyrink teilnahmen: »Hier wurden mit gedämpfter Stimme die Ereignisse besprochen und aus höheren Gesichtspunkten betrachtet als den an lauten Tischen beliebten.« [2] Heinrich Manns Freundschaft mit Frank Wedekind reichte in die Vorkriegszeit zurück. Damals führte Wedekind den Vorsitz eines Künstlerstammtisches in dem Lokal »Torgelstube«. Heinrich, der auch dort »zuweilen den säuerlichen Tiroler Wein« trank, konnte sich noch Jahrzehnte später daran erinnern:

»Plötzlich stand er vor mir und sprach, mir scheint, ohne Anwendung seines Bühnenorgans: ›Wir sind doch nicht dazu da, immer umeinander herumzugehen.‹ Sogleich wechselte ich ein für alle Male an seinen Tisch hinüber, und wir waren Freunde, als hätten wir uns immer gekannt.« [3] Als der Krieg begann, war Heinrich Manns Arbeitszimmer, »das 1916 allein noch geheizt wurde« [4], der Treffpunkt. Wedekind kam oft, saß am Ofen und trank dort seinen Wein. In Wedekind hatte Heinrich Mann einen Mitstreiter gefunden, dem es, wie er in der Grabrede vom 12. März 1918 hervorhob, um die Wahrung der »Menschenwürde« ging. Später hat er ihn in seinem Roman »Der Kopf« porträtiert (in der Figur Terra) und hielt auch die Erinnerung an seine äußere Erscheinung fest: »Untersetzt, ein scharfgeschnittener Kopf mit Cäsarenprofil, die Stirn unheilvollverheißend gesenkt und von geschorenen Haaren ausgezackt. Augen aber, die anzüglich aufzuckten, unbekannt warum. Auch zuckte Gereiztheit mit, und gleich danach verstummten sie schwermutsvoll.«[5] Neben Frank Wedekind und Erich Mühsam zählte Heinrich Mann in jenen Münchner Jahren vor allem die Schriftstellerkollegen Lion Feuchtwanger, Wilhelm Herzog und Kurt Martens, die Schauspieler Albert Steinrück und Gustav Waldau sowie den Anwalt Maximilian Brantl zu seinen engeren »Gefährten« und Diskussionspartnern. Mit Carl Sternheim, der München bereits im Jahre 1912 verlassen hatte, blieb ein freundschaftlicher Kontakt bestehen. Beide stießen mit ihrer Entlarvung bürgerlicher »Helden« auf ähnliche, aggressive Reaktionen in der konservativen literarischen Öffentlichkeit. Im September 1919 schickte Sternheim dem Autor des »Untertan« ein Exemplar seines Schauspiels »Tabula Rasa« mit der eigenhändigen Widmung: »Für Heinrich Mann in bewegter Zeit mit herzlichem Gruß.« Im Begleitbrief hieß es: »Fraglos machen Sie dasselbe durch wie ich: hinter saurem Lob verwünscht uns deutsche Geistigkeit.«[6] Eine Sonderstellung in Heinrich Manns Freundeskreis nahm Arthur Schnitzler, der »Dichter des Todes«[7] ein. Schnitzler war vermutlich der »einzige Dichter von Rang«, dem der »Zivilisationsliterat« eine unpolitische »Nichtachtung der öffentlichen Dinge« zugestand. »Er war Österreicher, womit viel erklärt ist.«[8] Der Repräsentant des Wiener Impressionismus und Freund Sigmund Freuds faszinierte ihn vor allem durch seine psychoanalytische Beobachtungsgabe. Zum 50. Geburtstag, im Mai 1912, übermittelte er ihm einen Glückwunsch und lobte seinen neuen Novellenband: »Ich danke Ihnen für ›Masken und Wunder‹; es ist sehr schön. Aus all den geheimnisvollen Spielen tritt immer ein so schöner, starker Sinn, und die Psychologie erschüttert mich manchmal durch ihre Tiefe.«[9] In den trüben Kriegsjahren, als Heinrich Mann die Möglichkeiten öffentlicher Rede und Diskussion genommen waren, flüchtete er gelegentlich aus München, um den »Psychologen« Schnitzler in Wien zu besuchen. Sie unternahmen ausgedehnte Bergwanderungen und pflegten während gemeinsamer Kuraufenthalte am Gardasee ihre Depressionen. Für Heinrich Mann – wie er sich erinnerte – eine heilsame Therapie: »Wir wanderten zusammen. Es scheint, daß die Bewegung des Gehens der Kunst des Schreibens förderlich ist.«[10] Doch angesichts des Grauens der Kriegswirklichkeit von Verdun fiel es ihm schwer, in der Isolation des Arbeitszimmers die verwirrten Gefühle und Gedanken zu Papier zu bringen. Als ihm der Bruder Thomas im Januar 1918 vorwarf, in Erwartung der bevorstehenden deutschen Niederlage »Triumph« zu verspüren, formulierte Heinrich bittere Antwortzeilen, ohne sie abzuschicken: »Triumph worüber? Dass alles gut für mich ›steht u. liegt‹, nämlich die Welt in Trümmern u. 10 Millionen Leichen unter der Erde. Das ist doch mal eine Rechtfertigung! Das verspricht doch Genugthuungen dem Ideologen! Aber ich bin nicht der Mann, Elend u. Tod der Völker auf die Liebhabereien meines Geistes zuzuschneiden, ich nicht. Ich glaube nicht, dass der Sieg irgend einer Sache noch der Rede werth ist, wo wir Menschen untergehen.«[11] Aber Heinrich Mann resignierte nicht: »Wenn ich mich empörte, hoffte ich doch.«[12] Im April 1917 fuhr er nach Berlin, um an einer Tagung des pazifistischen Bundes »Neues Vaterland« teilzunehmen und dort einige Exemplare des Privatdrucks seines »Untertan« zirkulieren zu lassen.

Im Herbst 1918 brachen in ganz Deutschland Antikriegsdemonstrationen, Streiks und Revolutionen aus. Auch in München bildete sich in der Nacht vom 7. zum 8. November ein »Arbeiter-, Soldaten- und Bauernrat«, am 8. November wurde die Republik Bayern proklamiert. An der Spitze der Bewegung stand der Schriftsteller und USPD-Politiker Kurt Eisner. Sein Vorbild ermunterte andere Intellektuelle wie Ernst Toller, Erich Mühsam, Gustav Landauer und Heinrich Mann, ähnlich wie in Berlin, auch in München einen »Politischen Rat Geistiger Arbeiter« ins Leben zu rufen. Heinrich

Mann, der ins Leitungsgremium des Rates gewählt wurde, hielt dort im Dezember 1918 eine programmatische Ansprache über »Sinn und Idee der Revolution«. Diese Rede war der Versuch, zwischen Bürgerlichen und Sozialisten zu vermitteln und mündete in einen Appell an die verfeindeten politischen Lager, Gerechtigkeit walten zu lassen: »Denkt gerecht, Bürgerliche! Solltet ihr in irgendeiner gesetzgebenden Versammlung je die Mehrheit haben, ergebt euch dennoch niemals dem verhängnisvollen Irrtum, ihr könntet die begründeten Ansprüche der Sozialisten, indem ihr sie niederstimmt, aus der Welt räumen. Denkt aber auch ihr gerecht, Sozialisten! Wolltet ihr die Sozialisierung nur eurer Macht verdanken, anstatt der Einsicht und dem Gewissen der meisten, ihr würdet nichts gewonnen haben.« Neben der Verurteilung der »Verbrechen des alten Regimes« und der Anprangerung der »alldeutschen Fanatiker« stand die Warnung vor einer Nachahmung der russischen Diktatur des Proletariats: »Diktatur selbst der am weitesten Vorgeschrittenen bleibt Diktatur und endet in Katastrophen. Der Mißbrauch der Macht zeigt überall das gleiche Todesgesicht.«[13] Heinrich Manns besonnene Worte verhallten ungehört, die »geistigen Arbeiter« errangen keinen Einfluß auf das politische Geschehen. Am 21. Februar 1919 wurde Kurt Eisner auf offener Straße von dem konterrevolutionären Grafen Arco-Valley erschossen. Heinrich Mann hielt am 16. März im Odeon eine große Gedenkrede. Die Räte drängten auf eine »zweite Revolution«, doch es blieb beim anarchischen Chaos. Schon nach wenigen Wochen erlitt die im April 1919 gebildete Münchener »Räterepublik« ein blutiges Ende.

Im Mai 1919, mit dem Fensterblick auf die »aufeinanderprallenden Wellen des roten und des weißen Schreckens«[14], zog Heinrich Mann sein Fazit. Der mehr als 70 Manuskriptseiten umfassende Essay »Der Weg und die Wahrheit«, vom Verlag umbenannt in »Kaiserreich und Republik«, enthält ein demokratisches Credo, das in erstaunlicher Hellsichtigkeit vor einer Epoche des Totalitarismus warnt. Eine »Blutdiktatur«, so die Befürchtung des Autors, drohe von rechten Fanatikern ebenso wie von linken. »Sprache und Methode gleichen sich hier wie dort.«[15] Die Auswüchse »der imperialistischen ›Weltherrschaft‹«, und »der bolschewistischen ›Weltrevolution‹« seien auf eine gemeinsame Quelle der Gewalt zurückzuführen: »Auch Generalkommandos können eine sozialistische Ordnung verfügen, und der verwirklichte Kommunismus muß nicht anders aussehen als ein ›soziales Kaisertum‹.«[16] Um zu verhindern, daß sich »die Mystik der alten Herrschaft«[17] bald wieder »neu« verkörpere, müsse der alte Untertanentyp durch »neue Menschen« abgelöst werden. Nicht im Klassenkampf sah Heinrich Mann die Lösung, sondern in der friedlichen Annäherung. »In der Mitte«, sollten Arbeiter und Bürger »einander finden und sich vermischen.«[18] Mit diesem Konglomerat von jakobinischen, utopisch-sozialistischen und bürgerlich-liberalen Vorstellungen, einer Synthese von »citoyen« und Arbeiter, sind bereits Elemente der späteren Volksfrontidee Heinrich Manns vorweggenommen. Doch die junge Republik tat sich schwer mit demokratischen Umwälzungen, »die Lügen des Kaiserreiches« wurden »übernommen samt seinem Personal«.[19]

Trotz der immer wieder geäußerten Skepsis gegenüber der geistigen und politischen Entwicklung der Weimarer Republik genoß Heinrich Mann in den Nachkriegsjahren seine neue öffentlichkeitswirksame Rolle und auch den finanziellen Erfolg. Nach seinem Umzug in die Leopoldstraße Nr. 59 führte er ein Haus, das einem Pariser Salon glich. Man traf »immer eine bunt gemischte und vielseitig-interessante Gesellschaft« an, erinnerte sich der Bruder Viktor. »Da waren Wilhelm Herzog, der Literat, Max Oppenheimer, der Maler, Gustl Waldau, Tilly Wedekind, Arthur Schnitzler, mein ›Onkel‹ Leo Putz, der mich mit freudigem Getöse begrüßte. Väterchen Rößler, Dichter der ›Fünf Frankfurter‹ und Freund meines Roda-Roda, die großen Mimen Steinrück und Stieler und ihre Kolleginnen Durieux, Ritscher, Magda Lena und Frau Hagen, Waldaus scharmante Gattin; die Leute vom Kurt-Wolff-Verlag, Herr Joachim Friedenthal, den man den ›Jünger‹ nannte und der nach seines Meisters Wedekind Tod sich an Heinrich geheftet hatte, und Richard Elchinger, der geistreiche Kritiker.« Als »eine Art ruhender Pol« inmitten der »buntschillernden Erscheinungen« wird der Anwalt Maximilian Brantl beschrieben. Eindeutiger Höhepunkt der Soirees in der Leopoldstraße war, »wenn Graf Coudenhove, der Träger der Paneuropa-Idee, und seine Gattin, die Schauspielerin Ida Roland, erschienen«.[20] Zum gesellschaftlichen Ereignis wurde der 50. Geburtstag Heinrich Manns am 27.3.1921. Der Kurt-Wolff-Verlag veranstaltete eine große Feier, und die Glückwunschtelegramme kamen aus dem In- und Ausland. Das »Leipziger Tageblatt« schrieb, daß sich »die junge Schriftstellergeneration zu Heinrich Mann, ihrem Führer, bekannt« habe[21], und eine Prager Zeitung zählte den gefeierten Autor zu »den bedeutendsten Persönlichkeiten Europas«.[22] Selbst der inhaftierte Ernst Toller gratulierte aus der Festung Niederschönenfeld »in hoher Schätzung«. Nur der Bruder Thomas schwieg. Erst ein Jahr später erfolgte die Versöhnung am Krankenbett Heinrichs. Dann kam »die Tragödie von 1923« (Titel einer Essaysammlung). Arbeitslosigkeit und Geldentwertung nahmen zu, die Preise stiegen in schwindelnde Höhen. Im Sommer brach die Währung völlig zusammen. Die galoppierende Inflation bedeutete »Ruin des Mittelstandes, Elend und Sterben der geistig Schaffenden«.[23] Während geschickte Industrielle »mit dem Zerfall der Währung ihre kurzfristigen Geschäfte machten«, wurden »die Leichen ungeschickter Intellektueller gegen Morgen im Park aufgesammelt«.[24] Auch Schriftsteller wie Heinrich Mann verloren ihr Vermögen und damit die ökonomischen Grundlagen ihres sozialen Privilegs. Heinrich Mann führte einen Prozeß mit dem Kurt-Wolff-Verlag, der ihm Vorschuß-Honorare verweigerte. In einem Brief an Arthur Schnitzler beschrieb er seine problematische finanzielle Situation im Herbst des Jahres 1923: »Die Verlage produzieren kaum noch; wenn ich meinen Roman jetzt fertig hätte, würde ich meinen Verleger in Verlegenheit setzen (...) Was die Geldentwerthung betrifft, mache ich Sie darauf aufmerksam, daß mein Bruder Thomas von Fischer jeden Monat eine gewisse Anzahl seiner Gesamtausgabe (ich glaube 300) voraushonoriert bekommt, in Buchmark mal Index natürlich. Er behauptet, daß er größtentheils davon lebe. So glücklich bin ich nicht. Ich erstrebe Valorisation meines Vertrages mit Wolff, der mir seit Jahr und Tag so gut wie nichts gezahlt hat.« Seine »Haupthoffnung für den Winter« war eine Aufführung von »Madame Legros« in Prag.[25] Gleichzeitig bemühte er sich um Übersetzungen seiner Werke und publizierte in ausländischen Zeitungen und Zeitschriften, unter anderem auch in der New Yorker »Evening Post«.[26] Bei Félix Bertaux beklagte er sich schon im Mai 1923: »Jetzt mit 52 Jahren muß ich in Amerika, Tschechoslowakei und jedem Land, das besser zahlt als Deutschland, mein Brot verdienen.«[27] Die materielle Krise war zugleich eine geistige und zwang ihn zu neuen Denkansätzen. Heinrich Mann resignierte nicht, wie die meisten Expressionisten, »deren überschwengliche Menschheitsutopie ihren geistig-politischen Bankrott geradezu herbei(zwang)«.[28] Er rettete sich auch nicht in die kommunistische Partei-Doktrin, selbst wenn er weiter nach links rückte. Als die Moskauer Regierungszeitung »Iswestija« nach Lenins Tod, am 21. Januar 1924, Heinrich Mann und andere ausländische Publizisten um eine Würdigung des Verstorbenen bat, schrieb er: »Lenin, es sei in Rußland geschehen was immer, hat sein Volk jedenfalls glücklicher gemacht.«[29] Bereits einige Monate vorher, im August 1923, in seiner Dresdener »Rede zur Verfassungsfeier« klangen sozialistische Töne an. Heinrich Mann appellierte an »die schaffenden Stände«, die Republik zu verteidigen »gegen einige unternehmende Individuen, die die Lage begriffen haben und sie bedenkenlos ausnützen«.[30] Musterbeispiel für die »Diktatur der Gierigsten«, das heißt der wirtschaftlichen Machtkonzentration durch Inflationsgewinne, war der Hugo-Stinnes-Konzern. Ihm gilt die satirische Kritik der Novelle »Kobes«, die Heinrich Mann im Winter 1923, parallel zum thematisch verwandten Roman »Der Kopf«, begann. Die Novelle erschien 1925 fast zeitgleich mit dem Roman und war mit Lithographien von George Grosz illustriert. Es ist eine groteske Geschichte. Ein isolierter Angestellter mit Philosophenkopf, der sich mit dem Bonmot »Sand nicht Kant« vorstellt, versucht durch Selbstmord gegen anonyme Herrschafts- und Unterdrükkungsmechanismen zu protestieren. Mit ihm stirbt der Mittelstand. Trotz seiner engagierten politischen und sozialen Kritik an den Mißständen der Republik verhielt sich Heinrich Mann loyal gegenüber dem Weimarer Staat. Bereits im Januar 1919, als es kaum noch Hoffnung auf eine weitgehende revolutionäre Umwälzung gab, hatte er auf Veranlassung des Berliner »Reichsamtes für wirtschaftliche Demobilmachung« den Aufruf »Wir wollen arbeiten« verfaßt, in dem es heißt, »es lohnt sich vollauf«, sich für den neuen Staat einzusetzen. »Die Mitarbeit am Staat« fördere »Einsicht« und »geistige Weite«.[31] Und im Herbst 1923, auf dem Höhepunkt der Wirtschafts- und Staatskrise, richtete Heinrich Mann an den nationalliberalen Reichskanzler Gustav Stresemann den öffentlichen Appell, eine »Diktatur der Vernunft« zu errichten.[32]

Einer Partei hat Heinrich Mann nie angehört. Sein »Sozialismus« und die Konzeption des »Arbeiterbürgers« zeigten nicht nur mit der sozialdemokratischen »Übergangs-Theorie« Berührungspunkte, sondern waren ebenso Ausdruck jener für ihn typischen Mittelstandsideologie. Anläßlich der Reichstagswahlen von 1924 forderte er ganz allgemein, ohne für eine bestimmte Partei zu plädieren: »Ihr dürft nur Republikaner wählen!«[33] Im April 1927 nahm er am Hamburger Parteitag der bürgerlich-liberalen »Deutschen Demokratischen Partei« (DDP) teil und hielt eine Rede über den »tieferen Sinn der Republik«.[34] Dem französischen Freund Félix Bertaux teilte er anschließend mit: »Ich gehöre der Partei nicht an, ich erlaubte mir einiges zu sagen, das ihre täglichen Begriffe nach links überschreitet. Aber man war zufrieden, denn ich sagte es in schmeichelhaften Formen.«[35]

Für die Zeit nach 1923 ist ein auffälliger Rückzug Heinrich Manns aus der tagespolitischen Diskussion festzustellen. Im

Jahre 1924 kam es zu einem Konflikt mit der »Weltbühne«, weil der prominente Autor des »Untertan« sich weigerte, in einem Justizskandal öffentlich Partei zu ergreifen. Es ging um den »Fall Fechenbach«. Felix Fechenbach, der ehemalige Sekretär Kurt Eisners, war zu elf Jahren Zuchthaus wegen »Landesverrats« verurteilt worden, weil er angeblich »geheime« Dokumente zur Kriegsschuldfrage der ausländischen Presse übermittelt hatte. Die Redaktion der »Weltbühne«, die vergeblich an Mann appelliert hatte, seine Autorität zugunsten des Verurteilten einzusetzen, griff ihn daraufhin an. »Wir werden«, erklärte Siegfried Jacobsohn, »an diesen Worten künftig höchstens noch den Stil schätzen, nicht mehr die Gesinnung, die zu billig ist, und hinter der kein Mann, sondern nur Heinrich Mann steht.«[36] Später, in einer Rede auf einer Kundgebung zum Thema »Amnestie«, versuchte Heinrich Mann sich zu rechtfertigen. Er sei »hart behandelt worden«, weil er sich »eines einzelnen Falles der bayrischen Justiz nicht öffentlich annahm«. Doch es gebe noch mehr Fälle, »der man sich annehmen müßte«. Aber es existiere »ein Maß der Entmutigung, wo man dies nicht mehr tut« und »ein Maß der Verachtung, wo man sich abwendet«.[37] Nicht abgewendet hat er sich angesichts des Gesinnungsurteils gegen den Revolutionär Max Hölz oder im »Fall Jakubowski«, als ein russischer Landarbeiter ohne Beweise wegen Mordes verurteilt und hingerichtet wurde. Diese und andere öffentliche Proteste gegen die rechtslastige Weimarer Justiz, die ursprünglich in den Jahren 1926 bis 1928 als Zeitungsartikel erschienen, wurden später als »Justiz-Essays« zusammengefaßt.[38] Engagiert beteiligte er sich auch an den Protesten gegen das 1926 verabschiedete »Gesetz zur Bewahrung der Jugend vor Schmutz und Schund«, dessen eigentliche Funktion die Vorbereitung einer politischen Zensur der gesamten Literatur war. Und 1928 gehörte Heinrich Mann zusammen mit Wilhelm Herzog, Arnold Zweig, Max Reinhardt, Ernst Toller und anderen zu den Mitunterzeichnern eines Gesetzentwurfes zur Kontrolle der Richter. Doch generell wirkten seine politisch-publizistischen Initiativen merkwürdig abstrakt, beschränkten sich auf prinzipielle moralische und ethische Appelle.

Wenn von Heinrich Mann als geistigem Repräsentanten der Weimarer Republik die Rede ist, so muß man in diesem Zusammenhang vor allem auch sein Verhältnis zu Frankreich erwähnen. Seit dem 1. Weltkrieg symbolisierte er mit seiner Person und seinem Werk wie kein anderer die Möglichkeit deutsch-französischer Verständigung. 1923, zur Zeit der französischen Ruhr-Besetzung, wurde er als erster deutscher Schriftsteller zu dem elitären Gesprächskreis französischer Intellektueller, den »Entretiens de Pontigny«, eingeladen. Hier traf er den befreundeten Germanisten Félix Bertaux, Roger Martin du Gard, André Gide und andere. Zwei Jahre später folgte eine Einladung der französischen Sektion des PEN-Clubs nach Paris. Und 1927 hielt er Reden in der Sorbonne (»Ein geistiges Locarno«), in der Ecole Normale, vor der Frauenliga und anläßlich des 125. Geburtstages von Victor Hugo vor 5000 Zuhörern im Trocadéro. Angekündigt wurde seine Rede von Edouard Herriot, dem früheren französischen Ministerpräsidenten. Gegenüber der »Literarischen Welt« erklärte Heinrich Mann: »Der Riesenapplaus, der nun einsetzte, galt mehr als mir selbst dem deutschen Schriftsteller.«[39] Er selbst verstand sich als »Vordiplomat«. Seine wichtigsten politischen Treffen waren das Gespräch mit dem Präsidenten der ČSR, Tomáš Masaryk (1924), und seine Begegnung mit dem französischen Außenminister Aristide Briand (1931).

Den Geist von Pontigny versuchte er dann auch in die etwas muffige Atmosphäre der »Preußischen Akademie der Künste« zu tragen, deren Mitglied er seit ihrer Gründung im Jahre 1926 war. Immer wieder thematisierte er die Frage der öffentlichen Funktion des Schriftstellers, so in Vorträgen und Essays wie »Was ist ein Schriftsteller?« (1926), »Unser Einfluß und diese Zeit« (1927) oder »Der Schriftsteller und der Staat« (1931). Das gemeinsame Projekt mit Alfred Döblin, im Namen der Akademie ein »Volkslesebuch« zu realisieren, scheiterte. »Als es fertig war, ließen die Ministerialbeamten es verschwinden.«[40] Dennoch war das Jahr 1931 der Höhepunkt des öffentlichen Ansehens Heinrich Manns in Akademie und Republik. Er wurde zum Präsidenten der »Sektion für Dichtkunst« gewählt und gleichzeitig beging man seinen 60. Geburtstag wie einen Staatsakt. Die Akademie organisierte eine würdige Feier mit Reden ihres Präsidenten Max Liebermann, dem preußischen Kultusminister Adolf Grimme und Thomas Mann. 130 Schriftsteller und Künstler schickten eine Grußadresse, und Lion Feuchtwanger ehrte ihn auf dem Festbankett des PEN-Clubs. Kurt Hiller meinte gar, Heinrich Mann sei auch der richtige Kandidat für die anstehende Reichspräsidentenwahl des Jahres 1932. Der lehnte jedoch ab. Er hielt Hindenburg für das »kleinere Übel« gegenüber Hitler: »Wenn Hindenburg dagegen der Damm sein kann, dann befestigen wir mit unseren Stimmen den Damm!«[41] Heinrich Manns Hilflosigkeit am Ende der Weimarer Republik ist ein Symptom dafür, daß Radikalismus und Resignation der Intellektuellen nicht nur polarisierten, sondern im Hinblick auf das Kulturkrisengefühl auch zusammengehörten.

2. Kurt Tucholsky:
»Heinrich Mann, ... ein richtiger Kerl«

Nach wie vor wird in Seminaren über die Frage gerätselt: Was haben die linken Intellektuellen von Weimar, die kritischen Schriftsteller und Publizisten vom herannahenden Nationalsozialismus wirklich gesehen und gewußt? Alfred Kerr behauptet in seinem Exil-Tagebuch: »Nur die Zeitungsleute sind nicht überrascht von allem, was gekommen ist.«[42] Und unabhängig voneinander prägten Heinrich Mann und Carl von Ossietzky das vielzitierte Wort von der »Republik ohne Republikaner«.

Heinrich Manns Verhältnis zur Redaktionsleitung der »Weltbühne« war während der gesamten Weimarer Zeit von einer gewissen Distanz bestimmt. Ernsthafte Sympathiebekundungen für Carl von Ossietzky finden sich erst nach dessen KZ-Inhaftierung im Jahre 1933. Ein Jahr später appellierte er an den Bruder Thomas, den »Friedensmärtyrer Ossietzky« als Nobelpreisträger vorzuschlagen.[43] Dem »Weltbühne«-Autor Kurt Tucholsky hingegen brachte er schon relativ früh eine respektvolle Achtung entgegen. Die publizistische und satirische Wahlverwandtschaft schlägt sich auch in einer Korrespondenz nieder, die seit 1913 nachgewiesen ist.[44] Kurt Tucholsky wußte sich mit Heinrich Mann einig im »kameradschaftlichen Gefühl der Zusammengehörigkeit einer Kaste gegenüber«, der man »die Wahrheit gesagt« habe.[45] Dieses »kameradschaftliche Gefühl« hinderte den zwanzig Jahre Jüngeren allerdings nicht daran, sich in der ihm eigenen Schnodderigkeit über den »alten Heinrich Mann« zu äußern. Von dessen Roman »Im Schlaraffenland« heißt es zum Beispiel in einem Brief an seine Lebensgefährtin Mary Gerold aus dem Jahre 1918: »Es ist viel zu geradlinig und simpel in der Satire – bautsch! Ein bißchen mit dem Hammer.« Doch seine Vermutung, daß Heinrich Mann »heute keine starke Zeile mehr schreiben kann«, mußte er wenig später, nach Erscheinen des »Untertan«, dem »Anatomie-Atlas des Reichs« revidieren.[46] Ein Gesamturteil über die literarische Qualität des Werkes von Heinrich Mann traute Tucholsky sich aber auch später nicht zu. Als die französische Zeitung »Le Figaro« ihn 1924 um einen Bericht über die deutsche Gegenwartsliteratur bat, suchte er sich vor einer Wertung Heinrich Manns mit dem unglaubwürdigen Einwand zu drücken, »ihn nur bruchstückweise zu kennen«.[47] Mit penibler Regelmäßigkeit hat Heinrich Mann ihm seine Neuerscheinungen zugeschickt, die Tucholsky fast immer höflich kommentierte. Recht ironisch ist seine Schilderung der ersten persönlichen Begegnung, die am 8. August 1923 in Berlin stattfand. Damals war Tucholsky im Bankhaus des späteren preußischen Finanzministers Hugo Simon beschäftigt. »Gestern habe ich mit Heinrich Mann zu Mittag gegessen«, teilte er der Freundin mit. »Er war in der Bank, ich konnte ihm behilflich sein, und dann gingen wir nachher zusammen fort. Es war recht interessant. Ich hatte seit langen Jahren wieder zum ersten Mal das respektvolle Gefühl, mit einem richtigen Kerl zusammenzusitzen – schließlich ist er es ja doch, der all das geschrieben hat. Er ist groß und blond, ein wenig embonpoint schon, er roch merkwürdigerweise wie eine Schiefertafel, er hat ein paar lange Stockzähne wie eine alte Frau, sieht aber im ganzen doch sehr gut und soigniert aus. Er spricht ganz korrekt und hat eine himmlische französische Aussprache. Es war sehr nett. Er lebt von Kc's aus Prag in München und hat eine Auffassung von den Dingen, die viel tiefer ist als meine, aber sich in den Grundzügen mit ihr deckt. Es war recht interessant.«[48]

Trotz der durch diesen spöttischen Bericht dokumentierten grundsätzlichen Mentalitätsunterschiede, hat Heinrich Manns Persönlichkeit Tucholsky beeindruckt. Einen Monat nach dem Treffen wurde das Gespräch brieflich fortgesetzt. Es ging um die Fragen, wie realistisch ein Konzept generell sei, Literatur als öffentlich-politische Praxis zu betreiben, und welchen konkreten Einfluß intellektuelle Publizistik auf die Weimarer Regierungspolitik ausüben könne. Tucholsky war von der Wirkungslosigkeit gesinnungsrepublikanischer Mahnrufe überzeugt und hielt das deutsche Pressepublikum für nicht mehr geistig-moralisch beeinflußbar. »Das will kein Mensch mehr wissen«, lautete die Überschrift seines Artikels vom Juni 1923 im Berliner »8-Uhr-Abendblatt«, in dem er die Gewöhnung der Massen an Inflation, Elend und Korruption glossierte. »Die Leute sind heftig abgebrüht«, hieß es da realistisch. »Alles ist allen ganz egal. Die Aufnahmefähigkeit ist erschöpft. Sie können nicht mehr.«[49] Deshalb bezeichnete er auch den erwähnten öffentlichen Appell Heinrich Manns an den Kanzler Stresemann, eine »Diktatur der Vernunft« zu errichten, als sinnlos. Heinrich Mann antwortete am 17. Oktober 1923:

»Verehrter Herr Doctor Tucholsky, Ihr Brief erfreut mich, weil ich sehe, dass Sie gern mit mir sprechen. Trostreich ist er nicht, aber das ist auch nicht zu verlangen. Sie haben natürlich recht mit Ihren Zweifeln an der Wirksamkeit meiner vorigen Arbeit und aller übrigen. Der französische Kollege unseres Staatsmannes (Stresemann) würde einem Schriftsteller, der ihm so freundlich zuredet, beispielsweise seine Visitenkarte schicken. Anders der hiesige. Denn erstens: hat er es nöthig? Und dann, ich kompromittire ihn höchstens. Aber das wußte ich vorher, und ich habe mir die Mühe auch nicht seinetwegen gemacht, so wenig wie für diese fragwürdige Nation: sondern mehr zu meiner Selbstbehauptung. Was vernünftig wäre, muss man doch wenigstens gewusst haben, sonst ginge man gar zu nichtswürdig mit unter.«[50] Heinrich Mann teilte also bis zu einem gewissen Grad die Wirkungsskepsis Tucholskys, wollte aber nicht resignieren und publizierte um der »Selbstbehauptung« willen. Oft fiel es ihm schwer, er litt an der intellektuellen Ohnmacht in Deutschland und träumte von einer Auswanderung nach Brasilien, der Heimat seiner Mutter. Fast verzweifelt klingen seine Zeilen, die er im Mai 1924 an Tucholsky schrieb, der inzwischen als Auslandskorrespondent in Paris tätig war:

»Was machen Sie? Ihre Briefe sind selten, was heute kein Vorwurf sein kann. Oft wünsche ich mir, Sie wären hier, Sie könnten öfter ein paar Stunden bei mir sitzen. Aber auch daraus würde wohl wieder nichts werden, denn unter den hiesigen Lebensbedingungen verkriecht man sich vollends in sich selbst. Das Gefühl, allein zu sein, wie Sie es dort verstehn, hat noch etwas von Volksauflauf, verglichen mit hier. Nicht einmal in der Weltbühne lese ich Sie, Sie haben es sicherlich ganz und gar satt. Ich meinerseits dachte schon früher, als man es noch nicht nöthig hatte, an Brasilien. Wenn ich jetzt noch jung und rüstig genug wäre! Wo steht es denn geschrieben, daß man eine wenig gelesene Literatur bereichern muß. Sehen müssen, daß sie immer Privatsache bleibt und nichts ändern kann! An eine analphabetische Reaktionsperiode schließt sich lückenlos die nächste (...) Als alter Arbeiter beende ich meine Roman-Geschichte des Kaiserreiches. Heute kann fast Niemand dies verstehn; später finden dann einige Hundert dort den Schlüssel; es spricht sich herum; und man war nicht unnütz (...) Für wen? ist immer und bei allem die große Frage. Man sollte Märchen schreiben. Ähnliches nehme ich mir vor, sind meine Aufgaben nur erst gemacht.«[51]

Immerhin sah der Schriftsteller Heinrich Mann noch eine »Aufgabe« und erinnerte sich nach Überwindung des materiellen und psychischen Tiefpunkts der Inflationsjahre wieder an seine alte Maxime vom »Genie als Bruder des letzten Reporters«. Tucholsky hingegen blieb resigniert. Vor allem über die begrenzten Möglichkeiten des »Weltbühne«-Journalismus war er sich im klaren. Die Verständigungsbasis der beiden Repräsentanten der Weimarer Publizistik wurde schmaler. »Ihre Briefe sind selten«, hatte sich Heinrich Mann schon im Mai 1924 beklagt. Als er im Februar 1925 ein druckfrisches Exemplar seines Romans »Der Kopf« an Tucholsky schicken ließ, reagierte der nicht. Im Oktober fragte Heinrich Mann besorgt nach, ob er das Buch vom Verlag Zsolnay überhaupt bekommen habe: »Ich möchte mich nur vergewissern. Machen Sie mir, bitte, kurze Mitteilung.«[52] Erst am 7. November meldete sich Tucholsky aus Le Vésinet. Die Antwort war für Heinrich Mann enttäuschend. Mit dem »Kopf« wußte Tucholsky nichts anzufangen. Er verstand den Roman nicht und »Deutschland weniger denn je«.[53] Der Briefwechsel brach ab. 1928 erschien Tucholskys Band »Mit 5 PS«, er war Jakob Wassermann gewidmet. Aber in einer Mitteilung des Autors an seine Frau Mary vom 13. Juni 1927 heißt es: »Ich hatte erst an Heinrich Mann gedacht, was ja wesentlich repräsentativer ist – aber ich glaube, er hat damit leider gar nichts mehr zu tun. Und er mag mich wohl doch offenbar nicht mehr.«[54] 1933 fanden sich Heinrich Mann und Kurt Tucholsky gemeinsam auf der ersten Ausbürgerungsliste der Nationalsozialisten wieder. Während der Ältere sich auch und gerade im Exil für Literatur und Politik engagierte, verlor der Jüngere die Kraft zum Schreiben und die Lust am Leben: »Gegen einen Ozean pfeift man nicht an.«[55]

3. Der Dichter im Warenhaus

»In einem bekannten Warenhaus des Berliner Ostens finden
zur Zeit um die Stunde, in der man den five o'clock tea
einzunehmen pflegt, literarische und musikalische Veranstaltungen statt (...) Für einen Betrag, der gering zu nennen ist,
weil er nicht nur die Anwartschaft auf einen Dichtervortrag,
sondern auch auf ein Gedeck gewährt, erhält man Einlaß in
einen der Speisesäle des Warenhauses. Der Speisesaal ist
holzgetäfelt, nüchtern wie die Zeit es verlangt (...) Der
Dichter besteigt das niedrige Podium. Der Dichter heißt
Heinrich Mann. Es ist eine kuriose Begegnung, die sich hier
zwischen ihm und der Warenhausmenge vollzieht (...) Der
Dichter liest, und es ist, als ob ein leichter Nebel die braunen
Kellnerinnen umhülle, die behutsam servieren. Während die
Tassen zum Mund geführt werden, rauscht und surrt der
Vortrag wie ein Speisewagen. Das Publikum (besteht) in der
Hauptsache aus eingeborenen Mittelstandsfamilien. Diese
Jünglinge, Mädchen und Eltern, die Angestellte oder Beamte
sind, haben sich für den Samstagnachmittag nett zurechtge-
putzt. Sie lauschen andächtig, sie freuen sich, daß sie wie in
einem eleganten Hotel einer Conférence beiwohnen, daß die
berühmten Dichter zu ihnen und sie zu den berühmten
Dichtern kommen und daß sie alles verstehen, was dieser
Heinrich Mann ihnen erzählt. Er liest aus seinem neuen
Roman: eine Boxkampfszene, in der k. o. geschlagen wird,
und eine aufregende Reise im Flugzeug. Die Dichter sind
heute schick, sie gehen, nein, fliegen mit unserer Zeit. Hinter
den Glaswänden ertönen Grammophone, rollen die Leute
stumm und automatisch wie Schießbudenfiguren, die nicht
getroffen werden, auf den Rolltreppen hinab. Aber das Publikum ist so verzaubert, daß die Grammophonschlager nicht
hereindringen...«[56] Diese von Siegfried Kracauer geschilder-
te Veranstaltung mit Heinrich Mann fand 1930 im Berliner
Karstadt-Kaufhaus am Hermannplatz statt. Der »Dichter«
las aus seinem soeben erschienenen Roman »Die Große

Sache«. Die Zuhörer sind exakt als das Mittelstandspublikum beschrieben, wie Kracauer es in seinen soziologischen Studien der Weimarer Zeit analysiert hat. Die Frage ist, hatte auch der Autor Heinrich Mann dieses Publikum im Auge? Wußte er, für wen er schrieb? Nach eigener Aussage zählte für ihn das »anonyme Auftreten« in der »fließenden Menge« des Karstadt-Kaufhauses zu seinen »reinsten Erinnerungen an das öffentliche Leben der Republik«. Er hielt es für »zeitgemäß und nützlich«, in der Warenhaus-Atmosphäre »Autoren vortragen zu lassen für alle die vorbeikamen und das Ohr hinhielten«.[57] Publizität war für Heinrich Mann der eigentliche Gradmesser der kulturellen Reife einer Gesellschaft. »Verwirklicht« sah er eine solche demokratische Publizität »in Frankreich durch die große Romanreihe des 19. Jahrhunderts«, als »lebende Soziologie, Kritik als Leben« und »Vergeistigung des langen Alltags«.[58] Doch über das Ausmaß der moralischen Wirkung seiner eigenen Romane auf das Lesepublikum hat er sich selbst keine großen Illusionen gemacht. In seiner »Zeitalter«-Bestandsaufnahme wird festgestellt, daß man nach dem 1. Weltkrieg zwar »gelesen« wurde, »gewiß auch von Ministern, die mit den Achseln zuckten«, insgesamt aber als »obskur« galt.[59] Rudolf Leonhard zählte ihn dennoch zu den »zweien oder dreien« der zeitgenössischen Schriftsteller, denen es »gelungen« sei, »die glitzernde Wand zu durchbrechen, unentbehrlich zu sein; nicht nur bewundert, sondern auch gehört« zu werden.[60] Wenn Heinrich Mann »gehört« wurde, dann vor allem wegen seiner unermüdlichen öffentlich-publizistischen Tätigkeit, seiner Reden, Essays und Zeitungsbeiträge. Was die Romane betrifft, war er mit Ausnahme des »Untertan«-Erfolges nie ein wirklicher Erfolgs-Autor. Bis 1916 hielten sich die Auflagen seiner Werke in äußerst engen Grenzen. Vor dem 1. Weltkrieg schrieb er für ein kleines Elitepublikum »von zweitausend Personen«, die, wie der Autor später urteilte, »sozial unbrauchbar« waren.[61] Der Literaturwissenschaftler Friedrich Markus Huebner stellte 1912 fest: »Heinrich Mann schreibt, als wären gar keine Leser vorhanden. Das heißt, er sucht niemals eine direkte Fühlung zu wem außerhalb seines Buches.«[62] Die Ursache für das mangelnde Verständnis der Leser und Kritiker für sein Frühwerk lag an der für die damalige Zeit ungewöhnlichen Mischung von ästhetischer, moralischer und politischer Kritik am deutschen Bürgertum, an seiner Identifizierung mit dem französischen »art social«. Dafür gab es im späten Wilhelminismus kein Publikum. Selbst für aufgeschlossene Kreise des Bildungsbürgertums galt Heinrich Mann nicht als »modern«, das Etikett »modern« hatte der deutsche Naturalismus für sich gepachtet. Akzeptiert und verehrt wurde er lediglich von der kleinen Gruppe der Expressionisten um die Zeitschriften »Die Aktion«, »Pan« oder »Die Weißen Blätter«, und das nicht wegen seiner Romane, sondern aufgrund der Essays »Französischer Geist« und »Geist und Tat«. Ob er sich selbst als »Ahnherr« des deutschen Aktivismus verstand, wie Kurt Hiller ihn 1911 emphatisch feiert, mag dahingestellt bleiben. Die Wende kam, als Kurt Wolff, der einfluß- und einfallsreiche Verleger der »jüngsten Generation«, auf den nicht mehr ganz so jungen Essayisten aufmerksam wurde und auch sein Romanwerk übernahm. Wie Frank Wedekind es ihm prophezeite, hatte er »15 Jahre« warten müssen, »um populär zu werden«. Kurt Wolff erkannte 1916 den Zeitpunkt, und Heinrich Mann war verblüfft: »Plötzlich verkaufte er von den 6 Romanen meiner ›ersten Periode‹ dreiviertel Millionen. Solange hatten alle zusammen wenige tausend gehabt.«[63] Der Verlagsalmanach für 1917 versprach, sich »einzusetzen für neue Dichter, nicht bei einem kleinen Literatenkreis, sondern bei der großen Zahl derer, die der faden und flachen Alltagsliteratur müde geworden sind«, wollte »für Dichtungen wirken, die uns den starken Atem unserer Zeit spüren lassen«.[64] Den Durchbruch erzielten Verleger und Autor mit der 1916 begründeten »billigen« Reihe »Der neue Roman«, in der jeder Band nur 3,50 Mark kostete. Unter den zwanzig Titeln des ersten Programms (1916/17) mit einer Gesamtauflage von 400 000 Exemplaren waren acht Titel Heinrich Manns, darunter »Die Göttinnen«, »Im Schlaraffenland«, »Professor

Unrat« und »Die Kleine Stadt«. Eine geschickte Verlagspropaganda bemühte sich um reißerische Werbeslogans. So wurde zum Beispiel der Roman »Im Schlaraffenland« angepriesen als ein Spiegel der »in Grund und Boden verderbten Gesellschaft«, als eine Enthüllung des Treibens der »Großspekulanten« in einer »Dunstschicht von geilem Streber- und Zuhältertum«.[65] Unterstützung fand die großangelegte PR-Kampagne durch ein Rezensionskartell wohlwollender Kritiker. Wilhelm Herzog besprach die »neuen Romane« regelmäßig in der »Weltliteratur«, Felix Salten in der Wiener »Neuen Freien Presse« und Joachim Friedenthal im »Berliner Tageblatt«. Dem, wie Rilke es nannte, brutalen »Geschäfts-Amerikanismus«[66] Kurt Wolffs verdankte es Heinrich Mann, daß auch alle seine bisher kaum verkauften Romane auf eine Auflage von über 10 000 kamen. 1917 brachte der Verlagsdirektor Georg Heinrich Meyer mit einem großen Werbeaufwand eine auf 10 Bände angelegte Gesamtausgabe seiner »Gesammelten Romane und Novellen« heraus. Dann kam 1918 der Massenerfolg mit dem »Untertan«: Nach Aufhebung der Zensur erschien im Dezember eine Auflage von 100 000 Exemplaren, von denen innerhalb einer Woche fast 80 000 verkauft wurden. Die Gunst der Stunde nutzend, wurden vom Verlag parallel zum »Untertan« auch 10 000 Exemplare (davon die ersten 5000 in einer Luxusausgabe in Groß-Oktav) der Essaysammlung »Macht und Mensch« vertrieben. Auf die Erfolge des Kurt Wolff-Verlages aufbauend, waren die Startauflagen seiner späteren, bei Paul Zsolnay erscheinenden Romane von Anfang an mit 10 000 bis 30 000 Exemplaren berechnet. Doch die Sensationsauflage des »Untertan« wurde nie wieder erreicht. Auch wenn Heinrich Mann sich seit 1916 generell als Autor mit gesicherter Publikumsresonanz betrachten konnte, litt er unter der Erkenntnis, »obskur« zu bleiben. Seine bisherigen Vorstellungen, für ein »weites Kleinbürgertum aus Kopf- und Handarbeitern«[67] zu schreiben, erschienen ihm angesichts der strukturellen Umwälzungen in Deutschland nicht mehr präzise genug. Mit dem Roman »Die Armen« unternahm der Autor

1917 einen gewagten Vorstoß ins rein proletarische Milieu. Die Optik hatte gewechselt. Die Welt des »Untertan« wurde aus der Perspektive des Arbeiters betrachtet. Eine Sichtweise, die Heinrich Mann naturgemäß fremd war. Das neuartige Romanmilieu und sein Schöpfer standen sich »mit gemischten Gefühlen« gegenüber.[68] Auch wenn der Band mit seiner relativ hohen Auflage von 50000 Exemplaren verkauft werden konnte, spürte Heinrich, daß seine neue Leserorientierung in eine Sackgasse mündete. Eine Romanszene thematisiert das Dilemma. Der proletarische Held Karl Balrich verirrte sich im bürgerlichen Theater, das ein mondänes Gesellschaftsstück aufführte. Zu seinem Erstaunen war die Bühne nur »eine Fortsetzung des Saales«, auf der sich »dieselben Herren und Damen« bewegten wie im Parkett. »Balrich folgte nur langsam, war immer in Gefahr, den Faden zu verlieren, und kaum daß er die Gefahr einen Augenblick überlegte, hatte er ihn wirklich verloren.«[69] Auch Heinrich hatte sich verirrt, er saß zwischen den Stühlen. Das bürgerliche Publikum wußte mit der Schilderung eines ihm geistig fremden Milieus nichts anzufangen, und die sozialdemokratischen Kritiker vermißten darin die Parteilinie. Schon 1919/1920 mußte der Autor des »Untertan« erkennen, daß das Interesse der deutschen Leser an zeit- und sozialkritischen Romanen und Essays generell stark nachließ. »Man war froh, als die Stunde vorbei war, und kehrte gerne zu Büchern anderer Richtungen zurück.«[70] Eine Situation also, die ihn nicht besonders motivierte, das alte Projekt der Kaiserreich-Trilogie durch einen dritten Roman, der sich mit den leitenden Figuren des Wilhelminismus beschäftigen sollte, abzuschließen. Insgesamt benötigte er für »das traurigste Buch (seines) Lebens«, wie er den Roman »Der Kopf« in einem Brief an Félix Bertaux bezeichnete, ganze sieben Jahre. Als er das 1918 begonnene Manuskript schließlich 1925 abschloß, hatte er mehr als 800 handschriftliche Notizen angefertigt und Berge von Zeitungsausschnitten und anderes Material gesammelt und inzwischen auch den Verlag gewechselt (von Wolff zu Zsolnay). Das Ergebnis war ein handlungsarmes

Geschehen mit endlosen Monologen der Helden in einer abstrakt-unhistorischen Atmosphäre. Inhaltlich ging es ihm um die Beschreibung der Blutspur, die vom Kaiserreich zur Republik führte. Das Scheitern der führenden »Köpfe« wurde dargestellt als Bankrott der alten Machtelite und als Selbstzerstörung der Intellektuellen. Das Buch stieß bei Lesern und Rezensenten auf Unverständnis. Kurt Tucholsky zum Beispiel schrieb an den Autor: »Den ›Kopf‹ habe ich bekommen. Ich habe ihn sorgfältig gelesen und es ist mir nicht leicht gefallen, ihn zu verstehen. Ich weiß, daß hier etwas Neues gemacht ist: die Geschichte, wie sie nicht gewesen ist – eine andre Welt... aber sobald etwas von der Realität fort ist, in politicis, dann macht mir das Kummer.«[71]

In den folgenden Jahren wandte Heinrich Mann sich wieder populäreren Themen und vertrauteren Kreisen zu. Er suchte seine Leser in Angehörigen des Mittelstandes, die er für moralisch beeinflußbar hielt. Seine zeitweilige Nähe zur bürgerlich-liberalen »Deutschen Demokratischen Partei« (DDP) war kein Zufall, sondern entsprach seinen tradierten Vorstellungen vom Mittelstand als Kulturträger und Quelle des Intellektualismus. Das war seine Zielgruppe auch noch im Exil. Bertolt Brecht erklärte 1939: »Es ist nicht die deutsche Arbeiterklasse, der Heinrich Mann ›Mut‹ zuruft. Es sind die Mittelschichten.«[72] Doch ein gesicherter Mittelstand existierte nach dem 1. Weltkrieg nicht mehr. Nicht nur die ökonomischen und sozialen Grundlagen waren erschüttert, sondern die gesamten Fundamente der westlichen Zivilisation. »Vernunft und Ehrbarkeit«, so Erich Fromm, »schienen Europa plötzlich verlassen zu haben.«[73] Eine Zeit der Irritation für Schriftsteller. Autoren wie Musil, Broch, Joseph Roth und auch Thomas Mann konzentrierten sich in den Epochenanalysen ihrer großen Romane auf die Vorkriegszeit, klammerten sich retrospektiv an eine überschaubare Vergangenheit. Konservative Mentalität, das heißt Selbstberuhigung durch erprobte und altvertraute Erklärungen für das Neue, kennzeichnete die Haltung der Literaten aus den unterschiedlichsten politischen Lagern. Selbst eine linksintellektuelle Zeitschrift wie das von Wilhelm Herzog geleitete »Forum« wollte »kämpfen gegen den Bluff, den Jazz, das ›Tempo‹ dieser Welt und Zeit«.[74] Heinrich Mann nahm die Herausforderung der Zeit an und setzte sich mit den neuen Lebensformen der Weimarer Gesellschaft auseinander. Er sah in den neuen Lebens- und Konsumgewohnheiten, wie sie sich in der für Weimar typischen »Angestelltenkultur« (Siegfried Kracauer) äußerten, nicht nur »Geistfeindlichkeit« wie die Autoren des »Forum«. Es »wundere« ihn »immer«, erklärte er in einem Vortrag über die »geistige Lage« der Republik, wenn er die Klage höre, es werde nur wenig gelesen. »In Wirklichkeit wird doch viel mehr gelesen – nicht vom Einzelnen, aber von der Masse (...) Vor allem aber nehmen in einer modernen Gesellschaft alle, ohne Unterschied der Klasse, am öffentlichen Leben teil. Die Literatur gehört zweifellos in das öffentliche Leben.«[75] Er überwand sein zivilisatorisches Unbehagen, das er angesichts eines dominierenden diffusen Publikumsgeschmacks für Autoren wie Erich Maria Remarque oder Edgar Wallace empfand, und untersuchte auch dieses Phänomen im Hinblick auf die eigene Konkurrenzfähigkeit. Vor allem beschäftigte ihn die Frage, was Edgar Wallace so attraktiv machte. Er konnte sich nicht der Erkenntnis verschließen, daß »Detektiv-Romane etwas Nützliches« seien, »weil sie Vergnügen machen«. Aber »sie sollen«, so seine moralische Kritik, »von einem tieferen Wissen und von gütigen Absichten bestimmt sein«. Leider beweise »in diesen Büchern, die alle Welt liest, der Galgen alles. Er ist das sittliche Argument.«[76] Heinrichs Romane, Novellen und Essays aus der späten Weimarer Zeit belegen, daß er sich an den vermuteten Wünschen und Gewohnheiten der Edgar-Wallace-Leser zu orientieren versuchte. Es waren die tanz-, sport- und technikbegeisterten »jungen Leute«, die er erreichen und »sittlich« erziehen wollte.

Seine Sujets spiegelten das moderne Großstadtleben: Erotik, Kriminalfälle, kapitalistische Korruption, Boxsport, Autorennen, Flugzeugreisen, Modetänze und Ferienabenteuer. Der erste der Romane, die Heinrich in rascher Folge von 1926 bis 1932 schrieb, war »Mutter Marie«, der im März 1927 erschien. Der Autor hatte, wie er Félix Bertaux mitteilte, »nur viereinhalb Monate wirklich daran geschrieben«.[77] Dem Zsolnay-Verlag war das Werk dennoch eine Auflage von 30 000 und eine entsprechende Werbekampagne wert. Das »Berliner Tageblatt« brachte im Januar und Februar des Jahres einen Vorabdruck, begleitet durch eine Plakatwerbung an den Litfaßsäulen. Der Roman ist eine eigenartige Mischung aus Gesellschaftskritik und psychologisch-religiöser Problematik. Im Milieu der Schieber, Gangster und »Eintänzer« entwickelt die »Mutter Marie« Kraft zur Reue und Wandlung durch katholische Bekehrung. Für das zentrale »Beicht-Kapitel« mußte Heinrich sich durch aufwendige Recherchen »sachkundig« machen: Es kostete ihn »so viel Arbeit wie das ganze Buch«.[78] Die Kritiker hatten von dem Autor des »Untertan« keine religiöse Thematik erwartet und fragten irritiert: »Heinrich Mann auf dem Weg nach Rom?«[79] Der nächste Roman, »Eugénie oder Die Bürgerzeit«, erschien ein Jahr später und spiegelt die Verfassung des Autors zu Beginn eines neuen Lebensabschnittes: Trennung von Mimi und Aufbruch nach Berlin. Der Roman wirkt wie ein moralistisches Gegenstück zu den »Buddenbrooks«. Der Verfall von Familie und Bürgertum wird nicht melancholisch betrauert, sondern mit der Perspektive einer würdevollen »Proletarisierung« konfrontiert. Der Roman fand wenig Resonanz. Trotz Vorabdruck in der »Vossischen Zeitung« hatte der Verlag Mühe, die aufgelegten 25 000 Exemplare zu vertreiben. Der Autor selbst gestand seinem Werk zwar eine »moralische Lehre« zu, aber »keine große Geistigkeit«.[80] Wichtiger war ihm der nächste Roman, »Die große Sache«, den er 1929 im Ostseebad Heringsdorf begann und 1930 in Nizza und Berlin beendete. Heinrich Mann hat »Die große Sache« für seinen besten Versuch gehalten, die Weimarer Zeit und ihr Publikum in eine literarische Struktur zu bringen: »Ich schrieb der deutschen Republik ihren Roman – nicht sehr wichtig, sie selbst war es auch nicht. Die ›Große Sache‹ wäre eigentlich das Herz, das man haben sollte. Indessen herrscht das Geld wie nie zuvor, bis zum Stumpfsinn, bis zur menschlichen Abdankung.«[81] In einem wie für den Film inszenierten Handlungsablauf (rasant wechselnde Schauplätze) konkurrieren Politiker, Finanzmanager, Gangster, Boxer und andere zeittypische Figuren in ihrer Jagd nach der »großen Sache«, nach Glück, Erfolg und Liebe. »Das Tempo des Romans ist erbarmungslos und läßt nicht zu Atem kommen«, konstatierte Thomas Mann. Der Autor gebe sich als »Gesellschaftsphantast, der zugleich ein Gesellschaftsprophet« sei, zu erkennen.[82] Davon wollte Heinrich nichts wissen. »Ich – eine politische Tendenz verbreiten?«, fragte er 1932 scheinheilig, »ich bin doch Romancier und habe es mit vorhandenen Menschen zu tun.«[83] Mit seinem Roman verfolge er »eine einzige kleine Absicht«, sie sei »ganz unpolitisch«: »Ich mache den geliebten Zeitgenossen leise und verstohlen darauf aufmerksam, daß er nicht nur seine Existenzangst hat, sondern doch vielleicht in einer tieferen Gegend unbefriedigt ist.«[84] Es war die moderne Sachlichkeit der Weimarer Republik, das »graue« an ihr, das die Menschen unbefriedigt ließ. Das wirtschaftliche Elend wurde mit dem demütigenden »Diktat von Versailles« in Verbindung gebracht. Nicht der Inhalt des Vertrages war das eigentliche Problem, sondern seine Wirkung auf das Denken und Verhalten der Deutschen. Filmstars waren kein Ersatz für Nationalhelden. Zu den wenigen nationalen Idolen der zwanziger Jahre gehörte der Boxer und Siegertyp Max Schmeling. 1930 wurde er Weltmeister im Schwergewichtsboxen und holte so ein Stück der verlorenen Ehre nach Deutschland zurück. Max Schmeling kam auch im Roman »Die große Sache« vor. Hier war es Bruno Brüstung, der »den Weltmeistertitel« anstrebte. Daß Heinrich Mann 1930 bei seiner Dichterlesung im Karstadt-Kaufhaus ausgerechnet eine Boxkampfszene vortrug, war also kein Zufall. Ihm ging es um seine subversive politische Botschaft: Auch Max Schmeling alias Bruno Brüstung war kein Held. Er sollte nicht als Identifizierungsfigur dienen, trieb nicht die Handlung voran, sondern war selbst ein Getriebener. Die Demontage des Boxidols entsprach dem ironischen Märchenschluß: Aufsteiger-Hoffnungen sind vergeblich! Heinrich Manns eigentliches Thema war »die möglich-unmögliche Utopie im Alltagsleben«.[85] Eine solche Botschaft, zumal in einem verworrenen Handlungsablauf verpackt, wollte man nicht hören. Der Verleger erkannte das sofort und ließ nur 10 000 Exemplare des Romans drucken. Vielleicht hätte man ein gutes Filmdrehbuch daraus machen können. Vermutlich war das auch die Nebenabsicht des Autors, der sich die »Krise des Romans« dadurch erklärte, »weil das Kino manches besser macht«.[86]

Unverhüllter als in den Romanen trat in Heinrich Manns zahlreichen Novellen der Weimarer Zeit die pädagogische Absicht zutage. Bis 1933 erschienen 24 Sammlungen und selbständige Ausgaben von gesellschaftskritischen Novellen, unter anderem: »Der Jüngling«, »Die Verräter« (1924), »Suturb«, »Paul und Liliane« (1926), »Das Kind« (1928). Wie der Titel der Sammlung von 1929 (»Sie sind jung«) deutlich macht, verstand er sich in seinem neuen literarischen Sendungsbewußtsein als Mittler zwischen den Generationen, die er in eine gespenstische Konfrontation verstrickt sah. Typisch für diese Botschaft ist die Novelle »Liliane und Paul« (1926), in der »die Alten« in den Flammen des Umbruchs zugrunde gehen. In dem Bild der Weimarer Jugend, das Heinrich Mann in seinen Novellen und Romanen zeichnete, konnten viele Jugendliche sich nicht wiedererkennen. In einem Leserbrief an die Zeitschrift »Literarische Welt« kritisierte 1928 ein Betroffener, daß Heinrich Mann es sich mit der »Feststellung des Wesens der heutigen Jugend sehr leicht« mache. Er greife sich »nur zwei ihrer Typen«, den »ungeistigen Sportsmenschen« und den »Barjüngling«, heraus, um die ganze Jugend als »einfach« und »ungehemmt« zu charakterisieren. Angesichts einer Situation, in der »alle Werttafeln zerbrochen am Boden« lägen, stimme das Bild von der »unproblematischen« Jugend nicht. Der Autor rede »an ihr vorbei, ohne ihren Kern zu erfassen«.[87] Und der zwanzig Jahre jüngere Werner Bergengruen sah sich zu der spöttischen Bemerkung veranlaßt, er werde »das Gefühl nicht los«, daß der sechzigjährige Heinrich Mann »in der Furcht, hinter der Zeit zurückzubleiben, den aussichtslosen Wettlauf immer mehr auf Kosten seiner Organe forciere«.[88] 1933 beendete die erzwungene Emigration den »aussichtslosen Wettlauf« vorzeitig. Nach Bücherverbrennung, Druck- und Verkaufsverbot hatte der Autor in Deutschland kein Publikum mehr. Er kenne »seine über die Erde verstreuten Leser nicht«, heißt es in einer resignativen Erklärung aus dem Jahre 1936, er müsse »in fremden Sprachen erscheinen«, ihm fehlten »die einst aus dem Publikum empfangenen Zeichen des guten Willens und des Dankes«.[89]

4. Beim Theater – die »lustigste« Zeit

Als das Kieler Schauspielhaus im Jahre 1988 das Napoleon-Drama Heinrich Manns, »Der Weg zur Macht« (Uraufführung 1920), neu und vermeintlich aktuell inszenierte, war der Mißerfolg vorprogrammiert. »Schlafzimmerblick aufs Weltgeschehen« nannte ein Kritiker der »Frankfurter Allgemeinen Zeitung« nicht zu Unrecht den trivialen Bühnenversuch, Napoleons Machtstreben mit der Barschel-Affäre zu vergleichen.[90] Nicht viel besser erging es anderen Ausgrabungen der vergessenen elf Theaterstücke, die Heinrich Mann von 1902 bis 1928 schrieb: Wenig Glück hatte die Regisseurin Maria Reinhardt bereits 1985 in Kiel mit der Komödie »Das gastliche Haus« (Uraufführung in einer Piscator-Inszenierung 1927). Beeinflußt durch Carl Sternheims satirische Schauspiele »aus dem bürgerlichen Heldenleben« hatte Heinrich Mann versucht, in einer allegorischen Farce die Weimarer Republik zu porträtieren. Waren schon seine zeitbezogenen bitterbösen Szenen des Tanzes um das Goldene Kalb in den zwanziger Jahren alles andere als komisch, so galt das erst recht für die Neuauflage fast sechzig Jahre später. Die Dialoge trugen zu schwer am Grundsätzlichen, um den lockeren Konversationston zu rechtfertigen. Für die »Komödie« blieben nur »ein paar bemühte Pointen aus dem verstaubten Charme überkommener Handlungsmuster« (»Frankfurter Rundschau«).[91] Ratlos zeigten sich die Kritiker auch, als Rainer Werner Fassbinder 1973 Heinrich Manns letztes Stück, »Bibi – Seine Jugend in drei Akten«, für die Zadek-Bühne in Bochum inszenierte. »Bibi«, die Geschichte einer Gigolo-Karriere, von Heinrich Mann als Singspiel speziell für seine Kabarett-Freundin Trude Hesterberg konzipiert, hatte das Pech, im Berlin von 1928 mit Brechts genialer »Dreigroschenoper« konkurrieren zu müssen. In der Bochumer Inszenierung von 1973 wurden die Faßbinder-Stars Hanna Schygulla und Ingrid Caven ohne Konkurrenzdruck auf ein Tingeltangel verpflichtet, das sich in der Montage verschiedener Zitatebenen erschöpfte. 1965 kam es im Schloßtheater Celle gar zu einer Uraufführung des unveröffentlichten Dramen-Entwurfs »Das Strumpfband« (1902), auf dessen Inszenierung Heinrich Mann zu Lebzeiten aus guten Gründen verzichtet hatte. Es handelt sich um eine seichte Attacke gegen die moralische Heuchelei des deutschen Bürgertums der Jahrhundertwende, mit einer altmodischen Konfektionsdramaturgie in Szene gesetzt. Die aktuellen Experimente mit Heinrich Manns Stücken bestätigten eine Erfahrung, die schon früher Regisseure machen mußten. »Die Art und Weise, wie das alles geschieht«, erklärte der erfahrene Kritiker Julius Bab bereits 1922, sei »durchaus undramatisch« und beweise, »daß ein Künstler wie Heinrich Mann doch nicht ohne Not sein ganzes bisheriges Schaffen in eine epische Form gepreßt hat«.[92]

Heinrich Mann hat die Arbeit für das Theater selbst nicht sehr ernst genommen. Es war für ihn »sein lustigster Abschnitt«.[93] Ihn interessierten, wie wir schon erfahren haben, in erster Linie die Schauspielerinnen. »Nach der Beschaffenheit« seiner Stücke, hatte er es »besonders mit Charakterspielerinnen zu tun«.[94] Sein Umgang mit ihnen war, wie wir wissen, nicht nur beruflicher Natur. Seine Erfahrungen: »Sie hatten, auf der Bühne wie im Leben, eine Fähigkeit der Verwandlung, die jede andere übertraf. Nach Bedarf und

Belieben waren sie seelenvoll und leer, brutal und süß, erhaben, arm, waren verschleierte oder waren nackte Passion. Eine Charakterspielerin hatte kein Fach, sie beherrschte jedes.«[95] Heinrich Manns Hauptdarstellerinnen Tilla Durieux und Ida Roland verkörperten »das Geschlecht selbst, in all seinem tödlichen Reiz«.[96] Die Pforten zur Theaterwelt geöffnet hatte ihm die geliebte Schwester Carla, jene »Schauspielerin, die (ihm) die nächste war und es geblieben ist«.[97] »Die Jagd nach Liebe« (1903) ist nicht nur ein Schlüsselroman für die Geschwisterbeziehung, sondern auch ein frühes Dokument der Beschäftigung des Autors mit der Schauspielproblematik. In der Konfrontation der Romanfiguren Ute Ende und Gilda Franchini erkennen wir den Rollenkonflikt Carlas auf der Bühne und im Leben. Vorbild für den Bühnenkonflikt war eine historische Konstellation. 1893 erschien in der Zeitschrift »Die Gesellschaft«, für die, wie wir wissen, auch Heinrich schrieb, der Aufsatz »Betrachtungen über moderne Schauspielkunst«, in dem die berühmten Theaterstars der Jahrhundertwende, Sarah Bernhardt und Eleonora Duse, kontrastiert werden. Die Schauspielkunst der Duse sei derjenigen der Bernhardt vorzuziehen, weil sie »echte Findesiècle-Kunst« sei, etwas »Neues« aufweise: »Doch worin besteht dieses Neue? wird man fragen. Und wir antworten: In dem höheren Grade von Illusion (...) kurz, daß sie auf der Bühne nicht zu spielen, sondern zu leben schien (...) während die Italienerin auch die Kunst besitzt, ihre eigene Kunst zu verbergen, konnten wir bei der Bernhardt nicht einen Augenblick vergessen, daß sie doch nur spiele, nur Kunst übe.«[98] Auch in Heinrichs Roman, in dem diese unterschiedlichen Konzeptionen der Schauspielkunst im Gegensatz von Ute und Gilda demonstriert werden, fällt der Name Sarah Bernhardt.

Die Kunst, »auf der Bühne nicht zu spielen, sondern zu leben«, sah Heinrich Mann später vor allem in der Regiearbeit Max Reinhardts verwirklicht. In seinem Nachruf (1943) auf diesen großen Theoretiker und Praktiker des Theaters heißt es: »Reinhardt liebte und verehrte den Schauspieler als den Beauftragten der ganzen Seele (...) die Handlung verließ die Bühne, plötzlich waren die Spieler auf einer Ebene mit dem Publikum, die Leute wurden in den Vorgang mitgerissen.«[99] Obwohl Heinrich selbst auch den »Leimgeruch« der Bühne »geatmet«[100] hat, war seine Theaterpraxis relativ kurz. Ein paar der »kräftigsten Jahre um die Mitte des Lebens« genügten seinem »Bedürfnis nach den dramaturgischen Strapazen«. Wichtiger war für ihn das Romanschreiben, eine Anstrengung, die er als den »Triumph persönlicher Arbeit«[101] empfand. Es war seine feste Überzeugung, »daß von aller Literatur allein die großen Romane in die Tiefe des wirklichen Lebens gedrungen sind, ja die Welt verändert haben«. Der Roman, wie das 19. Jahrhundert ihn hinterlassen habe, sei »das erreichte Gesamtkunstwerk, oder es gäbe keins«.[102] Die schwierige Arbeit eines Romanschriftstellers bestehe darin, sein Werk »mit Worten« zu bekleiden, während ein Drama »niemals nackt genug sein« könne. Ganz offensichtlich hat Heinrich Mann die Kompliziertheit des dramatischen Metiers unterschätzt. »Theaterstücke werden schnell geschrieben«, meinte er. Wenn die Szenenfolge feststehe, habe man das Stück, es könne dann »nicht mehr fehlschlagen«.[103] So waren seine ersten Dramen dann auch nichts anderes als umgearbeitete Novellen. Dies gilt vor allem für die »Schauspielerin« (1911), über deren Entstehungsprozeß bereits berichtet wurde, aber auch für die unter dem Titel »Drei Akte« im Jahre 1910 uraufgeführten dramatischen Werke »Der Tyrann«, »Die Unschuldige« und »Varieté«. Stil, Charakterzeichnung und Dialogstruktur der zugrundeliegenden Novellen lassen vermuten, daß sie von Anfang mit der Absicht einer dramatischen Nebenverwertung geschrieben wurden. Es sind »novellistisch verkappte dramatische Szenen«.[104] Diejenigen Dramen, wie »Die große Liebe« (1912) oder »Brabach« (1919), bei denen die von den Novellen vorgegebene Szenenfolge nicht logisch war, fielen bereits bei der Uraufführung trotz Starbesetzungen (zum Beispiel Albert Steinrück und Gustav Waldau in »Brabach«) wegen ihrer Zerrissenheit und Unausgeglichenheit durch. Alfred Kerr urteilte erbarmungslos über »Die große Liebe«: »Unsereins nähme gern einen Verkannten in Schutz. Doch ich fürchte, es gibt hier nichts zu verkennen.« Man erblicke die Ursachen der »Schmerzen eines Liebhabers«, ohne »daß diese Schmerzen herauskommen... Heinrich Mann wird sagen: Absicht. – Man könnte sonst auch vermuten, daß es nicht gekonnt ist.«[105] Das einzige wirklich erfolgreiche Theaterstück, das »seinen Weg über Deutschland hinaus« machte, ist »Madame Legros«. Auch der Autor war mit der Wirkung zufrieden: »Ein Drama aus den menschenfreundlichen Anfängen der Französischen Revolution, paßte seine Zeit ab.«[106] Heinrich Mann hatte das Stück bereits »1913 glücklich in ein paar Wochen hingeschrieben«[107], mußte dann aber wegen der Kriegswirren bis zum Februar 1917 auf die Uraufführung warten. Sie erfolgte dann gleich dreifach: In München, Lübeck und Berlin. Ein Berliner Witzblatt nahm diese Simultanaufführung zum Anlaß, das Stück in »Madame Engros« umzutaufen. Doch die Zuschauer und Kritiker waren begeistert. Selbst Alfred Kerr schwärmte diesmal, ohne es ironisch zu meinen: »Auf den Theatern Deutschlands ist hier das Beseelteste, das Leuchtendste.«[108] Und Robert Musil stellte 1921 anläßlich der Wiener Aufführung fest: »Dieses Drama hat schneidende Aktualität.«[109] Worum geht es? Madame Legros, eine einfache Handwerkersfrau, setzt sich für die Befreiung eines Bastille-Gefangenen ein, dringt bis zur Königin vor und erreicht schließlich ihr Ziel. Doch am Schluß, als die Revolution beginnt, ist sie desillusioniert und kehrt wieder ins Privatleben an die Seite ihres braven Mannes zurück. Madame Legros ist keine Heilige wie Jeanne d'Arc. Heinrich Mann hatte keine tugendreine Heldin beabsichtigt. Der Gerechtigkeitssinn ist mit Hysterie und hintergründigen erotischen Motiven gepaart. Die Darstellung der widersprüchlichen Situation der Madame Legros traf die Gefühlslage der Menschen in einer Phase des Krieges, als dieser »seine widerlichsten Züge« annahm. Eine Theaterbesucherin in München, »die nicht das erste Mal hineinging«, beschrieb dem Autor die therapeutische Wirkung des Stückes: »Endlich

kann man einander wieder in die Augen sehen.«[110] 1917 war
die Botschaft der »Madame Legros« so aktuell, daß die
Berliner Polizei das Stück verbot und die Militärbehörde es
erst wieder freigab unter der Zensurbedingung, »daß die
Scene mit der Königin gemildert wurde«.[111] Noch 1943 hat
Heinrich Mann in einem Brief an Alfred Kantorowicz be-
kräftigt, daß »Madame Legros« das »einzige Stück« sei, das
er »so ernst« wie seine Romane genommen habe.[112] Es war
ihm sogar wichtig genug, um 1913 die Arbeit am »Untertan«
zu unterbrechen. Als er dann im Juni mit dem Hauptteil fertig
war, schrieb er an Mimi: »Es thut mir leid, daß ich nach
Beendigung der Skizze Mme Legros verlassen und zu dem
armseligen Diederich (Hauptfigur des ›Untertan‹) zurückkehren soll.«[113] In den sechziger Jahren wurde das Drama
wiederentdeckt und erneut mehrfach als »Madame Engros«
verwertet, diesmal sogar multimedial: 1964 auf der Bühne im
Kölner Schauspielhaus, 1966 als Radio-Hörspiel im Süddeutschen Rundfunk und 1968 als zweistündige Fernsehinszenie-
rung des Bayerischen Rundfunks in Farbe. Darüber hinaus
existiert ein Opernfragment des Stückes, an dem der 1969 in
der DDR gestorbene Komponist Ottomar Gerster im Auftrag der Dresdner Staatsoper bis 1966 gearbeitet hat. Musikalisch vollendet ist der gesamte erste Akt und die einleiten-
de Ballettmusik des zweiten. Zum Gedenken an ihren langjährigen Kompositionslehrer brachten Studenten der Leipziger Hochschule für Musik im April 1970 den ersten Akt der
»Oper« »Madame Legros« zur Aufführung. Zumindest die
Fernsehverfilmung seines Stückes hätte dem Autor vermutlich gefallen. Wie wir sehen werden, sollte bald eine andere
dramaturgische Obsession Heinrichs Theaterleidenschaft
ablösen: der Film.

5. Vom Filmdichter zum Scriptwriter

Vielen wurde und ist das Werk Heinrich Manns nur über die Verfilmung seiner Romane bekannt. Das gilt natürlich vor allem für Josef Sternbergs »Blauer Engel« (1930), dem Marlene Dietrich zum Weltruhm verhalf, und Wolfgang Staudtes »Untertan« (DEFA 1951), der in Westdeutschland einen Skandal verursachte. Weniger auffällig, wenn auch mit unterschiedlichem Anspruch, waren die späteren »Professor Unrat«-Verfilmungen, 1959 von Edward Dmytryk und 1981 von Rainer Werner Fassbinder (»Lola«). Auch Heinrich Manns »Im Schlaraffenland« wurde mehrfach verfilmt, 1975 als DDR-Inszenierung und 1981 von Fritz Umgelter für das ZDF. Traf der Umgelter-Film durch die burleske Theatralik seiner Darsteller Bernhard Wicki und Barbara Rütting wenigstens halbwegs den Ton der Vorlage Heinrich Manns, so erhielt die DDR-Fernsehverfilmung des Romans »Ein ernstes Leben«, die 1978 auch von der ARD übernommen wurde, zu Recht das Kritiker-Etikett: »Systemübergreifender Kitsch« (»DIE ZEIT«).[114] Das gewagteste Experiment unternahm Robert van Ackeren, als er 1976/77 in Zusammenarbeit mit dem »Literarischen Colloquium Berlin« Heinrich Manns avantgardistisch-verschnörkeltes Alterswerk »Empfang bei der Welt« zu verfilmen suchte. Doch leider ging der Regisseur nicht mit der nötigen Sorgfalt zu Werke: »Klar, Manns Thema liegt mir im Blut. Da kenn' ich mich aus. Da muß man nur die Augen aufmachen in Westdeutschland 1976. Im gleichen Maße, in dem es eng geworden ist in diesem Land, feiern Flitter, Glitter, Firlefanzereien, Vernebelung und scheinprogressives Gehabe Triumphe. Statt Liberalität Libertinage. Das alles hatten wir schon mal. Vorne Augenschmaus, hinten subtile Knebelung.«[115] Der Regisseur kannte sich nicht aus. Sein überwiegend in Bayreuth gedrehter Film »Belcanto« hat nichts zu tun mit Heinrichs gespenstischem Abschiedsempfang für Europa, der in Beverly Hills stattfindet. »Empfang bei der Welt« entstand

1941 im kalifornischen Exil und war vom Autor ausdrücklich als »Filmroman« für Hollywood geplant. Der Roman enthält versteckte Regieanweisungen, denen zu folgen sich gelohnt hätte.

Die enge Verbindung von Roman und Film ist bei Heinrich Mann nicht erst im Spätwerk zu finden. »Roman schreiben«, so seine Bemerkung zum »Blauen Engel«, »heißt Regieführen.«[116] Schon in den zwanziger Jahren begriff er sich als »Filmdichter«. Im Februar des Jahres 1928, auf einer Versammlung des von ihm mitbegründeten »Volksverbandes für Filmkunst«, hat Heinrich Mann diesen Begriff erläutert. Er verstand unter »Filmdichtung« nicht »die äußerliche Literarisierung des Films«[117] – wie er am Beispiel von Pudowkins »Die letzten Tage von St. Petersburg« aufzeigte –, sondern eine autonome Gattung »wie die absolute Musik«. Der wirkliche Regisseur (in diesem Fall Pudowkin) bleibe trotz seines entwickelten handwerklich-technischen Könnens in erster Linie »Dichter« und »Visionenempfänger«.[118] Zwei Jahre später hat er seine eigene Aufgabe als Autor im Zusammenhang von Roman, Film und Gesellschaft definiert. »Denn die Gesellschaft« treibe »das Kinohafte wirklich hervor«, und »die Erscheinungen der Gesellschaft« sollten die »Romanciers nicht abschwächen«, sondern »sie im Gegenteil leichter durchschaubar machen« und daher »steigern«.[119] Der Einsatz filmischer Mittel (Rückblenden, Zeitsprünge und literarisch-psychologische »Großaufnahmen«) läßt sich schon in »Mutter Marie« (1927) nachweisen. Typisch dafür ist ein »innerer Monolog« der Romanfigur Baronin Hartmann: »Sie fand aus ihrer Vergangenheit auch jetzt nichts wieder als höchstens vereinzelte, zufällig beleuchtete Bilder, und eine Vorrichtung der Seele blendete sie sogleich wieder ab. Ein Verhandlungszimmer erschien.«[120] Noch deutlicher als »Mutter Marie« ist der Roman »Die große Sache« (1930) als unmittelbare Filmdichtung konzipiert. Zu Recht ist konstatiert worden, daß dieser Roman, um populär zu sein, nicht mit den Mitteln der Trivial-Literatur arbeite, sondern mit denen der Kinotechnik.[121] Die Erzählung ist in Bilderfolgen zerlegt, die vom Tempo des Szenenwechsels leben. Parapsychologische Phänomene und die »Seelentechnik«[122] ersetzen Kamera und andere technische Hilfsmittel. Der Romanheld Birk und seine Tochter Margo haben die Fähigkeit, an zwei Orten zugleich zu sein. Mit dem Mittel der Überblendung werden Parallelhandlungen zusammenmontiert. Boxkämpfe und Verfolgungsjagden mit Autos erinnern an Action-Szenen klassischer Gangsterfilme.

Später, im amerikanischen Exil, war die dramatische Roman-Komposition Heinrich Manns nicht nur die Fortführung erprobter Techniken, sondern wurde ergänzt durch seine neuen Erfahrungen als *scriptwriter* bei der Filmgesellschaft Warner Brothers. Für seine letzten, zum Teil erst posthum erschienenen Werke (»Der Atem«, »Empfang bei der Welt«, »Die traurige Geschichte von Friedrich dem Großen«) und namentlich für den antifaschistischen Roman »Lidice« (1943) ist nachgewiesen, »daß die Gestaltung und Abfolge der vielen kleinen Szenen nach der klassischen Hollywood-Manier der 30er Jahre vor sich geht, in der man – ziemlich mechanisch – bei Aufnahmen die Kameraeinstellungen ›Nah‹, ›Halbnah‹ und ›Totale‹ unterschied«.[123] Die Entwicklung neuer Erzählperspektiven durch einen »regieführenden« Autor findet man auch in nicht zu Ende gebrachten und unveröffentlichten Exilmanuskripten wie »Der Sturm«, »Waserl fühlt sich minderwertig« und »Das blinde Schicksal«. Von dem Romanfragment »Das blinde Schicksal« hat Heinrich Mann ein abgeschlossenes 13seitiges Film-Exposé hergestellt, das er dem Hollywood-Agenten Paul Kohner übergab. Typisch für dieses Manuskript sind Simultan-Szenen, die für »überblendende« Kameraeinstellungen skizziert wurden. Ein Beispiel: »Das Gespräch wird begleitet von Explosionen auf der Strasse; teils sind es feindliche Fliegerbomben, aber auch zusammengerottete Volksgenossen müssen mit Sprengstoffen in die Keller, wo sie verhungern, zurückgetrieben werden.«[124]

Doch Paul Kohner konnte – wie für alle Filmvorschläge Heinrich Manns – auch für »Das blinde Schicksal« keinen

Produzenten interessieren. Obwohl Heinrich Mann, der Autor des »Blauen Engel«, über praktische Filmerfahrungen verfügte, war und blieb er im Getriebe der Mammutfabrik Hollywood hilflos. Allein die Tatsache, daß er nicht in der Lage war, Dialoge in Englisch zu schreiben, disqualifizierte ihn in den Augen der amerikanischen Filmindustriellen als ernstzunehmenden Drehbuchautor. Für europäische »Filmdichter« existierten in den auf rationalisierte Massenproduktion ausgerichteten Studios kaum Wirkungsmöglichkeiten. Die vorübergehende Beschäftigung (vom Herbst 1940 bis Frühjahr 1941) als *scriptwriter* bei den Warner Brothers war nichts anderes als ein vom »European Film Fund« organisierter humanitärer Akt, um dem bedrängten Emigranten das Einreisevisum zu besorgen. Ähnlich wie Heinrich Mann erging es Leonhard Frank, Alfred Neumann und Friedrich Torberg, die ebenfalls kurzfristig bei Warner Brothers unterkamen, während Alfred Döblin, Walter Mehring und Alfred Polgar unter ähnlichen Bedingungen an Metro-Goldwyn-Mayer-Studios vermittelt wurden. Heinrich Mann saß seine Zeit im selben Flur wie Leonhard Frank in einer winzigen Schreibzelle ab und betrachtete den Empfang des Wochenhonorars von 100 Dollars als »Diebstahl«. Welche Scripts Heinrich Mann im einzelnen bearbeitet hat, ist unbekannt. Entsprechende Nachlaß-Hinweise von Paul Kohner und dem Regisseur William Dieterle konnten noch nicht aufgeschlüsselt werden. Ein Bericht Alfred Döblins veranschaulicht das Ausmaß der Frustration, das die meisten deutschen Schriftsteller angesichts ihrer Almosentätigkeit empfanden: »Ich entwarf wie andere Szenarios, erfand Stories. Jedoch nichts fand Gnade in den Augen der Filmgewaltigen (. . .) Wir in den Filmstudios merkten bald, die Gesellschaften hatten nur Wohltätigkeit üben wollen und meinten es nicht ernst mit unserer Arbeit. Wir konnten schreiben was wir wollten. Es war eine Industrie. Der Dutzendgeschmack der Producers und die Barriere der eingesessenen Professionellen machte jede Bemühung illusorisch.«[125] Selbst Carl Zuckmayer, dem es mit einem Siebenjahres-Vertrag und einer wöchentlichen

Vergütung von 750 Dollars wesentlich besser ging, klagte über die urheberrechtliche Entmündigung als Filmschriftsteller in Hollywood: »Was immer man im Auftrag der Studios schrieb, gehörte, wie eine abgelieferte Ware, dem Produzenten, er konnte damit machen, was er wollte, es benutzen, wegwerfen, umschreiben lassen, abändern...«[126] Unmöglich war es für eingefleischte Individualisten wie Alfred Döblin oder Heinrich Mann vor allem, sich an die arbeitsteilige Produktionsweise in Hollywood zu gewöhnen. An einem Film arbeiteten in der Regel mehrere Drehbuchautoren mit, von denen im Abspann nur ein oder zwei Erwähnung fanden. Nach den tariflichen Vereinbarungen zwischen der Autorengewerkschaft »Screen Writers Guild« und den Produzenten war die Voraussetzung für eine namentliche Nennung, daß ein Einzelautor 33 Prozent, ein Zweierteam 40 Prozent und ein »filmschriftstellernder Regisseur« mindestens 50 Prozent beigetragen haben mußten. Naturgemäß gab es oft Streitereien über die Erfüllung dieser Klausel, und bei zahlreichen Filmen ist es im nachhinein schwierig, den genauen Anteil deutscher Exilautoren festzustellen. Dies gilt auch für den berühmten Anti-Nazi-Film »Hangmen also die« (»Auch Henker sterben«), für den John Wexley als Drehbuchautor genannt wurde mit der Ergänzung: »nach einer Originalstory von Fritz Lang und Bertolt Brecht.« Dieser Film über den Widerstand in der Tschechoslowakei im Zusammenhang mit dem Heydrich-Attentat und dem anschließenden Massenmord an Geiseln und der brutalen Zerstörung des Ortes Lidice, ist nicht nur allgemein thematisch verwandt mit Heinrich Manns Roman »Lidice«, sondern besitzt darüber hinaus in einigen Szenen erstaunliche Detail-Übereinstimmungen. Es wurde bereits erwähnt, daß dieser Roman streckenweise wie ein Drehbuch wirkt, also unmittelbar für die Filmverwertung konzipiert wurde. Heinrich Mann wußte, daß er bei der Bearbeitung des Lidice-Themas mit Konkurrenz rechnen mußte (unter anderem arbeitete auch Emil Ludwig für Douglas Sirk [Detlef Sierck] an einer Filmgeschichte zum Heydrich-Komplex) und hat sich entsprechend beeilt. Schon am 27. September 1942, also nur dreieinhalb Monate nach dem Massaker, war die erste Version des Filmromans »Lidice« fertig.[127] Wie dem Briefwechsel Heinrich Manns mit Paul Merker und Walter Janka zu entnehmen ist, wurde das Manuskript »aus politischen Gründen« noch mehrfach umgearbeitet, bis vom Exilverlag »El Libro« aus Mexiko schließlich am 9. September 1943 (also fast ein Jahr später) die Mitteilung kam, daß das »Manuskript ›Lidice‹ nunmehr in Druck gegangen« sei.[128] Die Kritik des Verlages hatte sich vor allem gegen eine Darstellung der Nazigreuel als Groteske gerichtet und bemängelt, daß der Widerstandsheld Pavel in ein zu »kompliziertes psychologisches Verhältnis« zu Heydrich geraten sei. Vermutlich wurde diese Kritik in Filmkreisen geteilt und war wohl auch der Grund dafür, daß der ehemalige Frankfurter Theaterintendant Alwin Kronacher von seinem Plan Abstand nahm, »eine Broadway-Aufführung zu machen«.[129] Interessant ist daher, daß Bertolt Brecht in der Auseinandersetzung mit John Wexley über das Drehbuch für »Hangmen also die« ganz ähnliche Vorstellungen vertrat wie Heinrich Mann. Ihn interessierten vor allem die psychologischen Hintergründe der »Art und Weise, wie Heydrich als ›moderner Tyrann‹ auftrat«.[130] Auch die gegenüber Heinrich Mann geäußerte Kritik, man könne Naziverbrecher nicht satirisch darstellen, teilte er nicht: »Die Aufforderung an die Satire, sich hier nicht einzumengen, wo es sich um ernste Dinge handelt, ist damit noch nicht als unsittlich abgelehnt. Sie interessiert sich gerade für ernste Dinge. Die großen politischen Verbrecher müssen durchaus preisgegeben werden, und vorzüglich der Lächerlichkeit.«[131]

Ob Brecht für seine Arbeit an »Hangmen also die« von Heinrich Manns »Lidice« inspiriert wurde, läßt sich nicht beweisen. Fest steht jedoch, daß die beiden Exilautoren 1942 und 1943 miteinander sprachen und korrespondierten. Ganz ohne Einfluß auf die Entstehung der klassischen, amerikanischen Antinazifilme war der »Filmdichter« Heinrich Mann sicher nicht.

6. Exkurs:
Der blaue Engel: »Mein Kopf
und die Beine von Marlene Dietrich«

Ist der Roman »Professor Unrat« ein Plagiat?

Ende des Jahres 1903 saß Heinrich Mann »im Teatro Alfieri, einem Florentiner Schauspielhaus vom alten Stil, mit fünf hohen Rängen enger Logen, und immer leer«.[132] Aufgeführt wurde Carlo Goldonis Komödie »La bottega del caffé«, ein heilloses Durcheinander von Tänzerinnen, Hausfrauen, Verkäuferinnen und Verleumdern. Heinrich Mann langweilte sich. In der Pause besorgte er sich eine Zeitung, die spannender war als das Stück. Sie enthielt »die Geschichte, die einstmals der ›Blaue Engel‹ heißen sollte«. In seinem Kopf »lief der Roman ab, so schnell, daß (er) nicht einmal bis in das Theatercafé gelangt wäre«, er »blieb versteinert sitzen.. «.[133] Den Hinweis des Autors auf eine Zeitung als Quelle seines Romans, dessen Verfilmung ihm zu Weltruhm verhalf, findet man mehrfach. Allerdings mit merkwürdigen Widersprüchen. Es entsteht der Eindruck, als ob Heinrich Mann die genaue Quelle nicht preisgeben wollte. Es soll eine »italienische Zeitung« gewesen sein, »datiert aus Berlin«, und sie habe »nur mißverständlich« berichtet. Klarer ist sein Hinweis in einem Brief aus dem Jahre 1922. Danach handelte jener Zeitungsbericht »von einem Professor X, der im trauten Verein mit einer Chanteuse auf die traurigsten Abwege gerathen war«.[134] Später bemühte sich Heinrich Mann, diese deutliche Spur wieder zu verwischen. Während er in seiner Autobiographie betont, die Zeitung habe »nur Ungenaues«[135] enthalten, heißt es in einem Bericht aus Nizza: »Wenige Tage später ergänzte übrigens die italienische Zeitung ihre Meldung. Der Freund der Diva war in Wirklichkeit ein Börsenredakteur mit dem Titel Professor, daher wahrscheinlich in allem das Gegenteil meiner erfundenen Gestalt.«[136] Von »Professor Unrat« existieren im Nachlaß weder Manuskripte, Entwürfe oder Recherchenmaterial.

Sein berühmtestes, in alle Weltsprachen übersetztes Werk schrieb er »schnell und geläufig« in wenigen Monaten nieder, nach eigener Aussage von Ende 1903 bis August 1904 in Florenz und Ulten/Südtirol.[137] Die bekannte Geschichte erzählt vom Aufstieg und Fall eines Kleinstadttyrannen, eines Gymnasialprofessors, der sich in eine verhängnisvolle Leidenschaft zu einer Kabarett-Künstlerin verstrickt.

Es besteht der begründete Verdacht, daß die »italienische Zeitung«, von der Heinrich Mann behauptete, sie habe lediglich »Ungenaues« enthalten, in Wirklichkeit das »Berliner Tageblatt« war. Diese liberale Zeitung, die schon vor der Redaktionsübernahme durch Theodor Wolff (1906) ein internationales Ansehen hatte, konnte auch in Italien bezogen werden. Beginnend mit der Morgenausgabe vom 21. Dezember 1903 erschienen bis zum 8. Juli 1904 mehrere ausführliche Artikel über die Kuppelei-Affäre eines Professor Dr. Moritz Meyer aus Berlin-Wilmersdorf. Einzelne Details im »Professor Unrat« stimmen in so frappanter Weise mit den Zeitungsberichten überein, daß es schwerfällt, an einen Zufall zu glauben.[138]

»Vom Professor zum Kuppler« hieß die Meldung in der Morgenausgabe des »Berliner Tageblattes« vom 21. Dezember 1903, in der unter anderem berichtet wurde:

»Professor Dr. Moritz Meyer und seine Gattin, wohnhaft in Wilmersdorf, Pariser Straße 59, sind wegen Kuppelei in Haft genommen. Professor Meyer war früher der Leiter des Handelsteils einer hiesigen Zeitung – gleichzeitig Professor der Volkswirtschaft an der technischen Hochschule in Charlottenburg. Er wurde aber entlassen, da ihm nachgewiesen werden konnte, daß er sich von einer hiesigen übelberüchtigten Bank, die kurz vor dem Zusammenbruche stand, in pflichtwidriger Weise hatte beeinflussen lassen (...) Der Ruf des Herrn Professors war schon seit längerer Zeit nicht gerade der beste. Denn man sah übrigens den weißköpfigen Herrn mit der zarten blonden, um sehr viele Jahre jüngeren Frau, die früher der Bühne angehört hatte und stets in eleganter Toilette erschien, überall da, wo die Lebewelt sich ein Stelldichein gibt. Auch in einigen Kabaretts war das Ehepaar ständiger Gast. Eine Verfehlung gegen die Strafgesetze, wie sie die Kuppelei darstellt, mag man ihnen kaum zugetraut haben. Die Untersuchung dürfte bald näheres ergeben. Die Verhaftung ist, wie wir in später Nachtstunde erfahren, in einem hiesigen Weinrestaurant erfolgt. Das strafbare Treiben geschah hauptsächlich in Hotels (...)«

Das muß die Zeitungsmeldung gewesen sein, nach deren Studium in der Theaterpause von Florenz der Roman in Heinrich Manns Kopf »so schnell« ablief, daß er »versteinert sitzenblieb«. Die wiederholten Selbstaussagen des Autors, die Meldung aus Berlin habe für die Entstehungsgeschichte des »Professor Unrat« lediglich den Wert einer genialen Augenblicksidee besessen, werden durch einen Textvergleich von Zeitung und Roman widerlegt. Bereits zwischen dem zweiten Artikel der Serie, die dann regelmäßig unter dem gleichlautenden Rubriktitel »Herr und Frau Professor« präsentiert wurde, und dem Romantext gibt es so viele Übereinstimmungen, daß der Quellenbezug eindeutig erscheint. Die Abendausgabe des »Berliner Tageblattes« vom 21.12.1903 berichtete über folgende Einzelheiten:

»Professor Meyer, dessen erste Frau einen großen Aufwand getrieben hatte, heiratete vor etwa 2 1/2 Jahren Frieda Brimm, eine Chansonette vom Passagetheater, die Tochter eines ehemaligen Krankenpflegers. *(Roman: ... weil ihr Vater Krankenpfleger war.)* Die junge Frau Professor verübte mit Wissen ihres Mannes die größten Schwindeleien gegen Geschäftsleute aller Art. Die Wohnung, die jährlich 2300 Mark Miete kostet, enthält eine kostbare Einrichtung für 15800 Mark. Aber alles gehört noch dem Möbelhändler bis auf einen Bilderrahmen und zwei Steppdecken, die der Herr Professor sein eigen nennt. *(Roman: Glaubst du, daß wir für die (Möbel), die wir jetzt haben, auch bloß eine Rate bezahlt haben? ... Uns gehört das Sofakissen da und dann noch der Rahmen von dem ollen Bild: sonst gehört uns nischt.)* Während die junge Frau die Möbel wenigstens noch in der Wohnung stehen ließ, wenn auch der Händler stets vergeblich nach Geld kam, brachte sie alles, was sie sonst an Wertsachen von den verschiedenen Juwelieren usw. kaufte, regelmäßig sofort zum Pfandleiher (...) Der Gerichtsvollzieher hatte im letzten Jahre nicht weniger als 80 vollstreckbare Titel erhalten, aber zu haben war da nichts. Endlich verloren besonders kleinere Geschäftsleute die Geduld. Einige warteten mitunter sogar mit dem Gummischlauch in der Pariserstraße, um dem Professor und seiner Frau eine Lektion zu geben. *(Roman: Auch die Obstfrau konnte bei ihrem Anblick nicht ruhig bleiben. Sie hatte Herrn Dröge (den Krämer) sogar schon dazu angestachelt, die Mündung seines Wasserschlauches auf den vorübergehenden Unrat zu richten.)* Die Ermittelungen richten sich auf Pfandbeseitigung, Meineid und Kuppelei. Es ist aber fraglich, ob es deswegen zu einer Anklage kommen wird. Frau Professor Meyer erregte in ihrem Hause vielfach Anstoß, insbesondere dadurch, daß sie bei offenem Fenster Toilette machte (...) Im vorigen Jahr gründete sie in einem eleganten Weinrestaurant Unter den Linden ein ›Cabaret‹. Hier soll es häufig sehr lebhaft zugegangen sein. Die männliche und weibliche Lebewelt stellte sich recht zahlreich ein, und der Professor machte die ›Honneurs‹. Auch in ihrer Privatwohnung vereinte die lustige Frau Professor oft Gäste und veranstaltete glänzende Soupers. Wenn kein Geld im Hause war, so bestellte man beim Traiteur alles ›auf Pump‹. Als eines Abends der Lieferant die Ware ohne Bezahlung nicht zurücklassen wollte, mußten erst die Gäste das Geld zusammenlegen. *(Roman: Dann legten die Herren zusammen und es ward nach Sekt geschickt.)* An einem anderen ›Festabend‹, als wieder einmal kein Geld im Hause war, wurde der Gatte schnell ins Bett geschickt, und die tiefbetrübte Gattin sagte den nahenden Gästen wegen plötzlicher Erkrankung ihres Mannes das Souper ab. *(Roman: Dann wieder mußte Unrat, wenn die Gäste eintrafen, sich ins Bett stecken und krank sagen lassen, weil kein einziger Restaurateur mehr etwas zu essen schicken wollte.)* Moritz Meyer ist schon durch seine erste Frau ruiniert gewesen, ehe er – der Sechzigjährige – sich seine zweite Frau aus einem Tingeltangel geholt hatte.«

Auch die Romanheirat zwischen der Künstlerin Fröhlich und dem alternden Gymnasialprofessor Raat (Unrat) war dessen zweite Ehe. Das Abhängigkeitsverhältnis des Moritz Meyer von seiner sehr viel jüngeren Frau, wie es in der Realität des Berliner Skandal-Prozesses vom Juli 1904 enthüllt wurde, war getreues Vorbild der Fiktion Heinrich Manns. Auch Unrat wird als Kuppler präsentiert, selbst wenn er sich voll masochistischer Eifersucht an die Seitensprünge seiner »Künstlerin« nicht gewöhnen konnte. Das Berliner Gericht zitierte aus Briefen von Professor Meyer an seine leichtlebige Frau, die auch von Professor Unrat hätten stammen können: »Die Huldigungen, die man Dir entgegenbringt, machen mir Spaß, auch daß die Weiber vor Neid platzen. Welche der Lieder hast Du gesungen. Auch die anrüchigen? Räubere tüchtig, aber ohne Gegenleistung. Vielleicht pumpt Dir einer ein paar blaue Lappen, doch wenn Du sie nicht ohne Verpflichtung bekommen kannst, dann nicht, denn es wäre mein Tod, wenn Dich nur einer mit den Fingerspitzen berührte.« (Prozeßbericht der Abendausgabe des »Berliner Tageblattes« vom 4. Juli 1904.)

Wenn man sich vergegenwärtigt, daß der Roman neben der stofflichen Anlehnung auch den Zeitraum der vor dem Berliner Gericht verhandelten »Affäre Meyer« als Spanne der erzählten Zeit übernimmt, wird verständlich, warum Heinrich Mann zögerte, seine Quelle preiszugeben. Es gab allerdings noch einen anderen Grund. Die Presseberichterstattung wurde zeitweilig von antisemitischen Untertönen begleitet. Selbst das liberale »Berliner Tageblatt« versäumte nicht darauf hinzuweisen, daß Moritz Meyer ein »einfacher jüdischer Volkslehrer war«, der sich »emporgearbeitet« habe. Und an anderer Stelle warf man ihm »enge Beziehungen zu dem berüchtigten früheren Bankier Hugo Loewy« vor.

Die Entstehungsgeschichte des späteren publizistischen Welterfolgs Heinrich Manns entspricht in kongenialer Weise der von Sigmund Freud analysierten Beziehung »zwischen dem Leben des Dichters und seinen Schöpfungen«. Freud schreibt, daß »ein starkes aktuelles Erlebnis« im Dichter »die

Erinnerung an ein frühes, meist der Kindheit angehöriges Erlebnis« aufwecke, von welchem der »Wunsch« ausgehe, »der sich in der Dichtung seine Erfüllung verschafft«.[139] Nicht alles stammt aus der Zeitung, auch Erinnerungen an die Lübecker Schulzeit wurden verarbeitet. Die autobiographischen Bezüge des Romans hat der Autor unterstrichen: »Was den Schauplatz anbetrifft, hieß er der blaue Engel und niemals anders; lag an einem Hafen in einer Querstraße; war behaftet mit Gerüchen von Teer, Bier und Puder. Die Herzen von Knaben, die sich dorthin schlichen, hatten höher geschlagen, daher trat mein Professor mir in jener Florentiner Theaterpause auch mit manchen knabenhaften Zügen entgegen.«[140] An Ludwig Ewers schrieb er am 23. Dezember 1904 von Riva aus, daß »eine höchst ausfallende Geschichte in Druck gehen« solle. »Sie spielt übrigens in Lübeck, und Du wirst ›den Lehrer‹, zu meinen Zwecken verarbeitet, darin wiederfinden.«[141] Ludwig Ewers hat später in seinen Erinnerungen an die Schulzeit im Lübecker Katharineum ihren gemeinsamen Lateinlehrer als Unrat-Typus beschrieben, als einen großen, »nach vorn gut gerundeten Herrn mit dem rotgelben Vollbart, dem immer schnell nachdunkelnden roten Gesicht und der langen, bis hinter den Hutrand in den Nacken sich rundenden Glatze«, der die »prächtigen weißen Zähne fletschte«.[142] Gemeinsame Schulerinnerungen von Heinrich und seinem Bruder Thomas erkennt man an Berührungspunkten des »Professor Unrat« mit dem letzten Teil der »Buddenbrooks«. Im Schulmilieu des Hanno Buddenbrook finden wir nicht nur den von Ludwig Ewers beschriebenen »Oberlehrer Ballerstedt« mit »großer Glatze«, dessen »Gesicht langsam so dunkelrot anschwoll, daß sein Bart hellgelb erschien«, und den »furchtbaren« Schuldirektor Wulicke, auch das unselige Wort »Unrat« macht im Buddenbrook-Gymnasium die Runde. Und mit der literarischen Gestaltung der Schülerfreundschaft zwischen Hanno Buddenbrook und dem jungen Grafen Mölln hatte Thomas Mann bereits die Dramaturgie der Heinrich-Mann-Figuren Lohmann und Graf von Ertzum vorskizziert. Der junge, distanzierte Dandy-Typ Lohmann, »ein Mensch mit schwarzen Haaren«, der »Blässe Luzifers« und einer »talentvollen Mimik« trägt die auffälligsten autobiographischen Züge, bzw. Projektionen. Er »machte«, wie der junge Heinrich Mann, »Heinesche Gedichte«, verehrte »eine dreißigjährige Dame« und »konnte der Schule nur wenig Aufmerksamkeit gewähren«, da er »durch die Erwerbung einer literarischen Bildung in Anspruch genommen« wurde.[143] Aber auch mit dem subtil herrschsüchtigen und zutiefst unsicheren Individualisten »Unrat«, der anarchischen Widerstand gegen die heuchlerische Gesellschaftsmoral leistet, identifizierte sich der Autor. »›Unrat‹, dieses lächerliche alte Scheusal«, schrieb er im Juli 1905 an Inés Schmied, »hat doch einige Ähnlichkeit (erschrick nicht!) mit mir.«[144] Professor Unrat, so teilte er später mit, »sei ein Tyrann, der lieber untergeht, als eine Beschränkung duldet«.[145] Isolationsängste und Elemente von »Selbsthaß« kennzeichneten Heinrich Manns Situation im Jahre 1904. »Man geht grelle Wege«, definiert er selbst seinen Zustand, »legt das Viehische neben das Verträumte, Enthusiasmen neben Satiren, koppelt Zärtlichkeit an Menschenfeindlichkeit.«[146]

Als Thomas Mann den »Professor Unrat« gelesen hatte, vermerkte er aufgebracht unter dem Stichwort »Anti-Heinrich« in seinem Notizbuch: »Ich halte es für unmoralisch, aus Furcht vor den Leiden des Müßiggangs ein schlechtes Buch nach dem anderen zu schreiben (...) Dergleichen ist wohl kaum noch ›Unbedenklichkeit des Künstlers‹ sondern etwas mehr, nämlich Belletristenthum, das sich ins Zeug legt. Das Buch scheint nicht auf Dauer berechnet...«[147] Bestseller-Hoffnungen hatte Heinrich Mann sich in der Tat nicht gemacht. Als der Verlag Albert Langen nach der kleinen Erstauflage des Jahres 1905 eine zweite Auflage mit 2000 Exemplaren für 1906 plante, konstatierte der Autor überrascht: »Mein Professor Unrat hat wider Erwarten einigen Erfolg.«[148] Besprochen, wenn auch überwiegend negativ, wurde die Erstauflage immerhin in überregional verbreiteten Blättern wie der Münchener »Freistatt«, der »Literarischen

Rundschau« (Beilage des »Berliner Tageblatts«), der Wiener »Zeit«, der Berliner »Zukunft«, der Frankfurter »Umschau« sowie im »Literarischen Echo« (Berlin). Doch schon die zweite Auflage verkaufte sich nicht mehr. Als Paul Cassirer 1910 die Gesamtrechte am Werk Heinrich Manns von Albert Langen übernahm, gehörte dazu auch die fast noch komplett vorhandene »Professor Unrat«-Auflage aus dem Jahre 1906. Über ein Jahrzehnt stagnierte der Absatz des Romans. Besonders verpönt war die Lektüre des Buches in Lübeck, wie sich der Publizist und damalige Katharineumsschüler Max Schroeder erinnert. Das »schamhafterweise auch nie offen ausgesprochene Verbot« habe »selbstverständlich zur Folge« gehabt, »daß ein zerlesenes Exemplar des Werks ständig unter den aufgeweckteren Schülern der oberen Klasse zirkulierte«.[149] Erst ab 1916, als im Kurt Wolff Verlag (Leipzig/München) eine neue »Unrat«-Auflage herauskam, stiegen die Auflagenziffern sprunghaft an. Man sah in dem Roman nicht mehr primär Schülerautobiographie und satirische Skandalgeschichte, sondern eine subtile deutsche Untertanen-Charakterologie und subversive Wilhelminismus-Kritik. Inzwischen war Heinrich Manns »Untertan« als Fortsetzungsroman in »Zeit im Bild« (bis August 1914) abgedruckt, und er hatte sich in Essays wie »Geist und Tat« (1910) und »Zola« (1915) zum »Typus des geistigen Menschen«, nach französischem Vorbild, zur »parti intellectuel« bekannt. Der Erste Weltkrieg polarisierte die Intellektuellen in Deutschland, wie geradezu sinnbildlich der Bruderzwist zwischen Heinrich und Thomas Mann dokumentiert: »Zivilisationsliteratur« contra »patriotische Schmiere«. Nachträglich, so in einem Brief an Eugen Bautz, wertete auch Heinrich Mann selbst seinen »Professor Unrat« als politische Kritik am »ganz auf Macht gerichteten Sinn des Wilhelminischen Imperialismus«.[150]

Bis Ende 1917 legte Kurt Wolff den »Unrat« dreimal neu auf. Im Jahr 1925 erschien er gleich in zwei neuen Verlagen, einmal in der Reihe der »gelben Ullstein-Bücher« und als Band der »Gesammelten Werke« bei Paul Zsolnay (Berlin-

Wien-Leipzig). Trotz der zahlreichen Neuauflagen wurden von »Professor Unrat« vor der Verfilmung insgesamt nicht mehr als knapp 50 000 Exemplare verkauft.

Der Welterfolg des Films

Als dem österreichisch-amerikanischen Filmregisseur Josef von Sternberg 1929 der Roman mit einer Empfehlung des Schauspielers Emil Jannings zugesteckt wurde, war das Buch schon mehr als zehn Jahre »in Filmkreisen herumgeflogen«. Ihm gefiel zumindest der »erste Teil des Buches« auf Anhieb. »Ich ging zu Heinrich Mann«, erinnert sich Sternberg, »und fragte ihn, ob er etwas dagegen habe, wenn ich die Struktur seines Romans ändern und auslassen oder hinzufügen würde, was mir zweckmäßig erschien.« Laut Sternberg hatte Heinrich Mann »nichts dagegen; er bedauerte im Gegenteil, daß er nicht selbst auf die vorgeschlagenen Änderungen gekommen sei«. Bei der »Umwandlung des Romans zu einem Film, der meinen Vorstellungen von visueller Poesie entsprach«, so Sternberg, »fügte ich die Figur des Clowns ebenso neu ein wie alle Episoden und Einzelheiten, die den Professor schließlich in die Zwangsjacke bringen«. Nach Sternbergs Aussage haben die im Vorspann des Films als Autoren aufgeführten Carl Zuckmayer und Karl Vollmöller sowie Robert Liebmann (Drehbuch) kaum etwas Eigenes zur Stoffbearbeitung beigetragen. Als Regisseur sei er selbst »der eigentliche Autor« des Films gewesen. Carl Zuckmayer habe man lediglich »aufgefordert, seinen Namen für die Bearbeitung herzugeben«, da man befürchtete, die »radikalen Änderungen in Heinrich Manns Roman würden die deutsche Presse erregen«.[151] Demgegenüber betont Carl Zuckmayer seine eigene, aktive Urheberschaft für »das Manuskript und die Dialoge«: »Alles, was ich persönlich zu diesem Film beitrug, geschah in fortgesetztem Kontakt mit ihm (Heinrich Mann) und mit seinem ausdrücklichen Einverständnis.«[152] Bei Beginn der Dreharbeiten seien sich, so Zuckmayer, alle Beteiligten, »vorzüglich der Dichter Heinrich Mann«, darüber im klaren gewesen, »daß ein Stoff im Film grundsätzlich anders behandelt werden müsse als im Roman, und im Tonfilm natürlich wieder anders als im Stummfilm«.[153] Die Entstehungsgeschichte des »Blauen Engels« hat für beteiligte und unbeteiligte Künstler so viel Memoirenstoff geliefert, daß es schwerfällt, zwischen Dichtung und Wahrheit zu unterscheiden.[154] Fest steht, daß Sternberg von dem damals auf dem Höhepunkt seiner Karriere stehenden Schauspieler Emil Jannings nach Berlin geholt wurde. Jannings, der von einer mehrjährigen erfolgreichen Filmarbeit in Hollywood nach Deutschland zurückgekehrt war, suchte für ein auf seine Figur zugeschnittenes UFA-Projekt Stoff und Regisseur. Nachdem man zunächst an ein »Rasputin«-Epos gedacht hatte, kam der Schauspieler schließlich auf seine alte Lieblingsidee zurück, den »Professor Unrat« im Film darzustellen. Für diese erste größere deutsche Tonfilmproduktion wurde natürlich sorgfältig über die Starbesetzung nachgedacht. Problematisch war vor allem die Frage, wer neben dem dominanten Jannings die heikle Rolle der Lola-Lola übernehmen sollte. Im Gespräch waren zunächst die Amerikanerin Phyllis Haver, Brigitte Helm, Lucie Mannheim und vor allem Trude Hesterberg. Sternbergs Büro wurde von einer regelrechten Flut von Bewerberinnen überschwemmt. Als er »das Drehbuch weiter diktierte«, so erinnert sich der Regisseur, schickte man ihm »alle möglichen Geliebten«. Sie »entfalteten einen Charme, der – in einer Person vereint – jedermann überwältigt hätte. So aber hatte die eine die richtigen Augen, die andere eine göttliche Figur oder Beine und noch eine andere eine Stimme, die Teufelskünste verhieß. Aber ich konnte mir nicht vorstellen, wie ein halbes Dutzend verschiedener Frauen eine Rolle spielen sollte.«[155] Eines Tages wurde ihm offensichtlich sogar Frau Meyer, die Kabarett-Dame der Skandalaffäre von 1904, empfohlen. Sie wird im Jahre 1929 als »eine gesetzte und würdige ältere deutsche Dame« beschrieben, »in der man das Original der Romanfigur vermutete«.[156] Berechtigte Hoffnungen machte sich die im Theatermilieu als »göttliche Jette« bekannte Lucie Mannheim, denn sie besaß gute persönliche Kontakte zu Sternbergs Chanson-Komponisten Friedel Hollaender. Doch dann galt es als sicher, daß Trude Hesterberg die Rolle bekommen würde. Sie verfügte nicht nur über ausreichende Kabarett- und Revueerfahrung, sie war damals – und das zählte vor allem – mit Heinrich Mann liiert. Carl Zuckmayer nannte es eine »unerfüllbare Marotte« Heinrich Manns, der UFA immer wieder »in unzähligen kleinen Botschaften mit seiner kleinen korrekten Handschrift« Trude Hesterberg für die weibliche Hauptrolle vorzuschlagen. Der Autor des »Professor Unrat« habe seine »Hörigkeit« gegenüber der Leiterin und Grande Vedette des Berliner Kabaretts »Wilde Bühne« damals »offen und souverän zur Schau« getragen.[157] Trude Hesterberg berichtet, daß Emil Jannings sie telephonisch zusammen mit Heinrich Mann ins Hotel Esplanade bestellt habe, wo eine »illustre Gesellschaft« unter Vorsitz des Produktionsleiters Erich Pommer wartete. Man habe ihnen eröffnet, daß jetzt das Thema »Rasputin« endgültig vom Tisch und die Verfilmung des »Professor Unrat« beschlossene Sache sei. »Über den geschäftlichen Teil waren wir uns bald einig. Die UFA war nicht kleinlich, wenn sie etwas erreichen wollte. Nun kam aber der Knalleffekt! Jannings schob alle Anwesenden zur Tür hinaus, mit der Äußerung, er wolle mit Heinrich Mann und mir noch ein paar Worte allein sprechen. Aha, dachte ich, jetzt kommt mein Vertrag. Aber es kam etwas, was mich von den im Geiste schon erklommenen Höhen höchsten Ruhms in alle Höllen tiefster Enttäuschung stürzte. Ich bekam nun zu hören, daß der berühmte Regisseur aus Hollywood, Josef von Sternberg, der zuerst für die Inszenierung des Films ›Rasputin‹ gewonnen worden war, nunmehr den Film ›Professor Unrat‹ übernehmen würde. Allerdings mit der strikten Bedingung, daß die Rolle der Künstlerin Fröhlich an Frau Marlene Dietrich abgegeben werden müßte. Darauf nahm der still zuhörende Heinrich Mann schweigend seinen Hut und verließ das Zimmer.«[158] Ob Heinrich Mann wirklich bis zuletzt Trude Hesterberg protegiert hat, ist fraglich, denn 1929 hatte er im Kurfürstendamm-Milieu

eine andere »Lola« kennengelernt, seine spätere, zweite Ehefrau Nelly Kröger.

Indirekt hat Marlene Dietrich vielleicht sogar in erster
Linie Nelly Kröger ihre Rolle im »Blauen Engel« zu verdan-
ken. Als der Hollywood-Regisseur Sternberg im September
1929 in Berlin eintraf, hatte Marlene Dietrich soeben die
Premiere des Revuestückes »Zwei Krawatten« von Georg
Kaiser mit großem Erfolg hinter sich gebracht. Man war sich
in Berlin einig, daß das Stück von Kaiser neben Friedrich
Wolfs »Zyankali« das wichtigste Ereignis der Saison des
Jahres 1929 war. Sternberg besuchte beide Aufführungen
und fand hier fast alle seine Schauspieler für den »Blauen
Engel«. Aus den »Zwei Krawatten« engagierte er Marlene
Dietrich, Hans Albers und Rosa Valetti und aus »Zyankali«
Gerhard Bienert, Reinhold Bernt, Ilse Fürstenberg und Hans
Roth. Marlene Dietrich reagierte zunächst zurückhaltend auf
das Angebot, da sie wohl nur eine kleine Rolle vermutete.
»Als Frau Dietrich spät am Nachmittag in meinem Büro
saß«, beschreibt Sternberg das erste Zusammentreffen, »unternahm sie nicht den schüchternsten Versuch, mein Interesse
zu erregen. Sie saß in einer Sofaecke vor meinem Schreibtisch, hielt ihre Augen niedergeschlagen und bot ein Musterbeispiel der Apathie. Sie trug einen heliotropfarbenen Win-
termantel mit dazu passendem Hut, Handschuhen und Pelz
und kam mir vor wie jemand, der um einen dringend notwendigen Urlaub nachsucht (...) Offenbar besaß sie eine
große Vitalität, die sie aber zu verbergen trachtete, weil sie
nicht wußte, was sie damit anfangen sollte.«[159] Der Regisseur
gewann den Eindruck, daß Marlene Dietrich keinem Kame-
ramann zutraute, sie so aufzunehmen, wie sie wirklich aus-
sah. Entsprechend lustlos sei sie dann auch zu den Probeauf-
nahmen in die Babelsberger UFA-Studios gekommen.

Innerhalb von sechs Wochen wurde der Film mit einem
Kostenaufwand von zwei Millionen Reichsmark gedreht
und bestätigte durch den überwältigenden Premierenerfolg
(am 1. April 1930 im Berliner Gloria-Palast und am 3. Januar
1931 in Amerika) das richtige Gespür des Regisseurs für die

Rollenbesetzung. Schon die Voraufführung, der auch Erika Mann beiwohnte, hatte die Anwesenden damit überrascht, daß kein Jannings-Film, sondern ein Marlene-Dietrich-Film entstanden war. Deutlich wird dies vor allem an der Schlüsselszene, in der Marlene Dietrich in der bekannten, aufreizenden Pose rittlings auf einem Stuhl sitzt und das Chanson vorträgt »Ich bin von Kopf bis Fuß auf Liebe eingestellt«. »Ein Filmstoff von mir«, so Heinrich Mann später, hatte »das Talent der Frau und ihre zwei reizenden Gliedmaßen berühmt gemacht«.[160]

Der Geldgeber der UFA, der Deutschnationale Hugenberg, setzte die geballte Macht seines Presseimperiums ein, um mit dem Film den Roman und seinen Autor vergessen zu machen. Gerüchten zufolge hatte man im Direktorium der UFA erst in letzter Stunde entsetzt bemerkt, daß »Professor Unrat« kein Werk von Thomas Mann sei, sondern von dem in der Hugenberg-Presse als »Vaterlandsfeind« verschrienen Bruder stammte. »Es ist der UFA gelungen, aus dem Schandwerk von Heinrich Mann ein Kunstwerk zu machen!« hieß es dann auch in der zum Hugenberg-Konzern gehörenden »Berliner Nachtausgabe«, die seit 1929 mit einer Auflage von 250000 Exemplaren sogar noch vor dem Boulevard-Blatt »BZ am Mittag« lag. Die intellektuelle Linkspresse reagierte wie zu erwarten kritisch. Unter dem Pseudonym »Celsus« kam Carl von Ossietzky in der »Weltbühne« zu dem vernichtenden Urteil: »Der ›Blaue Engel‹ ist nicht nur ein Geschäft, sondern auch ein christlich-germanischer Triumph über den Dichter Heinrich Mann (...) Der ›Blaue Engel‹ hat mit Heinrich Manns ›Professor Unrat‹ so wenig zu tun, wie der amerikanische Sintflut-Film mit der richtigen Sintflut (...) Den Verfilmern hätte es zumindest darauf ankommen müssen, die geistige Essenz des Romans zu retten. Spuren solcher Bemühungen sind nicht mehr erkennbar.« Auch Emil Jannings als Unrat-Darsteller kam schlecht weg. Von ihm hieß es, daß er »in dieser kümmerlichen Welt« wandele »wie ein Centaur, den man in eine Zweizimmerwohnung gesperrt hat und der mit jedem Schritt das Mobiliar bedroht«. Marlene

Dietrich hingegen, das »herrlich lascive Gesicht« und »diese hagere stelzende Gestalt mit den schäbigen Seidenhöschen und den unwahrscheinlichen schwarzen Gummistrumpf-bändern« gehörte auch für Ossietzky »zu den wenigen wirklich großen Filmeindrücken seit Jahren«.[161] Siegfried Kracauer charakterisierte den »Blauen Engel« in der »Neuen Rundschau« als »Musterbeispiel der gemeinen Substanzlosigkeit«. Dabei war für ihn nicht entscheidend, »daß der Roman Heinrich Manns hier mißbraucht« wurde, »sondern daß dieses Vorkriegsbuch überhaupt zur Unterlage gewählt worden« sei. Man habe den »Professor Unrat« nur als »ein Mittel zum Zweck der Wirklichkeitsflucht« benutzt, gleich »der Malerei auf einem Theatervorhang, die das eigentliche Theaterstück vortäuschen soll«.[162] Heinrich Mann selbst nutzte die Chance, mit dem Film weltberühmt zu werden. Er wehrte sich erfolgreich gegen alle Versuche, den Romanautor gegen das Filmprodukt auszuspielen. Der habe »für den Film ›Der blaue Engel‹ von Anfang an Verständnis gehabt«, erklärte er nach der Exklusivaufführung in Nizza und betonte seine persönliche Mitwirkung beim Zustandekommen: »Ein Film ist kein Roman, seine Handlung kann nicht genau so verlaufen wie dort, sowohl die Straßen wie die Menschenleben verlangen andere Perspektiven. Neben den übrigen Mitarbeitern des Films habe auch ich mich bemüht, den Roman hinüberzuführen in den Film.«[163] In Heinrich Manns Memoiren heißt es sogar, daß »der Film eine ziemlich genaue Photographie des Romans« sei[164], und in seiner autobiographischen Skizze von 1938 erklärte der Autor: »In 26 Jahren waren die Figuren lebendig geblieben und konnten unverändert in den Roman übernommen werden.«[165] In privaten Äußerungen war er immerhin so ehrlich einzugestehen, daß der Filmschluß eine Verfälschung des Romans darstelle. Im August 1931 schrieb er an Friedrich Ebermayer, der den Roman als Theaterkomödie »in 10 Bildern« dramatisiert hat: »Unrat als Clown und sterbend auf dem Katheder war falsch (...) Der Komödienschluß des Romans ist zweifellos der richtige.«[166] 1931 war der Film bereits ein Welterfolg. Mehr noch als über die amerikanische Premiere freute sich Heinrich Mann über den sensationellen Erfolg in Frankreich. Was keinem anderen deutschen Tonfilm gelingen sollte, erreichte der »Blaue Engel« im Oktober 1931 in Paris. Er lief das 1000. Mal in ununterbrochener Folge über die Leinwand des Kinos »Studio des Ursulines«. Viktor Mann berichtete von einem »neuen Montparnaß-Lokal, das sich pfiffigerweise ›L'ange bleu‹ nannte« und »sofort die Mode für tout Paris war, obwohl weder die Einrichtung noch Programm das geringste mit der Kneipe an der Trave zu tun hatte«. Als er 1931 in diesem Lokal »für zwanzig Franken pro Glas« auf das Wohl von Heinrich Mann anstoßen wollte, war es völlig überfüllt. »Wir bekamen mit Mühe ein paar Hocker in einem Winkel des mit goldenen Engelsköpfen austapezierten Raumes, der vielleicht vier Wochen früher noch ein Gemüseladen oder Sargmagazin gewesen war und den jetzt eine elegante Menge zum Bersten füllte. Eine kleine Jazzband spielte, und jede Stunde einmal sang Dinah, eine imposante Negerin in giftgrünem Abendkleid. Sie hatte eine prachtvolle, über Rauch und schlechte Akustik erhabene Stimme, und ihre Skala reichte vom Wiegenlied über den Dirnensong bis zum Urwaldgeheul. Aber tout Paris kam nicht deshalb zu ihr, sondern weil sie eben im ›L'ange bleu‹ sang.«[167] Der »Gipfel des Ruhms« war dann auch für Heinrich Mann, daß ihn im gleichen Jahr anläßlich des Empfangs zur Eröffnung der »Kolonialausstellung« im »Hôtel de ville« der Bürgermeister von Paris mit ausgebreiteten Armen begrüßte: »C'est vous l'auteur de l'ange bleu!« Das Erfolgsrezept des Films faßte der Autor in der ebenso griffigen wie eitlen Formel zusammen: »Viel Nachfrage fand ein Hampelmann: mein Kopf und die Beine einer Schauspielerin.«[168]

Was die »Weltbühne« bezweifelt hatte und die Hugenberg-Presse verhindern wollte, trat ein: Mit dem Film wurde der Roman populär wie kein anderes Werk Heinrich Manns. Ullstein brachte 1930 eine Neuauflage heraus und Übersetzungen in alle Weltsprachen folgten: ins Polnische durch Marceli Tarnowski (1930), ins Tschechische (1930 und 1949), ins Englische durch W. Williams (»The Blue Angel«, London 1931, 1932 und 1945), ins Französische durch Ch. Wolff (Professeur Unrat ou la fin d'un tyran. L'Ange Bleu, Paris 1932), ins Japanische (1932), ins Italienische durch Rosa Adler (Mailand 1934), ins Russische (als Einzelausgabe neben der neunbändigen Werkausgabe 1937) und, was Heinrich Mann in der Isolation des Exils sehr freute, auch ins Amerikanische, als »Small Town Tyrant« (New York 1944). Begeistert schrieb der Autor am 27. Juni 1944 aus Los Angeles an Carl Rössler: »Endlich bin ich ein amerikanischer Autor geworden (...) Die N. Y. Times vergleicht mich mit Tolstoi. In Cleveland, Ohio, schreibt ein Herausgeber über meine newest novel, womit er ›Professor Unrat‹ meint: It is a greater book than the brevity of this notice might lead you to suppose.«[169] Carl Weiskopf allerdings, der die Ausgabe des Verlages Creative Age Press für die New Yorker »Saturday Review« besprechen sollte, war entsetzt über diese amerikanische Fassung: »Als ich dann aber die Übersetzung in die Hand bekam, bereitete es mir geradezu einen physischen Schmerz, zu sehen, in welcher rohen Weise ein ungenannter Übersetzer Ihren Roman um die sublime Ironie gebracht hat. Was da an Weglassungen, Vergröberungen, falschen Tönen geleistet wurde, grenzt an Vandalismus, und ich bin wirklich tief betrübt, daß der Verlag gerade Ihnen das angetan hat.«[170]

Über den chilenischen Verlag »Editorial Ercilla« wurde auch eine spanische Version »El Angel Azul« vertrieben, die sich Heinrich Manns Agent Paul Kohner 1943 nach Hollywood schicken ließ, offensichtlich um ihre Tauglichkeit für ein Film-Remake für den lateinamerikanischen Markt zu prüfen. 1948 erschien der Roman auch wieder in Deutschland »als eine vom Verfasser autorisierte Ausgabe« mit einem Vorwort von Walter Kiewert im Weichert Verlag Berlin. Man benutzte den Filmtitel »Der blaue Engel« ebenso wie der Ostberliner Aufbau-Verlag für seine Ausgabe von 1950, die 1952 von Rowohlt in Lizenz übernommen wurde.

Heinrich Mann schien nach dem Krieg kein Interesse mehr an immer neuen Versionen, Übersetzungen und Dramatisierungen des »Professor Unrat« zu haben. Als die Münchener Theaterfassung von Erich Ebermayer auch an Provinzbühnen gespielt wurde, schrieb der Autor 1947 an Karl Lemke: »Man sollte vernünftig genug sein, die Sache ruhen zu lassen.«[171] Doch man ließ die Sache nicht ruhen, auch nach dem Tod des Autors nicht.

Mit großem Aufwand, »farbig und in Cinemascope«, bereitete die Twentieth Century Fox für 1959 eine Neuverfilmung vor. Unter der Regie von Edward Dmytryk, bekannt durch die Romanverfilmung »Die Caine war ihr Schicksal«, und nach einer Drehbuchversion des englischen Schriftstellers Nigel Balchin, übernahmen Curd Jürgens und die Schwedin May Britt die unlösbare Aufgabe, gegen Emil Jannings und Marlene Dietrich anzuspielen. »Ich spiele keinen Kleinstadtspießer«, erklärte Curd Jürgens. »Ich bin ja schon rein optisch nicht dieser Typ. Mein Professor Rath wird ein scheuer Mann sein, der Botanik unterrichtet, gern im Wald umherstreift und ganz zurückgezogen lebt! Ein Ahnungsloser, dem die erste Begegnung mit einer Frau zum Verhängnis wird.«[172] Der Schluß des Films ist versöhnlich. Professor Rath, der mit seiner Lola von Stadt zu Stadt gezogen ist, kommt nach drei Jahren abgerissen und reumütig in seine Heimatstadt (im Film das malerische Rothenburg) zurück. »Jeder begeht Irrtümer«, sagt der Rektor, dargestellt durch John Benner, zu dem Heimkehrer. »Sie haben eben ein paar Jahre lang Schule geschwänzt, lieber Kollege. Aber nun ist es Zeit, daß Sie sich wieder ernsthaft Ihren Aufgaben zuwenden.« Die Weltpresse verriß die Neufassung des »Blue Angel«. »The Guardian« sprach von einer »Travestie«, und der damals 65jährige Josef von Sternberg verklagte die Hollywood-Produzenten. »Das Filmwerk der Beklagten«, so formulierte es sein Anwalt, »ist ein minderwertiger Streifen, der vom Publikum, der Presse und dem Schaugeschäft ungünstig beurteilt wird. Der Film verunstaltet und erniedrigt die kinematographische Komposition der Originalfassung des Klägers von 1930.« Etwas anspruchsvoller geriet die Filmversion »Lola« von Rainer Werner

Fassbinder, die 1981, also mehr als zwanzig Jahre später, »sehr frei an Heinrich Manns Roman orientiert« in die bundesdeutschen Kinos kam. Der Lehrer hatte sich in einen adeligen Baudezernenten (Armin Mueller-Stahl) verwandelt und als ehrbare Hure »Lola« tingelte Barbara Sukowa, bekannt als Mieze aus Fassbinders Fernsehserie »Berlin Alexanderplatz«. Milieuhintergrund waren die Wirtschaftswunderjahre, symbolisiert in der Gestalt eines skrupellosen Baulöwen (Mario Adorf). Was im Film unter dem Vorzeichen privater Geschäftsgier, Korruption und Sexintrige ablief, war für den Regisseur zeittypisches Mentalitätssymptom der Bundesbürger jener Epoche. »Die Jahre von 1956 bis 1960«, so Fassbinder, »waren die amoralischsten Jahre, die es je in Deutschland gegeben hat. Denn der Wiederaufbau konnte nur in dem Maße funktionieren, wie er es tat, wenn zwischen den Menschen stillschweigend ausgemachte Amoralität bestand und sie ohne Rücksicht auf Verluste vorgingen.«[173] Ein geeignetes Umfeld also für die Darstellung einer zeitgemäßen Unrat-Typologie.

Im modernen Theater hatte Professor Unrat schon 1974 den »Blauen Engel« überlebt, wie anläßlich der Bochumer Premiere von Peter Zadeks »Komödie mit Musik« der »Spiegel« feststellte. Die Bochumer Aufführung (»ein Höhepunkt der Theatersaison«) mit Hannelore Hoger und Günther Lüders in den Hauptrollen »erzählt die Laufbahn vom entfesselten Spießer weiter«. Zadek habe sich für den Roman interessiert, »diese Gymnasialsatire des Wilhelminismus, in der sexuelles Frühlingserwachen und Johannistrieb, Hörigkeit und Überspanntheit zu sozialen Verhaltensregeln objektiviert werden, ohne daß die Figuren ihre Eigenheiten einbüßen«.[174] 1985 entdeckten dann auch die Ballett-Choreographen der Deutschen Oper in Berlin Heinrich Manns Roman. Einfühlsam näherte sich die Regie der sozialpathologischen Analyse des Romans. Die Berliner Aufführung ließ ahnen, daß in der unendlichen Wirkungs- und Mediengeschichte des Romans immer noch nicht alle Perspektiven erschöpft sind. Wie erklärt sich die Langlebigkeit der Unrat-

Gestalt? Theodor W. Adorno sah 1952 in diesem Werk Heinrich Manns überzeitliche »Dämonenfratzen« dargestellt, »Daumiersche Karikaturen in Sprachgesten aufgelöst«, Sätze, die »im Deutschen ohne Beispiel« seien und »ihre Spur hinterlassen weit über den Umkreis dessen hinaus, was die Literaturgeschichte »Einfluß« nennt.[175]

VIII.
Geist und Macht

1. »Der Untertan« –
das »Herbarium« des deutschen Mannes

Ein Nackter im Luftbad
und ein Zerlumpter im Café

»1906 in einem Café Unter den Linden« in Berlin betrachtete Heinrich Mann »die gedrängte Menge bürgerlichen Publikums«. Er fand sie »laut ohne Würde«, ihre »herausfordernden Manieren« verrieten ihm »ihre geheime Feigheit«. Während die Bürger »massig an die breiten Fensterscheiben« stürzten, »als draußen der Kaiser ritt«, wurde ein Arbeiter »aus dem Lokal verwiesen«. Ihm war der »absonderliche Einfall gekommen, als könnte auch er, für dasselbe billige Geld wie die anders Gekleideten, hier seinen Kaffee genießen«.[1] Dieses Erlebnis habe ihn, so heißt es im »Zeitalter«, »reif für den ›Untertan‹ gemacht«. 1927, in einem Interview mit Frédéric Lefebre für »Les Nouvelles littéraires«, gab der Autor noch eine andere Inspirationsquelle für seinen erfolgreichsten Roman an. Während seines Aufenthaltes im Sommer 1906 (zeitweilig zusammen mit Inés Schmied) in einem Freiluft-Sanatorium im Harz habe er in der Erscheinung eines nackten Mannes den Typus des Untertanen erkannt. Diese Version bestätigte er am 27. März 1931 in einer Rundfunksendung: »Er erblickte die Figur, die er sofort den Untertan nannte, nackt in einem Luftbad. Daran schlossen sich andere Vorstellungen, jener unbekleidete Mensch rief sie hervor, er trat darin auf und zeigte sich von allen Seiten. Die zahlreichen Gestaltungen, die hieraus allmählich wurden, die ganze soziale Bilderfolge, die später den Roman »Der Untertan« ausmachte, sie hätten sich möglichenfalls niemals zusammengeschlossen ohne den Mann im Luftbad.«[2] Vielleicht hat Heinrich Mann sich auch oder zusätzlich durch den

»Simplicissimus« anregen lassen, denn dort war das Thema Nacktheit und Kleiderrepräsentation um die Jahrhundertwende ein Dauerthema. 1897 wurde ein Leutnant abgebildet, der auch im Bad das Monokel nicht abnahm, um nicht für einen Zivilisten gehalten zu werden. 1902 fühlten sich unappetitliche, nackte Spießbürger beim Betreten des Schwimmbades an die Schlacht bei Arausio erinnert, »wo unsere tapferen Vorfahren durch den bloßen Anblick ihrer Leiber den Schrecken der Römer erregten«. Und der Jahrgang 1907 konzentrierte sich auf die Darstellung von mehr oder weniger entkleideten Repräsentationsfiguren des Kaiserreichs am Strand, unter ihnen ein Staatsanwalt und sogar der Reichskanzler.[3] 1944 hat Curzio Malaparte in ähnlicher Weise deutsche Untertanentypen in der Sauna beobachtet: »nudi, bianchi, molli, flosci, inermi« (»Kaputt«). Sie erschienen ihm wie Weichtiere, so nackt und verwundbar, daß sie der Uniform bedurften, um nicht lächerlich zu wirken. Friedrich Nietzsche war der Überzeugung, daß der nackte Europäer eine »Moral-Verkleidung« benötige, um seinen »schändlichen Anblick« ertragen zu können.

In Heinrich Manns Roman sind die Spuren des nackten Mannes erhalten, auch die Episode vom »zerlumpten« Arbeiter, den man aus dem vornehmen Café entfernt hat: »Da haben se mich neulich rausgesetzt for meine dreißig Fennje, weil ich keinen Zylinderhut hatte.«[4] Und dem Romanhelden Diederich Heßling mangelt es bei allen seinen Begegnungen mit dem Kaiser an korrekter Kleidung. Beim ersten Zusammentreffen wird er fast für einen Attentäter gehalten, weil er die Polizeikette durchbrechend, allein dem Kaiser entgegenstürzt: »Ein Mensch im gefährlichsten Zustand des Fanatismus, beschmutzt, zerrissen, mit Augen, wie ein Wilder: der Kaiser vom Pferd herunter, blitzte ihn an, er durchbohrte ihn. Diederich riß den Hut ab, sein Mund stand weit offen, aber der Schrei kam nicht. Da er zu plötzlich anhielt, glitt er aus und setzte sich mit Wucht in einen Tümpel, die Beine in der Luft, umspritzt von Schmutzwasser. Da lachte der Kaiser. Der Mensch war ein Monarchist, ein treuer Untertan!«[5] Bei einer der späteren Begegnungen in Rom ist er mit Zahnpulver bedeckt, die letzte Begegnung verpaßt er, weil er wieder in einer Lache sitzt, diesmal aus erbrochenem Wein. Im Laufe seiner Entwicklung vom »weichen Kind« zum brutalen Fabrikherrn legte er sich eine Textilien-Panzerung zu, die sich in allen entscheidenden Situationen als unzureichend erwies. Selbst die Militäruniform des »Einjährigen« war »zu eng geschnitten« und quälte ihn. Der Frack, den er zweimal trug, wurde einmal begossen, das andere Mal von einem Hund despektierlich beschnuppert. Bereits in der Novelle »Gretchen« aus dem Jahre 1907 liefert ein Herr Heßling nachmittags »seinen blonden Bauch der Gattin zur Bearbeitung mit dem Handrücken« aus und steht abends am Stammtisch, um flammende Reden für Deutschland als Weltmacht zu halten.[6] Aber auch die Blößen des Kaisers dieser »Weltmacht« waren, wie man weiß, trotz aufwendiger Garderobe nur notdürftig verdeckt.

Der autoritäre Charakter

»Die Macht, die über uns hingeht und deren Hufe wir küssen«, so lautet die zentrale Gebetsformel des Untertanen Diederich Heßling. Was sich in zahlreichen Romanszenen vordergründig nur als Satire auf das wilhelminische Deutschland ausgibt, ist in Wirklichkeit eine entwickelte sozial-psychologische Analyse des »autoritären Charakters«.[7] Nicht zufällig hieß der ursprüngliche Untertitel des Romans »Geschichte der öffentlichen Seele unter Wilhelm II«. Diederich Heßling verehrt mit ganzem Herzen die Autorität, schmückt sogar am Geburtstag des Klassenlehrers dessen Rohrstock mit einem Ehrenkranz. Auch die schrankenlose Macht des Vaters ist die alles bestimmende Erfahrung des »weichen Kindes«. Eine geradezu masochistische Identifikation mit dieser herrschenden Macht verhindert, daß kindliche Aufsässigkeit sich gegen sie richtet: »Kam er nach einer Abstrafung mit gedunsenem Gesicht und unter Geheul an der Werkstätte vorbei, dann lachten die Arbeiter. Sofort aber streckte Diederich ihnen die Zunge aus und stampfte. Er war sich bewußt: ›Ich habe Prügel bekommen, aber von meinem Papa. Ihr wäret froh, wenn ihr auch Prügel von ihm bekommen könntet. Aber dafür seid ihr viel zu wenig.‹«[8] Und so, wie er die Autorität respektiert und fürchtet, lernt er auch früh, nach unten zu treten. Er schüchtert die Arbeiter ein, erpreßt seine Mutter und erniedrigt mit grober Gewalt seinen schwächeren jüdischen Mitschüler: »Er hatte, wie es üblich und geboten war, den einzigen Juden seiner Klasse gehänselt, nun aber schritt er zu einer ungewöhnlichen Kundgebung. Aus Klötzen, die zum Zeichnen dienten, erbaute er auf dem Katheder ein Kreuz und drückte den Juden davor in die Knie. Er hielt ihn fest, trotz allem Widerstand; er war stark! Was Diederich stark machte, war der Beifall ringsum, die Menge, aus der heraus Arme ihm halfen, die überwältigende Mehrheit drinnen und draußen. Denn durch ihn handelte die Christenheit von Netzig. Wie wohl man sich fühlte bei geteilter Verantwortung und einem Selbstbewußtsein, das kollektiv war!«[9]

Der Beginn des Studiums in der Großstadt Berlin zeigt ihn eher ängstlich. Er traut sich nicht auszugehen und weint vor Heimweh. Neues Selbstbewußtsein findet er in der Burschenschaft »Neuteutonia«. Mutig ist er jedoch nicht beim Säbelschlagen, sondern beim gemeinschaftlichen Biertrinken: »Er sah sich in einen großen Kreis von Menschen versetzt, deren keiner ihm etwas tat oder etwas anderes von ihm verlangte, als daß er trinke. Voll Dankbarkeit und Wohlwollen erhob er gegen jeden, der ihn dazu anregte, sein Glas. Das Trinken und Nichttrinken, das Sitzen, Stehen, Sprechen oder Singen hing meist nicht von ihm selbst ab. Alles ward laut kommandiert, und wenn man es richtig befolgte, lebte man mit sich und der Welt im Frieden (...) Beim Bier brauchte man nicht zu handeln, nichts zu wollen und zu erreichen, wie bei den Weibern. Alles kam von selbst. Man schluckte: und da hatte man es schon zu etwas gebracht, fühlte sich auf die Höhen des Lebens befördert und war ein freier Mann, innerlich frei (...) Man breitete sich, vom Biertisch her, in die Welt aus, ahnte große Zusammenhänge,

ward eins mit dem Weltgeist.«[10] Die erhaltene »Erziehung zur
Mannhaftigkeit und zum Idealismus«[11] veranlaßte Diederich
auch zu einem kaisertreuen Tapferkeitsbeweis in aller Öffentlichkeit. Als nach Zerschlagung einer Arbeiterdemon-
stration der Kaiser triumphierend, von seinen ergebenen
Untertanen bejubelt, durch das Brandenburger Tor reitet,
wagt »ein junger Mensch mit Künstlerhut« die Theatralik
des Monarchen spöttisch zu kritisieren. »Da ging Diederich
vor. Mit seinem Bauch drängte er den Feind gegen die Mauer
und schlug auf den Künstlerhut ein. Andere knufften mit.
Der Hut lag schon am Boden und bald auch der Mensch.«[12]
Später steigert sich die Gewaltbereitschaft noch. Als ein
Arbeiter grundlos erschossen wird, kommentiert Diederich
den Vorgang »schnaufend vor innerer Bewegung« als »etwas
direkt Großartiges«. Daß da einer, »der frech wird, einfach
abgeschossen« werden könne »ohne Urteil, auf offener Straße«, das beweise, »was Macht heißt«![13] Frauen erscheinen in
dem Roman fast nur in ihren »natürlichen« Rollen im Unter-
drückungszusammenhang der Familie. Diederichs Ehe ist
auf das Niveau der Prostitution gebracht und unterscheidet
sich im Prinzip nicht von seinem Parallel-Verhältnis zu einer
Kleinstadtprostituierten. Alle dargestellten erotischen Beziehungen sind ökonomisch kalkuliert und verdinglicht. Kindheit und Jugend des Romanhelden entwickeln sich unter
repressiven gesellschaftlichen Bedingungen und gehen
bruchlos über in die Männerbünde Korporation und Militär.
Kurt Tucholsky bezeichnete den Roman in der »Weltbühne«
als »das Herbarium des deutschen Mannes«. Hier sei er
dargestellt, »in seiner Sucht, zu befehlen und zu gehorchen, in
seiner Rohheit und in seiner Religiosität, in seiner Erfolgan-
beterei und in seiner namenlosen Zivilfeigheit.«[14] Und der
konservative Germanist Albert Soergel bemerkte 1925 entsetzt und betroffen: »Einbrüche aus Manns sexualpsycholo-
gischer Periode reißen das Werk aus allen Fugen.«[15] Theodor
W. Adorno erkannte später in der Autoritätsgebundenheit
und dem Antisemitismus des »Untertan« den typisch »ödipalen Charakter«.[16] In der Tat hat Mann eine »Triebmodellie-

rung« des deutschen Mannes skizziert, die typisch für den Verlauf totalitärer Sozialisationsprozesse ist.[17] Der Autor erklärte 1945, daß dieser Roman »gleichfalls schon« auf den Faschismus verweise, »wenn man die Gestalt des ›Untertan‹ nachträglich betrachtet«. Als er die Figur »aufstellte«, fehlte ihm »von dem ungeborenen Faschismus der Begriff, und nur die Anschauung nicht«.[18] In seinem späten Friedrich-Fragment, an dem er bis 1948 gearbeitet hat, griff er das Thema der »Sozialpsychologie eines Typus« wieder auf.[19] Parallelen zum »Untertan« sind offenkundig: Liebesentzug, Brechung der jugendlichen Selbstsuche, Beschreibung des Vaters als strafenden Gott. Auch die dargestellte Hierarchie von Gott, König, Soldat und Vater ist nicht nur eine absolutistische, sondern vor allem eine bürgerliche Familienstruktur. Friedrich ist wie Diederich Heßling ein »weiches Kind«, das unter dem Zwangscharakter der Familie an der Unterdrückung der Triebsphäre leidet. Die Angst vor einer bedrohlichen Sexualität erzieht Väter und Söhne zu einer aggressiven Frauenverachtung.

Auch in dem unveröffentlichten Exil-Manuskript »Waserl fühlt sich minderwertig« findet sich eine Definition des autoritären Charakters: »Er kann sich durch nichts vor der Natur rechtfertigen. Sie will ihn nicht, und er will sie nicht dulden. Die Natur muß vergewaltigt werden, damit er bestehen kann. Die Menschen müssen dienen und dürfen nicht denken. Gehorsam soll der Freiheit sittlich überlegen sein. Intellektuelle sind der Abfall der Nation. Der Typ, den dieser Schwächling bevorzugt, ist der Soldat.«[20]

Mit seiner Gestaltung der Soziogenese des autoritären Charakters im »Untertan« war Heinrich Mann ein früher Vorläufer der literarischen Auseinandersetzung mit dem faschistischen »Herrenmenschen«, wie man sie später in den Werken von Karl Kraus, Hermann Broch, Robert Musil oder Jean-Paul Sartre findet.[21] »Ein Hexengreifer aus Sexualhaß und Erpressung erbrach sich zwischen Nürnberg, Ingolstadt, Mannheim, Worms und Kassel«, heißt es zum Beispiel 1934 in der »Dritten Walpurgisnacht« von Karl Kraus, der klarsichtig analysierte, was sich hinter Heroenkult und Verehrung der keuschen Frau verbarg. In Hermann Brochs Roman »Die Schuldlosen« (1949) taucht der Faschist in Gestalt eines Studienrates auf, der »gewohnt war, seine Ansichten widerspruchslos von den jeweiligen Machthabern zu beziehen«. Das Verhältnis von Mann und Frau sieht er reduziert auf den Akt der »Paarung«, und das erstrebenswerte Ideal der »brüderlichen Männergemeinschaft« realisiert sich für ihn in der Armee und in seinen Vorstellungen vom Sozialismus. »Abtötung jeglicher Auflehnung ist die erste Vorbedingung.« Und auch in Brochs »Schlafwandler«-Trilogie (1931–1932) wird der gleiche Epochentypus beschrieben wie in Heinrich Manns »Untertan«. Broch, der sich selbst einer Psychoanalyse unterzog, zeigt in seinen Romanen eine große Vertrautheit mit den Theorien der modernen Psychologie, die er in einprägsame literarische Bilder umsetzt. Heinrich Mann analysiert die »öffentliche Seele« der wilhelminischen Epoche, und Broch versucht Einblicke in die Traumstruktur des »kollektiven Unbewußten« jener Ära zu gewinnen. Robert Musil berichtet in seinem Essayband »Nachlaß zu Lebzeiten« (1936), der parallel zu dem bekannten Roman »Der Mann ohne Eigenschaften« entstand, von einem »Menschen ohne Charakter«, einem unglücklichen jungen Mann, dem von den Eltern alle charakterähnlichen Eigenschaften aus dem Leib geprügelt werden. Er wird Schauspieler, um sich einen neuen Charakter anzueignen. Das gelingt nicht, dafür oder deswegen hat er Erfolg. Er wird wohlhabend und feist wie Diederich Heßling. »Sein irrlichternder Geist hatte feste Wände und dicke Überzeugungen bekommen.« Er sei überzeugt, verkündet er im Tenor der Stammtischreden Heßlings, »daß die Entwicklung des Charakters mit der Kriegsführung zusammenhängt«. Deshalb sei er »heute auf der ganzen Welt nur noch unter Halbwilden zu finden«. Was man brauche seien »nicht Charaktere, sondern Disziplin«.

Aufschlußreich sind auch die Parallelen in Jean-Paul Sartres Roman »La Nausée« (»Der Ekel«) aus dem Jahre 1938. Hier wird die Gewalttätigkeit der »Normalen« aus der Sicht eines Opfers geschildert. Das Opfer ist der »Autodidakt«, ein kleiner Angestellter, der seine Bildung zu erweitern sucht, indem er die Bücher der städtischen Bibliothek in alphabetischer Reihenfolge durchliest. Bei dieser an sich schon merkwürdigen Tätigkeit wird er ertappt, wie er einem Knaben die Hand streichelt. Das ist für den »anständigen« und »gesund« empfindenden Aufseher Anlaß, den hilflosen »Autodidakten« brutal zusammenzuschlagen. Dem Schläger ist, wie Diederich Heßling bei der Mißhandlung des jüdischen Mitschülers, »der Beifall ringsum«, die »geteilte Verantwortung« der Menge, sicher. Eine kinderlose ältere Dame, die nur gekommen war, um zu erleben, wie man den »Autodidakten« ertappt, ruft angesichts des blutüberströmten Mannes: »Sale type... c'est bien fait.«[22] Jeder, der den Terror nicht billigt, wird als Komplize des Außenseiters betrachtet.

»Die Deutschen dachten nicht weiter als ihr Kaiser«

Heinrich Manns Roman der »Untertan« ist allerdings nicht nur eine Analyse des autoritären Charakters des Kleinbürgers, er entwirft eine umfassende sozialgeschichtliche Skizze der wilhelminischen Epoche, einen »Anatomie-Atlas des Reichs« (Tucholsky). Im Oktober 1906, als der Plan zum »Untertan« in ihm bereits reifte, schrieb er an Ludwig Ewers, er »möchte Helden hinstellen, wirkliche Helden, also generöse, helle und menschenliebende Menschen, als Gegensatz zu dem menschenfeindlichen, der Reaktion ergebenen Geschlecht von heute«.[23] Daß solche Helden in keinem der politischen Lager der Kaiserzeit zu finden waren, dokumentiert seine Polemik »Reichstag«, die 1911 in der Zeitschrift »Pan« erschien. Er läßt die verschiedenen Parteien Revue passieren, und keine kommt gut dabei weg. Die Konservativen sind für ihn »Herrenschweine«, im Zentrum kann er nur »plumpe Gesichter ohne Menschengläubigkeit« erkennen, die Freisinnigen kommen ihm »instinktverlassen« vor, und die Sozialdemokraten charakterisiert er als »maßvolle kleine

Bürger, die nichts wollen, als Kindern und Enkeln ein spießiges Wohlleben« verschaffen.[24] »Der Untertan« ist ebenso wie der ein Jahr vorher erschienene Roman »Die Armen« auch eine Auseinandersetzung mit der deutschen Sozialdemokratie. Das wird vor allem daran deutlich, daß der Autor Kaiser und Untertan vor dem historisch authentischen Hintergrund der Berliner Februarunruhen von 1892 agieren läßt. Obwohl Heinrich Mann sich im Februar 1892 in Berlin aufhielt, hat er die Demonstrationen nicht unmittelbar selbst erleben können. Er befand sich damals in einem Lungensanatorium und war bettlägerig. Seine Informationen müssen also überwiegend aus Zeitungsberichten stammen. Im Roman sind die Ereignisse vom 26. Februar dokumentiert: »Die Demonstrationen der Arbeitslosen sahen zielbewußter aus. In eine der nördlichen Straßen zurückgetrieben, quollen sie aus der nächsten, bevor man ihnen den Weg abschneiden konnte, verstärkt wieder hervor. Unter den Linden vereinigten sich ihre Züge, rannen, sooft sie getrennt wurden, wieder zusammen, erreichten das Schloß, wichen zurück und erreichten es noch einmal, stumm und unaufhaltsam wie übergetretenes Wasser. Der Wagenverkehr stockte, die Fußgänger stauten sich (...) Eine Attacke der Berittenen, ein Aufschäumen, Zurückfließen, und Weiberstimmen im Lärm schrill, gleich Signalen: ›Brot! Arbeit!‹ Man wird überrannt (...) Ein verzerrtes Gesicht, das Diederich nicht erkennt, schreit ihm zu: ›Es kommt anders! Jetzt geht es gegen die Juden!‹«[25]

Hier hat Heinrich Mann den ambivalenten Charakter der Massenproteste vom Februar 1892 historisch genau rekonstruiert. Eine Auswertung der Reichstagsprotokolle sowie in- und ausländischer Presseberichte bestätigt: Nachdem die Demonstranten ursprünglich nach »Brot« und »Arbeit« verlangten, ging schließlich ein großer Teil von ihnen zur Plünderung jüdischer Geschäfte über.[26] In einer vier Wochen später stattgefundenen Reichstagssitzung erklärte der antisemitische Hofprediger Stoecker zufrieden, es sei kein Wunder, wenn Sozialdemokraten »Juden raus« riefen – schließlich seien auch Sozialisten für die Verderblichkeit des Judentums

nicht blind. Dreißig Demonstranten wurden gerichtlich verurteilt. Die höchste Strafe erhielt ein Sympathisant der Sozialdemokratie, der das Lövinsohnsche Geschäft geplündert
und gerufen hatte: »Juden raus oder was zu fressen!« (National-Zeitung vom 26.3.1892) In seinem Brief an Friedrich
Engels vom 20. März des Jahres bezeichnete August Bebel
dieses und vergleichbare andere Urteile als »infam hoch«.[27]
Obwohl die Initiative für die Demonstrationen nachweislich
von einer sozialdemokratischen Bauarbeiterversammlung
am 25. Februar ausgegangen war, unternahm die Parteifüh-
rung alles, um abzuwiegeln und sich zu entlasten. Wilhelm
Liebknecht und der »Vorwärts« führten die Ereignisse ebenso wie die Redaktion der »Neuen Zeit« auf Provokationen
einiger Anarchisten zurück und leugneten ernsthafte soziale
und politische Hintergründe. Heinrich Mann, der diese Entwicklungen mit wachen Augen registriert und analysiert hat,
bezieht in seine Kritik der »menschenfeindlichen« Normen
und Verhaltensmuster des Kaiserreichmilieus sowohl die
Burgfriedenspolitik der SPD, als auch dumpf-proletarische
und antisemitische Massenbewegungen mit ein. »Sozialdemokraten sind unter Wilhelm militaristisch-alldeutsch gewesen«, heißt es im »Zeitalter«.[28] Entsprechend verbürgerlicht
und karrieristisch agiert der SPD-Funktionär Napoleon Fischer im Roman. In seinen frühen Notizen aus den Jahren
1906/1907 hatte der Autor mit der Figur des »Arbeiters
Mühsam« auch einen unbestechlichen und kämpferischen
Streikführer konzipiert. Doch diese Figur wurde vermutlich
1911, unter dem Eindruck der opportunistischen Haltung der
SPD-Führung in der Marokko-Krise und angesichts der
Kontroversen auf dem Jenaer Parteitag, wieder aus dem
Romangeschehen gestrichen.[29] Sympathisch erscheint in der
Endfassung des »Untertan« eigentlich nur eine Gestalt: der
alte Buck, der als anachronistischer und individualistisch-
liberaler Bürgerdemokrat von 1848, wie der Autor selbst,
noch an humanistische Ideale glaubt.

»Alle politischen Parteien, alle Phrasen der Zeit nach
Bismarck, in menschliche Larven maskiert«, so das Fazit des

»Berliner Tageblattes«, »tanzen in diesem Werk, wie in einem Hexensabbath des Bürgertums, vorüber.« Als besonders prophetisch empfand der Rezensent des »Tageblattes« (Paul Block) »Heinrich Manns Schilderung, wie die Bilder von Herrscher und Untertan allmählich ineinander übergehen«.[30] Kaiser und Untertan verkörpern den gleichen Epochen-Typus. »Die Deutschen dachten nicht weiter, nicht richtiger als ihr Kaiser.«[31] Daß Heinrich Manns Kaiserbild realistisch war, wird von Historikern wie Gordon A. Craig oder Sebastian Haffner bestätigt.[31a] Auch Tucholsky konstatierte: »Das ist der Kaiser, wie er leibte und lebte. Das ist die Inkarnation des deutschen Machtgedankens.«[32]

Heinrich Manns »Untertan« erweist sich um so mehr als »Buch des Propheten« (Paul Block), wenn man sich die spätere, demonstrative Annäherung des Exkaisers an Hitler vor Augen führt. Er hackte in seinem holländischen Refugium in der Zeit von 1918 bis 1941 keineswegs nur Holz, posierte nicht nur in seinen zahlreichen Paradeuniformen oder betrieb archäologische Forschungen. Finanziell gut versorgt und mit vertrautem Mobiliar und Kunstgegenständen umgeben, die in 62 Eisenbahnwaggons aus seinen Hohenzollernschlössern herangeschafft wurden, hatte er Muße, über seine Rückkehr auf den Thron nachzudenken. Nachdem der Kapp-Putsch gescheitert war und auch die Versuche mißlangen, anläßlich der Beisetzung der früheren Kaiserin Auguste Viktoria am 19. April 1921 im Park von Sanssouci eine monarchistische Massenbewegung ins Leben zu rufen, trommelte Wilhelm für eine rechtsradikale Front, um die »Saurepublik« erst »geistig zu überwinden« und dann »von außen zu Fall zu bringen«.[33] In einem Strategiepapier vom August 1928 forderte er die »Wiederherstellung der Monarchie«, um »losgelöst von jeder Partei«, das »durch und durch verlogene parlamentarische Gebilde in Schutt und Trümmer (zu) schlagen«. Das kaiserliche Putschprogramm wurde mit Unterstützung der Familienmitglieder und zahlreicher hochbezahlter Ex-Hofmarschälle und Adjutanten nach Deutschland in die monarchistischen und nationalistischen Verbände getragen. Der ehemalige Admiral Magnus von Levetzow erhielt 1928 eine monatliche Zuwendung von 2000 Reichsmark, um die nationalen Gruppen zu koordinieren und den Kontakt zu Hitlers Partei herzustellen. Der Kaisersohn, Prinz August Wilhelm, trat schon 1928 der SA bei und 1930 der NSDAP. Selbstverständlich unterstützte der Kaiser auch die Bildung der »Harzburger Front«. 1931 nahm er persönlich den Kontakt zu Hermann Göring auf, der ihm versicherte, es läge im Interesse der Nationalsozialisten, die Hohenzollernmonarchie wiederherzustellen. Über Hitlers Einsetzung als Reichskanzler am 30. Januar 1933 und die Bildung einer »nationalen Regierung« zeigte Wilhelm sich »begeistert«. Er hoffte, daß für seine Rückkehr »der Nazischwung mitbenützt« werden könne. Von 1933 bis 1937 verhandelte er mehrfach mit Hitler über seine Rückkehr auf den Thron. Hitler vertröstete ihn geschickt mit dem Hinweis, daß Deutschland erst nach »Lösung der Judenfrage« und einem »siegreichen Krieg« reif für die Monarchie sei. Ihm war der tiefsitzende Antisemitismus des Exkaisers bekannt. Wilhelm blieb bis zu seinem Tode davon überzeugt, daß der »jüdische Ring« durch die Novemberrevolution 1918 Deutschlands Niederlage verursacht und ihn um den Thron gebracht habe. Auch für den Zweiten Weltkrieg machte er »Juda-England« verantwortlich, das auf »Satans Geheiß« einen zweiten Vernichtungskrieg gegen Deutschland inszeniert habe. Als Hitlers Truppen im Mai 1940 das holländische Doorn besetzten und den Sitz des Exkaisers unter den »Schutz des Deutschen Reiches« stellten, war Wilhelm so glücklich, daß er »dreißig Jahre jünger« wirkte. Es ist der These zuzustimmen, daß die Haltung des Exkaisers und der Hohenzollern »Teile der deutschen Bevölkerung mit den Nationalsozialisten versöhnte« und so dazu beitrug, »daß sie eine breite Basis gewinnen konnten«.

Heinrich Mann hat die Entwicklungslinie vom Kaiserreich ins Hitlerdeutschland gesehen und davor gewarnt. Allerdings sah er diese Entwicklung nicht als bruchlose Verlängerung der preußischen Tradition an. »Deutschland ist nicht Preußen«, heißt es im »Zeitalter«. Der Kaiser war

»ein herabgesetzter Preuße, oder ein abgewichener. Sein Nachfolger Hitler ist gar keiner.«[34] In seinen Exilessays hat Heinrich Mann die Soziogenese des deutschen Führertyps immer wieder variiert. »Der dynamische Impotente«, so eine Zusammenfassung von 1939, »ist, mitsamt Verehrern und Nachbetern aller Grade, der herrschende Typ eines verarmten Zeitalters von herabgesetztem Lebensgefühl.«[35] Aber auch Heinrich Manns Geist-Macht-Konstruktion blieb autoritätsfixiert. Aus seiner Sehnsucht nach geistigen »Helden« erwuchs die Verehrung »Großer Männer« wie Bismarck, Churchill, de Gaulle, Roosevelt und auch Stalin. Sie schienen ihm einen Fortschritt der Geschichte zu garantieren. Die großen Gegner Hitlers charakterisierte er im »Zeitalter« sogar als »Intellektuelle«. Nach Kenntnisnahme der entsprechenden Passagen schrieb ihm der Bruder Thomas im September 1944 ein wenig spöttisch: »Intellektuelle im engeren Sinn sind sie alle drei nicht, die Machthaber der Zeit. Joe Stalin versteht gewiß nicht viel von Büchern und Bildern, Churchill schreibt zwar eine gute Prosa, hat aber doch eingestandenermaßen nur eine aristokratische Leutnantsbildung und ist ein naiver Autodidakt. Roosevelt liest *nie* etwas, außer Mysterie-stories zum Einschlafen. Und doch hast Du recht, ihnen den Ehrentitel zu geben, wenn man unter Intellektualität einfach den politischen Dienst am Rechten und Geistgewollten versteht.«[36]

Eine unendliche Wirkungsgeschichte

Für den »Untertan« brauchte Heinrich Mann laut eigener Aussage »viel Weile, ein hartnäckiges Verweilen«.[37] Nach den beschriebenen Visionen im Luftbad und dem Café Unter den Linden begann er mit seinen Notizen im Sommer 1906. Das handschriftliche Manuskript beendete er 1914, »zwei Monate vor Ausbruch des Krieges«.[38] Insgesamt sind vier Entstehungsphasen rekonstruierbar: Eintragungen in sein Notizbuch (1906/07), Entstehung der thematisch verwandten Novelle »Gretchen« (1907/10), Herstellung und Bearbeitung des

Romanmanuskriptes (1907-1914), handschriftliche Korrekturen des Manuskriptes für den Vorabdruck in »Zeit und Bild« (1914). Das interessanteste Dokument der frühen Bearbeitungsstufen ist das im Nachlaß erhaltene »Notizbuch von 1906 bis Juli 1907«.[39] Es enthält auf 89 Seiten Notizen zum »Untertan« und zur »Gretchen«-Novelle unter dem Titel »Der Unterthan Roman Diederich Hänfling«. Den ursprünglich vorgesehenen Titel-Zusatz »der Deutsche« hat der Autor durchgestrichen. Im wesentlichen bestehen die Notizen aus einem Gesamtplan des Romans mit acht Kapitelskizzen, stichwortartigen Entwürfen sowie einzelnen ausformulierten Passagen, die in der Regel bereits den geplanten Kapiteln zugeordnet sind, wie zum Beispiel: »Frau Diederich«, »Geschäft«, »Wahlkampf«, »Papierfabrik«, »Wirtshaussprüche«, »Buck redet am Stammtisch«, »Sozialisten«, »Décret des Kaisers«, »In der Schule«, »Streik«, »In Rom« etc. Als Anlage beigefügt sind verschiedene Zeitungsausschnitte. Ein Studium der Notizen, Textversionen und der umfangreichen Materialsammlung gewährt aufschlußreiche Einblicke in die Arbeitsweise des Autors. Mühsam hat er an Passagen wie »In der Schule« oder an Dialogen zwischen Heßling und Buck gedrechselt und gefeilt, andere wiederum wurden fast ohne Streichungen aus dem Handgelenk formuliert. In der Materialsammlung befindet sich Wichtiges und Banales nebeneinander. Für aufhebenswert hielt Heinrich Mann zum Beispiel eine Zeitungsnotiz über skurrile, adelige Jagdabenteuer:

»Der Fürst von Sondershausen hat nach der ›Dorfztg‹ in den letzten Tagen der Fasanenjagd obgelegen, wobei er vom Wagen aus schoß. Nach beendeter Jagd legte er mit Hilfe des Gehapparates eine Strecke zu Fuß zurück und gedenkt in der nächsten Woche auf Wildschweine zu jagen. Die Gesundung macht gute Fortschritte.«[40] Vermutlich sollte die Notiz Verwendung finden im Zusammenhang mit einer Beschreibung der Jagdgewohnheiten des Kaisers, von dem der Autor 1908 zu berichten wußte, daß er »den impotenten Schreiern des Reichstags einfach den Rücken zukehrt und Hirsche schießt«.[41] Nicht so originell sind die festgehaltenen »Wirtshaussprüche« nach der Art: »Je schöner die Kneip', desto schlimmer das Weib, je schlimmer das Weib, desto schöner die Kneip'«, oder: »Mit Weibern ist es wie mit Fischen, nicht immer kann man sie erwischen.«[42] Das Notizbuch gibt auch Aufschluß über eine Diskussion mit Inés Schmied über die Namenswahl für den Romanhelden. Zur Debatte standen Hänfling, Heßling und Demmling. Inés war für den Namen Heßling. Sie schrieb am 3.9.1906: »Der Name Unterthan für Dein Buch gefällt mir sehr, aber nenne bitte Diederich Heßling nicht Demmling. Demmling klingt gesucht, man muß an dumm denken, aber Heßling klingt, finde ich, so philisterhaft gehässig, muffig. Ich freue mich auf Deinen Roman!!«[43] Heinrich folgte dem Rat und strich im Notizbuch den Namen Demmling wieder durch. Angeregt wurde der Autor auch durch die Affäre des »Hauptmanns von Köpenick«, die am 17. Oktober 1906 durch die Presse ging. Ein als Hauptmann verkleideter Schuster hatte eine Abteilung Soldaten von Tegel zum Köpenicker Rathaus kommandiert und dort den Bürgermeister verhaften lassen und sich der Gemeindekasse bemächtigt. An einen »Roman um den Kaiser herum« hatte Heinrich Mann schon in den Jahren 1903 und 1904 gedacht. Von seinem Freund Ludwig Ewers besorgte er sich im April 1904 das soeben erschienene Buch von Paul Liman »Der Kaiser« und erinnerte ihn schriftlich: »Vergiß auch nicht meine Bitte vom vorigen Jahr und teile mir Anekdoten über Wilhelm II. mit, besonders solche, die die Zeitungen nicht bringen und die Du privat erfährst!«[44] Im Oktober des Jahres 1906 waren die Vorstellungen des Autors über den Charakter der Hauptfigur des Romans schon so weit gediehen, daß er dem Freund mitteilen konnte: »Sein Held soll der durchschnittliche Neudeutsche sein, einer, der den Berliner Geist in die Provinz trägt; vor allem ein Byzanthiner bis ins allerletzte Stadium.« Auch stand schon fest, daß der »Neudeutsche« als Unternehmer tätig werden sollte. »Als Papierfabrikant ist er mit dem Regierungsblatt seines Kaisers liiert.« Da Ewers als Redakteur bei einer Zeitung beschäftigt war, wurde er befragt: »Kann solch ein offiziöses Kreisblatt eine hohe Auflage haben? Auf welche Summen mag sich dabei das Geschäft des Papierfabrikanten belaufen? Mit welchen Regierungsbeamten hat er zu rechnen? Sitzt in einem Kreise ein Landrat? Hast Du als Redakteur irgendwelche Erfahrungen mit Regierungsleuten gehabt? Weißt Du etwas von solchem Byzanthiner? Züge bürgerlicher Niedrigkeit oder ähnliches?«[44a] Im Juni 1907 besichtigte Heinrich Mann in München »eine große Papierfabrik und auch die Bruckmannsche Kunstanstalt eingehend«, alles für seinen Romanhelden, der inzwischen »ziemlich gut fundiert« war. An Ewers ging die Mitteilung, daß er am 12. Juni »die ersten Sätze niedergeschrieben« habe.[45] Auch über andere Lebensbereiche, die im Roman eine wichtige Rolle spielen sollten, erkundigte sich Heinrich bei Freunden, Bekannten und auch beim Bruder ausgiebig. So fehlten ihm vor allem eigene Erfahrungen mit dem Militär. Der Empfehlung eines einflußreichen Arztes hatte er es zu verdanken, daß ihm die Untersuchung auf Wehrtauglichkeit erspart blieb. Thomas Mann hingegen wurde 1900 zu einem verkürzten Wehrdienst eingezogen, den er allerdings zum größten Teil im Lazarett verbrachte. Auf Ersuchen Heinrichs teilte er ihm seine diesbezüglichen Erlebnisse mit. Seine »Haupterinnerung (war) das Gefühl rettungsloser Abgeschnittenheit von der civilisierten Welt, eines furchtbaren äußeren Machtdruckes«. Thomas entging dem Druck vorzeitig durch ein simuliertes Leiden an »entzündlichem Plattfuß«. Er empfahl dem Bruder außerdem folgende Episode zur Aufnahme in den »Untertan«: »Jemand ist thatsächlich als untauglich freigesprochen, weil er vor der Ober-Ersatz-Commission laut erklärt hat, er sei homosexuell. Könntest Du das nicht einflechten?«[46] Heinrich hat den Erfahrungsbericht seines Bruders für die Darstellung der Militärzeit Diederich Heßlings weitgehend verwendet. Mehrfach korrespondierte er auch mit seinem Rechtsberater Maximilian Brantl über Details der Strafprozeßordnung im Fall von »Majestätsbeleidigung«. Von einem solchen Prozeß war der Autor des »Untertan« nach dem

Vorabdruck einzelner Teile des Romans selbst bedroht. Am 29. Dezember 1912 bedankte er sich bei Brantl für die »prozessualen Rathschläge« und prophezeite, daß dem »Majestätsbeleidiger schon jetzt der göttliche Strahl« sicher sei.[47] Sein Ausflug nach Augsburg, um dort Wagners »Lohengrin« als Provinzaufführung zu erleben und auszuwerten, wurde schon erwähnt. Trotz des enormen Recherchenaufwandes strebte Heinrich mit seinem Roman keinen detailgetreuen »Realismus« an. Der »Untertan« zeichnet sich durch eine »überrealistische« Wirklichkeit aus, durch eine »Unterwanderung des Romans durchs Dokument«.[48] Satirisch kalkuliert ist vor allem die Sprachverwendung und die Technik der verfremdenden Zitatmontage. Diederich Heßlings Dialoge und Ansprachen sind nichts anderes als eine Sammlung von Kaisersprüchen.

Die interessantesten Aspekte der verwickelten Druckgeschichte des Romans sind die Mechanismen von Zensur und erzwungener Selbstzensur. Bereits 1911 und 1912 erschienen vier Abschnitte aus dem ersten Kapitel als Vorabdrucke im »Simplicissimus«, darunter auch die Episode über die Februarunruhen von 1892 (»Der Krawall«). Zwei weitere Passagen wurden 1912 und 1913 in den Zeitschriften »Licht und Schatten« und »März« veröffentlicht. Am 25. März 1913 schloß die Münchner illustrierte Wochenschrift »Zeit im Bild« mit Heinrich Mann einen Vertrag über »das alleinige Erstreproduktionsrecht« für seinen »neuen Roman« (zunächst ohne Titelfestlegung) ab, der »spätestens ab 1. November« des Jahres in Fortsetzungen erscheinen sollte. Für das angebotene Honorar von 10 000 Reichsmark akzeptierte der Autor auch den Vorbehalt des Chefredakteurs Heinrich Michalski, bei Bedarf und nach Absprache, »Streichungen von Stellen allzu erotischer Art« vorzunehmen. Schon der Abdruck der ersten Folge am 1. Januar 1914 löste in der Öffentlichkeit heftige Reaktionen aus. Vorsorglich entschärfte Heinrich Mann einige Passagen der nächsten Folgen durch Streichungen. Es ging vor allem um den »Fall Lück«, eine wahre Begebenheit, in der der Kaiser für den Befehl zur

Erschießung eines Arbeiters persönlich verantwortlich gemacht wird. Bemerkenswert ist, daß diese Selbstzensur für die spätere Buchausgabe nicht wieder rückgängig gemacht wurde. Nur der Zuckermann Verlag, der in St. Petersburg die russische Ausgabe parallel zum Zeitschriftenabdruck vorbereitete, ließ das unzensierte Manuskript drucken. Das Buch erschien 1915, also drei Jahre vor der deutschen Ausgabe. So ergab sich das Kuriosum, daß die russische Ausgabe des »Untertan«, die bis in die 50er Jahre aufgelegt wurde, originalgetreuer als die deutsche Fassung war. Auch in der Petersburger Monatszeitschrift »Sowremenny Mir« erschien 1914 ein vollständiger Vorabdruck des »Untertan«.[49]

Unmittelbar nach dem 1. August 1914, dem Tag der deutschen Mobilmachung für den 1. Weltkrieg, erhielt Heinrich Mann von der Redaktion »Zeit im Bild« folgenden Brief:

»Sehr geehrter Herr Mann!
Es wird Ihnen nicht unerwartet kommen, wenn wir uns heute in einer redaktionellen Bedrängnis vertrauensvoll an Sie wenden. Im gegenwärtigen Augenblick kann ein großes öffentliches Organ nicht in satirischer Form an den Verhältnissen Kritik üben. Die durch die künstlerische Behandlungsweise des Stoffes geschaffene Distanz vom Leben dürfte in so bewegten Zeiten wohl nur von den Allerwenigsten beachtet und anerkannt werden. Man würde sich an das Inhaltliche des Romans ›Der Untertan‹ als reale Tatsache halten. So betrachtet würden einzelne Stellen des ›Untertan‹ bei der jetzigen kritischen Situation leicht im breiten Publikum Anstoß erregen. Ganz abgesehen davon dürften wir bei der geringsten direkten Anspielung politischer Natur, etwa auf die Person des Kaisers, die ärgsten Zensurschwierigkeiten bekommen.«[50]

Heinrich Mann beriet sich mit seinem Anwalt und teilte dann der Redaktion mit, er sei »nach Sachlage mit der Unterbrechung des Romanabdruckes vorerst einverstanden«, behalte sich jedoch »alle Rechte« vor und mache »zur besonderen

Bedingung, daß jede redaktionelle Notiz unterbleibt«.[51] Am 13. August 1914 erschien dann die 32. und letzte Fortsetzung des »Untertan« in »Zeit und Bild«. Sie schloß ohne weitere Erklärung der Redaktion, so daß die Angabe »Ende« beim Leser den Eindruck hervorrufen mußte, dies sei der ganze Roman. Seit 1916 betreute Kurt Wolff das Werk Heinrich Manns. Er stellte auch Überlegungen an, ob und wie man den »Untertan« unter den Kriegsbedingungen verlegen und vertreiben könne. Anfang April 1916 diskutierte er das Problem mit seinem Geschäftsführer Georg Heinrich Meyer: »Es blieben m. E. zwei Möglichkeiten, an die man denken könnte (während des Krieges!): 1.) Veranstaltung einer einmaligen Subscriptionsausgabe in der Schweiz. 2.) Dasselbe in Deutschland. Ich bin unbedingt gegen 1.) aus folgenden Gründen: ohne den Vorwurf bycantinischer Gesinnung herauszufordern, muß ich feststellen: das Werk gehört heute KWV (Kurt-Wolff-Verlag); das ist fait accompli, erscheint es heute in der Schweiz, gleichviel unter welchem Firmennamen, so verkaufe ich an's und im Ausland. Wälze ich die rechtliche Verantwortung auch ab, die moralische behalte ich. Diese Manipulation aber widerstrebt mir. Dafür ist mir das Buch und bin ich mir zu gut. Es würde eingereiht werden im Ausland unter die Reihe der jetzt so zahllos erscheinenden Anti-Kaiser-Bücher; dahin gehört es doch weiß Gott nicht. In Deutschland soll es erscheinen – Aber im Ausland während des Krieges? Das erscheint mir unanständig (...) Ergo: man lasse den ›Untertan‹ liegen und veröffentliche ihn unmittelbar nach Kriegsende.«[52] Heinrich Mann, der auf eine gezielte Wirkungsmöglichkeit mit seinem Roman auch während des Krieges nicht verzichten wollte, traf sich Ende April in Leipzig mit dem Verleger und dessen Geschäftsführer, um über eine Kompromißlösung zu beraten. Man entschloß sich im Mai 1916 zu einem Privatdruck von – nach offizieller Version – lediglich zehn Exemplaren, die, wie im Impressum vermerkt, »nur zur persönlichen Kenntnisnahme« an folgende Personen geschickt wurden: Ernst Ludwig (Großherzog von Hessen und bei Rhein), Karl Kraus, Fürstin Mechtilde

Lichnowsky, Oberstleutnant im Generalstab Madlung, Helene von Nostiz-Wallwitz, Jesko von Puttkamer, Peter Reinhold, Fürst Günther zu Schönburg-Waldenburg, Joachim von Winterfeldt (M. d. R.), Elisabeth Wolff-Merck. In Wirklichkeit wurden mehr Exemplare gedruckt, als offiziell bekanntgegeben, denn der Autor ließ auch einige Bücher in pazifistischen Zirkeln, wie dem Bund »Neues Vaterland«, zirkulieren.

Nach Aufhebung der Zensur im Dezember 1918 konnte dann endlich die reguläre Buchausgabe erscheinen, die – wie schon erwähnt – innerhalb von nur sechs Wochen den Sensationserfolg von mehr als 100 000 verkauften Exemplaren brachte. Das war der Beginn einer kontroversen Wirkungsgeschichte, die bis heute andauert.[53] Schon die ersten Rezensionen des Zeitschriften-Vorabdrucks hatten 1914 und 1915 die Grundlinie des Disputes vorgegeben. Tucholskys anschauliches Etikett vom »Anatomie-Atlas des Reichs« paßte auch auf die Rezensionslandschaft. Für die Linke schwärmte Ludwig Rubiner in der »Aktion«, man müsse Heinrich Mann »danken dafür, daß er sich nicht mehr um Kunst kümmert, sondern um Großes, Übergeordnetes: Geistiges«[54], während Otto Flake in der »Neuen Rundschau« die Kritik der Konservativen formulierte: »Manns Haß hat nicht die langen Wellenschwingungen, die sich weiter und weiter fortpflanzen, bis sie kosmisch übergreifen zu denen der Liebe, er ist hämisch.«[55] 1919, auf dem Höhepunkt der öffentlichen Diskussion, erhielt Heinrich Mann sogar Morddrohungen. Auch nach dem Krieg bezogen sich die Kontroversen um den »Untertan« selten nur auf seine Ästhetik, sondern fast immer auf die kulturpolitische Tendenz, die der Autor als »Zivilisationsliterat« verkörperte. Relativ moderat im Chor der aggressiven Kritiker klangen jene Einwände, die sich, wie die von Theodor Heuss (1919), gegen den tendenziös-parteilichen Geist der Satire richteten und dem Werk die Qualität eines Kunstwerkes absprachen.[56] Selbst der mit dem Autor befreundete Arthur Schnitzler äußerte Bedenken hinsichtlich der künstlerischen Ausgewogenheit. In seinem offiziellen

Brief an Heinrich Mann vom 3.1.1919 lobte er zwar die »ganz außerordentliche Leistung« des Buches, aber nur wenige Tage vorher hatte er in sein Tagebuch notiert: »Las früh Manns ›Untertan‹ zu Ende. Außerordentlich – doch mehr caricaturistisch im Detail als satirisch im großen. Dazu allzuviel Haß und Einseitigkeit.«[57] Ähnliches ist im Tagebuch des Bruders Thomas nachzulesen. Am 23. Dezember 1918 wurde als erster Leseeindruck vermerkt: »Probe aus dem ›Untertan‹. Platt geschrieben. Hat nichts (mit) dem menschlichen und nichts mit Dichtung zu thun. Der Verkauf ist aber allem Vernehmen nach reißend.«[58] Es kam so, wie Paul Block 1918 im »Berliner Tageblatt« vermutete: »das Aufruhr-Signal« des Buches werde, obwohl es »zu spät kommt, durch seinen schrillen Klang die Geister noch einmal gegeneinander zwingen. ›Niedertracht!‹ werden die einen brüllen, ›Gerechtigkeit!‹ andere jubeln. Wenn aber der Sturm vorüber ist, wird von Heinrich Manns ›Untertan‹ übrigbleiben, was unzerstörbar ist: das Denkmal einer Übergangszeit.«[59] Aber auch als der Sturm sich gelegt hatte, mußte der »Untertan« herhalten, um mit dem Autor und seiner vermeintlichen oder wirklichen Gesinnung abzurechnen. Heinrich Manns Werk lasse die »Haßverblendung des Schreibers« erkennen, hieß es in einer Literaturgeschichte von 1928, er stehe »gegen das Bürgertum« und sei »ein Abtrünniger seiner Klasse«.[60]

Aus der Enttäuschung über Heinrich Manns Wahlunterstützung für Hindenburg kam 1932 ein ähnliches Echo von ganz links. »Der Dichter Heinrich Mann, der im ›Untertan‹ ein besonders bösartiges Gewächs seiner Klasse gestaltet« habe, so Johannes R. Becher in der »Linkskurve«, sei »ein Opfer dieses Geschöpfs und seiner Klasse und kehr(e) zu seiner Gestalt zurück«.[61] Der Vorwurf des »Undeutschen« wurde durch populäre Literaturgeschichten in und über den Nationalsozialismus hinaus tradiert, was Bertolt Brecht zu Beginn des 2. Weltkrieges zu dem Hinweis veranlaßte, im »Untertan« sei »die deutsche Misere« formuliert.[62] Und Georg Lukács erinnerte 1946 noch einmal an die Prophetie des Romans, denn man könne sagen, »daß die meisten Züge, die beim Deutschen der faschistischen Periode epidemieartig zum Vorschein kamen, hier bereits sichtbar gemacht« wurden.[63] Es gelang Diederich Heßling und seinem Schöpfer bis in die jüngste Zeit widersprüchliche Betrachtungsweisen zu reproduzieren. Ein Nachschlagewerk aus dem Jahre 1961 übernahm unverändert die Auffassung des schon erwähnten Germanisten Soergel aus dem Jahre 1928, daß »nicht Kunst, sondern Haß« Heinrich Mann die Feder geführt habe.[64] Und anläßlich eines Kolloquiums zum 100. Geburtstag Heinrich Manns sah man bei einem Schriftsteller, »der ohne Zwang zur realen Verantwortung« ein satirisch entstelltes Gesellschaftsbild entwerfe, den Weg in den Kommunismus vorgezeichnet.[65] Heinrich Böll hingegen war »erstaunt und erschrocken«, als er den »Untertan« im Jahre 1969 wieder las: »Fünfzig Jahre nach seinem Erscheinen erkenne ich immer noch das Zwangsmodell einer untertänigen Gesellschaft.«[66]

2. Exkurs: »Die Deutschen sind den Juden viel zu ähnlich«

Das »Zwanzigste Jahrhundert« und der Geist, der »zersetzt«

Auf der Titelseite der Münchener Zeitschrift »Die Brennessel« war im Januar 1933 eine Karikatur abgebildet, die die berühmte aufreizende Pose Marlene Dietrichs vom Filmplakat »Der blaue Engel« kopierte, ihr allerdings den Kopf von Heinrich Mann aufmontiert hatte. Den Refrainnoten der »feschen Lola« wurde dabei der Text unterlegt: »Ich bin von Kopf bis Fuß auf Juda eingestellt.« Schon bevor man den durch die Verfilmung seines Romans »Professor Unrat« weltberühmt gewordenen Autor am 15. Februar 1933 aus der Akademie der Künste in Berlin entfernt hatte, war es in rechten Feuilletonkreisen, namentlich in der Hugenberg-Presse, üblich geworden, ihn als »undeutsch« und »Judenfreund« zu bezeichnen. Typisch dafür war – neben der erwähnten Karikatur – ein »Offener Brief« des nationalistischen Schriftstellers und späteren Stabsoffiziers Walter Bloem in der Berliner Ausgabe der »Deutschen Allgemeinen Zeitung« vom 27. September 1932. Als Entgegnung auf Heinrich Manns pazifistische Erklärung »Der Schriftsteller und der Krieg« war die Drohung zu lesen: »Wer es künftig wagt, unsere heiligsten und gewaltigsten Erinnerungen, den stolzen und unerschütterlichen Glauben des ›Militaristen‹ und des ›Nationalisten‹ zu bespötteln und zu beschimpfen, der bekommt es mit uns zu tun. Heute sind wir, Vorkämpfer des Vaterlandsgedankens, nicht mehr ein verlorener Haufen inmitten einer ›Geistigkeit‹, die unsere Ideale in den Schmutz treten (...) Herr Heinrich Mann: eure Zeit ist jetzt vorbei (...) Der deutsche Schriftsteller verbittet sich Ihre Vertretung. Gehen Sie nach Europa, wenn Sie wissen sollten, wo es liegt, aber wagen Sie es nicht länger, sich auf internationalistischen Kongressen als Träger deutscher Geistigkeit zu brüsten, von der Sie keine Ahnung haben. Schreiben Sie unsretwegen für ›die Welt‹, aber bilden Sie sich nicht länger ein, für Deutschland zu schreiben.«[67]

Und eine Nuance vulgärer und konkreter wurde ein »Dr. S.« im »Völkischen Beobachter«. Nach Heinrich Manns Absetzung als Präsident der Akademiesektion »Dichtkunst« hieß es da unter der Überschrift »Auch ein Heinrich, vor dem uns graute...« unter anderem: »Niemand hat selbstverständlich den Verrat der Novemberparteien so stürmisch begrüßt wie Heinrich! (...) Für die Gedenkrede auf Kurt Eisner war er als passionierter Philosemit selbstverständlich wie geschaffen (...) Das tollste Stück aber dürfte gewesen sein, daß sich Mann auch für die Errichtung eines Heine-Denkmals in Düsseldorf begeistert einsetzte. Für den unheilvollsten Gesellen, der im 19. Jahrhundert nicht bloß durch die deutsche Literatur, sondern auch durch das deutsche Leben hindurchgegangen ist, durchaus als Seelenverwüster und -vergifter, als Vater der Dekadenz auf literarischem, politischem und sozialem Gebiet, für einen Denunzianten und Revolverjournalisten, wie den Juden Heine wollte er also Ruhmeshallen errichten! Den besten Vorschlag hat hier immer noch Liszt gemacht, der, wenn es denn sein müsse, ein Denkmal aus Kot empfahl (...) Und ein Mann mit solch einem Sündenregister erdreistete sich in diesen Tagen, Protestversammlungen wegen angeblich ›bedrohter Geistesfreiheit‹ einzuberufen! (...) Die Entschlußkraft eines neuen Deutschlands aber hat für etwas anderes gesorgt, was schon längst hätte geschehen müssen: Für die Ausschaltung von Literaten wie Heinrich Mann aus dem offiziellen Geistesleben!« Dieses Pamphlet erschien am 19./20. Februar 1933.[68] Am 21. Februar lautete der Eintrag in Heinrich Manns Taschenkalender: »abgereist«. Einen vorläufigen Höhepunkt der nationalsozialistischen Kampagne »Wider den undeutschen Geist«, so die Überschrift des zentralen Plakates der »Deutschen Studentenschaft«, stellten die mitternächtlichen Szenen im Mai 1933 dar, als fanatisierter akademischer Pöbel nach einem gespenstischen Ritual Bücher auf dem Scheiterhaufen verbrannte. »Das Zeitalter eines überspitzten jüdischen Intellektualismus ist nun zu Ende«, rief Goebbels am 10. Mai auf dem Berliner Opernplatz den jubelnden Pyromanen zu. Als führender Vertreter des »jüdischen Intellektualismus« galt neben so unterschiedlichen Autoren wie Karl Marx, Sigmund Freud, Alfred Kerr, Friedrich Wilhelm Förster, Erich Maria Remarque, Kurt Tucholsky oder Carl von Ossietzky natürlich auch der Nichtjude Heinrich Mann. Für ihn lautete der »Feuerspruch«: »Gegen Dekadenz und moralischen Zerfall! Für Zucht und Sitte in der Familie! Ich übergebe dem Feuer die Schriften von Heinrich Mann.« Und Viktor Mann, der nach 1933 in München geblieben war, berichtet, daß Gestapo-Männer, die fest von Heinrich Manns Judentum überzeugt waren, an der nationalsozialistischen Rassenlehre verzweifelten, als sich der jüngste Bruder des Geflüchteten in einem Verhör als »Arier« ausweisen konnte. Die nationalsozialistische Literaturwissenschaft hatte im Fall der Familie Mann sogar Ahnenforschung betrieben. Adolf Bartels teilte 1934 in seiner »Geschichte der deutschen Literatur« das Ergebnis mit: »Zum Judentum leiten schon die Brüder Heinrich und

Thomas Mann aus Lübeck (geb. 1871 und 1875) über – ihr Vater war Großkaufmann und Senator, ihre Mutter aber eine Portugiesin, also möglicherweise nicht ohne Juden- und Negerblut, und beide haben auch eine Jüdin geheiratet.«[69]

Seit der Dreyfus-Affäre gegen Ende des 19. Jahrhunderts existierte jenes Feindbild, das im Intellektuellen eine unheilvolle Verbindung von Wurzel- und Vaterlandslosigkeit erblickte, eine zersetzende Mischung von Dekadenz und jüdischer »Fremdstämmigkeit«. Für die Nationalsozialisten war der gesamte intellektuelle Bereich der Weimarer Republik »verjudet«. Entsprechend betrachtete Goebbels' »Angriff« schon 1930 »den Intellektualismus, das Literaten-Gesindel« als »Todfeind«. Heinrich Mann sah in dieser Kampagne gegen den »jüdischen Intellekt« keinen »Angriff auf eine Schicht«, sondern »weit darüber hinaus die Verleumdung unseres Menschlichsten«. Man wolle sich der »menschlichen Verantwortung entheben«, darum »beschimpft man den Intellekt«, lautete seine These, die zugleich eine Warnung war: »Mit dem Intellekt steht und fällt das sittliche Empfinden. Es wird durch ihn erst wirksam, und man unterdrückt es zugleich mit ihm. Nur eine geistig unempfindliche Menschenart entledigt sich aller Verpflichtungen gegen andere und verlegt sich auf Entrechtungen. Wer mit Entrechtungen erst angefangen hat, hört bei den Juden nicht auf. Gewalt und Unvernunft liegen auf derselben Ebene; man kann nicht gegen die Vernunft sein, ohne gewalttätig zu handeln. Die Antisemiten machen sich mitschuldig an allen sittlichen Unmöglichkeiten, die auf die Entrechtung noch folgen würden.«[70]

Heinrich Mann wußte, wovon er redete, denn es gab auch in seinem Leben eine Phase, in der er mitgeschwommen war im reaktionären Strom des Kaiserreiches, in dem sich Militarismus, Antiparlamentarismus, antisemitischer Rassedünkel und irrationaler Schicksalsglaube mischten. 1894, im Jahr des Dreyfus-Prozesses, war sein Erstlingsroman »In einer Familie« mit einer Widmung für den französischen Rasse-Psychologen und Mitbegründer der »Action Française« Paul Bourget erschienen. Durch die Beschäftigung mit Bourget, den er in der Zeitschrift »Gegenwart« als »Kosmopolit« gefeiert hatte, war Heinrich Mann damals auch auf Barbey d'Aurevilly gestoßen. In dessen Werk fand er Parallelen zu Bourget: Konservativen Familiensinn, ultramontanen Katholizismus und unverhohlenen Rassismus. In einem Essay für die »Gegenwart« vom Januar 1895 zeigte sich Heinrich Mann beeindruckt vom »Rasseinstinkt« des »starken und zähen« Bretonen d'Aurevilly, der vor allen »Ausschweifungen der Vernunft« gefeit sei. In den Jahren 1895 und 1896 (von April 1895 bis März 1896 sogar als Herausgeber) hatte der 24jährige Neuromantiker Heinrich Mann auch keine Skrupel, für die konservativ-antisemitische Zeitschrift »Das Zwanzigste Jahrhundert« zu schreiben. Das Blatt war von den völkischen Publizisten Erwin Bauer und Friedrich Lienhard 1890 gegründet und führte bezeichnenderweise den Untertitel »Deutschnationale Monatshefte für soziales Leben, Politik, Wissenschaft und Literatur« (ab April 1895: »Blätter für deutsche Art und Wohlfahrt«). Das Programm des »Zwanzigsten Jahrhunderts« war undeutlich und widersprüchlich, prononciert allerdings in der Frage des Antisemitismus. Zu Beginn der 90er Jahre, der Hofprediger Stoecker spielte kaum noch eine Rolle, erlebte der politische Antisemitismus in Deutschland einen enormen Aufschwung. Das »Zwanzigste Jahrhundert« war nur eine Stimme im antisemitischen Blätterwald. Die »Antisemitische Correspondenz« berichtete zum Beispiel am 27. Juli 1890, »daß (allein) von Leipzig aus täglich drei- bis viertausend Flugblätter und andere Schriften in die Welt gehen und den Ideen der Antisemiten in aller Stille täglich neue Kreise erobern«.[71] In den Wahlen von 1893 hatten die »wahren« Antisemiten großes Aufsehen erregt, als ihre Stimmenzahl von bisher 48 000 auf über 250 000 anstieg. Die politischen Verhältnisse waren in Fluß geraten, traditionelle Bindungen an Konservative, Nationalliberale oder Sozialdemokraten lockerten sich, je mehr Anziehungskraft von den radikalen Antisemiten ausging. Innerhalb kürzester Zeit wurde Hermann Ahlwardts Buch »Der Verzweifelungs-

kampf der arischen Völker mit dem Judentum« (1890) zum
Bestseller. Das Wort »Antisemitismus« war zur Zeit, als
Heinrich Mann die Redaktion des »Zwanzigsten Jahrhundert« übernahm, noch gar nicht lange im modernen Sprach-
gebrauch. Als »Antisemit« verwahrte man sich gewissermaßen dagegen, dem von einer »aufgeklärten«, modernen Zeit
verpönten »mittelalterlichen« Judenhaß zu huldigen. Man
gab sich einen wissenschaftlichen Anstrich, indem man den
terminus technicus der Naturwissenschaft entnahm, das
heißt der Biologie und ihrem damals modischen Ableger: der
»Rassenkunde«. Außerdem erhob man durch die Nachsilbe
»ismus« die Judenfeindschaft in die Sphäre der zeitgenössischen philosophisch-politischen Doktrinen und Begriffe.
Auch Heinrich Mann wollte das »wissenschaftliche« Niveau
des »Zwanzigsten Jahrhundert« anheben. Nach seiner Übernahme der redaktionellen Verantwortung verkündete das
Editorial, daß in Zukunft die Zahl der soziologischen Beiträge erhöht werde. Sehr viel »soziologische« Substanz enthiel-
ten die 34 Artikel, die Heinrich Mann bis einschließlich
Dezember 1896 für die Zeitschrift verfaßte, allerdings nicht.
In seinem Beitrag »Reaction!« (April 1895) befürwortet er
eine Zensur atheistisch-anarchistischer Schriften »als begründete und wirksame Waffe gegen den Umsturz«, den die
ungebildeten und aufgehetzten Massen bewirken könnten,
wenn sie über die »gehaßte Cultur herfallen«. Einen Monat
später propagiert der neue Herausgeber unter der Überschrift »Degeneration – Regeneration« einen religiös gefärb-
ten Sozialdarwinismus: »Das Christentum ist bestimmt für
gesunde Menschen, es hat gesunde Menschen zur Voraussetzung.«[72] Und dann im August 1895 erschien im »Zwanzigsten Jahrhundert« aus der Feder Heinrich Manns jener berüchtigte Artikel »Jüdischen Glaubens«, der Alfred Kantorowicz, als er ihn 1950 in der Berliner Staatsbibliothek entdeckte, schier »den Atem verschlug«. In diesem Artikel entwirft
der junge Autor, den die Nationalsozialisten später selbst
des »jüdischen Intellektualismus« bezichtigen, ein ausgesprochen radikales antisemitisches Programm. Anlaß war

das Erscheinen von »Im deutschen Reich«, der Zeitschrift des 1893 gegründeten »Centralvereins deutscher Staatsbürger jüdischen Glaubens«. Nach seinem Lob des »deutschen Mittelstandes« als »Hort« einer »werthvollen Tradition« (eine Favorisierung der Mittelschichten als Traditionswahrer bleibt eine Konstante in Heinrich Manns politischem Denken, auch noch in den späten Volksfrontthesen), polemisiert er gegen das »akademisch gebildete Judenthum« als »Vermittler« des »Materialismus, dessen Sterbeduft wir heute (...) noch auszuhalten haben.«[73] Heinrich Mann nahm auch Stellung gegen den jüdischen Literaturwissenschaftler Ludwig Geiger, bei dem er vier Jahre vorher – während seiner Berliner Volontärszeit im Samuel Fischer-Verlag – als Gasthörer Vorlesungen besucht hatte. »Gelehrter Dunst« sei es, »mit dem sich der Akademiker Geiger umgiebt«. Und auch eine stereotype Attacke gegen die jüdische Intelligenz, »die seit fünfzig Jahren mit unendlicher Betriebsamkeit« daran arbeite, »die Wurzeln unseres Volkes auszureißen, damit es für ein luftiges ›Menschenthum‹ tauglich werde...«, findet man.[74] Heinrich Mann war damals davon überzeugt, daß es weder einen jüdischen Glauben noch ein jüdisches Volk gebe. Judentum war für ihn »sichtbarer Begriff alles dessen, was zerstört und niedrig macht«. So erkläre sich die »tiefe und mächtige Volksbewegung, die man Antisemitismus nennt«.[75]

Diese »vollkommen unerwartete Absonderlichkeit« (Alfred Kantorowicz) in Werk und Leben Heinrich Manns blieb erstaunlich lange geheim. Der Autor hatte sie verdrängt und mit ihm die Forschung. Die Tatsachen wurden erst nach dem Tode der Brüder Mann bekannt. Als Kantorowicz »die Fotokopien (fast tausend Seiten)« des »Zwanzigsten Jahrhunderts« 1950 in der Staatsbibliothek studierte, schöpfte er »Trost aus der Erkenntnis, in welche Sackgassen auch die bedeutendsten Geister in ihrer Jugend bei der Wegsuche durch das Labyrinth der Widersprüche geraten können«.[76] Doch zunächst hielt er seine Entdeckung geheim. »Ich verbarg den unheimlichen Fund jahrelang bei mir zu Hause. Erst

1956, als mehrere meiner Doktoranden an Heinrich-Mann-Dissertationen arbeiteten, zudem aber auch die sehr gründliche russische und tschechische Forschung, sowohl die Archive wie die Bibliotheken nach Materialien zu durchstöbern begannen, machte ich eine erste, vorbeugende Andeutung.«[77] Konkrete Hinweise auch auf die Mitarbeit von Thomas Mann an der völkischen Zeitschrift gibt es seit 1975, als dessen Briefe an seinen engsten Jugendfreund, den Kunsthistoriker Otto Grautoff, veröffentlicht wurden.[78] Die gemeinsame publizistische Tätigkeit für das »Zwanzigste Jahrhundert« fiel in die Zeit des Italienrausches, den Heinrich Mann damals mit dem Bruder Thomas teilte. Aus Palestrina teilte Thomas Mann im August 1895 Otto Grautoff mit: »Kürzlich habe ich mich zum literarischen Mitarbeiter des ›XX. Jahrhunderts‹ aufgeschwungen; mein Bruder ist ja Herausgeber (...) Die Sache macht mir Spaß, obgleich ja sie gar keinen Zweck hat.«[79] Und neun Monate später, am 23. Mai 1896, schrieb er aus München: »Seit einiger Zeit ist mein Bruder hier, ich helfe ihm feuereifrig, sein Blatt zu redigieren.«[80] Ein halbes Jahr später schien ihm die Sache offensichtlich ein wenig peinlich zu sein. Aus Rom meldete er am 23. April 1897: »Was zunächst meinen Bruder betrifft, so ist, wie Du weißt, das XX. Jahrhundert bereits im Jahre 1896 (das heißt Ende Dezember, W. J.) selig entschlummert, womit er, der das ziemlich einfältige Blättchen stets mit einigem Widerwillen und nur um Geld zu verdienen dirigierte, recht einverstanden ist.«[81] Daß es wirklich nur ums Geld ging, ist zu bezweifeln, immerhin hatte auch Thomas die Redaktionsarbeit bis zuletzt »feuereifrig« unterstützt und auch noch im Oktober und November 1896 eigene Beiträge beigesteuert. Der politische Wandel der Brüder verlief in unterschiedlichen Zeitphasen. Als Heinrich Mann sich längst selbst mit jenem in völkischen Kreisen verhaßten »Typus des geistigen Menschen« identifizierte, hatte Thomas immer noch »Spaß« am alten Feindbild, wie seine »Betrachtungen eines Unpolitischen« aus dem Jahre 1918 beweisen. Der angeblich »Unpolitische« gab hier eine höchst politische, geistesgeschichtliche

Interpretation des Weltkrieges aus national-konservativer Sicht. Nach ihm kämpfte Deutschland als letzter Vertreter der »Kultur« gegen die »Weltentente der Zivilisation«. Thomas entkleidete den gängigen Vorwurf der nationalen Unzuverlässigkeit der Intellektuellen seines »bloß emotionalen Charakters«[82] und gab ihm einen festen Platz und eine systemtragende Funktion in der übergreifenden Theorie des »Undeutschen«.

Daß Heinrich Mann demgegenüber schon vor dem Ersten Weltkrieg zur literarischen Vorbildfigur der expressionistischen Aktivisten werden konnte und nach dem Krieg als literarischer Repräsentant der demokratischen Republik galt, verdankte er seiner seit Beginn des neuen Jahrhunderts gewachsenen Auffassung von Literatur als öffentlich-politischer Praxis. Er verwarf das der Jahrhundertwende vertraute Prinzip der gesellschaftlichen Exklusivität von Literatur und setzte auf das neue der intellektuellen Publizität. Aus einer traditionsreichen, über Heine und Hegel in die Aufklärung zurückführende Deutschland-Kritik und dem damals unpopulären Lob Frankreichs heraus, entwickelte sich für ihn der Widerspruch zwischen kritischem »Geist« und »dumpfer, unsauberer Macht«. Mehr und mehr sah er in Frankreich und der französischen Literatur das Gegenmodell der deutschen Entwicklung. Seine Aufsätze aus dem Jahr 1910 (»Geist und Tat« oder »Voltaire – Goethe«) wurden von der Expressionistengeneration enthusiastisch aufgenommen und in Franz Pfemferts »Aktion« sowie in Kurt Hillers »Ziel«-Jahrbüchern nachgedruckt. In der rückständigen deutschen Debatte fungierte die Dreyfus-Vokabel »Intellektueller« wesentlich länger als in Frankreich als polarisierendes Reizwort. Heinrich Mann skizzierte den »Intellektuellen« als Gegenpart des »Faust- und Autoritätsmenschen«. Im Essay »Geist und Tat« (1910) lautete sein oppositionelles Selbstverständnis: »Ein Intellektueller, der sich an die Herrenkaste heranmacht, begeht Verrat am Geist.«[83] Als »Bruder des letzten Reporters« sollte der Schriftsteller den Mechanismus der öffentlichen Meinungsbildung zur Durchsetzung bisher noch unverwirklichter Interessen des »Volkes« beherrschen lernen, »damit Presse und öffentliche Meinung, als populärste Erscheinungen des Geistes, über Nutzen und Stoff zu stehen kommen«.[84] Das wichtigste Dokument der gedanklichen Entwicklung Heinrich Manns zu Beginn des Weltkrieges war der Essay »Zola« aus dem Jahre 1915. Kritisch und selbstkritisch rechnete er hier mit der »Tyrannei der vaterlandsseligen Nichtkönner« ab, die sich »in ruhigen Zeiten auf gewissen Bühnen austoben durften«. Jetzt, in den aufgeregten Zeiten sei »das gesamte Land eine patriotische Schmiere«.[85] Und jenen Geistesaristokraten, deren Sache es sei, »schon zu Anfang ihrer zwanzig Jahre bewußt und weltgerecht hinzutreten«, prophezeite Heinrich Mann das traurige Schicksal, daß sie »früh vertrocknen sollen«.[86] »Niemand hat es so deutlich gemerkt wie mein Mann selber, daß er damit gemeint war«, erklärte Katia Mann später.[87] Wie recht sie hatte, beweist der empörte Brief, den Thomas Mann am 3. Januar 1918 an Heinrich schrieb. »Dinge, wie Du sie in Deinem Zola-Essay Deinen Nerven gestattet und den meinen zugemutet hast«, heißt es da, »nein, dergleichen habe ich mir niemals gestattet und nie einer Seele zugemutet.« Die Prophezeiung des Bruders, früh zu »vertrocknen«, nennt er einen »unmenschlichen Exzess«, andere Passagen werden als »wahrhaft französische Bösartigkeiten, Verleumdungen, Ehrabschneidungen« charakterisiert.[88] In seinen »Betrachtungen eines Unpolitischen« systematisierte Thomas Mann dann seine Vorwürfe gegenüber dem Bruder zum vernichtenden Schlagwort »Zivilisationsliterat«, das er erfindungsreich mit Begriffen wie »Rhetorbourgeois« oder »Humanitätsprinzipienreiter« zu variieren wußte.[89] Hier verdichten sich die aus Frankreich bekannten polemischen Kennzeichnungen der »Dreyfusards« zum deutschen Rollenstereotyp. Im Bruderzwist zwischen Thomas und Heinrich Mann offenbarte sich »exemplarisch eine Intellektuellen-Debatte, die weit über den unmittelbaren Kontext hinaus gewirkt hat«.[90] 1922, in seinem Aufsatz »Von deutscher Republik«, sah Thomas Mann sich zum Widerruf genötigt. Heinrich Manns Gedankensystem hingegen gewann Kontinuität. Die Betonung der Eigenständigkeit und Dominanz der Kategorie »Geist« sollte alle Veränderungen in seinem Geschichtsbewußtsein überdauern. Schon im »Professor Unrat« (1905) wurde der Geist zur Tat, geriet zur »Bombe«, die in die traditionelle gesellschaftliche Gemeinschaft einschlug. Das Verhältnis von Geist und Tat manifestiert sich bei Heinrich Mann als Revolte gegen ungerechte Gewalt. »Denn der Geist ist nichts Erhaltendes und gibt kein Vorrecht. Er zersetzt, er ist gleichmacherisch; und über die Trümmer von hundert Zwingburgen drängt er den letzten Erfüllungen der Wahrheit und der Gerechtigkeit entgegen.«[91]

Mit diesem Bekenntnis zum Geist, der »zersetzt« (1910), bekundete Heinrich Mann demonstrativ die Überwindung seiner neuromantischen Phase des Antisemitismus. Als er sich sechzehn Jahre nach den peinlichen antisemitischen Ausfällen im »Zwanzigsten Jahrhundert« wieder zu Fragen des Judentums äußerte, geschah dies in Form einer schwärmerischen Betonung der Bedeutung des »jüdischen Geistes« für die deutsche Kultur. Auf eine Umfrage des Berliner Juristen, Schriftstellers und Kritikers Artur Landsberger, mit dem er die Vorliebe für Romanthemen aus der Halb- und Unterwelt teilte, antwortete er am 15. Oktober 1911:

»Assimilierung halte ich für wünschenswert, sofern sie nicht Aufgehen bedeutet, sondern Annäherung und Einwirkung. Die Juden dürfen sich nicht mit dem Ideal durchringen, Germanen zu werden. Nicht nur der Jude ist verloren, der sich totschießt, weil er nicht Reserveleutnant wird, sondern auch der, der es wird. Denn für ihn ist es zu Ende mit dem Zwang, Geist zu haben (wozu Fragwürdigkeit und Abseitigkeit ihn nöthigten), mit dem Zwang, den Geist wenigstens zu lieben und ihn bei seinem ›Wirthsvolk‹ geltend zu machen. Was aber soll, wenn auch die Juden versagen, aus einem ›Wirthsvolk‹ werden, das schon jetzt an geistiger Unterernährung krankt? Wenn kein Jude mehr das öffentliche Leben ein wenig geistiger macht, und keine Jüdin mehr die Liebe? Die Folgen der vollständigen Assimilierung und die der

Trennung wären gleich schauderhaft.«[92] Ein Jahr später beteiligte sich Heinrich Mann an einem Essayband Werner Sombarts zur Frage der »Judentaufen«[93], ein Thema das ihn auch privat berührte, denn inzwischen hatte er die jüdische Schauspielerin Maria (Mimi) Kanová aus Prag kennengelernt und am 12. August 1914 geheiratet. Im Judentum sah Heinrich Mann nun jenen »Menschentum-Geist« verkörpert, dem – bedingt durch eine lange Leidensperiode und die religiöse Kulturtradition – Humanität, Freiheit, Menschenrechte und -pflichten zum Bekenntnis geworden waren. 1933 sprach er aus, was er schon lange als Pathologie des deutsch-jüdischen Verhältnisses erkannt hatte: »In Wirklichkeit sind die Deutschen das letzte Volk, das auf den Judenhaß ein Recht hatte. Sie sind den Juden viel zu ähnlich.«[94] Das Problem bestehe darin, daß sich beide, »Juden und Deutsche«, für das »auserwählte Volk« hielten. Ihre »verhältnismäßig unglückliche Geschichte« habe »sowohl Deutschen wie Juden allen Grund gegeben zu Vorbehalten hinsichtlich ihrer Art. Daher die jüdische Selbstironie, denn was sonst ist ihr berühmter Witz! Bei den Deutschen wird der ›Minderwertigkeitskomplex‹ auf andere Weise ›überkompensiert‹, nämlich durch forsches Auftreten.«[95] Der Antisemitismus habe »seinen Herd nicht in dem alten Gebiet der deutschen Kultur«, sondern im Osten, im »eigentlichen Preußen«, woher auch der »kriegerische Imperialismus« gekommen sei. »Als Germane«, so Heinrich Mann, »spielt sich der zuerst auf, der sogar in Urzeiten nie einer gewesen ist.«[96] Mit keinem anderen Volk seien die Juden eine so enge Bindung eingegangen wie mit den Deutschen. Um so tragischer sei die Entwicklung für Juden und Deutsche gleichermaßen, die Entwicklung zur »völligen Beziehungslosigkeit und Leere«.[97] Und in dem bereits erwähnten unveröffentlichten Fragment »Waserl fühlt sich minderwertig« gibt es eine geradezu sinnbildliche Szene. Der Nationalsozialist Waserl befindet sich vor einem »leeren Spiegel« und »macht Judenmaske«. Der Kommentar: »Wie steht Waserl da? – Das Bild des Juden erscheint im Spiegel.«[98]

Schon vor dem Ersten Weltkrieg, vor allem in der Zeit von

1910 bis 1915, als er in Essays seinen dynamischen »Geist«-Begriff entwickelte, war er um intensiven Gedankenaustausch mit Repräsentanten der deutsch-jüdischen Kulturszenen in Berlin, Wien, Prag und München bemüht. Bekannt sind die frühen Schwabinger Kontakte mit Lion Feuchtwanger und Erich Mühsam, weniger der Beginn der Korrespondenz mit Kurt Tucholsky im Jahre 1913 oder die Briefwechsel mit Max Brod, Albert Ehrenstein, Stefan Zweig und Ludwig Strauß. Auch die Tatsache, daß sich Joseph Roth schon während des Ersten Weltkrieges auf Heinrich Mann berief, wurde bisher kaum registriert.

Briefe und Wahlverwandtschaften: Max Brod, Albert Ehrenstein, Stefan Zweig, Ludwig Strauß, Joseph Roth

An Max Brod hatte Heinrich Mann schon vor 1910 regelmäßig seine jeweils neuen Publikationen mit der Bitte um Begutachtung geschickt. Als die Regelmäßigkeit der Sendungen im Verlauf des Jahres 1911 nachließ, schrieb Brod ihm aus Prag eine »Mahnung«: »Sehr verehrter Herr Mann – ich bedaure es sehr, daß Sie mir nicht mehr wie vorher Ihre neuen Bücher senden, z. B. ›Das Herz‹ (Novelle von 1910, W. J.) u. a. Meine bewundernden Gefühle gegen Sie aber sind stets dieselben geblieben und als Zeichen steter dankbarer Verehrung bitte ich Sie, mein letztes Buch, ein Theaterstück, zugleich mit ergebensten Grüßen von meinen Angehörigen und mir entgegenzunehmen. Hochachtungsvoll Dr. Max Brod.«[99] Das beigefügte Buch, »Abschied von der Jugend« (Romantisches Lustspiel in drei Akten), erschienen im Berliner Axel Juncker Verlag, war mit der eigenhändigen Widmung des Autors versehen: »In Bewunderung für Heinrich Mann! Prag, 15. 1. 1912.« Ob Heinrich Mann Brods 1921 erschienenes religionsphilosophisches Werk »Heidentum, Christentum, Judentum« gelesen hat, weiß man nicht, ganz sicher aber sind in seiner »Geist-Macht«-Konzeption Affinitäten zu Brods Botschaft vom »Diesseitswunder« und dessen sozialer »Lehre vom edlen und unedlen Unglück« zu finden. Der »philosophische Beitrag des Judentums« war für Brod ein permanenter Versuch, radikale Politik und religiöse Radikalität zu verschmelzen, »ein geistiger Grundzug«, der »immer wieder in Jahrtausenden bestätigt« wurde.[100] Auch Heinrich Mann hat seine These von der Dominanz des Geistes nie analytisch oder synthetisch definiert, sondern eher mythisch-religiös. Zentrale Begriffe wie »Zuversicht« und »Weisheit« treten in den frühen Essaysammlungen »geradewegs als allegorische Gestalten« auf.[101] 1933 gaben Heinrich Mann und Max Brod in Prag gemeinsam mit Lion Feuchtwanger, Arthur Holitscher u. a. die Essaysammlung »Gegen die Phrase vom jüdischen Schädling« heraus.[102] Mit Unterbrechungen blieb der Kontakt zwischen Heinrich Mann und Max Brod bis zur Exilzeit bestehen. 1940, als Brod Dramaturg des »Habimah«-Theaters in Tel Aviv war, hatte Heinrich Mann die Hoffnung, dort mit einem seiner Dramen »vielleicht zu einer hebräischen Aufführung« zu kommen.[103]

Über mehr als zwanzig Jahre wechselte Heinrich Mann auch Briefe mit dem heute so gut wie vergessenen Albert Ehrenstein, der vor dem Ersten Weltkrieg einer der führenden und zugleich eigenwilligsten Expressionisten war. Als Sohn eines jüdischen Brauereikassierers im Wiener Arbeitervorort Ottakring in beengten Verhältnissen aufgewachsen, beschrieb der Satiriker und Lyriker das zerfallende »Kakanien« nicht aus der distanzierten Logenperspektive der Salons, sondern aus der Unmittelbarkeit der Straßen und Hinterhöfe. Der Sozialist, Jude und freie Schriftsteller Ehrenstein war gleich in mehrfacher Hinsicht jenem »Typus des geistigen Menschen« zuzurechnen, der »über die Trümmer von hundert Zwingburgen drängt«. Heinrich Mann bewunderte bei ihm vor allem die Kombination von aggressiver Dialektik und sprachlicher Brillanz. Man tauschte Komplimente und Widmungen aus. Im April 1916 bedankte sich Heinrich Mann bei Ehrenstein schriftlich für die Widmung eines Lyrikbandes: »Die Gedichte sind in Ausdruck und Gefühl zugleich fein und stark. Ich habe Ihnen besonders für die Widmung zu danken, durch die Sie sich zu einer Art des Zeiterlebens bekennen, das dem meinen verwandt (ist).«[104] Im Februar 1920 schickte er ihm seine Novelle »Die Tote« sowie den ersten Akt des Dramas »Der Weg zur Macht« mit der Bitte um Vermittlung beim Wiener »Genossenschaftsverlag«.[105] Und im Mai 1938 bemühte sich Heinrich Mann von Nizza aus mit einem Empfehlungsschreiben an den »Schutzverband deutscher Schriftsteller« (SDS) um eine »Werkbeihilfe« für den im Schweizer Exil nahezu mittellos lebenden Ehrenstein.[106]

Auch mit Stefan Zweig entwickelte sich eine intensive Korrespondenz, die nach dem Ersten Weltkrieg begann. Im März 1919 bedankte sich Heinrich Mann bei Stefan Zweig für eine »Untertan«-Besprechung, »die gewiß mehr Lob enthält, als mir zukommt«.[107] Ein Jahr später bat er den international bekannten und einflußreichen österreichischen Schriftsteller um die Unterstützung seines Antrages bei der Landesregierung Salzburg für die Einreiseerlaubnis nach Badgastein. Heinrich Mann befürchtete, wegen seiner Sympathie für die vor einigen Monaten niedergeschlagene Bayerische Räterepublik und des Engagements im »Politischen Rat geistiger Arbeiter« auf einer »schwarzen Liste« zu stehen. »Die Möglichkeit (an der Grenze) abgelehnt zu werden«, so seine Sorge, »ist beträchtlich, wenn man aus München kommt.«[108] Stefan Zweig sollte sein »Alibi« bestätigen, daß er kein Bayer sei, sondern »Staatsangehöriger der Freien Hansestadt Lübeck, die weit fort liegt«.[109] Auch wenn es im Verlauf der jahrelangen Korrespondenz zwischen Heinrich Mann und Stefan Zweig Kontroversen gab, so 1928 über die Frage, ob man Sigmund Freud für den Nobelpreis vorschlagen solle, war man sich einig in der Einschätzung, daß Bereiche existierten, in denen »die Pflege der deutschen Kultur einzig und allein von Juden aufrechterhalten wurde«.[110] Im Dezember 1932, als Heinrich Mann den letzten Brief aus Deutschland an Stefan Zweig schrieb, überwog bereits ein resignativer Grundton. »Erscheint Ihnen dieses Zeitalter geistig anspruchsvoll?« fragte er und gab sich selbst die Antwort: »Ich habe oft den Eindruck, daß nicht einmal Geschicklichkeit verlangt wird.«[111]

Aufschlußreich ist ebenfalls die Tatsache, daß der deutsch-jüdische Schriftsteller und Germanist Ludwig Strauß, der spätere Schwiegersohn Martin Bubers, bereits als Zwanzig-jähriger Kontakt mit Heinrich Mann aufnahm und den älteren Kollegen um Beurteilung seiner ersten Novellen-Manu-skripte bat. Im April 1912 schrieb ihm Heinrich Mann aus dem Hotel »Bella Vista« in Bordighera, daß er von den drei übersandten Manuskripten lediglich eines für publikations-würdig hielt. Insbesondere die »psychologischen Notizen« seien noch zu »abgerissen«, um sie »literarisch ›möglich‹ zu machen«.[112] Erst vier Jahre später, Ludwig Strauß hatte eine ernüchternde Konfrontation mit dem Kriegsalltag erfahren müssen, konnte sein erster Novellenband »Der Mittler« erscheinen. Heinrich Mann urteilte wohlwollend: »Sie haben die unentbehrliche Stofflichkeit und erheben doch alles ins Geistige.«[113] Die von Heinrich Mann beobachtete und ge-schätzte Entwicklung des »Geistigen« im Werk von Ludwig Strauß erklärt sich aus dessen verstärkter Hinwendung zu jüdischen Themen, die sich vor allem in seiner intensiven Korrespondenz mit Martin Buber ausdrückte.[114] Der Reli-gionsphilosoph Martin Buber, bei dem Ludwig Strauß vor dem Krieg in Berlin studiert hatte, versuchte seinen ehemali-gen Studenten, von dessen Talent er überzeugt war, damals als Mitarbeiter für seine Monatsschrift »Der Jude« zu gewin-nen. Kaum bekannt ist, daß auch Heinrich Mann als Autor für diese Zeitschrift gearbeitet hat. 1925 gestaltete er zusam-men mit Martin Buber, Emil Ludwig, Arnold Zweig, Jakob Wassermann, Léon Blum und anderen das Sonderheft »Anti-semitismus und jüdisches Volkstum«. In seinem Artikel »Das auferstehende Land« beschäftigte er sich mit dem Pro-blem der Auswanderung nach Palästina, einer Fragestellung, die damals viele junge Intellektuelle in Europa, so auch Ludwig Strauß, bewegte. Heinrich Mann zeigte sich beeindruckt von der zionistischen Aufbaubewegung: »Zweitausend Jahre nach ihrer Vertreibung kehren die Juden in ihr Land Palästina zurück. Der Völkerbund hat es ihnen zugesprochen. Sie könnten, wenn sie wollten, den Tempel Salomonis wieder errichten. Sie bauen aber statt dessen Siedlungen, trocknen Sümpfe, forsten Berge auf, stellen Bibliotheken hin, setzen Fabriken in Betrieb und eröffnen Kliniken. Alles wird neu in dem alten Land. Die Menschen, die hingehen, sind selbst neu (...). Sie arbeiten – härter als gemeinhin auf Erden gearbeitet wird. Sie tragen mit ihren Händen Humus auf kahle Berge. Sie erliegen dem Sumpffieber, damit nur das Land gesundet. Sie werden aus feinen jungen Leuten zu armseligen Landarbeitern und bleiben tapfer. Sie setzen beim Ackerbau noch immer ihr Geld zu und bleiben fest. In den Gemeinschaftssiedlungen schlafen sie auf nacktem Lehmboden, indes über ihnen vielleicht ein Bild nach Cézanne hängt.«[115] Diese schwärmerische Beschreibung des neuen Palästina war aber begleitet von der Sorge des Autors, daß Europa arm werden könnte, wenn der jüdische »Geist« und seine »Überlieferung« zukünftig fehlten. Heinrich Mann beschwor deshalb eine gemeinsame europäisch-jüdische Zukunft: »Die Juden haben nicht allein gelitten, sondern mit uns. Das Land der Väter aufzubauen, ist ein schöner Vorsatz, aber auch er gehört nicht nur ihnen. Alle Europäer wollen es aufbauen. Es neu und besser aufbauen. Es freier und menschlicher aufbauen.«[116]

In diesem Engagement für eine gesamteuropäische, humanistische Zivilisation, verwurzelt in einem deutschen und jüdischen Geistzentrum, zeigte sich eine verblüffende Wahlverwandtschaft zwischen Heinrich Mann und Joseph Roth. So unterschiedlich ihre Herkunft war, der eine aus norddeutscher Patrizierdynastie, der andere aus ostjüdischem Kleinbürgertum stammend, trafen sie sich in ihrem »Bekenntnis« zu einem geistigen Deutschland und Europa. Joseph Roths Erklärung aus dem Jahre 1931 hat fast wörtlich Anklang an zahlreiche, zeitgleiche Äußerungen Heinrich Manns: »Zu diesem Vaterland (Deutschland) sich bekennen heißt: eine europäische, eine kosmopolitische, eine große Gesinnung bekennen.«[117] Bereits 1917 schrieb der dreiundzwanzigjährige Joseph Roth in einem Feldpostbrief an seine Cousine: »Lies Heinrich Mann!«[118] Vor allem das zeit- und gesellschaftskritische Moment, das auch schon Heinrich Manns frühe Romane bestimmt, scheint den jungen Roth beeindruckt und beeinflußt zu haben. In seiner ersten Prosaveröffentlichung »Der Vorzugsschüler«, die 1916 in »Österreichs Illustrierter Zeitung« abgedruckt wurde, finden wir eine mit Heinrich Manns »Untertan« vergleichbare Satire auf das angepaßte Klein- und Bildungsbürgertum.[119] Auch in den folgenden Publikationen Roths zeigte sich in der satirisch-überspitzten Schreibart und der didaktischen Erzählweise eine Verwandtschaft mit Heinrich Mann. Beide begriffen sich als »links« einzuordnende Schriftsteller und Journalisten. Ihre politische Ideologie allerdings wurzelte in einer humanistischen Tradition, die älter war als die marxistische Idee. Im Untergang der Münchener Räterepublik sahen beide den Triumph der »dumpfen« Macht über den Geist. In seiner Gedenkrede auf Kurt Eisner charakterisierte Heinrich Mann den Ermordeten als »Blutzeuge des Geistes«. Eisner war für ihn »der erste wahrhaft geistige Mensch an der Spitze eines deutschen Staates«.[120] Joseph Roth solidarisierte sich demonstrativ mit Kurt Eisners Kampfgefährten Ernst Toller, den man in München denunziert hatte. Für Tollers lange Festungshaft machte Roth die »öffentliche Feigheit« der bürgerlichen Intelligenz verantwortlich.[121] Und nach Hitlers Bürgerbräu-Putschversuch im Jahre 1923 kritisierte er im »Prager Tageblatt« das »Schweigen im Dichterwald« (16. November 1923), warf namentlich Gerhart Hauptmann und Thomas Mann arrogantes Desinteresse vor. Nach seinem »kühlen, sachlichen Lob der republikanischen Staatsverfassung« habe Thomas Mann geschwiegen, »und er schweigt auch heute«. Allein Heinrich Mann habe Mut bewiesen und »aus seiner Gesinnung kein Hehl gemacht«.[122] 1924 zitierte Roth lobend Heinrich Manns neue Essaysammlung »Diktatur der Vernunft« und konstatierte, er sei »seit Jahren der einzige Rufer von Geist im brüllenden Streit der reaktionären Barbaren«.[123] Auch die Sympathie für Frankreich, dem Ursprung des europäischen Geistes, teilte Joseph Roth mit Heinrich Mann. Beide würdigten Emile Zola. Heinrich Mann schrieb seinen großen Essay, und Joseph Roth antwortete auf eine Umfrage: »Es gibt keinen Zola mehr in der Welt!«[124] 1934 lebten Joseph Roth und Heinrich Mann in Nizza vorübergehend in demselben Haus, symbolisch vereint. Beide arbeiteten dort an historischen Romanen, Heinrich Mann an »Henri Quatre«, Joseph Roth an »Die hundert Tage«. In einem Brief an Stefan Zweig vom 18. 10. 1935 nannte Roth Heinrich Mann, Lion Feuchtwanger und Arnold Zweig als die Schriftsteller, die von den Emigranten am meisten geschätzt und von den Nationalsozialisten am meisten gehaßt würden.[125] Bei den intellektuellen Emigranten, so Roth, unterschieden die Nationalsozialisten nicht zwischen Juden und Nichtjuden. Aus ihrer vulgären Sicht seien sie alle »die gleiche, absolut gleiche jüdische Scheiße«.[126]

In den Jahren der Weimarer Republik waren die deutschen Juden zum ersten Mal vor dem Gesetz völlig gleichberechtigt. Viele traten in Kultur, Wirtschaft und Politik ins Rampenlicht der Öffentlichkeit. Die emanzipatorischen Impulse kamen von deutsch-jüdischen Intellektuellen. Die Bilanz ist eindrucksvoll und bekannt. Nachhaltig unterstützte Heinrich Mann die These von Arnold Zweig, daß das Entscheidende dieser Zeit »der Anteil der Juden an der Gesittung des deutschen Volkes und Staates« gewesen sei.[127] So wahr es ist, daß Juden in der bürgerlichen Kultur Weimars wichtige Plätze eingenommen haben, so unbestreitbar ist es, daß ihrer Akzeptanz auch in der ersten deutschen Republik stets Grenzen gesetzt waren. Ein wichtiger Aspekt der Exildiskussion nach 1933 war dann auch weniger die nostalgische Erinnerung an die »vertane Chance« einer deutsch-jüdischen Kultursymbiose, als vielmehr der Hinweis auf den gefährlichen Zusammenhang zwischen Antisemitismus und Krise des bürgerlichen Nationalstaates. Eine Zeitlang lebte in Paris, Nizza und Sanary-sur-Mer der deutsch-jüdische Mikrokosmos jener vergangenen kulturellen und politischen Welt von Weimar weiter. Heinrich Mann intensivierte in Frankreich die Zusammenarbeit mit Autoren, Publizisten und Kritikern wie Georg Bernhard, Ferdinand Bruckner, Hermann Budzislawski, Lion Feuchtwanger, Alfred Kerr, Siegfried Kracauer, Leopold Schwarzschild, Theodor Wolff oder Arnold Zweig. Bevorzugte gemeinsame publizistische Plattformen waren die »Neue Weltbühne«, das »Pariser Tageblatt«, das »Neue Tagebuch« und die »Dépêche de Toulouse«. Wie eng in dieser Zeit die Geistesgemeinschaft vor allem zwischen Heinrich Mann, Lion Feuchtwanger und Arnold Zweig war, geht aus dem Briefwechsel der beiden letzteren hervor. Auch noch nach dem Krieg erkundigte sich Arnold Zweig von Haifa aus stets besorgt nach dem Schicksal von Heinrich Mann in Kalifornien.[127a]

In den dreißiger Jahren kritisierte Heinrich Mann in Zeitungsartikeln, Interviews und Essays immer wieder den Antisemitismus. Dabei ging es ihm nicht nur um die Verteidigung der Juden, sondern auch und gerade um eine »sittliche Erziehung« der Deutschen.

Aber allmählich zeigte auch er in seiner »sittlichen« Erziehungsfunktion Ermüdungserscheinungen. 1935 teilte er dem Herausgeber der »Neuen Weltbühne«, Hermann Budzislawski, lakonisch mit: »Über die Juden würde ich schon schreiben, aber wo ist ein neuer Gesichtspunkt?«[128] In einem undatierten, vermutlich aus der gleichen Zeit stammenden Manuskript mit dem Titel »Rassenantisemitismus« heißt es: »Was soll man noch sagen zu einer Frage, in der Erkenntnis nicht entscheidet, sobald Neigung und Glauben es anders beschließen (...) Der Nationalismus ist samt seiner antisemitischen Ergänzung geistig längst erledigt, es wird haarsträubend langweilig, sich mit ihm abzugeben. Er wirkt nur in den Tatsachen plump körperlich noch nach und wird dank dem Beharrungsvermögen, das gerade seine Anhänger kennzeichnet, selbst in einer künftig bis zur Unkenntlichkeit veränderten Welt ohne jeden Zusammenhang mit ihr noch spuken.«[129] Später, als die Nationalsozialisten den Krieg ent-

fesselt hatten und die »Endlösung der Judenfrage« vorberei-
teten, sah Heinrich Mann keine sittliche und geistige Ent-
wicklungsmöglichkeit der Deutschen mehr. Er konstatierte
resigniert, daß sie »ihre armselige Weltanschauung, die antisemitisch und sonst nichts ist, zum Gesetz« erhoben hatten.[130]
Hitler führe eine »grausige Groteske« vor. Die Deutschen
hätten alles, »was sie als jüdisch je zusammenfabulierten, weit
hinter ihrer eigenen Wirklichkeit gelassen«.[131] Die »Judenver-
folgung dieser späten, zu späten Deutschen« dürfe »keineswegs wörtlich« genommen werden, »so viele Galgen, Er-
schießungs- und Vergasungskommandos, Brandstätten mit
den Resten lebender Menschen darin vorkommen«. Das alles
sei ein Gleichnis, »plump konzipiert, wüst vorgeführt«, ein
Gleichnis, das »den deutschen Welthaß« ausdrücke.[132]

Kurz vor seinem Tod, als Heinrich Mann allein und
resigniert in Santa Monica lebte, zeigte er Interesse für den
jungen Staat Israel. Im September 1949 schrieb er an Salomea
Rottenberg, die nach Israel übergesiedelt war: »Ich habe oft
an Sie gedacht (...) Bleiben wir bei Ihnen und Israel. Dort
herrscht eine Vorgeschrittenheit, die Macht und Jugend erweist. Werden Sie glauben, daß dies der Anfang vom Ende
des Antisemitismus ist? Wo Macht und Jugend sind, hat man
nicht nur Furcht, zu verfolgen, man ist auch verlegen.«[133]

3. Henri Quatre
und die Diktatur der Vernunft

Heinrich Manns berühmte Aufforderung an den Reichskanzler Stresemann (1923), der »drohenden Diktatur der Gewalt«
eine »Diktatur der Vernunft«[134] entgegenzusetzen, ist als
realpolitische Unterstützung von Ermächtigungsgesetzen
mißverstanden worden. Daß mit diesem Appell an die Vernunft keine tagespolitischen Illusionen verbunden waren,
geht aus dem bereits erwähnten Briefwechsel mit Tucholsky
hervor. Es war der alte »Vernunfttraum eines Dichters«[135],

der seinen Ursprung in der französischen Geist-Tat-Tradition hatte. Schon 1910 hieß es in Heinrich Manns Aufsatz »Voltaire – Goethe«, der ursprünglich unter dem Titel »Französischer Geist« veröffentlicht werden sollte: »Freiheit ist der Mänadentanz der Vernunft.«[136] Dieser »Mänadentanz der Vernunft« war das Ergebnis einer 150jährigen Kultur- und Gesellschaftsentwicklung, verkörpert von Moralisten und Aufklärern wie Rousseau, Voltaire, Michelet, Hugo, Zola und Anatole France. Es war sicherlich kein Zufall, daß Heinrich Manns Aufruf zur »Diktatur der Vernunft« im Jahre 1923 zum gleichen Zeitpunkt erfolgte, als er die Einladung zu den »Entretiens de Pontigny« annahm. Seine Teilnahme an einem offiziellen Gespräch mit französischen Kulturpolitikern, Beamten, Wissenschaftlern und Schriftstellern in einer Krisenphase der deutsch-französischen Beziehungen war »höchst ungewöhnlich und für beide Teile ein Wagnis«.[137] »Diktatur der Vernunft« bedeutete für Heinrich Mann eine legitime Herrschaftsform des französischen Geistes. So bezeichnete er in einem Essay aus dem Jahre 1925 die Diktatur Napoleons als den berechtigten Versuch, »die Welt in ein einziges Reich der Vernunft und des Friedens zu verwandeln«.[138] Und später war es die Aufgabe »Henri Quatres«, das Volk zur Vernunft und »zum Besseren« zu bekehren. Den Ursprung der »ratio militans«[139] erblickte Heinrich Mann natürlich in der Französischen Revolution. Er betrachtete nicht in erster Linie die Geschichte einzelner, herausgehobener Gestalten wie Robespierre, sondern interessierte sich vor allem für den Wandel der Mentalitäten, für das Denken und Fühlen der Menschen. Aus der Revolutions-Programmatik von 1789 leitete er seine Zentralbegriffe »Volk«, »Geist«, »Vernunft« und »Liebe« ab, um sie in immer wieder neuen Kombinationen zu präsentieren.

Wo immer autoritäre Strukturen durch die Ideen der Freiheit und Gerechtigkeit abgelöst wurden, geschah das für Heinrich Mann im Geiste der »Französischen Revolution«. Noch 1939 schrieb er: »Die alten Kämpfe gehen weiter. Die Kämpfer wechseln, ihre Erfahrung hat sich vermehrt: das

Ziel ist, wie je, die Freiheit. Auch in uns handelt noch immer die Französische Revolution.«[140] Sein aus den Ideen des 18. Jahrhunderts gewonnenes »intellektuelles Gegenbild der Wirklichkeit«[141], gipfelnd in der Forderung nach einer »Diktatur der Vernunft«, entsprach der Beschwörung des Ideals der Kantschen Gelehrtenrepublik. Kant war der »Gesetzgeber der Vernunft«.[142] Auch wenn Heinrich Mann vermutlich Kants »Kritik der praktischen Vernunft« nur oberflächlich oder gar nicht gelesen hat, läßt sich zumindest seine Lektüre der beiden Schriften »Zum ewigen Frieden« und »Idee zu einer allgemeinen Geschichte in weltbürgerlicher Absicht« nachweisen.

»Nur Kant ging so weit, den Traktat über den ewigen Frieden zu schreiben und ihn zu glauben«, heißt es zum Beispiel im »Zeitalter«[143]. Doch bei genauerer Betrachtung hat Heinrich Manns Vernunftbegriff mehr Berührungspunkte mit Hegel als mit Kant. Nicht nur der frühe Ästhet, sondern auch der spätere militante Humanist sah für die Vernunft keine Realisierungschance, wenn sie nicht mit der Lebenskraft der Liebe gepaart war. Genau das ist ein zentrales Postulat Hegels. Auch er spricht von einer notwendigen Verbindung von Vernunft und Liebe. Schon in einem frühen Fragment aus dem Jahre 1793 findet sich die Feststellung, Liebe in ihrem empirischen Charakter habe »etwas analoges mit der Vernunft«.[144] Nach Hegel vertragen sich »einfache, auf allgemeine Vernunft begründete Lehren« mit dem jeweiligen »Grad der Volksbildung« nur dann, wenn sie in Richtung der »sinnlichen Phantasie« modifiziert werden.[145] Selbst in revolutionären Prozessen dürften »Phantasie und Herz nicht unbefriedigt« bleiben.[146] Als Sympathisant und Interpret der Französischen Revolution trifft sich Hegel hier mit Heinrich Mann, dem Verfechter des Topos vom »guten Volk« und übrigens in frappanter Weise auch mit Ludwig Börne, von dem der Satz stammt: »Nur durch Ausgelassenheit wird das Volk zur Freiheit erzogen.« Die kommunistische »Rote Fahne« stilisierte Heinrich Mann sogar zu einem marxistischen Hegelinterpreten. In dem Bericht über seine

Autorenlesung am 12. Januar 1928 heißt es: »Das revolutionäre Proletariat muß – ehe es neue Wege schaffen kann – den ganzen Bestand und Inhalt der kapitalistischen Welt sichten, kritisch prüfen und überwinden (›aufheben‹ nach der Hegelschen Terminologie). Dieser Prozeß – der zwar noch lange nicht abgeschlossen ist – setzt die genaueste Kenntnis und Analyse der kapitalistischen Welt voraus. Ein ausgezeichneter Kenner und Analytiker dieser Welt wurde uns am ersten Autorenabend der ›AIZ‹ präsentiert: Heinrich Mann.«[147]

Natürlich war Heinrich Mann kein Hegelianer, noch weniger hat er den Philosophen vom Kopf auf die Füße gestellt. Aber er hat sich lange vor der Entdeckung Kants mit Hegel beschäftigt. Das beweist eine handschriftliche, unveröffentlichte Notiz aus dem Nachlaß. In München, wie oben auf dem Blatt des kleinen Schreibheftes vermerkt, vermutlich im August 1897 (das Datum ist unleserlich), notierte sich der junge Autor Eindrücke über »Michelet's Einleitung in Hegels philosophische Abhandlungen«.[148]

Das eigentlich Aufschlußreiche an Heinrich Manns Hegel-Notiz ist, daß er »den Zusammenhang zwischen (dessen) Idee und den Gedanken Bourgets« konstatiert. Er betont allgemein die Bedeutung »des Einflusses, den die deutsche Philosophie in der ersten Hälfte des (19.) Jahrhunderts und besonders Hegel auf den französischen Geist geübt hat«. Neben Paul Bourget erwähnt er hier auch namentlich Hippolyte Taine. Auf den Kunsthistoriker und Rhetoriker Taine war Heinrich Mann durch seine frühe Beschäftigung mit Bourget gestoßen. Von Taine weiß man, daß er sich in seinen Milieutheorien neben Comtes, Herder und Goethe explizit auf Hegel berufen hat. Bei Taine, mehr noch aber bei Bourget läßt sich eine vulgäre Rezeption der Hegelschen Dialektik des Willens erkennen. Bourget hat Hegel als »Rassenpsychologe« interpretiert. Er hat einen dubiosen Zusammenhang zwischen seiner rassistischen Soziologie und Hegels geschichtsphilosophischer Einordung des Judentums hergestellt. Obwohl Hegel in seinen Jugendschriften dem traditionellen Judentum vorgeworfen hat, einer minderwertigen

»Knechtsreligion« anzuhängen und einer historisch überholten Entwicklungsstufe anzugehören, trat er für die Emanzipation der Juden ein und wandte sich gegen die zeitgenössischen deutschtümelnden Antisemiten. Erstaunlicherweise existiert im gedruckten Werk Heinrich Manns kaum ein direkter Hinweis auf Hegel, obwohl er das Ideal der Einheit von Geist, Leben, Vernunft und Liebe beschrieben hat. Im »Zeitalter« finden zwar Nietzsche, Kant oder Schopenhauer Erwähnung, nicht aber Hegel.

In seinem 1937 für die »Neue Weltbühne« verfaßten Essay »Das geistige Erbe«, der in die Sammlung »Mut« aufgenommen wurde, hat er Hegel zitiert, um ihn zu kritisieren. Hegels These, es sei »ebenso töricht, zu wähnen, irgend eine Philosophie gehe über ihre gegenwärtige Welt hinaus, als, ein Individuum überspringe seine Zeit«, widerspricht Heinrich Mann. »Die alten Werke« seien »zu ihrer Zeit auch für uns schon gemacht«. Entsprechend verweise auch »die beschränkte Heutigkeit des Denkens und Bildens« bereits in die Zukunft: »Wir greifen zuweilen aus unseren Tagen heraus, hinüber, und berühren künftige Geschlechter.«[149] Es scheint so, als ob diese Kritik nicht in erster Linie der Geschichtsphilosophie Hegels galt, sondern jenem dubiosen Zusammenhang zwischen Bourget und Hegel, den Heinrich Mann in der erwähnten frühen Notiz selbst konstruiert hatte. Vielleicht war ihm unbehaglich zumute bei dem Gedanken, unter den Einfluß eines deutschen »Meisterdenkers« geraten zu sein, auf den sich, wie André Glucksmann es provozierend genannt hat, sowohl die Politik der Mythologie als auch die der Kanonen berief.

Heinrich Manns großes Romanprojekt der Vernunftutopie ist der zweiteilige »Henri Quatre«. Der König von Navarra war für ihn eine jener »starken Naturen, die vom Mittelmeer ausgingen«.[150] So »brachte« ihm »die Atmosphäre Frankreichs und seiner Sprache gerade den Gewinn«, um im Exil »ohne Vorausberechnung der Ereignisse« und seiner »veränderten Lage«, die »Geschichte eines Königs von Frankreich zu schreiben«.[151] Vorarbeiten zu seinen »Henri-

Quatre«-Romanen waren in seinem wenigen Gepäck versteckt, das er im Februar 1933 mit über die Grenze nahm. Die Idee, das Leben »Henri Quatres« als Romanwerk zu gestalten, kam ihm bereits im Jahre 1925, als er zusammen mit Félix Bertaux in einem »Schub französischer Touristen« das Schloß in Pau erkundete. »Sie besichtigten das Schloß des guten Königs Henri. Alle kannten ihn, und nur ihn. ›Der einzige König lebt bis heute bei – den Armen‹, sagt ein Vers des 18. Jahrhunderts.«[152] Das im Herbst 1932 begonnene Manuskript blieb im Exil zunächst liegen, da Heinrich Manns Zeit ausgefüllt war mit tagespolitischer Aktivität, die sich auf Zeitungsartikel, Reden, Aufrufe und Kongreßbesuche konzentrierte. Vordergründig erschienen hier Literatur und Politik als Widerspruch. Doch auch »Henri Quatre« hatte viel mit der Gegenwart zu tun, wie der Autor in seinem Essay »Gestaltung und Lehre« erläuterte: »Wir werden eine historische Gestalt immer auch auf unser Zeitalter beziehen. Sonst wäre sie allenfalls ein schönes Bildnis, das uns fesseln kann, aber fremd bleibt. Nein, die historische Gestalt wird, unter unseren Händen, ob wir es wollen oder nicht, zum angewendeten Beispiel unserer Erlebnisse werden, sie wird nicht nur bedeuten, sondern sein, was die weilende Epoche hervorbringt oder leider versäumt.«[153]

Während der Arbeit am Kapitel über die Bartholomäusnacht schrieb Heinrich Mann an Félix Bertaux: »Es war wirklich wie zu Hause in Deutschland. Genau das, was sich vor meinen Augen abgespielt hat. Diese langen Vorbereitungen eines Ereignisses, das nachträglich nicht mehr verständlich ist, weil man vergessen hat, was man doch mit eigenen Augen sah: die verzweifelte Situation und Menschen, die Mord und Verrat üben.«[154] Die geschichtliche Analogie findet sich vor allem in jener Walpurgisnacht der »langen Messer«, in der die katholische Partei die Elite der Protestanten liquidiert. Henri lernte den Haß kennen, den sein Autor in einem Essayband (»Der Haß«) am Beispiel der SA-Schläger beschrieben hatte: »Wie im vorigen Jahr beschäftigte ich mich zur Zeit mit dem Haß. Doch diesmal damit, wie der junge

Henri nach der Bartholomäusnacht den Haß entdeckt und erlernt. Diese Zeit hat mich allerhand seelisch-moralische Entdeckungen machen lassen. Wenn ich ›diese Zeit‹ sage, rede ich zugleich von den beiden Epochen, derjenigen – der historischen –, an die ich denke. Am Ende fallen die beiden zusammen.«[155]

König Henri IV entwickelt sich zum vorbildlichen Beispiel für die Volkstümlichkeit der Vernunft und des Guten. Der junge »Prinz vom Geblüt« wächst im Hugenotten-Milieu des kleinen Fürstentums auf und leidet wie viele Franzosen an der Gewissensunterdrückung. Am Hof der Katharina von Medici entgeht er den Metzeleien der Bartholomäusnacht nur knapp und erlernt die lebenswichtige Kunst des Verstellens und der List. Als er das moralisch bankrotte Königshaus der Valois und den Machtklüngel der »Liga« bekämpft, wird er getragen von der Sympathie des Volkes. Er beschließt die Periode der Religionskriege und leitet die des friedlichen Wohlstands ein. Er beschneidet die Adelsrechte und erweitert die der Bürger, um schließlich mit seinem »Großen Plan« die spanisch-habsburgische Tyrannei zu bekämpfen und die Freiheit in Europa zu erreichen. Als historisches und aktuelles Vorbild demonstriert »Henri Quatre« die Notwendigkeit und Möglichkeit, »Mut zu fassen und ihn anderen mitzuteilen«.[156]

Am 8. Juni 1935 war der erste Teil, »Die Jugend des Königs Henri Quatre«, abgeschlossen. Er erschien im August des gleichen Jahres im Querido-Verlag in einer Auflage von 4000 Exemplaren und auszugsweise auch im »Pariser Tageblatt« sowie in der »Internationalen Literatur«. 1937 folgte eine amerikanische Ausgabe bei Alfred Knopf in New York. Der zweite Teil, »Die Vollendung des Königs Henri Quatre«, erschien nach Vorabdrucken in den gleichen Zeitschriften 1938 ebenfalls bei Querido in Amsterdam. Die unterschiedlichen Funktionen Heinrich Manns als Schriftsteller und politischer Publizist schienen sich nicht im Wege zu stehen. Die militanten Humanismuskonzeptionen in Roman und Essays ergänzten sich. Im »Henri Quatre« wird die

Gefahr eines »Morastes aus Blut und Lüge« beschworen, wenn »nicht wir Humanisten auch ritten und zuschlügen« – in den Essaybänden »Haß« und »Mut« sind es proletarische Heldengestalten wie Edgar André und Johannes Eggert, die gegen das Hitler-Regime »wahrhaft« kämpften und starben. In einigen Essays ist erkennbar, daß Heinrich Mann kaum noch auf die Initialwirkung der Volksfront-Prominenz in Paris setzte, sondern eine eigene Version der Einheitsfront »von unten« entwarf. Nicht mehr die Einheit der Exil-Parteien und ihrer »Lichtgestalten« war in seinen Augen Ausgangspunkt der Widerstandsbewegung, sondern der Tageskampf der namenlosen Massen: »Die deutsche Volksfront wird geboren aus abertausend Bekehrungen, und die wurzeln tief. Die Lohnfrage und das Kreuz, die leibliche Not aller und ihre geistige Erleuchtung, die sie Freiheit nennen.«[157]

Hier scheint die Kritik von Georg Lukács an seinem »abstrakten Humanismus« aufgenommen zu sein, der am »Henri Quatre« bemängelt hatte, daß »die Gestaltung des Volkes selbst zu kurz« käme. Der Essay als Korrektiv des Romans? Dann hätte auch die Aussage »Die Literatur ist eine Erscheinung des Lebens«[158] einen Sinn. Die Literatur »wiederholt« nicht nur die »Vergeßlichkeit des Lebens«, sondern korrigiert sie. Unübersehbar sind die Illusionen, daß der aktive Widerstand gegen das Hitler-Regime in Deutschland bereits zu einer realen, wirksamen Kraft geworden sei. Das Vordringen des subjektiven Faschismus im deutschen Alltagsleben, eine gewisse Form der »Ästhetisierung« der Politik, hatten eine handfeste materielle Basis, die Heinrich Mann und andere Emigranten bis zum Kriegsausbruch nicht wahrhaben wollten. Darüber hinaus gibt es noch ein grundsätzliches Dilemma des militanten Humanismus.[159] Eine seiner wesentlichen Voraussetzungen im Exil war das klare Feindbild. Daß die nationalsozialistische Herrschaft in Deutschland böse und inhuman war, kann nicht in Frage gestellt werden. Problematisch aber war Heinrich Manns ahistorische Gegenüberstellung von »guten« und »bösen« Führern. Dem Ver-Führer Hitler wurde ja nicht nur der gütige

»Henri Quatre« entgegengestellt, sondern auch der »intellektuelle« Stalin. Die erste Bewährungsprobe für das Konzept des militanten Humanismus bot der spanische Bürgerkrieg. Hier konnte der Faschismus nicht nur mit der Feder, sondern direkt mit der Waffe bekämpft werden. Heinrich Mann hat es bedauert, hierfür schon zu alt zu sein. Man weiß, daß mit fragwürdigen literarischen Stilisierungen der Militanz in Spanien eine Verschleierung des stalinistischen Terrors einherging. Es ist bekannt, »daß aus dem militanten Humanismus der Exilanten in nachweisbaren und prominenten Fällen eine Militanz ohne Humanismus geworden ist«.[160]

Das Dilemma des militanten Humanismus ist zugleich das Dilemma einer »Diktatur der Vernunft«. Gibt es eine Vernunft oder deren viele? Diese Frage beschäftigt alle, die in der Vernunft ein Programm der Aufklärung sehen. Die beiden Pole in dieser Debatte heißen »Relativismus« und »Absolutismus« oder »Pluralismus« und »Totalitarismus«. In einer pluralen Welt an eine letzte Einheit der Vernunft zu glauben, hat sich als ideologische und philosophische Sackgasse erwiesen. Hans Blumenberg, zum Beispiel, sieht in dem Wunsch nach inhaltlicher Einheitlichkeit und absoluter Verbindlichkeit primär eine psychoanalytische Dimension: die sadomasochistische Paarung von Herrschafts- und Unterwerfungssehnsucht.[161]

IX.
Exil

1. Frankreich: ein »Zugehöriger«

Nizza

Heinrich Mann und Käthe Kollwitz waren die ersten Opfer einer »Säuberungswelle«, mit der die »Akademie der Künste« sich freiwillig in den Dienst der Nationalsozialisten stellte. Den Anlaß gab ein gemeinsam unterzeichneter Aufruf für die Märzwahlen 1933. Der Aufruf (»Dringender Appell«) hing im Februar als Plakat drei Tage an den Berliner Litfaßsäulen. Verlangt wurde der »Aufbau einer einheitlichen Arbeiterfront« und das »Zusammengehen der SPD und KPD für diesen Wahlkampf«. Der Reichskommissar für das Preußische Kultusministerium, Bernhard Rust, drohte mit der Auflösung der Akademie, wenn man Heinrich Mann nicht entferne. Auf einer Gesamtsitzung am 15. Februar, in deren Verlauf vor allem Gottfried Benn, Rudolf Binding und der damalige Präsident und Nachfolger Liebermanns, Max von Schillings als Kritikführer auftraten, erörterte man die Ausschlußmöglichkeiten für Heinrich Mann und Käthe Kollwitz »wegen parteipolitischer Betätigung«. Schließlich wurde der »Austritt erzwungen«. Heinrich Mann hat die Affäre später »gar nicht traurig, sondern eher komisch« dargestellt. Er berichtete von »vielen amüsanten Einzelheiten, indem er die Art, wie der Kultusminister und der Herr von Schillings ihn bearbeiteten, kopierte, sich immer durch Lachen über die Komik dieser Herren unterbrechend.«[1] Kein Zweifel, Heinrich Mann hat bis zuletzt an seine Gefährdung nicht geglaubt.

Für Sonntag, den 19. Februar 1933, 20 Uhr, hatte er in seinem Taschenkalender einen Konzertbesuch vorgemerkt. In einem privaten Rahmen gab es »herrliche Musik«, und auch »das Buffet war auf der Höhe gesicherter Zustände«. Doch unvermittelt nahm ihn an jenem Sonntagabend der ebenfalls anwesende französische Botschafter André François-Poncet beiseite und sprach nur einen Satz: »Wenn Sie über den Pariser Platz kommen, mein Haus steht Ihnen offen.«[2] Heinrich Mann verstand die verschlüsselte Warnung und nahm sie diesmal ernst. Einige Wochen vorher, als Wilhelm Herzog ihm riet, Deutschland zu verlassen, hatte er noch mit dem Hinweis abgelehnt, das sei leider nicht möglich, da er einen Festvortrag zum 60. Geburtstag von Jakob Wassermann ausarbeiten müsse. Auch das war in seinem Kalender vorgeplant. In der Spalte für »Notizen« steht: »Wassermann Rede vorbereiten für 7. März.« Dazu kam es nicht mehr. Am 21. Februar 1933 hatte Heinrich Mann die wichtigsten Habseligkeiten zusammengepackt und ließ sie von Nelly am Anhalter-Bahnhof aufgeben. Er selbst nahm nur Mantel, Hut und Schirm mit, als er für immer seine Berliner Wohnung in der Fasanenstr. 61 verließ. Auf dem Kalenderblatt findet sich die harmlos wirkende Notiz: »abgereist«. Über Einzelheiten dieser denkwürdigen »Reise« hat er später berichtet: »Zu Fuß ging ich nach der Haltestelle der braven, anonymen Straßenbahn. Keine unanständige Eile, den Zug nach Frankfurt zu besteigen! Es ist nur Frankfurt, meine Fahrkarte reicht nicht weiter, wer hat etwas dagegen. Mit meiner liebevollen Frau wandele ich auf und nieder, so viele Minuten noch fehlen. Dank ihrer Geschicklichkeit liegt der Rest meiner Habe glücklich im Netz. Sie möchte sprechen, schluchzt, unterdrückt die Schwäche. Vornehmlich wünscht sie uns ein schnelles Wiedersehen. Wann? Morgen? Vielleicht kehre ich erst übermorgen zurück. So sieht, will es scheinen, der Rubikon aus. Hinter dem verhängnisvollen Fluß, den ich wähle, liegt das Exil.«[3] Bevor er den Rhein überquerte, um Straßburg auf der französischen Seite zu erreichen, tauschte er bei der Deutschen Verkehrskreditbank im Bahnhof Kehl den unverdächtig erscheinenden Betrag von 100 Reichsmark in Francs ein. Da er nichts zu verzollen hatte, erhielt er ohne Komplikationen den Paßstempel: »Commissariat spécial, 22. Fév. 1933. Pont du Rhin Strasbourg Entrée.« Fast zur gleichen Zeit, als er in Straßburg ein

Telegramm an Wilhelm Herzog in Sanary-sur-Mer an der Côte d'Azur aufgab, man möge ihn am Bahnhof Toulon erwarten, durchsuchten die zu spät gekommenen Häscher seine Wohnung in Berlin. Nach einigen Zwischenstationen, unter anderem in Bandol, wo Thomas Mann vorübergehend eine Sommerresidenz besaß, ließ Heinrich Mann sich in Nizza nieder. Acht Jahre sollte diese erste Phase des Exils an der Côte d'Azur dauern. Heinrich fühlte sich hier heimisch. Es lag wohl mehr an der Unruhe Nellys, daß sie fünfmal die Wohnung wechselten. Doch immer waren es vornehme Adressen in alten, großbürgerlichen Häusern (»schmiedeeiserne Balkons, Parthenonflur, Marmorfußbodenmosaik, Lift«)[4]: 11, rue du Congrès (bis Juli 1934), 121, Promenade des Anglais (vorübergehend im Herbst 1934 in Wohngemeinschaft mit Joseph Roth und Hermann Kesten), dann wieder rue du Congrès (bis Sommer 1936), 18, rue Rossini (bis Herbst 1938) und zuletzt 2, rue Alphonse Karr (bis Herbst 1940). Für Heinrich Mann war die »Ortsveränderung Berlin-Nice nicht weiter heroisch«[5]. Für ihn war Frankreich kein eigentliches Exil, sondern das »zweite Geburtsland des Europäers«[6]. Er kannte Nizza aus früheren regelmäßigen Badebesuchen ebensogut wie die Spielbank von Monte Carlo oder die Seealpen. Seine Aufenthalte in Nizza, einer uralten Siedlung der Griechen, bedeuteten für ihn auch eine Wanderung auf den Spuren Nietzsches, der hier einmal in der rue Verdi gewohnt hatte. Von der Promenade des Anglais, einer morbiden Prachtstraße der Jahrhundertwende, konnte man durch Palmen hindurch auf die strahlende Engelsbucht, la Baie des Anges, blicken. Nizza glich Salerno: »Auf der lodernden Bläue von Himmel und Meer bespült von ihr, öffnete die Stadt, ein riesenhafter Schwan, die blendenden Flügel.«[7] So verlockend das Ambiente auch war, Heinrich Mann führte im französischen Exil kein Urlauber- oder Pensionärsdasein. Zunächst galt es private und finanzielle Probleme zu lösen. Als der »Deutsche Reichsanzeiger« am 25. August 1933 Heinrich Mann zusammen mit Lion Feuchtwanger, Alfred Kerr, Ernst Toller, Kurt Tucholsky und anderen als »Volksverräter« an die Spitze der ersten Ausbürgerungsliste gesetzt hatte, befürchtete Heinrich Mann Repressalien gegen seine Tochter und andere Erpressungsversuche. In seiner besorgten Mitteilung an Leonie Mann heißt es: »Das Konto ist ›gesperrt‹, und das wird unbegrenzt dauern. Denn der Chef der politischen Polizei hat gesagt, mir werde ›kein Pardon‹ gegeben. Das heißt natürlich, daß ich nach meiner Rückkehr sofort verhaftet würde. Mir ist sogar hinterbracht worden, daß sie Dich verhaften würden, nur damit ich zurückkäme.«[8] Er drängte seine Tochter und ihre Mutter, »mit größter Eile die tschechoslowakische Staatsangehörigkeit zu erlangen« und übertrug Leonie das Eigentumsrecht auf die Einrichtung seiner Wohnung. Mit Hilfe der tschechoslowakischen Gesandtschaft konnten wertvolle Handschriften und die Arbeitsbibliothek Heinrich Manns vor der Beschlagnahme gerettet werden. Auch er selbst erhielt durch Vermittlung des Staatspräsidenten Tomáš Masaryk (»dieser Mann der Tat und Philosoph«), mit dem er bereits 1924 anläßlich eines Besuches persönlich bekannt geworden war, die tschechoslowakische Staatsbürgerschaft. Sie wurde 1936 rechtzeitig vor Inkrafttreten der emigrantenfeindlichen Ausländergesetze der Franzosen wirksam. Als Repräsentant der deutschen Opposition verlangte man von ihm Einsätze an allen Abschnitten der »humanistischen Front«. Das Exil war das »öffentliche Dasein« des »anderen Deutschland«. Und der über Sechzigjährige entwickelte eine ungeheure Produktivität. In der Zeit von 1933 bis 1939 verfaßte er annähernd 400 Aufsätze, Reden oder Aufrufe, beteiligte sich an einer nicht zu überblickenden Zahl von Kongressen und Veranstaltungen, übernahm organisatorische Funktionen in zahlreichen Komitees und vollendete ganz nebenbei auch noch den umfangreichen zweiteiligen »Henri Quatre«-Roman. In fast allen deutschsprachigen Exilzeitschriften erschienen Artikel von Heinrich Mann, vor allem in der ab 1934 von Hermann Budzislawski geleiteten »Neuen Weltbühne«, in Klaus Manns »Sammlung«, in Leopold Schwarzschilds »Neuem Tagebuch«, im »Pariser Tageblatt«, bzw. der »Pariser Tageszeitung«, aber auch in den in Moskau gedruckten Blättern »Internationale Literatur« und »Das Wort«. Viele seiner Artikel wurden zuerst als französische Fassungen in der »Dépêche de Toulouse« publiziert. Zu seinen organisatorischen und repräsentativen Funktionen gehörten unter anderem der Ehrenvorsitz des neugegründeten Schutzverbandes deutscher Schriftsteller (SDS) in Paris (Oktober 1933), die Ehrenmitgliedschaft im britischen PEN-Club (1933), die Ämter als Präsident der »Deutschen Freiheitsbibliothek« (Mai 1934) und des deutschen PEN (April 1934) sowie die Mitgliedschaft im Präsidium des »Weltkomitees gegen Faschismus und Krieg« (1935). Einen Höhepunkt seiner Öffentlichkeitsarbeit bedeutete am 29. November 1935 die Rede vor dem Völkerbund in Genf, in der er die Weltöffentlichkeit über deutsche Emigrantenschicksale informierte. Von Ende 1935 bis 1938 war Heinrich Mann rastlos tätig, um Vorsitz und Vermittlung bei den verschiedenen Kongressen und Aktivitäten der deutschen Volksfront in Paris zu übernehmen. Er war an der Ausarbeitung von Texten beteiligt, die als Flug- und Tarnschriften nach Deutschland gebracht wurden, und viele seiner Aufrufe wurden über den »Deutschen Freiheitssender 29,8« verlesen.[9] Obwohl diese Propaganda-Schriftstellerei keine Brotarbeit war, verdiente Heinrich Mann in Frankreich ausreichend. Von der »Dépêche de Toulouse« erhielt er monatlich 1000 Francs, was damals etwa 160 Reichsmark entsprach; Querido zahlte anfangs 250 Gulden (400 Reichsmark); dazu kamen noch Tantiemen aus Moskau und unregelmäßige Honorare für seine Zeitschriftenbeiträge. Zwischen den anstrengenden Tagungen, allein die Bahnreise Paris–Nizza hin und zurück dauerte 30 Stunden, fand sich nur selten Zeit für Zerstreuung. Es existieren Fotos, die Heinrich und Nelly in einem Weinrestaurant bei üppig gedecktem Tisch zeigen und auch am Strand von Nizza: Heinrich mit Badetrikot und Strohhut. Im Sommer zog es ihn oft in das abgeschiedene Bandol – Sanary-sur-Mer, die Prominentenkolonie der deutschen Emigration, war ihm zu lebhaft. Sein Lebensgefühl in Frankreich war ein anderes: »Ein Clochard oder Vagabund geht langsam über den Damm, er hebt die Hand, das Luxusautomobil bleibt gehorsam stehen. Sich fühlen, sei man wenig oder viel: das ergibt, alles in allem, das hohe Lebensgefühl, das unser war.«[10]

Später, nach dem Scheitern der Volksfrontbemühungen, als immer mehr Emigranten in den französischen Sammellagern wie Le Vernet, Gurs, St. Cyprien oder Les Milles verschwanden und die Zahl der Selbstmorde stieg, wollte Heinrich Mann offensichtlich die Realität nicht mehr wahrnehmen. Hermann Kesten berichtet über ein gespenstisches Treffen mit ihm und Joseph Roth aus jenen Tagen im Café Monod auf der Place Masséna in Nizza. Es war an einem Karnevalstag. »Ein betrunkener, geisterblasser Vollmond schwebte über dem Casino de la Jetée (...), da begann Heinrich Mann von seinen Begegnungen mit Dichtern zu erzählen, mit d'Annunzio und Gide, mit Rilke und Hauptmann und mit Frank Wedekind, wehmütige und skurrile Geschichten... Plötzlich hielt er inne und sagte, ich habe schon seit langem nichts mehr von Jakob Wassermann gehört, wo steckt er eigentlich? Roth und ich sahen uns an, und Roth sagte: Wassermann ist tot. So? sagte Heinrich Mann... Und er begann nach einer Weile von Kurt Tucholsky zu erzählen, wehmütige und skurrile Geschichten (...) Er verstummte. Und Joseph Roth sagte: Tucholsky ist tot. Nein, sagte Heinrich Mann... er stockte und blickte uns an und fragte: Und Werner Hegemann? Er ist tot, sagte Roth. So, so, sagte Heinrich Mann und hielt seinen Schnurrbart, als hielte er sich daran fest (...) Das geht weit, erwiderte er. Ich wage nach keinem Freund mehr zu fragen. Ihr seid beide noch junge Leute und bringt mir in einer Stunde mehr Freunde um, als ich sonst in zwanzig Jahren nicht verloren habe (...) Guten Abend, sagte Heinrich Mann und stand auf und nahm seinen Hut und verbeugte sich steif und gab uns wieder einen dieser sonderbaren Blicke und wandte sich ab und verließ uns. Im Mondlicht ging er mit langsamer Würde über die Place Masséna zum Meer und zeigte sich drei Tage lang nicht mehr in unseren Cafés. Als er wiederkam, schien alles vergessen und er war wieder munter und voller Geschichten und Gelächter.«[11]

Die »Dépêche de Toulouse«

»Man merkt die innere Übersetzung weniger als bei Heine«, kommentierte der Elsässer René Schickele die Fähigkeit Heinrich Manns, seine Beiträge für französische Zeitungen und Zeitschriften unmittelbar in Französisch abzufassen. Schon zwischen den beiden Weltkriegen fühlte sich Heinrich Mann als Repräsentant des »öffentlichen Lebens«, als Kulturbotschafter Deutschlands in Frankreich. Den Höhepunkt seiner rastlosen öffentlichen Aktivität bildete zweifellos die Exilzeit zwischen 1933 und 1940.

»Nachdem ich in Deutschland für den Tag und Augenblick viel geschrieben hatte, oblag ich derselben unbedankten Pflicht in Frankreich. Ein Organ der französischen Regierung wollte die Erfahrungen des Verbannten bekanntmachen (...) Ich tat es von 1933 bis 1940, an die acht Jahre, in einer Zeitung, deren Leser bis in die Regierung reichten. Ich konnte mein aufgegebenes Land zeigen, wie es nun war, mit seinen Folterkellern und den Märtyrern der Freiheit, ihrer Enthauptung durch das Beil. Mir war erlaubt zu warnen: in Deutschland beginnt es nur. Gebt wohl acht, wie es fortgeht!«[12] Mit diesen Worten beschreibt der Autor seine publizistische Tätigkeit für die »Dépêche de Toulouse«, jener traditionsreichen, radikaldemokratischen Zeitung, »die den Südwesten beherrschte« und »keinen anderen Ausdruck (vertrug) als Feiheitssinn und Liebe zum Lande«.[13] Die Anzahl der in der »Dépêche« von Heinrich Mann veröffentlichten Artikel und Kommentare übertraf mit etwa 80 diejenigen der deutschsprachigen »Pariser Tageszeitung« (ab 1935 »Pariser Tageblatt«). Ebenso häufig wie Heinrich Mann kam der ehemalige Chefredakteur der »Vossischen«, Georg Bernhard, zu Wort. Auch er schrieb kontinuierlich bis zum Kriegsausbruch auf der Titelseite unter der Rubrik »Idées et

Doctrines«. Andere deutsche Mitarbeiter der »Dépêche« waren Thomas Mann, Alfred Kerr, Theodor Wolff (»Berliner Tageblatt«) und Hermann Rauschning, der bis 1934 Präsident des Danziger Senats war. Auffällig ist, daß bei der Auflistung der deutschen Autoren die Namen kommunistischer oder sozialistischer Parteipolitiker und eindeutiger Fellow-travellers fehlen. Ist dies ein Beleg dafür, daß es keine gemeinsame politische Exilkultur gegeben hat? Stimmt es, daß der u. a. von Kurt Sontheimer für die Weimarer Republik konstatierte »scharfe Gegensatz zwischen marxistischen und ›bürgerlichen‹ Intellektuellen« ungebrochen im Exil fortwirkte und die politische Frontenbildung entsprechend prägte?

Untersucht man das Beispiel publizistischer deutscher Emigranten für die »Dépêche de Toulouse« genauer, stößt man auf einen wesentlich komplizierteren Sachverhalt. Unbestreitbar ist, daß die Wortführer der deutschen Emigration, die für die »Dépêche« schrieben, sieht man einmal von dem Sonderfall Hermann Rauschning ab, eine liberal-demokratische Tradition der Weimarer Republik repräsentierten. Sie repräsentierten aber auch eine »Ideenpolitik«, die sich schon in der Weimarer Republik gegen den absolutistischen Anspruch der Weltanschauung gestellt hatte. Für Heinrich Mann und Georg Bernhard gilt, daß sie nicht nur Wortführer dieser Richtung in der »Dépêche« waren, sondern *gleichzeitig* als intellektuelle Führungspersönlichkeiten innerhalb der Pariser Volksfrontinitiative wirkten. Ihre »Ideenpolitik« ließ sich nicht mehr in enge Parteigrenzen und traditionelle Lagermentalitäten einbinden. Der gemeinsame liberal-demokratische Hintergrund Heinrich Manns, Georg Bernhards und auch Theodor Wolffs, der sich ebenfalls vor 1933 parteipolitisch für die Deutsche Demokratische Partei engagiert hatte, war eine wesentliche Voraussetzung für die politische Zusammenarbeit und »persönliche Freundschaft« mit den Herausgebern der »Dépêche«, den Brüdern Sarrault. In der »Dépêche« sprach die Partei des linksdemokratischen Bürgertums Frankreichs »ex cathedra«[14]. Heinrich Mann hat die Herausgeber der »Dépêche« als »Männer der altbürgerlichen

Mitte« beschrieben, »die nicht anders können als sich jakobinisch betonen«[15]. Seit ihrer Gründung fühlte sich die »Dépêche de Toulouse« dem alten republikanischen Grundsatz von »liberté et egalité« verpflichtet. Schon vor der Jahrhundertwende wirkte das Blatt im Südwesten Frankreichs als Organ der radikaldemokratischen (»radikalsozialistischen«) und antiklerikalen Bewegung. Aufrufe von prominenten Vertretern der Friedensbewegung wie Jean Jaurès, Jules Romains oder Edouard Herriot verschafften dem Provinzblatt schon früh eine überregionale Bedeutung. Die Auflage der »Dépêche« stieg von 20000 Exemplaren im Jahre 1880 auf 180000 im Jahre 1914.[16] Diese Entwicklung ist um so beachtlicher angesichts der Tatsache, daß die »Dépêche« sich allein in Toulouse gegen mehr als zehn Konkurrenzblätter behaupten mußte (»L'Union du Languedoc«, »La Souveraineté du Peuple«, »Journal de Toulouse«, »Le Progrès libéral«, Le Messager de Toulouse«, »L'express du Midi«, »Le Télégramme« etc.).

Ein Schlüssel des Erfolgs der »Dépêche« war, daß sie sich als eine der ersten Zeitungen Frankreichs auf ein dichtes Netz lokaler Korrespondenten stützen konnte. Dieses System der »Volkskorrespondenten« entsprach einer republikanischen Tradition französischer Publizistik, die Ludwig Börne in seinen *Briefen aus Paris* schon für die Zeit der Julirevolution registriert hatte. Von finanziellen Krisen aber blieb auch die »Dépêche« nicht verschont. Mehrfach mußten sich die Herausgeber durch Spendenaufrufe und private Kreditaufnahmen gegen drohende fremde Kapitaleinflüsse zur Wehr setzen. Finanzielle Unabhängigkeit war die Voraussetzung liberaler Publikationsmöglichkeit. Die »Dépêche« besaß vor Ausbruch des Zweiten Weltkrieges mit einer Auflage von 300000 Exemplaren im gesamten Südwesten eine unangefochtene Monopolstellung. Macht und Einfluß der Zeitung erklären sich aus der Verbindung mit der fast immer an der Regierung beteiligten Radikalen Partei. Die Brüder Sarrault verkörperten seit den zwanziger Jahren in Personalunion Partei und Zeitung. Maurice Sarrault, der 1926/27 den Vorsitz der Partei innehatte, widmete sich ab 1932 als Chefredakteur ganz der »Dépêche«. Albert Sarrault hingegen vertrat die Radikalen zwischen den Kriegen fast ununterbrochen in verschiedenen Kabinetten, zuletzt als Innenminister. In dieser Funktion nahm er auch die ständigen Proteste der Hitlerregierung gegen die Beiträge deutscher Emigranten in der »Dépêche« entgegen. Sein regelmäßiger Kommentar: »Wir haben auf die ›Dépêche‹ keinen Einfluß.« Heinrich Mann erinnerte sich: »Von den Eigentümern der Zeitung war der eine meistens Minister, immer in der Lage, die Proteste des Hitlerschen Botschafters gegen meine Beiträge abzuweisen.«[17] Als der Berliner Korrespondent der »Dépêche« 1936 (im Jahr der Olympiade) ein Betätigungsverbot in Deutschland erhielt, erklärte die Redaktion u. a.: »›La Dépêche‹ bemüht sich, eine freie Zeitung zu sein und beugt sich vor keinen Mächtigen und Diktatoren. Gegenüber der benachbarten Nation der Deutschen empfindet sie kein Gefühl des Hasses oder der Feindschaft. Sie wünscht, im Gegenteil, nichts so sehr, wie eine Verständigung der Völker, um die schreckliche Geißel des Krieges abzuwenden. Aber sie sagt, und wird auch weiter aussprechen, das was sie für die Wahrheit hält hinsichtlich der internationalen Situation. Sie wird es auch weiter als Ehre betrachten, ihre Spalten jenen großen Schriftstellern zur Verfügung zu stellen, die der Hitlerismus verjagt und verfolgt hat, nämlich Georg Bernhard und Heinrich Mann.«[18]

Wie wichtig Heinrich Mann die Frage der Mitarbeit an der »Dépêche« nahm, geht aus seinem Briefwechsel mit dem Bruder Thomas hervor. In seinem Brief vom 25. Januar 1934 schreibt er: »Heute fragte ich auch den Direktor der ›Dépêche‹, eines Regierungsblattes, ob ich, als Fremder, den Vorgang eines Systemwechsels erfahrungsgemäß berichten dürfte. Denn es wird Zeit. Und nützlich will man sich immer noch machen (...).«[19] Der angesprochene Artikel wurde am 7. 3. 1934 unter dem Titel »Changement de régime« abgedruckt. Und am 20. September 1934 berichtete Heinrich Mann dem Bruder aus Nizza: »Ich will nächstens in der französischen Zeitung dem Ausland zu sagen versuchen, daß vielleicht nur seine moralische Unterstützung nötig wäre, damit Deutschland sich eines besseren besinnt.«[20] Vermutlich ist der Beitrag »Liberté et nation«, abgedruckt am 30. 10. 1934, gemeint. Auch der Artikel »Fin de régime« vom 31. 3. 1936, der später mit dem Titel »Hitler bedeutet Krieg« im »Pariser Tageblatt« nachgedruckt wurde, war Gegenstand der Korrespondenz.[21]

Heinrich Manns Artikel in der »Dépêche«, die z. T. in die Essaysammlungen (»Der Haß«, »Es kommt der Tag« und »Mut«) aufgenommen wurden, sind als »Chiffren« einer sich verändernden ideologischen Auseinandersetzung mit dem Faschismus bezeichnet worden.[21a] Für den Untergang der Weimarer Republik machte Heinrich Mann allgemein einen geistigen Verfall, ein Sich-Ausbreiten der Irrationalität verantwortlich, verkannte aber zunächst die Bereitschaft und Disposition großer Bevölkerungsteile für totalitäre Zwänge. Gerade die Simplizität der nationalsozialistischen Ideen, die ihn als Intellektuellen abstießen, waren aber wegen ihrer Status- und Ordnungsideologie attraktiv für das Millionenheer der Hoffnungslosen. Lange Zeit hing Heinrich Mann dem Glauben an, allein durch Appelle an die Vernunft und Einsicht den Nationalsozialismus bekämpfen zu können. Erst als er das Hitler-Regime nicht mehr als eine dem deutschen Volk völlig wesensfremde Angelegenheit erkannt hatte, denunzierte er nicht nur die gesellschaftspolitischen und moralischen Aspekte, sondern versuchte auch, die individualpsychologischen Gegebenheiten zu analysieren.

Heinrich Mann war offensichtlich mit seinen Artikeln in der »Dépêche« sehr zufrieden. Besonders gern las er sie noch einmal gründlich, wenn sie frisch gedruckt vorlagen. René Schickele hat ihn 1934 im Café Monod in Nizza beobachtet:

»Nachdem er seinen Kaffee bestellt hat, zieht er, wie er das offenbar täglich tut, die Zeitung aus der Tasche und legt sie sorgsam vor sich auf den Tisch. Es ist die ›Dépêche de Toulouse‹. Er gibt monatlich einen Artikel und bekommt sie als Mitarbeiter umsonst. Andere Zeitungen liest er nicht. Dann faltet er die Hände und sieht einen aus seinen blauen Augen an.«[22]

»Auch ein Heinrich, vor dem uns graute...«, höhnte der »Völkische Beobachter«, bevor der Dichter im französischen Exil als »Volksfrontpolitiker« agierte. Und selbst Freunde und Kollegen wie Ludwig Marcuse mokierten sich über den »Hindenburg des Exils«, der im Hotel Lutetia vergeblich versuchte, die deutsche Opposition zu einigen. Daß er sich nach 1933 so schwer mit den Romanen tat, muß andere, tiefere Ursachen gehabt haben als die oft unterstellte »Altersinsuffizienz«. Es waren vor allem seine essayistischen Bemühungen – zusammengefaßt in den Sammelbänden »Der Haß«, »Es kommt der Tag« und »Mut«, die den widersprüchlichen literarischen und politischen Entwicklungsprozeß im Exil dokumentieren.

Wer, wie Heinrich Mann, auch nach 1933 noch an die Macht des Wortes glaubte, mußte nach neuen Formen Ausschau halten. »Er hat dies kämpfende, richtende, schneidende, bittere, unerbittliche Buch im ersten größten Zorne geschrieben«, urteilte Hermann Kesten in Klaus Manns Zeitschrift »Die Sammlung« über den »Haß«.[23] Heinrich Mann hatte seinen »Henri Quatre« zugunsten der Arbeit am »Haß« zurückgestellt, wohl auch weil er spürte, daß Romane zu einer Art Flucht oder Narkotikum wurden. Der polnische Schriftsteller Andrzej Szczypiorski, der als Widerstandskämpfer und KZ-Häftling weiß, wovon er spricht, ist der Meinung, über die Epoche der Öfen gebe es generell keinen echten, keinen guten Roman und werde es noch lange keinen geben. Man könne die europäische Erfahrung nicht in die Welt der Totalitarismen übertragen, weil sich alles als »Verfälschung und Narretei« entpuppen würde. Eine schmerzliche Erkenntnis, die nicht wenige deutsche Exilschriftsteller in den Selbstmord trieb. »Der Haß« ist ein zeitgeschichtliches Dokument über das Engagement, den Irrtum und die Verzweiflung einer Intellektuellengeneration, deren letzte Zuflucht die »magische Aura« des Sowjet-Mythos wurde. Heinrich Manns Exilessays sind ein Lehrstück über das

Scheitern einer unabhängigen Ideenpolitik zwischen den Fronten von Faschismus und Stalinismus.

Der Titel »Haß« könnte irreführen, denn der Autor selbst empfand gegenüber den Naziführern eher Verachtung. Heinrich Mann analysierte das Phänomen »Haß« durchaus auf der sozialpsychologischen Höhe von Sigmund Freud und Wilhelm Reich als Wechselwirkung von Angst und Aggression, als »Lebensangst« der Deklassierten.

Der Nationalsozialismus wird als große Perversion deutsch-europäischer Kultur beschrieben, als ein anachronistisches Zurück aus der europäischen Zivilisation, als »Rückwärtserziehung einer ganzen Nation«. Die Analyse der »erniedrigten Intelligenz« erfolgte in einer Zeit, als 88 deutsche Schriftsteller ihre »Treuekundgebung« für Hitler unterzeichneten, darunter auch Gottfried Benn, Rudolf G. Binding, Agnes Miegel und Walter von Molo. Der im »Haß« zum Ausdruck kommende militante Humanismus war nicht nur abstrakte literarische Geste, wie die im Anhang des Bandes veröffentlichte Szene »Der Zeuge« verdeutlicht.

»Die sittliche Erziehung entscheidet über die Zukunft einer Nation und einer ganzen Welt«, schrieb Heinrich Mann im »Haß«. Diese und ähnliche Formulierungen veranlaßten 1935 einen kommunistischen Redakteur der in Moskau erscheinenden Exil-Zeitschrift »Internationale Literatur« zu der Kritik, daß der Autor auf »einem dezidierten Antimaterialismus« beharre. Beobachtet man genauer, so entdeckt man eine aufklärerische und moralische Zivilisation, die direkt aus dem achtzehnten in unser Jahrhundert gekommen zu sein scheint.

Zuerst erschien das Buch 1933 bei Gallimard in Paris unter dem Titel »La Haine, Histoire contemporaine d'Allemagne« – noch vor der ersten deutschen Ausgabe, die 1934 im Amsterdamer »Querido-Verlag« herauskam und noch im gleichen Jahr eine zweite Auflage erlebte. Ebenfalls 1934 erschien im Moskauer Staatsverlag eine russische Übersetzung in einer Auflage von fünfzigtausend Exemplaren, rumänische und polnische Ausgaben folgten 1935. Die nationalsozialistischen Kulturfunktionäre hatten diese enorme Breitenwirkung zunächst unterschätzt. Noch im Februar 1934 druckte die gleichgeschaltete »Internationale Welt« in der eitlen Hoffnung auf Selbstentlarvung »aus dem schmutzigen Machwerk Heinrich Manns«, wie es im hämischen Kommentar hieß, ungekürzt die Szene »Hitler bei Hindenburg« ab. Wenig später erkannten Propagandaministerium und Auswärtiges Amt den Fauxpas und versuchten, die Verbreitung des Buches im Ausland zu behindern, ebenso wie sie gegen Heinrich Manns Mitarbeit bei der »Dépêche« offiziell bei der französischen Regierung protestierten.

»Habt Mut«, rief der Europäer Heinrich Mann im Jahre 1939 nicht nur den Deutschen zu. »Die Kultur kann nur noch international verteidigt werden«, heißt es im Einleitungsaufsatz, nach dem der Sammelband »Mut« benannt wurde. Eine »vereinzelte, nationale Kultur« könne der Barbarei, die das deutsche Regime »in der Welt« ausbreite, nicht mit Erfolg widerstehen. Daß die Schwäche der Kultur etwas mit der Schwäche der Literatur zu tun haben müsse, hatte Heinrich Mann bereits 1935 in der »Neuen Weltbühne« vermutet: »Die Literaturen sind jetzt ratlos und ängstlich, sie machen sich klein oder gebärden sich zerfahren – was alles nichts Gutes voraussahnen läßt hinsichtlich des wirklichen Geschehens.«[24] Wie wäre seine fieberhafte publizistische Aktivität im Exil verständlich, wenn er nicht weiter die Hoffnung gehabt hätte, »eine unabhängige Persönlichkeit dürfte Einfluß gewinnen durch nichts als ihr Wort«?[25] Mit seinen Exilpublikationen setzte der »Zivilisationsliterat« das moralisch-politische Engagement fort, dem er sich schon vor dem Ersten Weltkrieg verpflichtet gefühlt hatte.

Mit dem Hinweis, daß in den politischen Exil-Essays Heinrich Manns »die kühne und intuitive Konzeption« des ›Untertan‹ »aktiv« werde, hat Bertolt Brecht als erster diese Texte vom Odium des »Außerliterarischen« befreit. In seinem Nachlaß fanden sich ausführliche Notizen zu »Mut«: »Das Außerordentliche an den Aufsätzen, die Heinrich Mann im Exil veröffentlichte, scheint mir der Geist des Angriffs, von dem sie erfüllt sind. Er geht aus von der Kultur, aber die Kultiviertheit bekommt einen kriegerischen Charakter. Es ist klar, daß es sich um die bürgerliche Kultur handelt, (...) sie ist immerhin so weit entwickelt, verallgemeinert und entwicklungsfähig, daß die Schranken, die ihr durch das Bürgertum gesetzt werden, nicht absolut unübersteigbar, zerstörerisch sind.«[26] Eine wesentliche Ursache für die mangelnde Zusammenarbeit von Arbeiterbewegung und demokratischem Bürgertum in Deutschland sah Heinrich Mann in der Unfähigkeit der Intellektuellen zur »sittlichen Erziehung«, in ihrer Vernachlässigung der Volksbildung. »In den großen Demokratien östlich und westlich von Deutschland ist gekämpft und um des Kampfes willen ist viel gelesen worden. Sowohl das alte Rußland als auch Frankreich haben eine soziale Romanliteratur ersten Ranges gehabt.«[27]

Heinrich Manns Engagement für die Volksfrontbewegung, das fast alle Texte des Bandes wie ein roter Faden durchzieht, war die logische Konsequenz der Entwicklung und Veränderung seiner alten Humanismuskonzeption: »Der Staat, um den es geht, die Gesellschaft, die sich bilden soll, sind sozialistisch und sind human. Das Ziel ist kein geringeres als ein neu verstandener Humanismus; er gilt nicht, wie sonst, für Auserwählte; die Masse und jeder Einzelne aus ihr ist mit dem vollen Wert des Menschen zu erfüllen (...)«[28] Der Humanismus-Begriff ist von der Bindung an die Sphäre der Elite befreit, wird – wenn man so will – »demokratisiert«, »Kultur«, das ist für Heinrich Mann »Pflege, Menschenpflege«.[29]

Obwohl »Mut« keine einheitliche Essaysammlung ist – neben Aufsätzen wie »Das geistige Erbe« oder »Über Goethe« sind auch agitatorische Flugschriften, Ansprachen und Aufrufe aufgenommen –, finden sich durchaus Berührungspunkte mit den frühen Rousseau-, Voltaire- und Zola-Essays (1910-1915). Mit dem Anspruch auf moralische Wirksamkeit versucht Heinrich Mann in seinen Essays an eine jahrhundertealte Tradition, wie sie von Montaigne und anderen großen Moralisten geprägt wurde, anzuknüpfen. Schon im klassischen Essay früherer Epochen bedeutete die Betonung des Subjektiven einen Protest gegen scholastische Denkschulen. Im Dschungel der Exil-Querelen haben Heinrich Mann und andere Schriftsteller versucht, unabhängige Ideenpolitik gegen den Hegemonieanspruch der »Parteipolitik« zu verteidigen. Die »Scholastiker« seiner Zeit saßen in den miteinander heillos zerstrittenen Parteizentralen.

Wenige Monate nach Erscheinen des »Mut«-Bandes überfiel Hitler Polen. Der Friedensappell der Vox Humana kam zu spät. Heinrich Mann muß es geahnt haben, als er Ende 1938 dem Bruder Thomas mitteilte, er müsse »ein Buch mit Artikeln der letzten zwei Jahre in Eile fertig machen«[30]. Und nur eine Woche später signalisierte er Klaus Pinkus seine Resignation: »Was geht einen Schriftsteller, der in menschlichen Dingen einigermaßen belehrt ist, der krampfige Unfug dieses Geschlechtes noch an. Schon zu viel, mit allen meinen Artikeln, die nächstens wieder, (als Mut-Band) gesammelt und zwecklos, erscheinen sollen.«[31]

Der Sammelband »Mut« hatte also von Anfang an »nur« literarhistorische Bedeutung, war und ist ein zeitgeschichtliches Dokument über das Engagement, den Irrtum und die Verzweiflung einer Intellektuellengeneration, die die Zivilisation »retten« wollte. Eine gewisse politische Wirkung – wie immer man sie auch einschätzen mag – hatten die Essays vorher als aktuelle Einzelbeiträge in der »Dépêche«, der »Neuen Weltbühne«, dem »Pariser Tageblatt/Tageszeitung«, der »Volks-Illustrierten« (vormals »AIZ«) und als Funkbeiträge des »Deutschen Freiheitssenders/Welle 29,8« ausgeübt. Einige Texte hatte man sogar als illegale Dünndruck-Tarnschriften nach Deutschland geschmuggelt. Zumindest in einem Fall erfuhr der Autor von einem positiven Echo. Nachdem ihm berichtet worden war, daß an einem Berliner Taxistand ein Chauffeur eines seiner »Dünndruck-Manifeste« laut vorgelesen habe, äußerte er sich hocherfreut: »Jedenfalls bin ich stolz auf den Chauffeur, der allen Leuten so etwas vorliest. Der hat Mut, und wird nicht der Einzige sein.«[32]

Volksfront, »ein Fach wie Algebra oder Musik«

Es war vor allem der Initiative unabhängiger Intellektueller zu verdanken, daß in der »Neuen Weltbühne« um die Jahreswende 1934/35 eine Einheitskampagne durchgeführt wurde, an der sich Politiker und Schriftsteller beteiligten. Die Erfolge der französischen Volksfront veranlaßten Heinrich Mann zu der Hoffnung, daß auch die deutsche Opposition gegen Hitler reif genug sei, sich zusammenzuschließen und »anzugreifen«[33]. Leopold Schwarzschild, der Herausgeber des »Neuen Tagebuchs« schrieb damals: »Der Augenblick ist gekommen, in dem die Möglichkeit besteht, von außen her stark auf die Entwicklung einzuwirken, die innerhalb Deutschlands in Fluß geraten ist«, indem man »draußen ein Zentrum – ein geistiges Zentrum aller buntgemischten Gegnerschaften« bildet.[34]

In seinen ersten Aufsätzen zur Volksfront, so am 2. September 1935, bezog sich Heinrich Mann nicht auf KPD- oder KOMINTERN-Beschlüsse, sondern auf einen Aufruf der politischen Linken Frankreichs. Anläßlich des »Internationalen Solidaritätstages« vom 23. Juni 1935 hatten die Organisationen der französischen »Front Populaire« in einem Appell darauf verwiesen, daß der Charakter des Volksfrontbündnisses international sei. In seinem Aufsatz »Eine große Mehrheit« begrüßte Heinrich Mann, daß die Repräsentanten einer nationalen Demokratie Ermahnungen an die Menschen richteten, »die nur zufällig anderer Nationalität sind«.[35] Angesichts der Zersplitterung der deutschen antifaschistischen Opposition betonte er die umfassende Weitsicht der französischen Intellektuellen und Parteiführer, die schon 1934 zu einer Einheit fanden. Im Zusammenhang mit der »Front Populaire« vertieften sich seine Kontakte zu den demokratischen Politikern und Intellektuellen des Landes, das ihm Exil gewährte. Durch die gemeinsame Arbeit im »Weltkomitee gegen Krieg und Faschismus« entstand vor allem eine freundschaftliche Beziehung zu Henri Barbusse. Heinrich Mann teilte dessen Auffassung, daß es neben »unheilbaren Leiden«, wie Krankheit und

Tod, auch sozial bestimmte »heilbare Leiden« gebe, die »durch den Aufbau einer kollektiven Ordnung« verschwinden könnten.[36] Eine solche »kollektive Ordnung« versprach neue Formen des menschlichen und sozialen Zusammenlebens. Im Zusammengehen von Arbeiterbewegung und bürgerlichen Intellektuellen in der »Front Populaire« entdeckte Barbusse eine qualitativ neue Stufe der öffentlichen Wirksamkeit des Schriftstellers. Auch für Heinrich Mann war das ein wichtiger Impuls, um die alte Problematik des Gegensatzes von Geist und Macht neu zu reflektieren.

Die noch aus der Weimarer Zeit stammenden Vorbehalte gegenüber der KPD hatte er allerdings mit ins Exil genommen. Noch 1934 beklagte er in den »Europäischen Heften« formale Ähnlichkeiten zwischen Erscheinungsformen des nationalsozialistischen Systems und des von der KPD angestrebten nationalistischen Kommunismus: »Das siegreiche System, dieses Dritte Reich, ist ihre (gemeint sind die Kommunisten, d. Verf.) eigene Karikatur, sie sehen es nur nicht. Diese Karikatur besteht so furchtbar genau auf der Rasse wie das Original auf der Klasse.«[37] Und im gleichen Jahr kritisierte Heinrich Mann auch unverblümt die sektiererische Haltung der KPD-Führung gegenüber der SPD: »Wenigstens die ins Ausland entkommenen Kommunisten können jetzt feststellen, wie falsch es immer war, sich näher bei Moskau zu fühlen, als bei ihren deutschen Genossen von der anderen Partei.«[38] Allerdings wahrte er nicht nur Distanz zur KPD, sondern kritisierte zunehmend auch die abwartende Haltung des Prager Exilvorstandes der SPD, verurteilte allgemein die Fortdauer der Zersplitterung der Opposition gegen Hitler. Während sich die KPD dann unter dem Druck der Beschlüsse des VII. Weltkongresses der KOMINTERN (Juli/August 1935) und der sich daran anschließenden sogenannten »Brüsseler Parteikonferenz« mit dem organisatorischen Geschick des »roten Pressezaren« Willi Münzenberg ins Zentrum der Pariser Emigrantenbewegung drängte, weigerte sich die Mehrheit der Prager SOPADE, auf die Volksfrontinitiativen einzugehen. Das war eine wichtige Voraussetzung für die

Annäherung zwischen Heinrich Mann und den Kommunisten. Entscheidend dabei war, daß die ersten Kontakte über so flexible Persönlichkeiten wie Johannes R. Becher und Willi Münzenberg liefen. Schon 1934 kam es in Prag zwischen Heinrich Mann und Becher zu Gesprächen über die Initiative für eine Sammlungsbewegung unter den Emigranten. Becher notierte sich nachher: »Er war begeistert über einen Plan der Sammlung, versprach alles dafür zu tun und will auf unsere Anregung hin einen Artikel in der ›Weltbühne‹ schreiben.«[39] Eine Einigung in der »Kultur«-Frage war die wesentliche Voraussetzung für das gemeinsame Engagement von Marxisten und Bürgerlichen in einer »Volksfront«. Heinrich Mann schien begeistert von Bechers These, daß die »Bewahrenden und die Kämpfenden« ein übergreifendes, »kulturelles Erbe« zu verteidigen hätten. Auf dem großen Internationalen Schriftsteller-Kongreß vom Juni 1935, der der »Verteidigung der Kultur« gewidmet war, beschwor er dann die Möglichkeit einer Synthese von Marxismus und Demokratie, schriftstellerischer Tätigkeit und politischem Engagement.

Aus Gestapo-Notizen geht hervor, daß ein »Vorläufiger Ausschuß zur Vorbereitung einer deutschen Volksfront« im Juli 1935 gebildet wurde.[40] Dieser von parteiunabhängigen Intellektuellen initiierte Ausschuß existierte vorübergehend parallel zu einem von Willi Münzenberg gegründeten »Lutetia-Comité« (benannt nach dem Tagungshotel). Heinrich Mann unterbreitete den verschiedenen Beteiligten Vorschläge, »die Aktion (zu) vereinheitlichen«. Mann dürfe »nur eine einzige Zentrale« einrichten. »Beschlüsse« solle man »einmalig und allgemeingültig« fassen. »Daher: Zusammengehen Münzenbergs mit dem ›Vorbereitenden Ausschuß‹.« Ziel sei es, den »Deutschen Volksstaat« vorzubereiten. Dafür müsse »die Einheitsfront der Linken schon bestehen, bevor an eine Aktion herangegangen wird.« Er appellierte an die Notwendigkeit, »dem Gerücht vom ›Chaos‹ entgegenzuwirken«, denn die Nationalsozialisten lebten »von der Furcht vor dem ›Chaos‹, das nach Hitler käme«. Die Katholiken dürften nicht »mutwillig« verprellt werden und den Völkerbund solle man nicht »mit Hohn« behandeln.[41] Anfang 1936 kam ein Zusammenschluß der beiden konkurrierenden Komitees zustande. Die erste größere Volksfrontkonferenz fand in Paris am 2. Februar 1936 statt. Eingeladen hatten Heinrich Mann und der Sozialdemokrat Max Braun. In einem internen Protokoll der linkssozialistischen SAP heißt es: »Die Plenarsitzung, die Heinrich Mann leitete, war von ca. 100 Personen, darunter vielen Intellektuellen, hauptsächlich Schriftstellern, besucht. Nach längeren Ausführungen von Kuttner (ein Mitglied der SPD, d. Verf.) wurde der Amnestieaufruf einstimmig angenommen. Alsdann wurde der Entwurf einer politischen Deklaration von Georg Bernhard begründet und von Gumbel verlesen. In der Debatte wurde von Breitscheid und unseren Genossen an verschiedenen Stellen des vorgelesenen Entwurfs, der übrigens nicht vervielfältigt vorlag, Kritik geübt (...) Die Deklaration war eine in der letzten Stunde geschaffene Kompromißlösung. Bekanntlich sind Intellektuelle wie Schwarzschild und Bernhard, vor allem lebhaft sekundiert von Münzenberg, auf der vorhergehenden Tagung für die Schaffung eines sehr weitgehenden Programms eingetreten. Inzwischen ist diese Haltung Münzenbergs von der KPD desavouiert worden (...) Ein Vertreter der katholischen Opposition, von der man allerdings nicht weiß, wie stark sie ist, gab die Erklärung ab, daß seine Freunde von dem besten Willen beseelt seien, mit den sozialdemokratisch-kommunistischen Arbeitern zu einer Kampffront zu kommen. Für doktrinäre Fragen sei aber in seinem Kreis wenig Verständnis. Die anwesenden Sozialdemokraten wichen in ihren Äußerungen erheblich voneinander ab (...).«[42]

Nach der Volksfrontkonferenz vom Februar 1936 kursierten die verschiedensten Programm- und Verfassungsentwürfe. Neben dem Entwurf eines »Minimalprogramms für die Gründungsversammlung« von Emil J. Gumbel, einem 20-Punkte-Forderungskatalog, und dem »Entwurf einer Verfassung für das › Vierte Reich‹« von Georg Bernhard, existierte auch der »Entwurf eines Einigungsabkommens und Konzept einer Grundgesetzgebung für das Deutschland nach Hitler«

von Leopold Schwarzschild. Diese Dokumente, welche die unverkennbare individuelle Handschrift unabhängiger Intellektueller trugen, wurden von Heinrich Mann in einem Vermittlungsvorschlag zusammengefaßt und ergänzt. Diese »Ergänzungen« sind, wenn man so will, der letzte Versuch der unabhängigen Intellektuellen innerhalb der Pariser Volksfrontinitiative, sich mit ihrer »Ideenpolitik« gegen »Parteipolitik« zu behaupten. Mit seiner Beschreibung der Erziehungfunktion des zukünftigen »Volksstaates« knüpfte Heinrich Mann an die Gedanken seines Lesebuches »Es kommt der Tag« von Anfang 1935 an: »Morallehre wird Hauptfach aller Lehranstalten. Humanismus, Christentum, Sozialismus werden als dieselbe Disziplin vorgetragen und den Lernenden durch denselben Unterricht mitgegeben (. . .).«[43]

Seine Vorschläge fanden kein Gehör. Im Sommer 1937, als Walter Ulbricht zum Hauptrepräsentanten der KPD in Paris avanciert war und sich Münzenbergs Bruch mit der KPD schon abzuzeichnen begann, wurden die Differenzen zwischen Kommunisten und anderen politischen Strömungen unüberbrückbar. Doch Heinrich Mann hielt bis zum bitteren Schluß an seiner hoffnungslosen Aufgabe des Ausgleichs und der Vermittlung fest. Im Rückblick seiner autobiographischen Darstellung beschrieb er sein Engagement: »Dem Comité der Volksfront schulde ich die Anerkennung, daß es mir meine vermittelnde Haltung zwischen den Parteien eher dankte als übelnahm. Ein Sozialdemokrat ging so weit, mir zu sagen, ich wüßte wohl nicht, daß ich das ganze zusammenhalte?«[44] Volksfront sei »ein Fach wie Musik oder Algebra«. Er habe sich »mehr oder weniger begabt dafür« erwiesen.[45]

Ulbricht, »ein vertracktes Polizeigehirn«

Im Mai 1937 hatte Ulbricht Heinrich Mann mitgeteilt, daß Willi Münzenberg »infolge einer längeren Abwesenheit aus Paris« vorläufig nicht mehr an den gemeinsamen Beratungen teilnehmen könne.[46] Mit dieser Mitteilung verband er seine Kritik, daß der Ausschuß »nicht zu den aktuellen Fragen

Stellung nehme«.[47] Heinrich Mann antwortete am 31. Mai 1937 mit einem längeren Brief. Darin machte er den »lieben Freund Ulbricht« auf die in bürgerlichen Exilkreisen verbreitete Auffassung aufmerksam, »daß mit Kommunisten keine Demokratie zu machen wäre«. Diese Schwierigkeit sehe er »größtenteils behoben, wenn die KPD ihren Namen ändern könnte«. Es käme darauf an, »bei allen Richtungen der Opposition für eine konsequente Opposition zu werben«. Was ihn betreffe, wolle er »gern Aufrufe verfassen«, nur »möchte (er) keine private, unnütze Arbeit tun«. Und dann kam er auf den »Fall Münzenberg« zu sprechen: »Ich bedauere auf das tiefste jede tiefgehende Meinungsverschiedenheit. Daher war es mir ein wirklicher Schmerz, von dritter Seite zu erfahren, daß auch die kommunistischen Vorstands-Mitglieder nicht mehr unbedingt einig sein sollen. Ich will hoffen, daß es nichts Schlimmeres zu bedeuten hat, wenn Sie mir sagen, daß unser Freund Willi längere Zeit nicht mitarbeiten wird. Durch ihn selbst weiß ich gar nichts. Er hat mir zwar geschrieben, aber kein Wort über seine Sache. Er besitzt Disciplin. Sie desgleichen. Nun bin ich genötigt, Ihnen zu sagen, was ich auch ihm erklärt habe: der Vorbereitende Ausschuß und sein Vorstand, das ist ein ganz eigener Organismus. Die Parteien dürfen nicht einfach über ihn verfügen und aus dem Vorstand ein Mitglied abberufen oder ersetzen. Es muß auf parlamentarischem Wege, mit Stimmenmehrheit geschehen. Der Vorsitzende (also Heinrich Mann) muß ersucht werden, eine Sitzung einzuberufen.«[48]

Doch Ulbricht taktierte weiter, spielte Heinrich Mann gegen andere Mitglieder des Volksfrontausschusses aus und versuchte mit einer »Doppelstrategie« außerhalb des Ausschusses, auch andere organisatorische Formen zu schaffen. Alfred Kantorowicz berichtet über ein »langes vertrauensvolles Gespräch mit Heinrich Mann«, in dem der über Ulbricht geäußert habe: »Sehen Sie, ich kann mich nicht mit einem Mann an einen Tisch setzen, der plötzlich behauptet, der Tisch, an dem wir sitzen, sei kein Tisch, sondern ein Ententeich, und der mich zwingen will, dem zuzustimmen. «[49] Und an den saarländischen Sozialdemokraten Max Braun schrieb Heinrich Mann am 25. Oktober 1937: »So ungern ich Mitglieder der deutschen Opposition als Gegner ansehe, einige wollen es offenbar nicht anders. Ich bin daher gegen eine Zusammenberufung des Gesamtausschusses, solange Ulbricht als Hauptvertreter oder auch nur als ein Vertreter seiner Partei dort erscheinen darf... «[50] Noch schärfer sind die Formulierungen in einem Schreiben, das fünf Tage später an Lion Feuchtwanger ging: »Das Dringlichste ist, den Ulbricht loszuwerden. Er ist nach Schwarzschild der zweite, der sich bemüht, den Volksfrontausschuß zu sprengen. Er agitiert heimlich bei der SPD, um sie an sich zu bringen und den gegenwärtigen Ausschuß zu isolieren. Was er will, ist nichts Geringeres als eine neue Volksfront, die keine mehr wäre, sondern er hätte abgesprengte Bruchstücke unter seinem Befehl. Er ist ein vertracktes Polizeigehirn, sieht über seine persönlichen Intrigen nicht hinaus, und das demokratische Verantwortungsgefühl, das jetzt erlernt werden muß, ist ihm fremd. «[51]

Als es schon zu spät war, versuchte Heinrich Mann, die verbliebene Intellektuellen-Gruppe innerhalb des Volksfrontausschusses in »materieller Unabhängigkeit« von der KPD als »liberal-sozialistische Vereinigung« zu organisieren. Für diesen Plan versprach er sich auch Unterstützung von Albert Einstein und seinem Bruder Thomas. Seine Hoffnung war eine »Intellektuellen-Partei, später vielleicht die neudemokratische Partei, die immer gefehlt hat«.[52] Fraktionskämpfe im spanischen Bürgerkrieg, stalinistische Säuberungen, Vorbereitung der Moskauer Schauprozesse und dann der Hitler-Stalin-Pakt zerstörten die Basis einer gemeinsamen Volksfrontbewegung deutscher Emigranten endgültig.

Schon 1937 hatte André Gides desillusionierender Bericht »Retours de l'URSS«, mit dem er seine eigenen frühen Schwärmereien korrigierte, das Lager der Abtrünnigen vergrößert. Gide war nun zu der Überzeugung gelangt, daß in keinem Land »das Denken unfreier, unterdrückter, terrorisierter und abhängiger« sei als in der Sowjetunion.[53] Die

»Prawda« beschimpfte ihn daraufhin als Überläufer ins »trotzkistisch-faschistische Lager«.[54] Während Kurt Hiller entsetzt bemerkte, daß dieser »Kotwurf« der »Prawda« ein Diskussionsverbot und die »vorsätzliche Verblödung« der Volksfront-Beteiligten anstrebe, ließen sich viele der früheren Freunde Gides bereitwillig in die Verleumdungskampagne gegen ihn einspannen. Dazu gehörte auch Lion Feuchtwanger. Obwohl Heinrich Mann »Verständnis« für die Moskauer Prozesse aufbrachte, weigerte er sich, am Kesseltreiben gegen André Gide teilzunehmen. In seiner Autobiographie wertet er Gides Rußland-Erfahrungen nicht ohne Mitgefühl als Enttäuschung eines »Evangelisten«. Vermutlich steht auch seine Ablehnung einer Mitarbeit in der Redaktion der kommunistischen Zeitschrift »Wort«, wozu ihn Brecht aufgefordert hatte, im Zusammenhang mit der »Affäre Gide«.[55]

Offiziell hat Heinrich Mann nie einen Loyalitätsbruch mit der Sowjetunion vollzogen, aber innere Zweifel und Resignation wurden in jenen Jahren bestärkt. Obwohl oft eingeladen, hat er die Sowjetunion nie besucht. Auch dem Moskauer »Kongreß der Sowjetschriftsteller« (1934), auf dem die Prominenz der deutschen Exilautoren versammelt war, blieb er fern. Und obwohl A. Fadejew, der Vorsitzende des Sowjetischen Schriftstellerverbandes, ihm nach Kriegsausbruch telegraphierte, daß in der Pariser Botschaft ein Visum für ihn bereitliege, hat er es nie abgeholt.

Heinrich Mann hat sich nicht öffentlich gegen den Hitler-Stalin-Pakt geäußert, dennoch war er persönlich – wie die meisten Intellektuellen – tief erschüttert. Als er aus dem Radio von der Vereinbarung erfuhr, schloß er sich 48 Stunden lang in sein Arbeitszimmer ein und wollte mit niemandem sprechen. Je häufiger die realen Vorgänge in Politik und Ökonomie der Sowjetunion widersprüchlich und unverständlich wurden, desto mehr zog sich Heinrich Mann auf die Sympathie für eine Idee zurück, »der Idee der neu verstandenen Freiheit«. Nur die »noch immer Unbelehrten«, hieß es legitimatorisch, »denken sich die Revolution des 20. Jahrhunderts schlechthin stofflich«.[56] Die Idee, die sich für viele deutsche und europäische Intellektuelle im Sowjet-Mythos erschloß, schien wie die Wiedergeburt einer Urvorstellung, sie bot Entschädigung für Entbehrungen und einen sinnlosen Tod. Für Humanisten wie Heinrich Mann mußte eine solche Empfindung an Stärke gewinnen, als schließlich eine Effizienz des antifaschistischen Kampfes fast nur noch von der Roten Armee auszugehen schien. Die militärischen Anstrengungen der Sowjetunion erschienen als »Heldenkampf eines großen Volkes, das die Schlachten der Freiheit schlug und dazwischen Balalaika spielte«. Eine solche Vorstellung »befriedigte das ausgehungerte Gemütsleben dieser Jahrhunderte alten Jungfer, nämlich der europäischen Linken, die bis dahin nie die Umarmung der Macht erfahren hatte«.[57] In der Tradition des Denkens der Aufklärung wollte Heinrich Mann die Menschen ermutigen, sich als ihre eigenen Herren zu betrachten. Die tragische historische Dialektik aber konnte oder wollte er nicht begreifen: Noch ehe die großen Ideen der Aufklärung gesellschaftliche Praxis geworden waren, setzte ihre Selbstzerstörung ein.

Das Vorbild der »Literarischen Résistance«

Mag das Bild vom einfachen Mann auf der Straße, der Widerstandsliteratur vorliest, für deutsche Verhältnisse eine Utopie gewesen sein, für das besetzte Frankreich offenbar nicht. Heinrich Mann zumindest glaubte an die Wirksamkeit des französischen Widerstands.

Über die ideologischen und politischen Differenzen innerhalb der »Résistance« gibt es zahlreiche Dokumente und Publikationen. In Frankreich sind sie seit einigen Jahren Gegenstand öffentlicher Kontroversen geworden. Die politischen Parteien streiten sich über das Ausmaß der gegenseitigen Verstrickung in die Kollaboration mit der nazistischen Besatzungsmacht und ihren Anteil an der »Befreiung« bzw. der Wiederherstellung einer nationalen Identität. Bücher wie »L'Affiche Rouge« (Das rote Plakat) von Melinée Manouchian, der Witwe des ermordeten armenischen Partisanenfüheres, »Les Parias de la Résistance« (Die Ausgestoßenen der Résistance) von Claude Lévy oder »La Filière Marseillaise« (Fluchtpunkt Marseille) von Daniel Bénédite, Artikelserien in großen Magazinen wie »Actuel« und Filme wie »Die Terroristen im Ruhestand« von Mosco versorgen den Schwelbrand des Parteienstreits immer wieder mit neuer Nahrung. Auffällig dabei ist die Zurückhaltung noch lebender Résistance-Literaten. Relativ spät, erst Mitte der 70er Jahre, begannen französische Schriftsteller ihre Erinnerungen an den Widerstand in systematischer Form niederzuschreiben.[58]

Trotz persönlicher Isolierung Heinrich Manns im amerikanischen Exil gingen die ideenpolitischen Berührungspunkte mit Frankreichs Literaten der Résistance nicht verloren. Auch in Amerika betonte er immer wieder die gemeinsame Aufgabe des französischen und deutschen Widerstandes nach dem Scheitern der Volksfront. Und 1943 entwarf er das Konzept für einen neuen Schriftstellerverband, der die »äußere« und »innere« Emigration zusammenfassen sollte: »Eine Voraussetzung wäre: sobald möglich tritt der innere neue Schutzverband in Verbindung mit einigen notorischen freigesinnten Schriftstellern, die sich im Lande durchgebracht haben. Zweifellos gibt es derer. Ebenso gewiß werden sich mehr melden von ihnen als es wirklich gibt. Wenn auch mit sorgfältiger Auswahl, ist es durchaus nötig, mit ihnen zusammenzugehen.«[59]

Vorbild für eine solche nationale Sammelbewegung der Schriftsteller war offensichtlich das »Nationale Schriftsteller-Komitee« in Frankreich, das von Louis Aragon, Jean Lescure und anderen Literaten der »Résistance« gegründet wurde. Rolle und Bedeutung der »literarischen Résistance« ist bisher von der Literaturwissenschaft und Geschichtsforschung wenig untersucht worden.[60]

Unter dem Titel »L'Honneur des Poètes« erschienen 1943 und 1944 im besetzten Frankreich illegal zwei Broschüren mit Gedichten von Louis Aragon, Robert Desnos, Paul Eluard, Pierre Emmanuel, Jean Lescure, Michel Leiris, Francis Ponge und anderen. Angeregt waren die Gedichtsammlungen von Paul Eluard und Jean Lescure. Der 1912 geborene Jean Lescure ist neben seinen Aktivitäten als Lyriker, Schriftsteller und Kritiker auch als Leiter der französischen Filmkunst-Kinos (»Association française des cinémas d'Art et d'Essai«) bekannt geworden. Größere Aufmerksamkeit in der literarischen Öffentlichkeit erregte er 1938 mit der Publikation der Gedichtsammlung »Le Voyage Immobile« (Die unbewegliche Reise). Danach gründete er die Zeitschrift »Messages« (Botschaften), die sich in der Tradition des Surrealismus mit Fragen des Zusammenhangs von Poesie und Philosophie beschäftigte. Im März 1942 erschien die erste Nummer dieser Zeitschrift illegal im besetzten Teil Frankreichs. Der Einleitungsartikel von Jean Lescure propagierte eine »intellektuelle Résistance«, der es angesichts der faschistischen Barbarei vor allem um die Verteidigung der kulturellen menschlichen Werte gehen müsse.

Im Verständnis einer »Résistance«, die nach seinen Worten »lyrisch« war, sammelte Jean Lescure einen Kreis von Schriftstellern, Dichtern und Malern um sich. Neben den bereits erwähnten zählten später auch Jean-Paul Sartre und Camus dazu. Wie die politische Résistance, setzte sich auch die literarische aus verschiedenen Strömungen zusammen. Es gab christliche, kommunistische, sozialistische, gaullistische und parteilose Autoren und Künstler. Natürlich kam es zu politischen und literarischen Kontroversen: beispielsweise über die Berechtigung von Attentaten auf Angehörige der deutschen Wehrmacht, über den Nationalismus der »Résistance« oder die Mitarbeit an Zeitschriften der Kollaboration. Typisch waren auch die unterschiedlichen Versuche, politisches Engagement literarisch zu gestalten: Reaktivierung christlicher Traditionen und Symbole, Fortführung surrealistischer Positionen, Rückgriff auf volkstümliche Elemente der Dichtung.

Die literarische und die politisch-militärische Résistance verfolgten zwar dasselbe Ziel, die Befreiung Frankreichs, doch beide Bewegungen existierten während der ganzen Kriegszeit relativ getrennt nebeneinander. Es gab, wenn man so will, zwei »parallele« Öffentlichkeiten des Widerstandes.

303

In seinem Aufsatz »Poésie et Défense de l'Homme« (Gedichte und die Verteidigung des Menschen) verteidigte Jean Lescure die Résistance-Dichtung gegen den Vorwurf der Zeitgebundenheit und grenzte sie gleichzeitig von den aktuellen, propagandistischen Texten der Résistance-Presse ab: »Wir geben uns keinen falschen Hoffnungen auf die Wirklichkeit hin. Die Lyrik der Résistance kann nicht die aktuelle Rolle der Widerstandszeitungen oder der alliierten Sender spielen. Sicher, ihr Wille, die Sprache wieder mit dem Leben zu verbinden, und der Funken Hoffnung, den sie manchmal den Eingekerkerten bringt, sind nicht zu übersehen. Auf jeden Fall ist es nicht so sehr der aktuelle Inhalt, der diese Lyrik prägt, sondern naturgemäß ist es eher die Form, die überdauert. So nimmt sie ihren Platz in der Geschichte ein, in der Vergangenheit und Gegenwart ebenso wie in der Zukunft, in deren Namen sie sich an jene Generation wendet, die die Dunkelheit, die uns heute umgibt, verlassen wird. Ihre eigentliche Würde drückt sie darin aus, daß sie von jetzt an den unbestimmbaren Dialog begründet, in dem sich der Mensch auf seinen Stolz und Freiheitsdrang beruft, auf Werte, die in der Zukunft realisiert werden müssen. Für die Lyrik des Widerstandes gilt ebenso wie für die ungebrochene Widerstandskraft jeglicher Lyrik, so wie es in einer Ballade heißt: Die Stimme, die aus dem Kerker dringt, spricht für die Menschen von morgen.«[61]

Viele Schriftsteller, darunter auch prominente Mitglieder und Wortführer der Volksfront-Bewegung der 30er Jahre, waren bei Ausbruch des Zweiten Weltkrieges in ihren politischen Positionen verunsichert. Die Niederlage der spanischen Republikaner, das Scheitern der Volksfront in Frankreich, die Schauprozesse in der Sowjetunion und vor allem der Hitler-Stalin-Pakt hatten ihr antifaschistisches Engagement gelähmt. Die ersten Dokumente einer sich als literarisch verstehenden Résistance bezeugen die tastenden Versuche, ein Bild vom Ausmaß der militärischen Niederlage und den Publikationsmöglichkeiten unter den Bedingungen der Besatzung zu gewinnen.

Die meisten Schriftsteller vermieden in ihren Publikationen anfangs fast jeden Bezug zur Aktualität der Besatzung. Das gilt auch für so engagierte Autoren wie Louis Aragon und Paul Eluard.

Gegenüber der bis dahin vereinzelt und unkoordiniert publizierten Widerstands-Literatur bedeuten die Sammelbände *L'Honneur des Poètes* einen organisatorischen Schritt in die Richtung einer literarischen Front. Jean Lescure gibt auf authentische Weise Einblick in die Bedingungen und Schwierigkeiten, unter denen *L'Honneur des Poètes* konzipiert und realisiert wurde: »Die Aufgabe des literarischen Widerstands bestand zunächst darin, ›Namen‹ zu sammeln, d. h. prominente Unterschriften für eine Sache zu gewinnen, die sich auf die Tradition bestimmter Grundwerte berief, nicht auf militärische Aktionen. Es galt alle diejenigen Dichter und Schriftsteller ausfindig zu machen, die sich noch nicht dem Besatzungsregime ergeben hatten. Die Lyrik des Widerstands war also in der ersten Phase nicht unbedingt offene Anti-Nazi-Propaganda (...) Nur so kann ich mir erklären, daß die deutsche Polizei und die Sicherheitsorgane mich anfangs gewähren ließen. Hätten wir mit der Sammlungsbewegung ein Jahr später begonnen, wäre die literarische Résistance zweifellos im Keime erstickt worden (...) Die französische Widerstandsbewegung ging zunächst nicht direkt von den politischen Parteien aus (...) Die erste Form der Résistance war die lyrische (...) Ich glaube, daß die Gedichtsammlungen – wie »L'Honneur des Poètes« – eine Enthüllung des französischen Nationalcharakters waren, eine Identifizierung des ganzen Volkes mit einigen Worten: mit Freiheit, Liebe, Menschenwürde!«[62]

»L'Honneur des Poètes« fand erstaunliche Beachtung. De Gaulle zitierte daraus, die BBC meldete die Existenz der Gedichte, und auch die Kollaborationspresse sah sich gezwungen zu reagieren. Als ein knappes Jahr später, im Mai 1944, die zweite Sammlung unter dem Titel »Europe« erschien – an ihr waren Dichter des Widerstands aus neun europäischen Ländern beteiligt –, stand die Landung der

Alliierten unmittelbar bevor. »Europe« wirkte wie ein Fanal. Anregungen erhielten auch die Gründer des deutschen Exilverlages »Aurora« in New York (Ernst Bloch, Bertolt Brecht, Alfred Döblin, Lion Feuchtwanger, Oskar Maria Graf, Heinrich Mann u. a.) für ihre literarische Textsammlung »Morgenröte«. Sie hatten 1944 begonnen, Texte zusammenzustellen, mit denen es möglich sein sollte, sich als Deutscher und Europäer zu identifizieren. Heinrich Mann schrieb in der Einleitung: »(...) Ein Land mit lebendiger, laut vernehmbarer Literatur geht nicht unter. Wäre sie außer Kraft gesetzt, vergessen sogar, heimlich hat sie dennoch fortgelebt. Seine Literatur ist die Probe auf den tiefen und wahren Willen eines Landes: die deutsche war von je nach Gerechtigkeit und Frieden gerichtet. Das ist kein besonderes Verdienst; jedes Volk gehorcht, wie auch das deutsche, seiner einfachen Natur, ihrem Bedürfnis, das Leben zu erhalten und es zu verbessern. Jede große Literatur führt die Sache von Völkern, die leben wollen – die Sache der Menschheit, da entweder alle sich ein menschenwürdiges Leben gewinnen werden, oder keines.«[63]

2. Amerika? »Eindrücke belanglos«

»The lost souls of Hollywood«

Der Krieg und die unvorstellbare Niederlage Frankreichs erschütterten Heinrich Mann. Nach Abbruch der Verbindung mit der »Dépêche de Toulouse« besaß er in Frankreich kein Sprachrohr mehr. Besonders schmerzte ihn, daß man nun auch in der gleichgeschalteten französischen Presse gegen ihn heftig polemisierte. Hinzu kamen Schwierigkeiten mit der Verlängerung seiner Aufenthaltsgenehmigung. Nach dem Einmarsch der deutschen Truppen und der Unterzeichnung des Waffenstillstandsvertrages am 20. Juni 1940, der die Aufteilung Frankreichs in eine besetzte und eine unbesetzte Zone zur Folge hatte, bot auch der tschechoslowakische Paß keinen Schutz mehr. Die Flucht nach dem ungeliebten Ame-

rika (»da wird's ja wohl nur Schnellrestaurants geben...«)
wurde unausweichlich. Durch Lion Feuchtwangers Kontakte zum »Emergency Rescue Committee« wurden die
Einzelheiten organisiert.[64] Im August 1940, vor dem Aufbruch nach Marseille, machte Heinrich Mann sein Testament.[65] Ausreisepapiere lagen für ihn und Nelly beim noch
residierenden tschechoslowakischen Konsulat bereit. Heinrich Manns Dokument war auf den Namen »Heinrich Ludwig« ausgestellt. Am Morgen des 12. September fuhren
Heinrich und Nelly zusammen mit Golo Mann und dem
Ehepaar Werfel der spanischen Grenze entgegen. Nach einer
Übernachtung in Cerbére – immer gefährdet durch Kontrol-
len – begann unter der Führung eines jungen Amerikaners
vom »Emergency Rescue Committee« die mühsame und
gefährliche Überquerung der Pyrenäen. Heinrich Mann berichtet: »Bald verlor der Weg sich im Gestrüpp. Von einem
Steinblock zum anderen nutzten wir die leidliche Verbindung. Am besten versetzte man sich in die Gewohnheiten der
Ziegen (...) Ich hatte seit Jahrzehnten keinen beträchtlichen
Berg mehr bestiegen, war nunmehr ungeschickt und nicht
jung: ich fiel recht oft auf die Dornen (...) Mehrmals unterstützte mein Neffe mich, dann überließ er es meiner Frau, die
an sich selbst genug gehabt hätte.«[66] Zuletzt »griff« ihm der
Amerikaner »unter die Arme«. Als Heinrich Mann versuchte, »den tüchtigen Jungen zu belohnen«, lehnte der ab mit
dem Hinweis, »in Amerika habe er Geld«.[67] Eine absurde und
symbolische Situation zugleich: »Diese Europäer hatten sich
durch Dummheiten, die zu begreifen nicht lohnte, in eine
verdammte Lage gebracht.« Ein Amerikaner (!) »half ihnen
über den Berg, damit war alles in Ordnung«.[68] Von der
spanischen Grenzstation aus fuhr die Gruppe mit dem Zug
bis Barcelona und flog dann mit einer Lufthansa-Maschine (!)
über Madrid nach Lissabon. Dort wartete der griechische
Dampfer »Nea Hellas« auf sie. Das Geld für die Schiffskosten
und Einreisevisen nach Amerika hatte Thomas Mann besorgt.

Als die »Nea Hellas« am 4. Oktober 1940 den Hafen von

Lissabon verließ, lehnte Heinrich Mann traurig an der Reling: »Der Blick auf Lissabon zeigte mir den Hafen. Er wird der letzte gewesen sein, wenn Europa zurückbleibt. Er erschien mir unbegreiflich schön. Eine verlorene Geliebte ist nicht schöner. Alles was mir gegeben war, hatte ich in Europa erlebt, Lust und Schmerz eines seiner Zeitalter, das meines war: aber mehreren anderen, die vor meinem Dasein liegen, bin ich auch verbunden. Überaus leidvoll war dieser Abschied.«[69] Aber auch die meisten der anderen, insgesamt 678 Passagiere, sahen einem ungewissen Schicksal entgegen. Außer einigen prominenten Amerikanern und deutschen Intellektuellen waren es überwiegend jüdische Flüchtlinge aus Italien. Zu der Gruppe der Intellektuellen gehörten neben den Werfels und Heinrich und Golo Mann auch der Schriftsteller Alfred Polgar mit seiner Frau, der frühere Herausgeber der »Neuen Weltbühne«, Hermann Budzislawski, und der SPD-Politiker Friedrich Stampfer. Die Überfahrt war im Jahre 1940 nicht ungefährlich. Hitlers U-Boote machten gnadenlos Jagd auf jedes Schiff mit gegnerischer oder neutraler Flagge. Ihre Torpedos unterschieden nicht zwischen zivilen und militärischen Zielen. Im September, also erst vier Wochen vorher, war der englische Dampfer »City of Benares« auf seiner Fahrt nach Kanada versenkt worden. Hunderte von Flüchtlingen, unter ihnen auch der mit Monika Mann verheiratete ungarische Kunstwissenschaftler Jenö Lányi, ertranken. Während der zehntägigen Seereise verließ Heinrich Mann fast nie seine Kabine. Wozu auch? Der Speisesaal war verwahrlost und das Essen schäbig. Auch die vom Kapitän angeordneten Routineübungen mit Rettungsgürteln und Schwimmwesten machte er nicht mit. Als der Neffe Golo Mann ihn einmal besuchte, so berichtet Alma Mahler-Werfel, »lag er im Bett und zeichnete gerade Weiber mit großen Busen, manchmal auch letztere allein«.[70] Am 13. Oktober um neun Uhr früh machte die »Nea Hellas« am Pier von Hoboken auf der Westseite des Hudson River fest. Zur Begrüßung war ein kleines Empfangskomitee erschienen, angeführt von Thomas Mann und Kadidja Wedekind. Etwas später stießen auch Klaus Mann und Hermann Kesten dazu. Heinrich Mann wirkte erschöpft und »sah ein Jahrzehnt älter aus als ein Jahr zuvor«.[71] Dennoch kam eine »festliche Stimmung« auf, und bei einem späteren Lunch im »Bedford«, so erinnerte sich Klaus Mann, habe sein Onkel schon wieder ganz lebendig »seine nächtliche Flucht über die französisch-spanische Grenze« geschildert.[72]

Die »New York Times« berichtete am nächsten Tag auf der Seite 16 unter der Überschrift »Authors who fled from Nazis arrive« etwas ungenau: »Heinrich Mann, der mit seinem Neffen Gottfried (gemeint ist Golo) Mann angekommen ist, wurde am Pier von Dr. Thomas Mann empfangen. Dr. Mann, selbst ein emigrierter deutscher Schriftsteller und Nobel-Preis-Träger, ist der Vater von Gottfried und der Bruder von Heinrich. Heinrich Mann, dessen historischer Roman ›König Heinrich von Navarra‹ hier 1937 veröffentlicht wurde, erklärte, daß er in Nizza gelebt habe und dort nach Kriegsbeginn keinen Repressalien ausgesetzt gewesen sei. Dr. Mann sagte, daß sein Bruder und sein Sohn wahrscheinlich für eine Weile bei ihm in Princeton wohnen würden.«[73] Heinrich Mann hielt man in Amerika offensichtlich nicht für einen sehr wichtigen Schriftsteller. Der Bericht über Franz Werfel war der Zeitung doppelt soviel Zeilen wert, und die Ankunft Lion Feuchtwangers am 5. Oktober mit dem Linienfrachter »S. S. Excalibur« hatte man sogar mit einem großen Photo auf der Titelseite gebracht.[74]

Einen Tag nach Ankunft der Emigranten setzte ein etwas peinliches Konkurrenzgerangel zwischen dem »Emergency Rescue Committee« und der mehr links orientierten »League of American Writers« über ihren jeweiligen Anteil an der Fluchthilfe ein. Beide Organisationen hatten unabhängig voneinander zu einem Empfang für die Schriftsteller-Emigranten nach Manhattan in das Hotel Commodore geladen. Heinrich Mann und Franz Werfel entschieden sich für das Bankett des »Committees«, wo Thomas Mann eine Rede hielt. Diese ungeplante, kurzfristige Verlängerung des Aufenthaltes in New York nutzten Heinrich, Nelly und ihre

Begleiter zu einem kleinen Bummel. Obwohl es schon Oktober war, spürte man noch die Nachwirkungen eines »Backofensommers«. Die Zeit war zu knapp für ein systematisches Besichtigungs-Programm. Elegante Straßen wie die Fifth- oder Park-Avenue wechselten mit schmutzigen und heruntergekommenen Quartieren, durch die damals noch mit großem Lärm die Hochbahn ratterte. Altmodische Brownstonehäuser bildeten einen merkwürdigen Kontrast zu den modern-glitzernden Wolkenkratzern. Die europäischen Neuankömmlinge waren ein wenig verwirrt von der gigantischen Stadt, wenn auch nicht besonders ergriffen. Heinrich Mann, der damals im Oktober 1940 noch nicht ahnte, daß dies sein erster und letzter Besuch in New York sein sollte, beschrieb seine Eindrücke als »belanglos«.[75] Ihm blieben die Erfahrungen mit den rüden Umgangsformen der New Yorker Ausländerbehörde erspart. Andere Einwanderer rannten »von Amt zu Amt«, standen »in einer Menschenschlange vor Konsulaten« und gerieten an »bösartige Polizeibeamte, die einen beim Nehmen der Fingerabdrücke wie einen Verbrecher behandelten, anbrüllten, auf die ›verdammten Fremden‹ schimpften«.[76]

Nach einer kurzen Erholungspause in Princeton, wo Thomas Mann sich damals für eine Gastdozentur als »Lecturer in the Humanities« verpflichtet hatte, reisten Heinrich und Nelly Mann bereits Anfang November 1940 mit der Eisenbahn weiter, quer durch den Kontinent nach Kalifornien. Für Heinrich existierte nicht wie für den Bruder die Möglichkeit, sich »für den europa-nahen Osten oder das zukunftsvolle, billige und klimatisch herrliche Kalifornien zu entscheiden«, er mußte den mit seiner Einreisegenehmigung verbundenen Job als Scriptwriter in Hollywood antreten.[77] Aber auch Thomas Mann hatte inzwischen den Entschluß gefaßt, die Lehrtätigkeit in Princeton aufzugeben und nach Kalifornien überzusiedeln. Dort hatte er bereits ein Sommerhaus gemietet, das in seiner Abwesenheit vom »Emergency Rescue Committee« genutzt wurde. Der Umzug von Thomas und Katia Mann nach Pacific Palisades sollte im März 1941 erfolgen. Von Heinrich und Nelly kam das erste Lebenszeichen aus der neuen Exilheimat Hollywood am 14. November 1940. Nelly, die noch ganz unter dem Eindruck der langen Bahnfahrt stand, schrieb: »Die Reise hierher war wunderbar, das Essen im Speisewagen eine Katastrophe! Wir bedauerten wirklich nicht, die Thermosflasche mit Evas (Lips / W. J.) Bouillon bei uns zu haben. – Außer der Küche und dem Wein gibt es noch einige große Kleinigkeiten, an die man sich schwer gewöhnen wird. «[78] Ein Indiz dafür, daß sich die beiden auch später nicht an die neue Umgebung von Hollywood und Los Angeles »gewöhnen« konnten, sind die häufigen Wohnungswechsel, vier allein vom November 1940 bis April 1942. Anderen Emigranten ging es ähnlich. Nie habe er »so sehr die Nebel der Depression kennengelernt«, erklärte Carl Zuckmayer, »wie in diesem Reich des ewigen Frühlings, in dessen künstlich bewässerten Gärten mit ihren gechlorten Swimmingpools und neohispanischen Schlössern, an den Hängen der höher gelegenen Canyons angesiedelt, das kurzlebige Glück zu Hause ist, während in der Tiefe eine trostlose, mörderische Häuserwüste gähnt: die Stadt Los Angeles, eine der brutalsten und häßlichsten Großstädte der Welt«.[79] Auch Hermann Kesten fand keine innere Bindung an die für Europäer geisterhaft wirkende Landschaft: »In dem Konglomerat von riesig ausgedehnten Wüstenstädten Kaliforniens, Hollywood, Los Angeles, Beverly Hills, Santa Monica und Pacific Palisades, die alle ineinander übergehen und alle mit wenigen Ausnahmen einiger belebter Geschäftsstraßen wie Muscheln am Meer auseinanderfallen, unzusammenhängend, stets in Gefahr, bei der ersten Stockung der künstlichen Bewässerung wieder zur Wüste zu werden, könnte man stundenlang, ja tagelang laufen, ohne einen lebenden Menschen zu sehen, nur geht man in diesen Städten nicht zu Fuß. Jeder Mensch hat ein Auto. Man sieht auf den Straßen, die wie Landstraßen mit Villen aussehen, keinen lebenden Menschen. Autos flitzen durch, Vögel singen, hier und da streunt eine Katze oder ein Hund. Europäer, die wie in Europa spazieren gehen wollen, werden von der Polizei beobachtet, verfolgt, angehalten, abgeführt unter dem Verdacht, Straßenräuber, Einbrecher, Gangster oder Irre zu sein.«[80] Dieses Verlorensein der Emigranten in der mondänen Öde der kalifornischen Filmlandschaft hat der englische Dramatiker Christopher Hampton mit seinem Stück »Tales from Hollywood« außerordentlich anschaulich und bühnenwirksam in Szene gesetzt. Ebenso anschaulich war die Ankündigung der Uraufführung durch den Londoner »Guardian« im August 1983 unter der Überschrift: »The lost souls of Hollywood.« Am 16. November meldete Heinrich dem Bruder den Antritt seiner für ein Jahr befristeten Stellung in den Studios der »Warner Brothers«. Sein neuer »Zustand« ergebe sich »dem menschlichen Ermessen gemäß«. Die Hollywood-Leute schwankten ihm gegenüber »zwischen Ehrerbietung oder Schonung und dem Bedürfnis«, ihn »regelrecht einzuspannen«.[81] Es wurde schon beschrieben, wie fruchtlos und deprimierend die Film-Tätigkeit von Heinrich Mann, Alfred Döblin oder Carl Zuckmayer in Wirklichkeit war. Immerhin schien der Lebensunterhalt für einige Zeit gesichert. Das regelmäßige Monatsgehalt von knapp 500 Dollar reichte zusammen mit etwas Erspartem aus, um im Dezember 1940 ein Haus in Beverly Hills (Doheny Drive 264) anzumieten und einen Gebrauchtwagen anzuschaffen. Doch als der Vertrag mit der Filmgesellschaft im Herbst 1941 auslief, verschlechterte sich die materielle Situation drastisch. Das Leben in Hollywood war teurer als beispielsweise in New York. Man wurde ausschließlich nach der Höhe des Monatsschecks taxiert. Jede Gehaltsschwankung wirkte sich unmittelbar auf das Ansehen aus. Wer seine Existenz beweisen wollte, mußte in einem repräsentativen Haus wohnen und in noblen Restaurants verkehren. Das konnten Heinrich und Nelly am Ende des Jahres 1941 weniger denn je. Angesichts der bevorstehenden Arbeitslosigkeit ihres Mannes schrieb Nelly am 25. September 1941 an die Freundin Salomea Rottenberg: »Ich verzweifele bald. Hätte ich 5000 Dollar, könnte ich eine sehr gute Existenz kaufen, und damit ermöglichen, daß Heinrich Mann arbeiten kann, wie und was er will, das wäre für später sehr gut. Jetzt ist es uns nicht möglich das Essen für morgen zu beschaffen. Wie kann man da arbeiten. Meine sämtlichen Schmucksachen sind hin. Bis zum 1. Dez. habe ich unser Haus bezahlt, dann sitzen wir ohne Wohnung – wenn nicht ein Wunder geschieht.«[82] Nach Ablauf seines Vertrages bei den »Warner Brothers« bemühte sich der Agent Paul Kohner vergeblich, Filmideen Heinrich Manns in den Hollywooder Studios zu verkaufen. »Man sah, ein trauriger Anblick, den Greis oft stundenlang in den Vorzimmern der Hollywooder Produzenten vergeblich auf eine Unterredung warten.«[83] Wovon lebte nun das Ehepaar Heinrich und Nelly Mann? Von seinem Bruder Thomas erhielt Heinrich seit November 1941 einen monatlichen Scheck, der sich nach Angaben von Golo Mann auf »nicht weniger als 150 Dollar« belief.[84] Nach Thomas Manns Tagebucheintragung vom 30. 11. 1941 waren es vermutlich aber nur 100 Dollar. Ab Juli 1942 wurde diese Summe aus einem Sammelfonds des »European Film Fund« überwiesen. Über Heinrichs Einkünfte aus Tantiemen des Russischen Staatsverlages gibt es widersprüchliche Informationen. Nachweislich hat der sowjetische Vizekonsul in San Franzisco bis Ende 1941 regelmäßige kleinere Barzahlungen persönlich veranlaßt. Nach einer letzten größeren Überweisung von 750 Dollar im Mai 1942 versiegte diese Quelle offensichtlich.[85] Nennenswerte Verlagshonorare trafen nur noch vom Exil-Verlag »El libro libre« aus Mexiko ein – aber auch hier ließ die Regelmäßigkeit bald nach, wie einer Klage Heinrich Manns gegenüber dem Verlagsvertreter Paul Merker zu entnehmen ist. »Leider« warte er auch auf die Honorare von »El libro libre«, heißt es in einem Brief vom 17. 12. 1942. Es sei zwar »immer nützlich, auch die proletarischen Existenznöte selbst zu erfahren«, doch komme das bei ihm »zu spät«.[86] Im Januar 1942 mußten Heinrich und Nelly ihr Haus in Beverly Hills aufgeben und zogen nach West Hollywood in die S. Holt Avenue. Drei Monate später hatten sie schon wieder eine neue Adresse. Diesmal in Los Angeles (301 S. Swall Drive). Die aus Frankreich nach New York gerettete Bibliothek konnte nur teilweise mit Unterstützung der Ehepaare Kantorowicz und Feuchtwanger ausgelöst werden, wobei Lion Feuchtwanger, der auch den Gepäcktransport organisiert hatte, jeden Dollar seiner Auslagen postwendend zurückforderte: »Die Kosten betragen sechs Doller fünfzehn, so also daß wir insgesamt rund fünfundfünfzig Dollar für Ihr Gepäck ausgelegt haben.«[87] In dieser Situation trug sich Heinrich Mann mit dem Gedanken, nach New York überzusiedeln, um nach Scheitern der Filmpläne wenigstens den großen literarischen Verlagen näher zu sein. Den Umzug sollte Nelly mit dem noch nicht abbezahlten Gebrauchtwagen organisieren. Das koste »noch am wenigsten«, teilte er im April 1942 dem Bruder mit, außerdem könne man das Auto »dort verkaufen und hätte für einige Monate genug«.[88] Diese abenteuerlichen Pläne zerschlugen sich ebenso wie die vorübergehende Hoffnung, in Mexiko eine neue Bleibe zu finden. Vor allem sein Gesundheitszustand machte dem 71jährigen zusehends zu schaffen. Nach seiner schweren Oberkieferoperation im März 1942 verschlimmerte sich auch wieder sein altes Herzleiden. Am 21. Oktober 1942 schrieb Nelly an das Ehepaar Kantorowicz: »Wir denken oft an Sie Beide – und an andere Freunde auch, und haben sehr bedauert, nicht nach New York zurück zu können. Nun haben wir alle Hoffnungen aufgegeben und haben uns damit abgefunden, hier zu verstummen. Von hier aus unternehmen kann Heinrich Mann nichts. Nicht einmal um einen Verleger oder Agenten können wir uns bemühen. Wir sind wie in einem Grab.«[89]

Auch wenn einige Äußerungen Nellys über ihre Armut (»Manchmal leben wir von 4 Dollar manchmal von 2 die Woche«) oder die Bemerkung Bertolt Brechts, daß Thomas Mann seinen Bruder »buchstäblich hungern« lasse[90], bewußte Übertreibungen sind, bleibt der Brustton der Empörung, mit dem man noch in den siebziger Jahren Gegendarstellungen abgab, unverständlich.[91] Die Tatsache, daß Heinrich Mann 1942 zeitweilig nicht in der Lage war, seine Miete zu zahlen oder die Zahnarztrechnungen zu begleichen und darunter litt, daß Nelly als Uniformschneiderin und Krankenhelferin arbeiten mußte, während der Bruder Thomas gleichzeitig die Presse zur Einweihung seiner neuen Luxus-Villa empfing, lassen sich schließlich nicht bestreiten.

Trotz Alter, Krankheit und finanzieller Not brachte Heinrich Mann in Kalifornien eine erstaunliche Energie für literarische Arbeiten und politische Aktivitäten auf. Schreiben war ein Akt der Selbstbehauptung. »Man darf den Mut nicht verlieren«, sagte er sich und anderen. »Erfinden und Schreiben« lohne »bis zuletzt«, daher »unternehme« er Arbeiten »nach- und sogar durcheinander, je nachdem sie Lohn versprechen«.[92] Insgesamt entstanden in der amerikanischen Exilzeit vom Herbst 1940 bis zu seinem Tod im März 1950 immerhin drei Romane (»Lidice«, »Empfang bei der Welt« und »Der Atem«), zwei Romanfragmente und Filmexposés (»Die traurige Geschichte von Friedrich dem Großen« und »Das blinde Schicksal«), die Memoiren »Ein Zeitalter wird besichtigt«, eine Novelle und ungefähr 70 Essays, Aufrufe, Artikel, Gedenkreden etc. Am Anfang unterschied sich die Intensität seiner Aktivitäten kaum von der hektischen Exil-Zeit in Frankreich. Im Sommer 1941 beteiligte er sich an der Diskussion über die Möglichkeiten eines übergreifenden, alle Gruppen der deutschen Emigration umfassenden Aktions-Komitees und entsprechender Publikationsorgane. Im November 1941 erhielt er aus New York eine Aufforderung, als »Sponsor« für die Zeitschrift »The German American« tätig zu werden, der er, soweit es möglich war, nachkam.[93] 1942 unterstützte er »in kameradschaftlicher Gesinnung«[94] das von kommunistischen Intellektuellen wie Alexander Abusch, Egon Erwin Kisch, Ludwig Renn, Anna Seghers und Bodo Uhse gelenkte Exilzentrum »Freies Deutschland« in Mexiko. Später erschien dort in der gleichnamigen Zeitschrift unter anderem sein Aufruf »An das Volk von Berlin«. Neben der schon erwähnten Arbeit für den Verlag »El libro libre« schrieb er auch für das ebenfalls in Mexiko erscheinende Blatt »Demokratische Post«. Auch das 1943 von Friederike Zweig gegründete »writers service center« konnte mit Heinrich Manns Unterstützung rechnen, ebenso Wieland Herzfeldes

»Aurora«-Verlag in New York, zu dessen Initiatoren unter anderen auch Bertolt Brecht, Alfred Döblin und Lion Feuchtwanger zählten. 1943 bemühte er sich sogar um Kontakte mit Exilgruppen in England und wurde Ehrenpräsident des dort gegründeten »Freien Deutschen Kulturbundes«. Ab Mai 1944 wirkte er ehrenamtlich im »Council for a Democratic Germany« und noch 1945 übernahm er den Vorsitz des »World Committee Against War and Fascism«.

Sehnsucht Europa

Im Unterschied zu seinen Aktivitäten in Frankreich, lehnte Heinrich Mann es allerdings in Amerika ab, zentrale Funktionen in Exil-Organisationen zu übernehmen. Er betrachtete sich als ehrenamtlicher Ratgeber und verzichtete auf programmatische Veröffentlichungen. Am ausführlichsten hat er seine politischen Auffassungen in der »Antwort auf verschiedene Anfragen«, datiert vom 7. August 1941, niedergelegt.[95] Hier erklärt er unmißverständlich, »daß in Deutschland selbst die Umkehr beginnen muß«, der Emigration also nur noch beschränkte Aufgaben zukämen. Er hielt es für »zweckdienlicher, als in Amerika eine deutsche Tageszeitung erscheinen zu lassen«, »die Auffasssungen der deutschen Opposition in England bekannt (zu) machen«. Er sei »persönlich bemüht«, dort »gehört zu werden«. Ein Anliegen Heinrich Manns war »das Ziel des freiheitlichen Sozialismus«. Die »inneren Beziehungen« von Sozialismus und Freiheit, »ja ihre Einheit angesichts eines gegebenen Zustandes von Welt, Moral, Wirtschaft« müßten »aus ganzer Überzeugung nachgewiesen« werden. Ein »Aktions-Komitee sollte zusammengesetzt sein aus Männern und Frauen, die sich als Europäer und Deutsche fühlen«, deshalb müßten »Partei, Klasse, Rasse im Bewußtsein zurücktreten«: »Nicht nur die großen Arbeiterparteien und die kleineren, sondern alle Deutsche, die unter Hitler gelitten haben, müssen erfaßt werden.« Seine persönliche Funktion dabei sei untergeordnet. Er könne »nicht mehr im Namen einer Gemeinschaft sprechen, wie einst, als in Paris die deutsche Volksfront reich an Hoffnungen« gewesen sei. »›Volksfront‹ wäre kein berechtigter Name mehr für diese Emigration.« Er wisse auch nicht, »ob dergleichen in Deutschland noch vorhanden« sei. »Eine Front übrigens gegen wen? Nach dem Verschwinden dieses Regimes kann einzig die Gesamtfront der Deutschen und der Europäer behauptet werden.« Heinrich Manns Vorstellungen von einem neuen Deutschland waren untrennbar mit einer neuen Europa-Vision verknüpft. Die zitierte Abschiedsszene von Lissabon zeigt, wie sich seine Europa-Erinnerungen im amerikanischen Exil durch eine »starke Sinnlichkeit der Metaphorik« auszeichnen.[96] Da ist die Rede von »Lust«, »Schmerz« und der Sehnsucht nach der »verlorenen Geliebten« Europa. Die Vision von einer europäischen Föderation ist auch das Kernstück der »Antwort« vom August 1941: »Die entscheidende Darstellung betrifft natürlich das künftige Deutschland in dem Europa, wie es entstehen soll. Ich will annehmen, daß England auf der Gründung einer Europäischen Föderation beharrt. Andererseits wird die Soviet-Union beanspruchen dürfen, nicht länger der einzige sozialistische Volksstaat zu sein. Es scheint mir ferner, daß in jedem dieser beiden Länder die Forderungen des anderen nachgerade verstanden werden; daß sie übrigens einander bedingen. Ein föderatives Europa wird, vielleicht in Abstufungen, sozialistisch sein müssen, ein sozialistisches kann nur föderativ sein. Kriege werden nur durch einen gleichartigen Zustand, politisch und sozial, des ganzen Erdteils für jede erdenkbare Zukunft unmöglich gemacht werden. Ginge aus diesem Kriege ein Europa der Klassenherrschaft und ein anderes der Volksgemeinschaft hervor, dann wäre im Voraus alles verloren. Dabei wäre es gleichgültig, welchem der beiden Teile Deutschland zufällt. Deutschland, als die Mitte des Kontinentes, ist von Natur berufen, zu vermitteln nicht zu beherrschen.« Vor allem »die deutsche und französische Linke« müßte daran denken, die europäische »Sache gemeinsam zu betreiben«. Parallel zu diesen internen Erwägungen, formulierte Heinrich Mann seine neuen Europa-Ideen im gleichen Jahr auch öffentlich, als Essay mit dem Titel »Der deutsche Europäer«. Mit diesem Essay knüpfte er bewußt an einen älteren europäischen Friedens-Appell an. Schon einmal, 1916, hatte er mitten im Krieg mit dem flammenden Aufsatz »Der Europäer« den Kontinent vor seiner Selbstvernichtung gewarnt. Damals allerdings, und noch deutlicher in den zwanziger Jahren, entsprachen seine Vorstellungen dem »Paneuropa« des Grafen Coudenhove-Kalergi, der von einem hegemonialen Kontinental-Europa ohne England und Rußland träumte. Im Exil nach 1933 und besonders deutlich in dem zitierten Exposé von 1941 entwarf Heinrich Mann ein neues, ganzheitliches Europa-Bild.

Die »Antwort auf verschiedene Fragen«, die unter anderem an die Publizisten und Mitemigranten Hermann Budzislawski, Bruno Frei, Alfred Kantorowicz und Kurt Rosenfeld verschickt wurde, trug den Vermerk: »Persönlich, und nicht zur Veröffentlichung, auch nicht auszugsweise, bestimmt.« Budzislawski, der schon in Paris als Herausgeber der »Neuen Weltbühne« relativ eng mit Heinrich Mann zusammengearbeitet hatte, schrieb einen ausführlichen Antwortbrief. Es zeigte sich, daß der dreißig Jahre Jüngere, der in Vermont als Berater und Ghostwriter für die einflußreiche amerikanische Publizistin Dorothy Thompson tätig war, weitaus größeren Illusionen über reale Wirkungsmöglichkeiten der deutschen Emigranten anhing, als Heinrich Mann. Budzislawski sprach sich für eine »fortlaufende deutsche Publikation« aus, die allerdings »etwas weitherziger sein müßte, als es die Weltbühne gewesen ist«. Auch die »englisch-sprechende Welt« würde sich seiner Ansicht nach dafür interessieren und »viel übersetzen«. Nachdem Roosevelt und Churchill in »gemeinsamer Politik mit der Sowjetunion« nach dem Krieg »den territorialen Fortbestand« Deutschlands garantierten, sei »nach langer Leidenszeit« die Chance gekommen, daß die »politischen Ideen« des Exils »zum Durchbruch gelangen«.[97]

Heinrich Mann war nicht nur allgemein skeptischer, er war auch mißtrauischer gegenüber den Exilpolitikern. Im November 1943 warnte er in einem Brief an den Dramatiker

Ferdinand Bruckner vor Alleinvertretungsansprüchen des Exils: »Auf keinem Gebiet dürfen die großen Reformen den bisher Exilierten allein überlassen oder von ihnen allein in Anspruch genommen werden.«[98] Angesichts der rechtlosen Ohnmacht der Exilautoren gegenüber ihren früheren Verlagen und nach seinen leidvollen Erfahrungen mit den amerikanischen »publishers« lag Heinrich Mann für die kommende Nachkriegszeit eine Neuordnung des deutschen Verlagswesens besonders am Herzen. Schon 1943 erachtete er »Vorarbeiten« für notwendig, »um den chaotischen Verhältnissen im deutschen Verlagswesen schon jetzt zu begegnen«.[99] Er schlug eine Neugründung des »Schutzverbandes der deutschen Schriftsteller« vor, der »in einem deutschen Staat, der uns genehm wäre«, nach »behördlichen Funktionen« streben solle. Seine erste Aufgabe wäre es, »durchzusetzen«, daß »alle Verlagsrechte gesetzlich aufgehoben« würden. »Die Verlage, die es verdienen, die Rechte vom Autor nochmals zu erwerben, werden vom Schutzverband benannt: es werden nicht viele sein.« Es käme darauf an, notfalls mit dem Mittel der Verstaatlichung, »Verlage, Theater, Filmgesellschaften« so zu reorganisieren, daß sie sich »den Autoren gegenüber – und auch sonst – in genau der gleichen Lage« befänden.[100] Die Hoffnung auf eine kollektive »behördliche Regelung« der Autorenrechte im Nachkriegsdeutschland hatte er offensichtlich im Januar 1948 bereits aufgegeben, denn zu diesem Zeitpunkt versuchte er wieder mit seinem alten Verleger Zsolnay ins Geschäft zu kommen, den er im französischen Exil noch als »Lumpen« und »Verräter«[101] bezeichnet hatte. Er verlangte von Zsolnay in einem Brief vom 29. Januar 1948, parallel zu seinen Verhandlungen mit »Querido«, eine »schnelle grundsätzliche Stellungnahme« über die Bereitschaft, »einzelne Bände« seiner Werke in Deutsch und Englisch zu verlegen. Eine »Gesamtausgabe« stellte er ebenfalls in Aussicht, wollte aber noch warten, »bis das deutsche Geld normalisiert ist«.[102] Ursprünglich hatte Heinrich Mann sich auch Hoffnungen auf den amerikanischen Buchmarkt gemacht. Die 1937 bei Alfred Knopf erschienene amerikanische

Übersetzung des ersten »Henri IV-Bandes« (»Young Henry of Navarre«) war vorübergehend sogar ein Verkaufserfolg und wurde von den Kritikern mit Aufmerksamkeit bedacht. Doch schon der zweite Band gefiel nicht mehr. Die komplizierte Erzählweise, die Ideologieüberfrachtung, das unentschiedene Ende – das paßte nicht zu den amerikanischen Lesegewohnheiten. Der Kritiker Louis Kronenberger schrieb 1939 im »New Yorker«: »Thomas Manns Bruder war in Wirklichkeit nie ein guter Romanschreiber.«[103] Kaum besser erging es den amerikanischen Ausgaben von »Professor Unrat« und dem »Untertan«, die der Verlag »Creative Age Press« 1944 und 1945 herausbrachte. Alfred Knopf hatte schon 1941 wenig Interesse an neuen Manuskripten Heinrich Manns gezeigt. Wie aus einem Brief Nellys hervorgeht, wäre er zum Abdruck des angebotenen »Tagebuches 1939-1940« nur nach grundsätzlichen Überarbeitungen und Änderungen bereit gewesen, was der Autor ablehnte.[104] Bei den Änderungswünschen des Verlegers ging es nicht nur um politische Fragen. Heinrich Mann verkörperte in amerikanischer Sicht auch als »Dichter« zu sehr deutsche Eigenschaften: Unpraktische Distanz vom Alltagsleben, Mangel an Realismus, Gründlichkeit, die in Schwerfälligkeit und Unverständlichkeit umschlug, »romantische« Phantasie, die als Weltfremdheit interpretiert wurde. Seine Schwierigkeiten mit der amerikanischen Literaturszene erklären sich vor allem aus seiner gesellschaftlichen Isolation. Heinrich Mann war als Person einfach nicht präsent. »Dieser große Eigenbrötler« (Thomas Mann) verkehrte ausschließlich in Emigranten-Kreisen, schien aber auch dort ziemlich isoliert. Typisch war die Feier seines 70. Geburtstages, die von Berthold und Salka Viertel veranstaltet wurde. Alfred Döblin berichtete, daß »die deutsche Literatur unter sich war«: Thomas Mann, die Ehepaare Feuchtwanger und Werfel, Walter Mehring, Max Reinhardt. Darüber hinaus hatte er gelegentlich auch persönlichen Kontakt mit Ludwig Marcuse und Bertolt Brecht. Wegen des exaltierten Auftretens von Nelly gab es, wie schon ausgeführt, Spannungen nicht nur mit dem Bruder, sondern auch mit den Feuchtwangers und Werfels. An größeren Veranstaltungen nahm er generell nicht teil. Auch als vom 1. bis 3. Oktober 1943 an der staatlichen Universität von Kalifornien, Los Angeles (UCLA), ein großer internationaler Schriftsteller-Kongreß stattfand, der sich unter anderem mit der Problematik des Exils beschäftigte, hielt Heinrich Mann seine Anwesenheit nicht für nötig. Thomas Mann und Lion Feuchtwanger dagegen ließen sich die Gelegenheit des öffentlichen Auftretens nicht entgehen. Heinrich Mann schrieb lieber Briefe. Die Korrespondenz war für ihn eine Art Ersatzdroge für fehlende Kommunikation und Öffentlichkeit. Ganz anders wußte sich Lion Feuchtwanger in Szene zu setzen. Er war gesellschaftlich allgegenwärtig. Man hielt den fleißigen Schreiber sogar für den Autor von Büchern anderer Emigranten. Er selbst verbreitete die Anekdote, daß der Friseur eines New Yorker Hotels ihm freudestrahlend offenbart habe: »I have read all your books, ›Power‹ (die amerikanische Fassung von ›Jud Süß‹), ›Buddenbrooks‹ and ›The Song of Bernadette‹.« Mit diesen Titeln waren die wichtigsten deutschen Erfolgsautoren in Amerika genannt: Feuchtwanger, Thomas Mann und Franz Werfel. Wobei Thomas Mann vermutlich der einzige deutsche Exilschriftsteller war, der zum Bestandteil der amerikanischen »Bildung« wurde. Sein Prestige erklärt sich nicht allein aus der Verkaufsziffer seiner Bücher. Viele seiner Romane wurden in Amerika mehr gelobt als gelesen. Es war die vornehme geistige und politische Erscheinung des Nobel-Preis-Trägers, die in das Roosevelt-Amerika paßte. Man wußte, auch ohne ihn gelesen zu haben, über seine Entwicklung vom Ästheten zum Autor, der soziale Verantwortung übernommen hatte ohne der Sympathie für den Kommunismus verdächtig zu sein. Damit konnte sich das amerikanische Publikum zumindest bis 1945 identifizieren.

Im Gegensatz zur allgemein akzeptierten Repräsentanz des jüngeren Bruders blieb Heinrich Mann nicht nur unbekannt, sondern war auch unerwünscht. Bereits 1941, also noch vor der Hexenjagd des Senators Joseph McCarthy, fühlte er sich bedrängt: »Schon bin ich anonym angerufen worden: ich hätte sofort das Land zu verlassen. Telefon und Haus stehen jetzt unter Polizeiaufsicht.«[104a] Der alternde Autor zog sich angesichts der in seinen Augen bedrohlichen und kulturfeindlichen Umgebung Amerikas auf die Beschäftigung mit der vertrauten europäischen Geistes- und Literaturgeschichte zurück, las Voltaire und Flaubert und versuchte eine Bilanz seines bisherigen Schaffens. Die drastische Beschränkung, öffentlich und direkt zu wirken, förderte sein Bedürfnis nach Selbstverständigung. Von März bis Mai 1941 verfaßte er einen ergänzenden Kommentar zu seinem am. 8. September 1939 in Frankreich begonnenen Kriegstagebuch. Der Gesamtkomplex des Tagebuchs sollte unter folgendem Titel veröffentlicht werden: »Zur Zeit von Winston Churchill. Erster Teil: Rückblick vom Jahre 1941 auf das Jahr 1939. Zweiter Teil: Tagebuch vom Beginn des Krieges bis Ende 1939«. Als die erhoffte Veröffentlichung im New Yorker Verlag Knopf nicht zustande kam, konzentrierte Heinrich Mann sich auf thematisch verwandte Vorarbeiten für sein Memoirenbuch, zu dem er von Alfred Kantorowicz gedrängt wurde. Unmittelbar in diesem Zusammenhang entstanden die Entwürfe für eine »Kleine Enzyclopädie des Zeitalters« (1942/43). Am 28. Februar 1943 meldete er Kantorowicz den Beginn der Arbeit an einer »Zeitgeschichte«, für die seine persönliche »Existenz« nicht mehr als ein »zufällige(r) Anlaß« sei.[105] Zunächst dachte er nur an einen Essay im Umfang von etwa 100 Seiten, den man relativ schnell abschließen könne. Doch während der Arbeit erweiterte sich das Konzept. Im Herbst 1943 erklärte der Autor, daß er »jetzt weniger um Selbstbetrachtung bemüht« sei, »als das Zeitalter zu besichtigen« und stellte erstaunt fest: »Dabei erfahre ich erst, was ich alles erfuhr.«[106] Die neue Gliederung entsprang einer exakt kalkulierten Berechnung: »150 Seiten Zeitgeschichte, 150 Seiten Autobiographie, wieder 150 Seiten Zeitgeschichte und 100 Seiten Schlußfolgerungen. Sobald etwas fehlt, kommt das Gebäude ins Wanken.«[107] Dieser formalen und inhaltlichen Strukturfestlegung entspricht ein permanenter erzähltechnischer Wechsel von historischem Rückblick, Zeitkommentar, Novellenskizze, Porträt und Selbstporträt. Heinrich Manns Selbsterfassung ist dabei weitaus ironischer und objektivierter als die oft einseitig-moralisch verkürzte Zeitkritik. Grundlage der Betrachtung ist eine idealistische Geschichtsphilosophie, nach der zum Beispiel Renaissance und Aufklärung durchgängig als Zeitalter mit »Vernunft« und »hohem Lebensgefühl« qualifiziert sind, während Romantik, Wilhelminismus und Nationalsozialismus nahezu unterschiedslos mit »Nachahmung« und »Lebensschwäche« gleichgesetzt werden. Französische und russische Revolution erscheinen als einheitlicher Prozeß, und die Führer der Anti-Hitler-Front, Churchill, Roosevelt, de Gaulle und selbst Stalin sind als »Intellektuelle« stilisiert. Besonders emotional ist auch hier die Beschwörung eines neuen Europas, als dem geistig-politischen Territorium, auf dem sich die verschiedenen Weltanschauungen westlicher und östlicher Tradition treffen könnten. Beendet wurde das Manuskript am 23. Juni 1944. Auf der letzten Seite vermerkte der Autor: »Abgeschlossen am siebzehnten nach dem D-Day. Die Tage werden kürzer.« Am 12. April 1945 starb der US-Präsident Franklin D. Roosevelt. Das politische Koordinatensystem veränderte sich. Selbst ein so einflußreicher Agent wie Barthold Fles, der in der Vergangenheit mit großem Erfolg für Thomas Mann tätig war, konnte Heinrichs »Zeitalter«-Werk nicht in Amerika verkaufen. Der New Yorker Verlag E. P. Dutton sabotierte trotz Vorvertrages die Drucklegung. Der Autor empörte sich: »16 Monate haben nicht genügt, einen englischen Text von 500 Seiten fertigzustellen. Das Original schrieb ich in der Hälfte der Zeit.«[108] Auch Verhandlungen mit englischen, argentinischen, italienischen und französischen Verlagen scheiterten. Die erste deutsche Ausgabe erschien im März 1946 im Stockholmer Ljus-Verlag. Die Auflage war auf 3500 Exemplare festgelegt, wovon aber nur 1278 Stück verkauft wurden. Erfolgreicher war der Ostberliner Aufbau-Verlag, der 1947 zwei Auflagen mit jeweils 20000 Exemplaren herstellte und vertrieb. »Wollen Sie gelesen werden«, schrieb Heinrich Mann 1949 an Karl Lemke, »das geht nur im Osten.«[109] Immerhin hatte er zwei Jahre nach dem Krieg die Gewißheit, daß seine Bücher zumindest in einem Teil des deutsch-europäischen Kulturbereiches wieder zu haben waren. Denn nur der »Geist Europas« gab ihm im Alter »nochmals Kraft, zu schaffen, zu empfangen, zu lieben«.[110]

Altersverwirrung oder »Greisenavantgardismus«?

Die späten Exilromane Heinrich Manns stehen im Verdacht, verworren, lebensfremd und künstlerisch irrelevant zu sein. Gängige Meinung ist, der einsame, alte Autor habe sich mit den Henri-Quatre-Romanen Ende der dreißiger Jahre mehr oder weniger ausgeschrieben. Kritiker fragten und fragen sich, ob ihm der epische Atem ausgegangen und nur noch der Alptraum einer isolierten amerikanischen Emigrantenexistenz übriggeblieben sei. Der Zugang zu Werken wie »Empfang bei der Welt« und »Der Atem« ist für den unvorbereiteten Leser in der Tat nicht einfach. Man muß sich durch ein »Dickicht von Ellipsen und Apodigmata«[111], mehrsprachigen Passagen und inneren Monologen hindurchkämpfen, um den imaginären Spuren des Autors zu folgen. Thomas Mann berichtet, der Bruder habe ihm im August 1945 aus einem »genialisch-phantastischen, überall und nirgends spielenden Roman« vorgelesen, der ihm wie »eine geisterhafte Maskerade« vorkam, »ein unlokalisiertes soziales Generationsspiel von größter Originalität«.[112] Gemeint war »Empfang bei der Welt«, dessen letztes Maschinenmanuskript das Abschlußdatum »8. Juni 1945« trägt. Es ist sehr fraglich, ob man die Bemerkungen von Thomas Mann als positive Kritik werten soll, denn für den anderen spezifischen »Altersroman«, den »Atem«, hatte er am 25. 10. 1947 nur die lakonische Tagebuch-Notiz übrig: »Heinrich zum Abendessen. Hatte am Vormittag seinen 18. Roman beendet.«[113] Das in einem späteren Brief (14. 7. 1949) ausgesprochene Lob war künstlich und sollte wohl eher trösten. Auch sein vielzitiertes Wort vom

»Greisenavantgardismus« bezog sich, wie schon erwähnt, in sehr eingeschränktem Sinn eigentlich nur auf Heinrichs »traurige Geschichte von Friedrich dem Großen«. Dieses Manuskript, dessen Bearbeitung Heinrich 1948 abgebrochen hatte, wurde als Fragment im Nachlaß gefunden und erstmals 1960 veröffentlicht. Für Thomas, der sich selbst mit dem Stoff beschäftigt hatte, war diese Themenwahl des Bruders wohl wirklich »verblüffend« und er zeigte Interesse daran. Der Zugang zu diesem Romanfragment ist einfacher als zu den erwähnten beiden anderen Spätwerken. Es ist die klar überschaubare Vorgeschichte des Nationalsozialismus, der Weg zurück von Hitler über den deutschen »Untertan« bis zur Friedrich-Typologie, eine ähnliche Thematik wie in Thomas Manns »Faustus«-Roman oder in Brechts großen Dramen.

Demgegenüber wirken die Romane »Empfang bei der Welt« und »Der Atem« ein wenig skurril. Schauplätze und Figuren früherer Bücher werden zitiert, und generell ist mit Selbstanspielungen so wenig gespart, daß der Eindruck entsteht, der Autor bastele an seinem eigenen Denkmal. Die Anspielungen waren nicht für den amerikanischen Leser gedacht, sondern für die »Kenner« der europäischen Literatur- und Kulturgeschichte.

Für den »Empfang bei der Welt« wird ein Salon eingerichtet. »Man weiß nicht wo«, sagt der Autor, auf jeden Fall »in einer internationalen, aber einmütig absterbenden Gesellschaft«.[114] Der äußere Schauplatz ist durchaus lokalisierbar. Heinrich Mann beschreibt eindeutig sein kalifornisches Exil: ein Land, in dem sich die Autostraßen »zwischen Teilen Waldes, unvollständigen Siedlungen, den Blumenhainen gewagter Prunksitze und knappen Andeutungen von Wüste«[115] hinziehen, wo der Autounfall bereits 1941, als der Autor mit dem Roman begann, zum Wochenende gehörte, wo der »Whisky läuft«, und wo man »Steaks« verlangt, »doppelt groß und halb roh«.[116] Der geistige Schauplatz ist natürlich Europa. Es geht um die Gründung eines Opernhauses, dem Inbegriff der europäischen Kultur. Geladen sind Politiker,

Finanziers, prominente Künstler und Halbwelt-Figuren. Zu den Agierenden gehören ein vom Bankrott bedrohter Unternehmer, der »Existenzkämpfer« Arthur (Schopenhauer?), ein weiser, alter Großvater namens Balthasar und verschiedene Figuren aus früheren Werken. Der Empfang endet als ruinöser Exhibitionismus der ›guten‹ Gesellschaft. Wie die Überschrift eines zentralen Kapitels signalisiert, ist »Kultur« nur noch »mit Ausschreitungen« zu haben.[117] Diese Ausschreitungen sind zugleich eine Auseinandersetzung der Generationen. Die Verlogenheit »hoffnungsloser Paare« wird desavouiert durch die echte Liebe junger Menschen, die die Kraft besitzen, aus dem Existenzkampf auszusteigen. Die Welt, die dem Autor zu entgleiten drohte, wird hier noch einmal in phantastischer Weise vorgeführt. Der Roman besteht nicht aus »Handlung«, sondern aus halb realen, halb absurden Dialogen. Eine satirisch-groteske Erzählweise mischt sich mit einer filmisch wirkenden Montage-Technik. Verleger und Lektoren zeigten sich dem Manuskript gegenüber ratlos. Hermann Kesten, der für den »Querido-Verlag« ein Gutachten erstellen sollte, lobte zwar die »Kraft der Groteske« und die »Geschwindigkeit der psychologischen Prozesse«, sah jedoch das Hauptproblem in der nicht behobenen »Divergenz zwischen einer handgreiflichen starken Satire und dem unbestimmten Phantasieraum«.[118] Der Verleger Fritz H. Landshoff mochte sich nach diesem Gutachten nicht für den Druck entschließen. Erst sechs Jahre nach dem Tod des Autors erschien »Empfang bei der Welt« im Ostberliner Aufbau-Verlag.

Die Buchausgabe seines letzten, abgeschlossenen Romans, »Der Atem«, durfte Heinrich Mann 1949 noch erleben. Doch auch mit diesem, seinem für die meisten Leser und Kritiker wohl rätselhaftesten Werk, gab es Editionsprobleme. Da der »Querido-Verlag« sich zunächst, wie schon beim vorherigen Manuskript, zurückhaltend äußerte, kündigte Heinrich Mann im Februar 1948 an, sich noch einmal »an einheimische publishers wenden« zu wollen. Das kann nicht sehr ernst gemeint gewesen sein, denn der Autor wußte, daß sich die amerikanische Buchmarktsituation für ihn nicht gebessert hatte. Schon wenig später mischte sich Enttäuschung mit Arroganz, als er auf die »amerikanische Plattheit« schimpfte, die nichts »von der vorigen Größe Europas« wisse und deren »letzte Zeugnisse« versäume.[119] Mit diesen »letzten Zeugnissen« Europas meinte Heinrich Mann offensichtlich seine beiden von den amerikanischen Verlegern verschmähten Altersromane, von denen der erste den »Verfall«, der zweite die »ausgebrochene Katastrophe« zeige.[120] Schließlich blieb ihm nichts anderes übrig, als auf die Bedingungen von Fritz H. Landshoff einzugehen, der am 8. Januar 1948 statt der geforderten Monatsrate von 400 Doller lediglich »eine a-conto-Zahlung von 100 Doller monatlich« angeboten hatte.[121]

Der »Atem« spielt in einem gespenstischen Nizza. Auch hier keine eigentliche Handlung, sondern eine Montage von Traumbildern, inneren Monologen, surrealen Dialogen und Aphorismen, gewürzt durch eingestreute französische Sprachfetzen. Dargestellt wird »ein privater Lebenslauf, bestimmt natürlich von den öffentlichen Ereignissen«, und »Protagonistin ist«, wie der Autor gegenüber dem Kollegen F. C. Weiskopf erläuterte, »eine gealterte, kranke Fremde, deren Stimme erhalten ist«.[122] Die Heldin besitzt eine doppelte soziale Identität: als »Comtesse de Traun« gehört sie der traditionellen europäischen Aristokratie und Kulturwelt an, als »Dame Kobalt« unterstützt sie den proletarischen Kampf gegen die technokratisch-politische Verschwörung des »Synarchismus«. Nachdem sie Reichtum und Glanz in den Luxusbädern der Côte d'Azur und Armut als Arbeiterin in der Fabrik erlebt hat, stirbt sie an Lungentuberkulose, das heißt an versagendem »Atem«. In einem späteren Brief hat der Autor seine Konzeption dieser Figur präzisiert und dadurch auch die autobiographischen Bezüge erhellt. »Die Heldin« sei eine »internationale Figur, vertraut durch eigenes Erlebnis mit Reichtum und Armut«. Obwohl »gebürtig aus einer hohen Klasse«, habe sie »Erfahrungen mit allen anderen« und am Ende stehe sie »intellektuell am nächsten dem französischen Kommunisten. Mit ihm würde sie 1939 das rettende Flugzeug nach Moskau benutzt haben, wenn sie gelebt hätte«.[123] In der Versöhnung der Sterbenden mit ihrer Schwester ist auch ein letztes Mal im Werk Heinrichs das Bruderverhältnis angesprochen. Die Beherrschung des Lebens zeigt sich erst im Tod. Der Roman schließt mit dem Satz: »Die Welt schlief gelähmt wie in den Nächten ihrer ausgebrochenen Katastrophen, wenn auch wir müde sind und das Wort niederlegen.« Das Buch passe »nicht in jede Ideologie, vielleicht in keine«, lautete die Selbsteinschätzung des Autors. »Der Atem« habe »Schönheiten«, werde aber wohl »erfolglos sein«.[124]

Der eigentliche »Greisenavantgardismus« Heinrich Manns besteht darin, am Ende seiner Laufbahn, als er sich trostlosen privaten Lebensumständen und einer völlig veränderten politischen Situation gegenübersah, »das Wort« nicht »niederzulegen«, sondern einen literarischen Neuanfang zu wagen. Der Riß zwischen Vergangenheit und Gegenwart hatte ihn auch von seinen traditionellen politisch-moralischen Vorstellungen getrennt. Das alte Freund-Feindbild stimmte schon während der letzten Kriegsphase nicht mehr, und die Konturen eines neuen Nachkriegs-Leserpublikums waren vage. »Die Gefügigkeit der Deutschen« sei auf allen Gebieten »erstaunlich«, empörte er sich 1948 nach Lektüre des »Rheinischen Merkurs«, der geschrieben hatte, daß die »Autoren der Emigration nichts mehr zu sagen hätten« und statt dessen nach Neuerscheinungen von Hemingway verlangte. Hemingway, der damals in Europa mit »Wem die Stunde schlägt« Furore machte, war für Heinrich Mann nichts anderes als ein antiintellektueller »Dussel«, dessen brutalen Realismus er kategorisch ablehnte.[125] Heinrich Mann suchte andere geistige Vorbilder und literarische Formen. Bereits im April 1941, als er mit seinen Notizen zum »Empfang bei der Welt« begann, deutete er an, daß »die Zeit der Romane« für ihn »jetzt eine andere« sei.[126]

Neue geistige und künstlerische Impulse kamen wieder einmal aus Frankreich. Dort waren nach dem Krieg, wie es schien, Schriftsteller und Philosophen an die Macht gelangt.

So hatte de Gaulle am 22. November 1945 André Malraux, einen alten Freund und Kampfgefährten Heinrich Manns, zum Informationsminister ernannt. Von Malraux führten die vertrauten geistigen Spuren zurück zu der bereits beschriebenen »literarischen Résistance«, zu Louis Aragon, Paul Eluard, Jean Lescure und anderen, aber auch zu den »Fresken« von Les Milles, jener avantgardistischen Stilverbindung aus Elementen des Surrealismus, russischer Moderne und kommunistischer Agit-Prop.[127] Auch der frühere Les-Milles-Internierte Max Ernst, ein enger Freund Paul Eluards, der wie Heinrich Mann mit Unterstützung von Varian Fry hatte nach Amerika fliehen können, war nach dem Krieg wieder nach Frankreich zurückgekehrt und spielte eine Starrolle in der Pariser Kunst- und Kulturszene.

Daß der alte Heinrich Mann in seinen letzten Werken bei der Suche nach »anderen« Formen auch Anleihen bei den französischen Surrealisten machte, erscheint nicht abwegig. Schon in dem 1941 begonnenen Roman »Empfang bei der Welt« wird das Element des Absurden gezielt eingesetzt. Da paradieren beispielsweise Bach, Mozart, Berlioz, Chopin, Verdi, Wagner, Brahms, Tschaikowskij und Debussy zeitgenössisch maskiert für einen von der Schallplattenindustrie finanzierten »atonalen Einzugsmarsch«, wobei der »zuverlässige Brahms im wallenden Bart das verwickeltste der Jazzinstrumente« bearbeitete.[128] Experimentalcharakter haben auch die Kapitelentwürfe und die »outline« des unveröffentlichten Romanfragments »Das blinde Schicksal«. Hier erinnert vor allem die Schlußszene an beliebte Motive surrealistischer Malerei. Da verschwinden Personen »in unbegreiflicher Weise durch die Wand«, und menschliche Figuren und Gesichter verwandeln sich in eine Meerlandschaft.[129] Für den Einfluß surrealistischer Elemente spricht auch die Tendenz seiner letzten Romane, vor allem in »Lidice« – aber nicht nur da –, den Horror als ästhetisches Kriterium zu betrachten. Zum Erscheinungsbild des Schreckens gehört das Absurde. Im Juli 1944 teilte Heinrich Mann F. C. Weiskopf mit, er wolle »das Böse in seiner Komik« zeigen. Nicht er sei es, der übertreibe, sondern die Ereignisse in Deutschland »sorgen dafür«.[130] Das Irreale erscheint als die eigentliche Form von Wirklichkeitserfahrung. »Gewisse Greuel gehen für mich ins Groteske über und werden phantastisch«, heißt es in einem Brief vom 14. 4. 1949. »Hier« sei der »Absprung in die Fabel« und »das Abstruse«.[131] »Die letzten Romane mögen merkwürdig sein«,[132] gestand der Autor selbst ein, »wer will, mißversteht es.«[133]

Sartre, Flaubert und der »rückständige Verräter« Heidegger

Das Jahr 1945, als der »Heldenschriftsteller« André Malraux in Frankreich Minister wurde, war aber auch das Jahr, in dem Jean-Paul Sartres Berühmtheit ihren ersten Höhepunkt erreichte und der »Existentialismus« populär wurde. Eine neue Generation erkannte sich in dem soeben erschienenen Roman »Les chemins de la liberté« wieder und las mit Begeisterung die Zeitschrift »Les temps modernes«. 1945, noch während des Krieges, unternahm Sartre auch seine erste Amerika-Reise. Obwohl er offiziell als Teilnehmer einer Journalistendelegation und Sonderberichterstatter für die Zeitungen »Combat« und »Figaro« reiste, wurde er in erster Linie als Philosoph der Résistance herumgereicht und auch dem Präsidenten Roosevelt vorgestellt. Sartre schien sich allerdings wenig um die Probleme der amerikanischen Kriegführung zu interessieren, sondern nutzte die Gelegenheit, um in New York und anderen Universitätsstädten die Thesen seines neuen Manuskriptes (»L'existentialisme est un humanisme«) und die Konzeption seiner »littérature engagée« vorzutragen: Der Mensch sei, so sein Kerngedanke, »zur Freiheit verurteilt«, mache sich selbst seinen eigenen »Entwurf«. Daher habe vor allem auch die Lektüre eine wechselseitige Freiheit von Autor und Leser zur Voraussetzung. Literatur dürfe sich nicht auf die Beschreibung von »Charakteren« und »Seelenzuständen« reduzieren, sie sei vielmehr verantwortlich für die Bloßlegung menschlicher Freiheiten. Literatur sei moralisch (nicht »moralisierend«) und problematisch geworden. Der »engagierte« Schriftsteller nehme die Welt »wie sie ist, roh und alltäglich«, um sie »offen für die Freiheit« darzustellen. Der Verleger Alfred Knopf, im Januar 1945 einer der Zuhörer Sartres, zeigte sich an der Übersetzung solcher Ideen interessiert, und die amerikanische Presse berichtete ausführlich über den Besuch und die Vorträge des französischen Intellektuellen. Die Biographin Annie Cohen-Solal behauptet, Sartre habe in New York auch die deutschen Emigranten Adorno, Herbert Marcuse, Brecht und Thomas Mann getroffen.[134] Dafür gibt es allerdings keine Belege. Zumindest der akribische Thomas Mann hätte eine solche Zusammenkunft den Lesern seiner »Tagebücher« nicht vorenthalten. Ein Gespräch Sartres mit Heinrich Mann wäre weniger überraschend gewesen, doch auch das kam nicht zustande. Über die Gründe kann man nur spekulieren. Daß Heinrich Mann sich nicht um einen Gedankenaustausch mit dem Repräsentanten des französischen Geisteslebens bemüht hat, erklärt sich wohl nicht nur aus seiner Gebrechlichkeit. Allerdings lag im Januar 1945 der Freitod seiner Frau erst wenige Wochen zurück, und der Trauernde hatte sich vollständig in seine Wohnung zurückgezogen. Es existieren aber auch eindeutige Beweise für grundlegende Vorbehalte Heinrich Manns gegenüber der neuen philosophischen Modeströmung und ihren literarischen Repräsentanten. »Der Existentialphilosophie« bringe er »tiefstes Mißtrauen« entgegen, erklärte er im April 1948, vor allem ihr »deutscher Träger« Heidegger sei »ein rückständiger Verräter«. Und auch in manchen der Romane Sartres erblickte er »widerwärtige« Tendenzen.[135] In Heinrich Manns Roman »Der Atem« erscheint der faschistische Staatskapitalismus (»Synarchismus«) nicht nur als Verwirklichung der irrationalen Lehren von Georges Sorel, sondern auch als ein System, das von der »neueren deutschen Philosophie« legitimiert ist. Die Grundlinien dieser Philosophie werden im »Atem« wie folgt referiert: »Einmal ausgemacht, daß die menschliche Existenz durchaus auf die Gegenwart beschränkt, die Vergangenheit von einer widrigen Belanglosigkeit, nicht weniger die Zukunft jeder Beeinflussung entzogen ist, was bleibt? Die Existenz selbst, ohne anderes Ziel als zu existieren; kein Gesetz, es wäre denn erlassen von der Existenz selbst. Die eigene scheint als notwendig anerkannt, was alle anderen unsicher macht.«[136] Hier geht es Heinrich Mann zweifellos um eine Auseinandersetzung mit Heideggers »existentiellem« Subjektivismus.[137] Ebenso deutlich sind die polemischen Anspielungen in dem erwähnten Nachlaß-Fragment mit dem bezeichnenden Titel »Das blinde Schicksal«. Hier finden sich Sätze wie: »Nur ein Intellektueller findet Rechtfertigungen für alles, was die unbedenkliche Macht beschließt.«[138] Heinrich Manns tiefes Mißtrauen gegenüber dem »deutschen Träger« der Existenzialphilosophie war, wie man spätestens nach dem Buch von Victor Farias[139] weiß, berechtigt. Eine zentrale These des Buches von Farias ist, daß der Antisemitismus bestimmende Bedeutung für Heideggers Denken besaß. Auch der große Phänomenologe Edmund Husserl, Heideggers Vorgänger auf dem Freiburger Lehrstuhl, hatte schon im Mai 1933 einen »immer stärker zum Ausdruck kommenden Antisemitismus« Heideggers beklagt. Inzwischen wurde ein Brief Heideggers aus dem Jahre 1929 entdeckt, in dem er schon damals, also vor der Nazizeit, gegen eine »Verjudung des deutschen Geistes« polemisierte.[140] Der aus Deutschland vertriebene Heinrich Mann betrachtete zu Recht argwöhnisch einen Philosophie-Überlieferer, der nicht nur gegenüber dem Nationalsozialismus blind war, sondern sogar bis in die Rhetorik hinein weltanschauliche Impulse jener Epoche aufgenommen hat. Er schien davon überzeugt, daß zwischen der Philosophie Heideggers und dessen politischen Wahrnehmungen der zeitgeschichtlichen Situation ein innerer Zusammenhang bestand. Heideggers Abstraktion von gesellschaftlichen Lebenszusammenhängen hatte offensichtlich zur Folge, daß die reale Geschichte hinter einer metaphysischen »Geschichtlichkeit« verschwand. Gewarnt durch seine Nietzsche-Erfahrungen mußte Heinrich Mann vor allem die für Heidegger typische »Vernunftkritik« ablehnen.

Man kann sich vorstellen, wie irritierend es für den alten Zola-Anhänger und Propagandisten des »französischen Geistes« sein mußte, daß in der Résistance sozialisierte Intellektuelle wie Sartre sich nach dem Krieg nun auf die Philosophie eines Heidegger beriefen. Neben den politisch-biographischen Berührungspunkten zwischen Sartre und Heinrich Mann gibt es auch überraschende gemeinsame literarische Obsessionen. Betrachtet man die schon erwähnten Parallelen in Sartres »Ekel« und Heinrich Manns »Untertan« genauer, so stößt man in beiden Romanen auf die Spuren des Einflusses von Gustave Flaubert. Schon in den Werken des großen Romanciers des 19. Jahrhunderts finden wir »Tatsächlichkeiten« nur im psychologischen, ja medizinischen Befund des Menschen. Bereits Flaubert beschreibt die existentielle Grundsituation als eine gesetzmäßige Nicht-Übereinstimmung zwischen Ich und Umwelt. Sartres monumentale Flaubert-Biographie ist, obwohl Fragment geblieben, vermutlich sein wichtigstes Prosawerk, und bei Heinrich Mann stolpert man geradezu in allen Werk- und Lebensphasen über Flaubert-Reminiszenzen. Ein besonderes Gefallen hatte er am buckligen Sänger Tamburini aus »Madame Bovary« gefunden. Schon in den »Göttinnen« ließ er ihn auftreten und zuletzt noch einmal im »Empfang bei der Welt«. Das ganze Romankapitel »Kultur mit Ausschreitungen« scheint Flaubert gewidmet, denn der »wäre beinahe ins Handgemenge geraten mit einem Kritiker«.[141] Kultur mit Ausschreitungen, das ist aber auch der Aufstand der Wörter, wie Sartre uns lehrt, die Loslösung der Sprache von ihrer Kommunikationsfunktion. Auch Heinrich Mann hat über linguistische Neuerungen nachgedacht. Anregungen für die sprachliche Gestaltung seiner letzten Romane kamen ihm offensichtlich bei dem Gedanken an die handgreifliche Auseinandersetzung zwischen Flaubert und dem Kritiker. An der Vorstellung »Handgemenge und Flaubert« faszinierte ihn vor allem »das wahllose Beieinander der Silben«.[142] Wenn es stimmt, wie einige Literaturwissenschaftler behaupten, daß von Flaubert der Weg zum Nouveau Roman führe, dann wäre auch das

Alterswerk Heinrich Manns als Markierungszeichen auf dieser Strecke zu betrachten.

»Er könnte von Herrn Adenauer einen netten Brief erwarten«

Nach dem Tod seiner Frau Nelly war Heinrich Mann völlig hilflos. Am Tage der Beerdigung, am 20. 12. 1944, erhielt er von seinem Bruder »Geld zum Auslösen seiner verpfändeten Möbel, Wein, Lebensmittel, ein Exemplar von ›Das Gesetz‹ zum Weihnachtsgeschenk«.[143] Angeblich soll er »nicht einen Cent« besessen haben. »Seine sehr günstigen Einkünfte« seien »durch das unselige Treiben der Frau«, so der Bruder, »bis weit ins Negative zerronnen«.[144] Den Nachmittag verbrachte er auf dem Sofa in Thomas Manns »living-room«. Den Vorschlag der vorläufigen Unterbringung bei Salka Viertel lehnte er ab, er wollte zurück in seine Wohnung nach Los Angeles. Dort lebte er in den nächsten Monaten in völliger Abgeschiedenheit. »Das ganze Jahr, das dem Tode meiner geliebten Frau folgte«, erklärte er später, habe er, »wenn irgend möglich, vorgezogen zu schweigen«.[145] Sein Schweigen durchbrochen hatte er natürlich, als der Krieg zu Ende ging. Am Tag nach der deutschen Kapitulation erschien in einer Sondernummer des »Freien Deutschland« der von Heinrich Mann mitentworfene Aufruf »An das Volk von Berlin«. Es war ein Appell, »unerbittlich für einen Staat« zu kämpfen, »der dem Volk nicht nur verantwortlich«, sondern in ihm auch »verkörpert« sei.[146] Darüber hinaus erschienen im Trauerjahr 1945 noch einige Zeitschriftenartikel. »The German American« druckte im April seine »Einschätzung der Lage in Deutschland« ab, das »Freie Deutschland« brachte den Beitrag »Paul Merker und sein Buch« und der »Aufbau« »Die französische Revolution und Deutschland«. Die erste größere publizistische Aufgabe, der Heinrich Mann sich im Jahre 1946 zuwandte, war die aktive Unterstützung des Sammelbandes »Morgenröte« in Wieland Herzfeldes »Aurora-Verlag«. Zusammen mit Ernst Bloch, Bertolt Brecht,

Alfred Döblin, Lion Feuchtwanger, Oskar Maria Graf, Berthold Viertel und anderen Exil-Autoren konzipierte er ein »Lesebuch« für das neue Deutschland und verfaßte selbst die Einleitung. Thomas Mann zeigte sich 1946 beeindruckt von Heinrichs diszipliniertem Arbeitsrhythmus: »Am Morgen, wenn er seinen starken Kaffee gehabt, früh sieben Uhr wohl bis Mittag, schreibt er, produziert unbeirrbar in alter Kühnheit und Selbstgewißheit (...), fördert das aktuelle Werk, indem er immer noch mit eingetauchter Stahlfeder, Blatt auf Blatt mit seiner überaus klaren und deutlich ausgeformten Lateinschrift bedeckt, – gewiß nicht mühelos (...), aber doch mit der trainierten Fazilität des großen Arbeiters.«[147] Er hing sehr an seiner kleinen Parterre-Wohnung, South Swall Drive, die in einer Gegend lag, wo Los Angeles in Beverly Hills übergeht. Soweit wie möglich machte er seine Einkäufe selbst, zu Fuß. Katia Mann besorgte ihm eine ältere Haushälterin aus Emigrantenkreisen, die gleichzeitig auch gelernte Krankenschwester war. Sie kochte meist für eine Woche vor, so daß er aus dem Kühlschrank leben mußte. Zum Abendessen wurde er gewöhnlich einmal wöchentlich in die Villa des Bruders eingeladen, Katia Mann holte ihn dann mit dem Wagen ab. Besuch erhielt er seltener, manchmal von Thomas und Katia, gelegentlich auch von den Feuchtwangers oder Ludwig Marcuse. Eigenartigerweise benutzte Heinrich Mann nach dem Tod Nellys nicht mehr seinen großen, stilvollen Schreibtisch im »living-room«, sondern zog sich zum Arbeiten ins Schlafzimmer zurück. »Ich gehe wenig aus«, so seine eigene Auskunft im Jahre 1947, »ich lese immer wieder die alten Bücher, ich höre die Musik, die ich auswendig kenne. Das ist nicht übel, es ist das typische Leben eines alten Mannes; so will ich mich auch nicht beklagen. Die Vereinsamung ist der Anteil des hohen Alters. Ich bin glücklich, meinen Bruder zu haben.«[148] Als Thomas Mann im Frühjahr 1946 lebensgefährlich erkrankte und sich in Chicago einer schweren Lungenoperation unterziehen mußte, konnte Katia Mann Heinrich nur »mit Mühe« ausreden, den Bruder ins Hospital zu begleiten. Er drückte in einem englisch abgefaßten Telegramm seine rührende Anhänglichkeit aus:

»My beloved brother you must have the strength to live and you will. You are indispensable to your great purposes and to all persons who love you. There is one who would feel vain to continue without you. This is the moment for confessing you my absolute attachment.«[149]

Im Oktober 1948 mußte Heinrich Mann noch einmal einen Umzug über sich ergehen lassen. Fast ein halbes Jahr hatte er sich gegen die Kündigung des Vermieters zur Wehr gesetzt. In einem seiner Briefe hieß es: »Mr. Mann wird diese Wohnung nicht aufgeben, weil er nicht will und weil er nicht muß.«[150] Doch dann mußte er doch. Traurig teilte er Karl Lemke mit: »Ab 15. Oktober habe ich nicht mehr die Zuflucht, wo meine Frau vor mir starb, sondern wohne fremd, unzulänglich und teuer: 2139 Montana Ave. – Apt. B – Santa Monica, Calif.«[151]

Der Umzug war fast wie eine zweite Trennung von Nelly. Als Katia Mann Heinrich in der neuen Wohnung herumführte, ihm das Wohnzimmer zeigte, die Regalwände, das Schlafzimmer und die Küche nebst Durchreiche, da blickte er sie verzweifelt an und fragte mit einer Mischung aus Förmlichkeit und Komik: »Ja, und wo speist man?« Die Vorstellung, zukünftig die Mahlzeiten eingeengt in einer Wohnzimmerecke einnehmen zu müssen, das war für ihn eine zivilisatorische Katastrophe. Hatte Heinrich Mann sich bisher mit Kritik an seinem Gastgeberland weitgehend zurückgehalten, nahm er nach der Vertreibung aus seiner alten Wohnung kein Blatt mehr vor den Mund. Man drohe »mit Krieg« und habe »Angst vor Krieg«, so beschrieb er die psychologischen Grundlagen der US-amerikanischen Außenpolitik zu Beginn des Jahres 1949. »Der Antikommunismus« sei »immer eine Ausrede«, um einen Konkurrenten zu vernichten. An den Zeitungsmeldungen »über Scheidungen, Selbstmorde, noch häufiger über hold up's, was besonders die Raubüberfälle auf Banken bezeichnet«, könne man die zerrüttete Sozialstruktur im Inneren erkennen. »Die Massenarmut« sei »jetzt verzogen nach dem reichsten Land«: »Denn es muß a) rüsten, b) die Verbündeten des nächsten Krieges bei Laune erhalten. Niemand ist bei Laune, alle nehmen das Geld. Bei alldem gebietet die Freiheit, daß mit Wohnungen, so mit der meinen, feste spekuliert wird. Ich mußte den Platz räumen und kann froh sein, als ich für die doppelte Miete endlich unterkam. Andere hausen in Garagen und Trucks.«[152]

Thomas Mann empfand die politischen Gespräche mit seinem Bruder, die im Januar und Februar 1949 häufig stattfanden, als »bedrückend«.[153] Heinrich zeigte starke Emotionen. Er sah »blaß« aus, wenn »viel von Rußland« und der »Freiheitsfrage« »die Rede« war, so anläßlich einer Dinner-Party mit den Horkheimers und Feuchtwangers.[154] Und als es um seine mögliche Mitwirkung an einem Weltfriedenskongreß in Paris (zusammen mit Louis Aragon und Pablo Picasso) ging, war er so bewegt, daß er »erregt und schwankend« umherging.[155] In dieser Phase der intensiven politischen Diskussion rang Heinrich Mann offensichtlich ernsthaft mit dem Gedanken seiner Rückkehr nach Deutschland. Er schien es allerdings mehr für eine Pflicht als ein Vergnügen zu halten. Wenn er mit »einer ausdrücklichen Berufung nach Berlin und gesicherten Existenzmitteln« rechnen könne, schrieb er an Paul Merker, »dann muß ich sehen, ob ich die Beschwerden meines Alters beiseite lassen und meine Pflicht tun kann«.[156] Einladungen waren nur aus Ostdeutschland gekommen. Bereits am 17. März 1946 hatten der thüringische Ministerpräsident Rudolf Paul sowie die Schriftsteller Ricarda Huch und Theodor Plivier ihn aufgefordert, sich auf der Wartburg niederzulassen. Ironisch kommentierte der Umworbene: »In der Wartburg kämpfte einst Martin Luther mit dem Teufel. Jetzt hat sie Centralheizung.«[157] Dennoch verkündete die Parteizeitung »Neues Deutschland« im März 1947 optimistisch: »Der Dichter Heinrich Mann kehrt in nächster Zeit nach Deutschland zurück, und es ist sogar zu hoffen, daß er Berlin als Aufenthaltsort wählt.«[158] Und der bereits zurückgekehrte Alfred Kantorowicz organisierte am 5. Mai 1947 im Deutschen Theater in Berlin eine Veranstaltung unter dem

Motto »Deutschland ruft Heinrich Mann«. Im gleichen Jahr wurde ihm von der Humboldt-Universität die Ehrendoktorwürde verliehen, und Johannes R. Becher lud ihn mehrfach im Namen des »Kulturbundes« ein. 1949 häuften sich die Ehrungen und Angebote. Ganz offensichtlich wollte man Heinrich Mann zum bevorstehenden Gründungsakt der DDR bereits als ersten Staatsdichter präsentieren. Die SED gratulierte ihm telegraphisch zum 78. Geburtstag, er erhielt den Literatur-»Nationalpreis«, und man bat ihn am 23. Mai 1949 offiziell, das »Präsidium der Deutschen Akademie der Künste« in Ostberlin zu übernehmen. Heinrich Manns Befürchtungen, daß ihn nicht genügend Komfort erwarte, versuchte der zukünftige DDR-Präsident Wilhelm Pieck persönlich zu zerstreuen. »Sie können versichert sein«, schrieb er am 20. 7. 1949, »daß wir Ihre Unterbringung auf das beste und zu Ihrer vollen Zufriedenheit regeln werden. Das betrifft die Beschaffung einer Villa, eines Autos mit Chauffeur, einer Bedienung usw.« Auch das Paßproblem war geregelt. Man habe sich »mit den tschechoslowakischen Freunden in Verbindung gesetzt«, um »alle Reiseformalitäten« zu erledigen«.[159] Doch Heinrich Mann konnte sich nicht zu einer Entscheidung durchringen. Er blieb mißtrauisch gegenüber den Versprechungen der ostdeutschen Behörden. Er hatte sich, wie wir wissen, auch über andere Kanäle informiert. Vor allem die ungeschminkten Berichte seiner Halbwelt-Freundin Margot Voss über die Alltagszustände im geteilten Berlin zur Zeit der Blockade und Währungsreform klangen besorgniserregend. So teilte sie ihm am 8. September 1948 mit:

»In Berlin wird es immer bunter jetzt soll eine neue Währung kommen (...) Auf dem Potsdamer Platz ist ein Zaun gezogen, auf der einen Seite ist Rußland auf der anderen Amerika und England, ein tolles Durcheinander. Hoffentlich wird die Blockade bald aufgehoben, denn der Winter steht vor der Tür und wir haben hier im Westen keine Kohlen.« Und am 19. April 1949: »Wenn nur das Ost- und Westgeld nicht wäre. Hier gibt es, seitdem die Westmark voll eingeführt ist (leere) Läden (...) und sehr viel Arbeitslose. Alle Leute aus dem Westen fahren nach dem Osten, da gibts freie Läden (...) ein Paar Schuhe kosten 260 Ostmark, also auch unerschwinglich. Auf jeden Fall unhaltsame Zustände in einer Stadt, 2x verschiedenes Geld geht nicht. Wann kommen Sie nach Berlin?«[160]

Heinrich Mann wußte es nicht. Er litt seelisch und körperlich. Sein Gesundheitszustand verschlechterte sich zusehends. Er klagte immer häufiger über Angina pectoris und Bronchial-Beschwerden. »Es ging ihm nicht gut«, notierte Thomas Mann am 14. März 1949, »das Gespräch war stokkend, nur vorübergehend heiter. Sein Appetit nicht wie sonst. Vor der Abfahrt hatte er einen Asthma-Anfall, von dem er sich in der Sofaecke erholen mußte.«[161] Offensichtlich flüchtete Heinrich sich in die Krankheit, um die Übersiedlung nach Berlin zu sabotieren. Er verließ seine Wohnung nicht und machte einen »toxischen Eindruck«. Einen Besuch seines Bruders erklärte er für »nicht erwünscht«.[162] Das »Problem Heinrich« wurde für Thomas und Katia Mann zunehmend ein Problem »seiner nurse, die wir nicht länger bezahlen können«.[163] Nicht Heinrich, sondern Thomas forderte im August telegraphisch aus Ostberlin das Reisegeld an. Auch hatte er während seiner Deutschland-Reise im Juli 1949 Heinrichs Rückkehr sowohl in Gesprächen mit Johannes R. Becher und Paul Wandel, dem späteren DDR-Minister für Volksbildung, als auch in öffentlichen Veranstaltungen angekündigt. Als dann im September ein sowjetischer Bote die geforderte Summe von 3000 Dollar überbrachte, dachte Heinrich aber nicht daran, sie für eine Schiffspassage auszugeben. Dem fassungslosen Bruder erklärte er mit der »schlauen Komik des Greises«, von seinem unerwartet eingetroffenen »Honorar« könne er ihm jetzt die Schulden zurückzahlen. Thomas veranlaßte daraufhin seine Frau Katia, Heinrich einen »langen Brief zur Schärfung seines Gewissens in Sachen des russischen Geldes« zu schreiben.[164] Dieser Brief vom 16. September 1949 verdient es, ausführlich zitiert zu werden:

»Lieber Heinrich,

Ich war natürlich freudig überrascht, als Sie mir vorgestern von dem Schatz Mitteilung machten, der Ihnen da ganz unerwartet in den Schoss gefallen, nachträglich aber habe ich mir allerlei Gedanken darüber gemacht und kann nicht umhin, Ihnen meine Sorgen mitzuteilen zur Abwechslung auf diesem ungewöhnlichen Wege, weil ich sie so vielleicht klarer und logischer vorbringen kann. Ich halte es für sehr möglich, dass der Mann, der mich anrief und Ihnen gleich darauf das Geld überbrachte, selbst garnicht wusste, um was für eine Zahlung es sich da handelte. Und Ihr erster Gedanke war offenbar, dies sei ein Autoren-Honorar, etwa für eine Neu-Auflage des ›Untertan‹. (Abrechnen tun die Russen ja bekanntlich niemals). Nun muß ich Ihnen aber erstens sagen, dass eine so hohe Zahlung für eine Neuauflage sogut wie ausgeschlossen ist. Vor allem aber erwarten wir doch täglich das von Präsident Wandel telegraphisch angekündigte Geld, und die Summe, die Sie erhielten, entspricht offenbar gerade dem versprochenen Betrag, sodass es nur selbstverständlich ist, dass der Weg über die Sowjets beschritten wurde. Tommy hat seinerzeit auf Ihren Wunsch an Präsident Wandel gekabelt, Sie nähmen sein Angebot an und würden mit Ihren Reisevorbereitungen beginnen, sowie das zugesagte Reisegeld da sei. Nun also ist es in Ihren Händen. Wie wir es neulich besprachen, das *verpflichtet* Sie nicht zur Reise. Was aber nach meiner Meinung ganz unmöglich wäre, ist dann das Geld zu behalten, auch wenn es sich nur um eine Verschiebung bis zum Frühjahr handelt. Ihre Widerstände verstehen wir vollkommen, es ist höchst wahrscheinlich, dass sie im Frühling nicht vermindert sein werden. Bedenken Sie aber, in welche Lage Sie den armen Wandel bringen, wenn Sie entgegen der telegraphisch gegebenen Zusage nun nicht reisen. 3000 Dollars sind für die Ostzone ein sehr hoher, schwer aufzutreibender Betrag. Dass man ihn Ihnen zur Verfügung stellt, beweist, welch außerordentlichen Wert man auf Ihr Kommen legt. Was sollen aber die Leute denken, wenn sie das Ihrige tun, und die Gegenleistung bleibt aus! Für

Wandel könnten die Folgen geradezu verhängnisvoll sein, denn er war es ja, der sich so ungeheuer für die Sache einsetzte, aber auch Ihr Ansehen steht für mein Gefühl auf dem Spiel, und schliesslich war es Tommy, der in der Sache das entscheidende Telegramm absandte. Nichts spricht dagegen, dass Sie auf ärztliches Anraten die Reise unbestimmt vertagen. Aber mir scheint, das Geld müsste dann unbedingt wieder zur Verfügung gestellt werden und Sie müssten Wandel von der Aenderung Ihrer Pläne baldmöglichst Mitteilung machen. Vielleicht könnte das hiesige Konsulat es bis zum Frühjahr für Sie disponibel halten, aber auf Ihrem Bankkonto darf es bei der Ungewissheit, ob Sie je den Gebrauch davon machen werden, für den es bestimmt war, unter keinen Umständen bleiben.

Am 10. Oktober fährt die Batori, wie ich festgestellt habe, das wäre an sich kein unpassender Termin. Aber ich habe das deutliche Gefühl dass Sie nicht zu fahren beabsichtigen.

Daß Sie die Hälfte des Betrages gleich verwenden wollten, um Ihre ›Schulden‹ zu bezahlen, hat uns beide überrascht. An Rückzahlung war doch nie gedacht worden, und alles, was Tommy neulich vorbrachte, war ja nur, dass er die Fortsetzung des jetzigen Zustandes, da Ihr Gesundheitszustand die ständige Anwesenheit einer Pflegerin doch Gottlob nicht unbedingt erfordert, wirtschaftlich nicht recht verantworten könne. Was natürlich nicht heissen soll, dass wir diese Rückzahlung zurückweisen wollen, wenn die ja immer mögliche grosse Film-Einnahme einmal eintrifft. Aber auf diese immer wieder zurückweichende Hoffnung hin etwa das Reisegeld (das Sie als solches eben nicht erkannt haben) zu verausgaben, wäre wahrhaft verhängnisvoll und würde die unangenehmsten Folgen für alle Beteiligten haben.

Verzeihen Sie diesen langen aufrichtiger Besorgtheit entstammenden Brief.

Immer Ihre Katia«[165]

Ob Heinrich sich wirklich ins Gewissen reden ließ, ist zweifelhaft. Aber es sah so aus, als ob sein Widerstandswille gegen die Abschiebepläne gebrochen war. »Wahrscheinlich wird von jetzt in 6 oder 8 Wochen mein Zimmer nach Berlin versetzt sein«, schrieb er am 23. September 1949 an Maximilian Brantl. »Ich hatte nicht eigentlich zugesagt, nur immer weniger eingewendet, bis endlich die anderen öffentlich erklärten, es sei soweit.« Was bleibe ihm »noch übrig, außer hinzukommen«? Vielleicht, so gestand er ein, »entspricht dies besser meinem Stil, als in Amerika zu sterben«.[166] Doch zunächst versuchte er noch einmal Zeit zu gewinnen. Angesichts seines schlechten Gesundheitszustandes äußerte er Bedenken gegenüber den Strapazen einer Schiffsreise. Als man dann die Möglichkeiten einer Flugreise diskutierte, bestand er darauf, von seiner Krankenschwester begleitet zu werden. Thomas Manns Tagebuch registriert in dieser Zeit schlaflose Nächte. Er sei »immer wieder aufgewacht über Heinrichs höchst unverständiges und unbilliges Benehmen in Sachen seiner Übersiedlung«, heißt es am 3. 10. 49. Es sei »Unsinn«, eine »Begleitung durch die nurse nach Russisch-Berlin« zu verlangen, »eine Anmeldung, die alles verderben kann«.[167] Schließlich einigte man sich auf eine Verschiebung der Übersiedlung auf das nächste Frühjahr. Heinrich Mann war überglücklich. Ganz plötzlich fühlte er sich wieder gesund. Thomas Mann vermerkte am 21. 10. 1949: »Heinrichs Befinden seit Aufgabe der Reise sehr gut. Dr. Rosenthal hat ihn nie besser gefunden.«[168] Krank wurde er aber wieder, als am 16. November ein Telegramm von der Redaktion des »Neuen Deutschland« aus Ostberlin eintraf mit der Bitte, »aus Anlaß des 70. Geburtstages Stalins für eine Sonderausgabe einen Beitrag zu übersenden«.[169] Zu dem gewünschten Beitrag sah Heinrich Mann sich nicht in der Lage. Ein Blick in die Sonderausgabe des »Neuen Deutschland«, die am 21. Dezember 1949 erschien, zeigt, daß auch die anderen angeschriebenen prominenten Exilautoren Bauchschmerzen bekommen hatten. Außer den Routinebeiträgen der Parteifunktionäre Pieck, Ulbricht, Grotewohl, Oelssner, Herrnstadt und Maron hatte sich nur ein einziger deutscher Dichter zur erwünschten Stalin-Hymne bereit gefunden: Stephan

Hermlin. Neben einem selbstverfaßten Lobgedicht trat er auch noch zusätzlich als Übersetzer einer peinlichen Ode von Paul Eluard in Erscheinung. Auch Heinrich Mann hatte 1949 sicherlich nicht sein im »Zeitalter« dokumentiertes idealistisch-naives Stalin-Bild überwunden, selbst wenn es Indizien dafür gibt, daß er die Passage über den Hitler-Stalin-Pakt in seinem »Kriegstagebuch« für die in Amerika geplante Veröffentlichung noch einmal überarbeitet hat. (Im HMA fehlt die entsprechende Manuskriptseite.) Sich aber mit einem Stalin-Artikel im SED-Zentralorgan unmittelbar nach Gründung der DDR zu exponieren, davor schreckte er zurück. Daß man ihn in Ostdeutschland »nur umherzeigen« wolle, hatte er schon vorher vermutet.[170] Nach der Festschreibung der Spaltung Deutschlands im Herbst 1949 war Heinrich Manns Hauptkummer, »daß nur ein Teil Deutschlands mich ruft«.[171] Der Anspruch des Gründungsausschusses der Akademie, dem Arnold Zweig vorstand, seine »Wirkung nicht auf eine Besatzungszone« zu beschränken, »sondern Angelegenheit des ganzen Deutschland« zu sein, erwies sich als Illusion.[172] Typisch für das Klima des Kalten Krieges war das Schicksal der von 1947 bis 1949 von Alfred Kantorowicz herausgegebenen Zeitschrift »Ost und West«, für die Heinrich Mann vor allem wegen ihres symbolischen Namens und der entsprechenden Programmatik begeistert Beiträge lieferte. In der Grundsatzerklärung zum Lizenzantrag, der gleichzeitig an die Russen und Amerikaner gerichtet war, hieß es: »Deutschland in seiner gegenwärtigen Situation kann weder die amerikanische Lebensform noch die Entwicklung des Sozialismus in der Sowjetunion schematisch adoptieren. Wir Deutschen müssen die unseren gegenwärtigen Bedingungen angemessene Lösung der sozialen, ökonomischen und ideologischen Probleme unseres Zeitalters selbst finden.«[173] Während die Amerikaner den Lizenzantrag ablehnten, stimmten die Russen nach längerem Zögern – der zuständige Oberst Tulpanow hatte erhebliche Einwände gegen den Titel – schließlich zu. Diese einseitige Lizenzgewährung führte anfangs zu dem Kuriosum, daß Alfred Kantorowicz seine

Wohnung im Westen Berlins hatte, den Redaktionssitz aber im Ostteil der Stadt einrichtete. Die erste Ausgabe der Zeitschrift erschien im Juli 1947 mit der erstaunlichen Auflage von über 100 000 Exemplaren. In der Einführung begründete der Herausgeber seinen kulturpolitischen Anspruch auf einen Brückenschlag zwischen West und Ost: »Die Sphäre und Einflußsphäre der ›westlichen‹ Kultur« höre »nicht am Rhein oder an der Elbe auf«, ebensowenig wie »die ›östliche‹ durch die Weichsel oder die Oder begrenzt« sei.[174] Auch Heinrich Mann und Bertolt Brecht gehörten zu den Beiträgern der ersten Ausgabe. Von Heinrich Mann erschien der Essay »Die geistige Lage« aus seiner Autobiographie. Nach zweijähriger ungefährdeter Existenz geriet die Zeitschrift in Schwierigkeiten. Im amerikanischen Sektor wurden die Auflagen beschlagnahmt (der Westberliner Sender Rias bezeichnete Kantorowicz als »Schwindler, Fälscher und Betrüger im Dienste des Kreml«), die zuständigen sowjetischen Stellen sabotierten die Papierlieferungen, und die deutschen Kommunisten betätigten sich als Zensoren. Unmittelbar nach der Währungsreform sank die Auflage auf 30 000 Exemplare ab, und vor Erscheinen des letzten Heftes, im Dezember 1949, waren es nach Angaben der Redaktion »kaum mehr als 5000 Exemplare für die gesamte Ostzone und Berlin und etwa 1000 Exemplare, die in die Westzonen gingen«.[175] Für eine Zeitschrift wie »Ost und West« war kein Platz mehr in der neu gegründeten DDR. »Ihre erste selbständige Tat auf kulturellem Gebiet war«, so der bittere Kommentar von Alfred Kantorowicz, »ihrem Beschluß, ›Ost und West‹ zu verbieten, Vollzugsgewalt zu geben. «[176]

Solche Informationen verstärkten natürlich Heinrich Manns Furcht vor eingeschränkten Wirkungsmöglichkeiten in Ostberlin und erklären sein Zögern, einen unwiderruflichen Schritt zu tun. Bis zuletzt hatte er wohl gehofft, auch aus dem Westen eine Einladung zu bekommen. Noch am 4. März 1950, also wenige Tage vor seinem Tode, klagte er: »Drüben könnte er von Herrn Adenauer einen netten Brief erwarten, wie Pieck sie ihm schreibt. Der Brief kommt nicht. «[177] Als der

Zeitaufschub ablief und die Vorbereitungen der für April geplanten Überfahrt mit dem polnischen Dampfer S. S. »Batory« einen endgültigen Charakter annahmen, flüchtete Heinrich Mann sich in sarkastische Limericks wie: »Schön ist es auch anderswo, und hier bin ich sowieso«[178] oder: »Auf Wiedersehen, wenn nicht in dieser Welt, dann in Bitterfeld.«[179] Ob ihn sein Sarkasmus auch vor der »rohen Willkür« der kommunistischen »Apparate« in Ostdeutschland geschützt hätte, oder ob er daran »zerbrochen« wäre, wie Alfred Kantorowicz vermutete, weiß man nicht. Ihm blieb die Fahrt mit der »Batory«, die am 28. April in Gdynia ankam, erspart. Es trat rechtzeitig ein, was er sich schon einige Zeit vorher erhofft hatte: »Endlich zieht das Schicksal ihn aus dem Verkehr zurück.«[180] Am 12. März 1950, kurz vor der Vollendung seines 79. Lebensjahres, starb Heinrich Mann in Santa Monica. »Seinen letzten Abend hatte er ungewöhnlich ausgedehnt, hatte bis gegen Mitternacht mit Genuß Musik gehört und war von seiner Pflegerin nur schwer zu überreden gewesen, zu Bette zu gehen. Dann, man weiß nicht zu welcher Nachtstunde, im Schlaf, die Gehirnblutung, ohne Laut oder Regung von seiner Seite. Am Morgen war er einfach nicht mehr zu erwecken. Das Herz arbeitete noch bis in die Nacht hinein weiter, bei nicht mehr meßbarem Blutdruck und längst unstörbarer Bewußtlosigkeit.«[181] Auf der Trauerfeier sprachen ein Reverend der Unitarian Church und Lion Feuchtwanger. Das Temianka-Quartett spielte, wie Thomas Mann sich erinnerte, »einen schönen langsamen Satz von Debussy«.[182] Auf seinem Grabstein war zu lesen: »Born March 27, 1871. Passed on March 11, 1950«. Daß man für seinen Todestag ein Datum eingemeißelt hat, an dem sein Herz »noch arbeitete«, hätte ihn vermutlich nicht gestört. Wichtiger wäre für ihn sicher gewesen, daß nicht weit von ihm, neben einer Palme, sich auch Nellys Grabstätte befand. Doch die Ruhestätte in der Nähe von Nelly wurde ihm wieder genommen. Wenige Tage vor seinem 90. Geburtstag entführte man seine Urne von Santa Monica nach Prag. Dann ging es in einem gespenstischen Konvoi schwarzer Tatra-

und Volvo-Limousinen, ohne Zwischenaufenthalt »in Bitterfeld«, direkt nach Ostberlin. Auf dem Dorotheenstädtischen Friedhof nahmen am 25. März 1961 Walter Ulbricht und Alexander Abusch »voll Liebe und für das ganze deutsche Volk, die Urne Heinrich Manns in ihre kraftvollen Hände«[183] und erklärten: »Er ist unser.« In makabrer Weise bestätigte sich hier eine im Exil gewonnene Erkenntnis Heinrich Manns: »Das Ganze, von Tod und Leben, ist ein Quark geworden.«[184]

Anhang

Abkürzungen

AW

Heinrich Mann: Ausgewählte Werke in Einzelausgaben. Hrsg. i. A. der Deutschen Akademie der Künste zu Berlin von Alfred Kantorowicz. 13 Bde. (Bd. 13 besorgt von Heinz Kamnitzer 1962) Berlin 1951-1962

GW

Heinrich Mann: Gesammelte Werke. Hrsg. von der Akademie der Deutschen Akademie der Künste zu Berlin. (Ab 1972 hrsg. von der Akademie der Künste der DDR). Redaktion: Sigrid Anger. Berlin und Weimar 1965 ff.

HMA

Heinrich Mann-Archiv. Deutsche Akademie der Künste. Berlin/Ost

HMWL

Heinrich Mann 1871-1950. Werk und Leben in Dokumenten und Bildern. Mit unveröffentlichten Manuskripten und Briefen aus dem Nachlaß. Hrsg. von Sigrid Anger. Berlin und Weimar 1971/1977

IfGA

Institut für Geschichte der Arbeiterbewegung (Berlin)

MuM

Heinrich Mann: Macht und Mensch. Essays. In: Heinrich Mann. Studienausgabe in Einzelbänden. Hrsg. von Peter-Paul Schneider. Frankfurt/Main 1989

ÖL

Heinrich Mann: Das öffentliche Leben. Berlin/Wien/Leipzig 1932 (Essaysammlung)

TH/HM

Thomas Mann/Heinrich Mann: Briefwechsel 1900-1949. Hrsg. von Hans Wysling. Frankfurt/Main 1984

TH/HM (2)

Thomas Mann/Heinrich Mann: Briefwechsel 1900-1949. Hrsg. und mit einem Nachwort versehen von Ulrich Dietzel. Berlin und Weimar 1977

ZA

Heinrich Mann: Ein Zeitalter wird besichtigt. Erinnerungen. In: Heinrich Mann. Studienausgabe in Einzelbänden. Hrsg. von Peter-Paul Schneider. Frankfurt/Main 1988

Zitierte Werke und Quellentexte Heinrich Manns

Nicht aufgenommen wurden einzelne Zeitschriften- und Zeitungsartikel, Interviews, Vor- und Nachworte, unveröffentlichte Manuskripte und Fragmente sowie Einzelbriefe. Sie sind in den Anmerkungen nachgewiesen.

1. Werkausgaben:

Ausgewählte Werke in Einzelausgaben (AW)

Gesammelte Werke (GW)

Studienausgabe in Einzelbänden. Hrsg. von Peter-Paul Schneider. Frankfurt/Main (fortlaufend):
»Die kleine Stadt«,
»Die Jagd nach Liebe«,
»Der Haß«,
»Die Göttinnen« (I. Diana, II. Minerva, III. Venus),
»Im Schlaraffenland«,
»Ein Zeitalter wird besichtigt«,
»Empfang bei der Welt«,
»Flöten und Dolche«,
»Ein ernstes Leben«,
»Macht und Mensch«,
»Professor Unrat«,
»Stürmische Morgen«,
»Mut«,
»Der Untertan«

2. Einzelausgaben:

»In einer Familie«. München o.J. (1894)
»Die Armen«. Leipzig o.J. (1917)
»Der Kopf«. Berlin/Wien/Leipzig 1925
»Mutter Marie«. Zürich o.J. (1930)
»Die große Sache«. Potsdam 1930
»Lidice«. Mexico City 1943
»Der Atem«. Amsterdam 1949

3. Essaysammlungen:

»Sieben Jahre. Chronik der Gedanken und Vorgänge.« Berlin/Wien/Leipzig
1929
»Das öffentliche Leben«. Berlin/Wien/Leipzig 1932
»Es kommt der Tag. Deutsches Lesebuch«. Zürich 1936

4. Briefsammlungen:

Briefe an Karl Lemke (1917-1949). Berlin 1963
Briefwechsel mit Arnold Zweig (1934-1937). In: Neue Deutsche Literatur
11 (1963), Heft 2, S. 86-92
Briefe an Karl Lemke und Klaus Pinkus. Hamburg 1964
Briefwechsel mit Eva und Julius Lips (1934-1950). In: Eva Lips: Zwischen
Lehrstuhl und Indianerzelt. Aus dem Leben von Julius Lips. Mit unveröf-
fentlichten Briefen von Heinrich Mann und Martin Andersen Nexö.
Berlin 1965, S. 93-151
Briefwechsel mit Johannes R. Becher (1936-1948). In: Sinn und Form 18
(1966), S. 325-333
Briefe an Maximilian Brantl (1907-1931). In: Weimarer Beiträge 14 (1968),
Heft 2, S. 393-422
Briefe an Félix Bertaux. In: Neue Deutsche Literatur 19 (1971), Heft 3, S. 10-
29
Briefwechsel mit Klaus Mann. In: Klaus Mann: Briefe und Antworten. Bd. I
(1922-1937), Bd. II (1937-1949). München 1975
Briefe an Alfred Kantorowicz. In: Alfred Kantorowicz: Deutsches Tage-
buch. 2 Bde. Berlin 1978 und 1979
Briefe an Ludwig Ewers 1889-1913. Berlin und Weimar 1980
Briefwechsel mit F. C. Weiskopf. In: Neue Deutsche Literatur 11 (1982),
S. 9-58
Neuigkeiten zum Briefwechsel zwischen Heinrich Mann und Kurt Tuchol-
sky. In: Arbeitskreis Heinrich Mann Mitteilungsblatt. Nr. 17 (1982).
Lübeck, S. 64-87
Thomas Mann/Heinrich Mann: Briefwechsel 1900-1949. Frankfurt/Main
1984 und Berlin/Weimar 1977 (TM/HM und TM/HM 2)
Thomas Mann/Katia Mann/Heinrich Mann: Neuaufgefundene Briefe 1933-
1949. In: Thomas Mann Jahrbuch. Bd. 1 (1988). Frankfurt/Main, S. 168-
228
Briefwechsel mit Lion Feuchtwanger. In: Lion Feuchtwanger: Briefwechsel
mit Freunden 1933-1958, Bd. I, Berlin 1991, S. 297-349

5. Zeitschriften:

Die Gesellschaft, Monatsschrift für Literatur, Kunst und Sozialpolitik
(München): Rezensionen und Kritiken (1891-1895)
Die Gegenwart. Wochenschrift für Literatur, Kunst und öffentliches Leben
(Berlin): Aufsätze und Kritiken (1892-1895)
Das Zwanzigste Jahrhundert. Deutsch-nationale Monatshefte für soziales
Leben, Politik, Wissenschaft und Literatur (später: Blätter für deutsche
Art und Wohlfahrt [Berlin/Zürich]: Artikel und Kritiken [1895-1896])

6. Einzelessays:

Der Fall Murri. In: Die Zukunft 55 (1906), S. 161-168
Nietzsche. In: Maß und Wert. Jg. 2, Heft 3 (1939), S. 277-304

7. Sonstige Texte und Dokumente:

Heinrich Mann 1871-1950. Werk und Leben in Dokumenten und Bildern
(HMWL): Manuskript-Fragmente, Autobiographische Notizen, Briefe
etc.

Anmerkungen

II. Die Flucht vor dem »Millionengestank«

1 Albert Langens Verlagskatalog 1894-1904. München 1904, S. 92
2 ZA, S. 238
3 Ebd.
4 Elisabeth Mann: Erinnerungen aus meinem Leben. Geschrieben im Winter 1908. Zit. nach Björn M. Kommer: Das Buddenbrookhaus. Wirklichkeit und Dichtung. Lübeck 1983, S. 22
5 Zit. nach HMWL, S. 8f.
6 AW IX, 8f.
7 Klaus Schröter: Heinrich Mann in Selbstzeugnissen und Bilddokumenten. Reinbek bei Hamburg 1967, S. 10
8 GW 24, S. 128
9 Vgl. Kunst und Kultur Lübecks im 19. Jahrhundert. Lübeck 1981, S. 141-159
10 Zit. nach HMWL, S. 5
11 Vgl. Viktor Mann: Wir waren Fünf. Bildnis der Familie Mann. Konstanz 1949, S. 16
12 AW IX, S. 13
13 GW 9, S. 199. Vgl. auch Elöd Halász: Buddenbrooks und Eugénie. In: Heinrich Mann am Wendepunkt der deutschen Geschichte. Arbeitshefte der Akademie der Künste der DDR. Sektion Literatur und Sprachpflege, Nr. 8. Berlin 1971, S. 74
14 Vgl. R. Keibel: Wirtschaftliche Entwicklung Lübecks seit Beginn des 19. Jahrhunderts. In: Lübecker Heimatbuch. Lübeck 1926, S. 80f.
15 Kunst und Kultur Lübecks, a. a. O., S. 150
16 Emanuel Geibel: Briefe an Henriette Nölting 1835– 1855. Hrsg. von H. Reiss und H. Wegener. Lübeck 1963, S. 52
17 ZA, S. 198/199
18 Klaus Schröter: Heinrich Mann in Selbstzeugnissen, a. a. O., S. 7
19 AW IX, S. 34
20 AW IX, S. 12f.
21 AW IX, S. 49
22 Brief an die Eltern vom 29. 6. 1884. Zit. nach HWL, S. 18f.
23 Brief an die Eltern vom 17./29. 7. 1884. Zit. nach MWL, S. 21
24 Tagebuch einer Ferienreise nach St. Petersburg. Geschrieben vom 5. Juli bis 30. August 1884. Zit. nach HWL, S. 23
25 Ebd.
26 Brief an die Eltern vom 17./29. 7. 1884, a. a. O., S. 20
27 Kunst und Kultur Lübecks, a. a. O., S. 240
28 Thomas Mann: GW in 13 Bde. Frankfurt/Main 1960/1974, Bd. XI, S. 388

29 AW IX, S. 14
30 Ebd.
31 Zit. nach HMWL, S. 28
32 AW IX, S. 21
33 AW IX, S. 22
34 Vgl. Kunst und Kultur Lübecks, a. a. O., S. 230
35 Zit. nach HMWL, S. 13
36 Zit. nach Klaus Schröter: Heinrich Mann in Selbstzeugnissen, a. a. O., S. 21
37 AW IX, S. 14
38 Thomas Mann: GW, Bd. XI, a. a. O., S. 378
39 AW XI, S. 459
40 Zit. nach HMWL, S. 32
41 Zit. nach HMWL, S. 13
42 Klaus Mann: Der Wendepunkt. Ein Lebensbericht. Reinbek bei Hamburg 1984, S. 10f.
43 Viktor Mann, a. a. O., S. 20
44 AW XII, S. 319
45 AW IX, S. 12
46 Brief des Vaters vom 22. 2. 1890, zit. nach HMWL, S. 43
47 Brief an den Vater vom 10. 11. 1889, zit. nach HMWL, S. 40f.
48 Brief an Ludwig Ewers vom 27. 3. 1890, zit. nach HMWL, S. 35
49 Brief der Großmutter (Elisabeth Mann) vom 30. 9. 1889, zit. nach André Banuls: Heinrich Mann. Le poète et la politique. Paris 1966, S. 585
50 Briefe an Ludwig Ewers vom 2. 1., 20. 3. und 25. 3. 1890, zit. nach HMWL, S. 33
51 Klaus Schröter: Heinrich Mann in Selbstzeugnissen, a. a. O., S. 27
52 Brief an Ludwig Ewers vom 27. 4. 1890, zit. nach HMWL, S. 39
53 Ebd.
54 Brief an Ludwig Ewers vom 28. 2. 1890, zit. nach HMWL, S. 39
55 Ebd.
56 Brief an Ludwig Ewers vom 8. 2. 1890, zit. nach HMWL, S. 35
57 Brief an Ludwig Ewers vom 9. 2. 1890, zit. nach HMWL, S. 39
58 Brief des Vaters vom 26. 5. 1890, zit. nach HMWL, S. 44
59 Brief an den Vater vom 28. 5. 1890, zit. nach HMWL, S. 45/46
60 Heinrich Mann: Briefe an Ludwig Ewers 1889– 1913. Berlin und Weimar 1980, S. 225
61 Brief des Vaters vom 3. 4. 1891, zit. nach HMWL, S. 46/47
62 Brief vom 27. 10. 1948. In: Heinrich Mann: Briefe an Karl Lemke 1917-1949. Berlin 1963. S. 118f.
63 Brief des Vaters vom 29. 4. 1891, zit. nach André Banuls: HM. Le poète et la politique, a. a. O., S. 586
64 Brief an Paul Hatvani vom 3. 4. 1922, zit. nach Heinz Ludwig

Arnold (Hrsg.) Text + Kritik, Sonderband Heinrich Mann, München 1971, S. 6ff, und Jürgen Haupt: Heinrich Mann, Stuttgart 1980

65 Lebenslauf (1926), zit. nach HMWL, S. 493
66 Zit. nach HMWL, S. 50
67 Zit. nach Gerhard Loose: Der junge Heinrich Mann. Frankfurt/Main 1979, S. 32 und 270
68 Brief der Mutter vom 4. 10. 1891, zit. nach HMWL, S. 49
69 Viktor Mann, a. a. O., S. 13
70 Brief an Karl Lemke vom 27. 10. 1948. In: Briefe an Karl Lemke, a. a. O., S. 113 f.
71 HMWL, S. 52
72 Klaus Schröter: HM in Selbstzeugnissen, a. a. O., S. 33

III. Götterdämmerung oder Nervosität?

1 Die Novelle »Haltlos« entstand während der Dresdener Lehrlingszeit im September/Oktober 1889. Das Manuskript umfaßt 94 Seiten. Es befindet sich in der Nachlaßmappe »Erste poetische und novellistische Versuche von 1885/6 bis Anfang 1891« (HMA)
2 Vgl. Gerhard Loose, a. a. O., S. 69 und 75 ff.
3 Ebd., S. 74
4 ZA, S. 195
5 Zit. nach Klaus Schröter: Anfänge Heinrich Manns. Zu den Grundlagen seines Gesamtwerks. Stuttgart 1965, S. 10
6 Vgl. Hanno König: Heinrich Mann. Dichter und Moralist. Tübingen 1972, S. 94– 120
7 André Banuls: Heinrich Mann. Stuttgart 1970, S. 30
8 Zit. nach HMWL, S. 55
9 Ebd.
10 Ebd., S. 56
11 Ebd., S. 57
12 HM: Nietzsche. In: Maß und Wert 2 (1939), S. 281
13 Vgl. Gerhard Loose, a. a. O., S. 136
14 Brief an Ludwig Ewers vom 12. 4. 1892. In: Briefe an Ludwig Ewers, a. a. O., S. 288
15 HM: Zum Verständnisse Nietzsches. In: Das Zwanzigste Jahrhundert 6/2 (1896), S. 247
16 Ebd., S. 246 und 248
17 Vgl. Klaus Schröter: Die Anfänge Heinrich Manns, a. a. O., S. 71 ff.
18 Georg Brandes: Menschen und Werke. Essays. Frankfurt/Main 1895, S. 155
19 Friedrich Nietzsche: Werke in 3 Bdn. Hrsg. von Karl Schlechta. München 1969, Bd. I, S. 140
   Vgl. auch Ralph-Rainer Wuthenow: Nachwort zu: Nietzsche.

Unzeitgemäße Betrachtungen, Frankfurt/Main 1986, S. 363–384

20 André Glucksmann: Die Meisterdenker, Reinbek bei Hamburg
    1978, S. 249
21 Zit. nach Friedrich Nietzsche: Werke. Leipzig 1905 ff., Bd. VIII,
    S. 237f.
22 Ebd., Bd. VII, S. 237f.
23 Zit. nach Friedrich Nietzsche (Schlechta), a. a. O., Bd. 1, S. 40
24 Vgl. Peter Ulrich Hein: Transformation der Kunst. Köln/Wien
    1991, S. 122 ff.
25 Zit. nach Rainer Stollmann: Ästhetisierung der Politik. Literatur-
    studien zum subjektiven Faschismus. Stuttgart 1978, S. 8
26 Zit. nach Konrad Algermissen: Nietzsche und das Dritte Reich.
    Celle 1947, S. 3
27 Ebd.
28 ZA, S. 463
29 ZA, S. 382
30 HM: Nietzsche. In: Maß und Wert, a. a. O., S. 277
31 Ebd., S. 294
32 ZA, S. 188
33 Thomas Mann: GW, Frankfurt/Main 1960, Bd. IX, S. 701
34 In: The American Mercury, Dec. 1944
35 Klaus Mann: Der Vulkan. Reinbek bei Hamburg 1981, S. 496
36 HM: Nietzsche. In: Maß und Wert, a. a. O., S. 298
37 Ebd., S. 282
38 ZA, S. 14
39 HM: Der Fall Murri. In: Die Zukunft 55 (1906), S. 161
40 Klaus Matthias: Heinrich Mann und die Musik. In: Ders. (Hrsg.):
    Heinrich Mann 1871/1971. Bestandsaufnahme und Untersuchung.
    Ergebnisse der Heinrich Mann-Tagung in Lübeck. München 1973,
    S. 268
41 HM: Der Untertan, S. 22 und 348
42 Nietzsche (Schlechta), Bd. II, S. 710
43 MuM, S. 190
44 Ebd., S. 191/192
45 Zit. nach Hans Mayer: Richard Wagner mit Selbstzeugnissen und
    Bilddokumenten. Reinbek bei Hamburg 1959/1990, S. 170
46 Zit. nach HMWL, S. 129
47 Friedrich Nietzsche (Schlechta), a. a. O., Bd. II, S. 913
48 Vgl. Willy Hellpach: Nervosität und Kultur. Berlin 1902
49 Wilhelm Erb: Über die wachsende Nervosität in unserer Zeit. In:
    Neue Heidelberger Jahrbücher. Jg. IV, Heft 1, 1894, S. 18
50 Pariser Tageszeitung vom 22./23. 5. 1938
51 Thomas Mann, GW, Bd. IX, S. 363–426
52 Ebd.

53 Thomas Mann: Briefe. Bd. II, 1937–1947, Frankfurt/Main 1963, S. 239

54 Theodor W. Adorno: Fragmente über Wagner. In: Zeitschrift für Sozialforschung 8 (1939), S. 13

55 Vgl. Joachim Radkau: Richard Wagners Erlösung vom Faschismus durch die Emigration. In: Exilforschung. Ein Internationales Jahrbuch. Hrsg. von Thomas Koebner, Wulf Köpke u. a. München. Bd. 3 (1985), S. 71–105

56 Die Arbeit wurde erst 1963 als gekürzte Fassung veröffentlicht: Ludwig Marcuse: Das denkwürdige Leben des Richard Wagner. München 1963

57 Ludwig Marcuse: Mein Zwanzigstes Jahrhundert. Frankfurt/Main 1968, S. 200

58 Aufbau vom 8. 3. 1940

59 Herwarth Walden in: Das Wort. September 1938, S. 94

60 Vgl. Joachim Radkau, a. a. O., S. 88

61 Sergej Eisenstein: Wagners Walküre in Moskau. In: Deutsche Blätter 11 (1941), H. 1, S. 97 ff.

62 Wieland Wagner (Hrsg.): Richard Wagner und das neue Bayreuth. München 1962

63 Nietzsche (Schlechta), Bd. II, S. 723

64 ZA, S. 311

65 Zit. nach HMWL, S. 144 f.

66 ZA, S. 310/311

67 Ebd.

68 HM: Zwischen den Rassen. KW-Verlag, S. 444

69 Ebd., S. 381 und 249

70 ZA, S. 312

71 ZA, S. 313

72 Thomas Mann. GW, Bd. XI, S. 479

IV. Tief in Italien

1 ZA, S. 537

2 Autobiographische Notiz vom 21./22. 2. 1911 (Florenz). Zit. nach HMWL, S. 58

3 Albert Langen Verlagskatalog, a. a. O., S. 92

4 Briefe an Ludwig Ewers 1889–1913, a. a. O., S. 346

5 HM: Februar in Florenz (Reisefeuilleton). In: National-Zeitung. Berlin. Jg. 47. Nr. 148 vom 4. März 1894

6 ZA, S. 461

7 Brief an Ludwig Ewers vom 1. 10. 1893. In: Briefe an Ludwig Ewers 1889–1913, a. a. O.

8 Brief an Ludwig Ewers vom 22. 2. 1894. In: Ebd.

9 ZA, S. 488

10 Anlage zum Brief vom 29. 1. 1947. In: Briefe an Karl Lemke, a. a. O., S. 70 f. In seinem Nachwort für die überarbeitete Neuauflage (1925) des Romans im Ullstein-Verlag versuchte Heinrich Mann die innere Distanz zu diesem Werk dadurch zum Ausdruck zu bringen, daß er sich ironisch an den jungen Verfasser (also an sich selbst) wandte: »Sie, der Sie ›In einer Familie‹ schrieben, wissen nichts von den Jahrzehnten, die seither über uns hingingen, nichts von der Welt, die aus uns ward. Bei Ihnen fährt kein Auto, und Lampen werden noch ins Zimmer getragen. Ihre Menschen haben Zeit, Geld und niemals andere Sorgen, als mit ihren Gefühlen ins reine zu kommen. Wo sind sie geblieben?... – Auch schmeicheln Sie dem bürgerlichen Menschen. Ich weiß wohl, daß Sie es nicht wollen. Was ahnen Sie denn von dem abgekämpften, abgehausten Nachfahren, den wir kennen? Ihr Bürgerlicher ist gepflegt und gesichert, die Vornehmheit selbst. Er ist müde vom Nichtstun, möchte es aber lieber vom Alter seiner Klasse sein. Er interessiert sich äußerst für seine Verfallserscheinungen. Er geht sogar mit seinen Gemeinheiten so erlesen um, daß er zuletzt ein gar nicht schlechter Gegenstand für Sie als Moralisten wird.« (In einer Familie. Berlin o. J., S. 246 ff.)

11 Brief an Paul Hatvani vom 3. 4. 1922. Zit. nach Jürgen Haupt, Heinrich Mann, a. a. O., S. 27

12 Februar in Florenz (Reisefeuilleton), a. a. O.

13 Tagebuchaufzeichnung vom 26. 1. 1895. Zit. nach HMWL, S. 59

14 Ebd., S. 61

15 Ebd., S. 59

16 Vgl. Brief an Ludwig Ewers vom 13. 12. 1909. Zit. nach HMWL, S. 116

17 Viktor Mann, a. a. O., S. 292

18 Postkarte im Archiv Magda Kerényi. Zit. nach Silke Schilling: Heinrich und Thomas Mann in Palestrina. Ausstellungskatalog. Augsburg/Lübeck 1989, S. 21

19 TM/HM, S. XII

20 Viktor Mann, a. a. O., S. 46

21 ZA, S. 237

22 Ebd.

23 Ebd., S. 238/239

24 Viktor Mann, a. a. O., S. 51

25 TM/HM, S. 163/164

26 ZA, S. 237/238

27 Thomas Mann, GW, Bd. VIII, S. 305 f.

28 Der Fall Murri, a. a. O.

29 Brief an Paul Hatvani vom 3. 4. 1922. Zit. nach Jürgen Haupt, Heinrich Mann, a. a. O., S. 27

30 Anlage zum Brief vom 29. 1. 1947. In: Briefe an Karl Lemke, a. a. O., S. 72

31 Brief vom 7. 5. 1901. In: Briefe an Ludwig Ewers, a. a. O., S. 384

32 ZA, S. 581

33 GW, Bd. 5, S. 146

34 Brief vom 14. 9. 1905. In: Briefe an Ludwig Erwers, a. a. O.

35 Ebd., S. 421

36 Brief vom 31. 10. 1906. Ebd., S. 423

37 Brief an Maximilian Brantl vom 23. 10. 1907. Zit. nach Jürgen Haupt, Heinrich Mann, a. a. O., S. 47

38 Vgl. Jürgen Haupt: Der Italiener Heinrich Mann im ›Land der Liebe‹. Über Produktivität, Sinnlichkeit, Kommunikation eines Intellektuellen um 1900. In: HM-Jahrbuch 2 (1984). Lübeck 1985, S. 7

39 AW, Bd. 11 (Essays I), S. 269

40 Briefe an Ludwig Ewers, a. a. O., S. 422

41 Vgl. Jürgen Haupt, Der Italiener Heinrich Mann, a. a. O., S. 12

42 Brief an Alfred Kantorowicz vom 3. 3. 1943. Zit. nach Jürgen Haupt, Heinrich Mann, a. a. O., S. 30

43 Vgl. Anlage zum Brief vom 29. 1. 1947. In: Briefe an Karl Lemke, a. a. O.

44 Ebd.

45 Brief an Albert Langen vom 24. 2. 1901. Zit. nach HMWL, S. 84

46 Brief Albert Langens an HM vom 18. 11. 1899. Zit. nach HMWL, S. 81/82

47 Vgl. Jürgen Haupt, Heinrich Mann, a. a. O., S. 29

48 Im Schlaraffenland (Materialienanhang), S. 460

49 Vgl. Peter de Mendelssohn: Der Zauberer. Das Leben des deutschen Schriftstellers Thomas Mann. Erster Teil: 1875– 1918. Frankfurt/Main 1975. Hier zit. nach Gerhard Loose, a. a. O., S. 239

50 Die Göttinnen III (Materialienanhang), S. 318

51 Heinrich Manns Übersetzung des Romans des Schriftstellers und Journalisten Alfred Capus (1858-1922) erschien 1901 im Albert Langen Verlag unter dem deutschen Titel »Wer zuletzt lacht...«

52 Brief an Albert Langen vom 2. 12. 1900. Zit. nach HMWL, S. 87f.

53 Die Göttinnen III (Materialienanhang), S. 321

54 Ebd., S. 315

55 Ebd., S. 318

56 Brief vom 7. 1. 1903. In: Briefe an Ludwig Ewers, a. a. O., S. 397f.

57 Zit. nach HMWL, S. 93 ff.

58 Brief an Albert Langen vom 2. 12. 1900, a. a. O.

59 Ebd.

60 Brief vom 20. 4. 1948. In: Briefe an Karl Lemke, a. a. O., S. 96

61 Flöten und Dolche, S. 35 f.
62 Ebd. (Materialienanhang), S. 134
63 Zit. nach André Banuls, Heinrich Mann (1970), a. a. O., S. 14
64 Brief vom 20. 4. 1948. In: Briefe an Karl Lemke, a. a. O., S. 97
65 Ebd.
66 Robert Musil: Europäertum, Krieg, Deutschtum. In: GW in Einzelausgaben. Hrsg. von Adolf Frisé. Hamburg 1952 ff., Bd. II, S. 597
67 Gottfried Benn: GW in 4 Bänden. Hrsg. von Dieter Wellershoff. Wiesbaden 1957 ff., Bd. I, S. 476–481
68 Es kommt der Tag, S. 31
69 Thomas Mann: GW, Bd. 10, S. 396
70 Der Kopf, S. 165
71 ZA, S. 463
72 Brief vom 13. 12. 1909. In: Briefe an Ludwig Ewers, a. a. O., S. 449 f.
73 Die kleine Stadt (Materialienanhang), S. 459
74 Ebd., S. 452
75 Die kleine Stadt, S. 37
76 Ebd., S. 133
77 Vgl. Henk Harbers: Ironie, Ambivalenz, Liebe. Zur Bedeutung von Geist und Leben im Werk Heinrich Manns. Frankfurt/Main/ Bern 1984, S. 259
78 Ebd., S. 261
79 Die kleine Stadt, S. 421
80 HM: Die kleine Stadt. Brief an Fräulein Lucia Dora Frost. In: Die Zukunft. Hrsg. von Maximilian Harden. Berlin. 18. Jg., Nr. 21, 19. Februar 1910, S. 265 f.
81 Die Neuformulierung lautete: »Es braucht nicht ausgeführt zu werden, inwiefern dieser Roman, so weitab er zu spielen scheint, im höchsten Sinn aktuell ist.« (Die Originale beider Prospekte befinden sich im Deutschen Literaturarchiv/Schiller-Nationalmuseum, Marbach)
82 Brief an René Schickele vom 7. 2. 1910. In: Die kleine Stadt (Materialienanhang), S. 477
83 Neue Zürcher Zeitung (Nr. 237) vom 28. 8. 1910
84 Zit. nach Helmut Koopmann: Nachwort zu »Die kleine Stadt«, S. 432
85 Brief an Ludwig Ewers vom 19. 2. 1910. Zit. nach HMWL, S. 119
86 Anlage zum Brief vom 29. 1. 1947. In: Briefe an Karl Lemke, a. a. O., S. 74

V. Die Jagd nach Liebe

1 ZA, S. 564
2 Ebd., S. 309
3 Ebd., S. 282
4 Der Fall Murri, a. a. O., S. 161
5 Briefe an Ludwig Ewers, a. a. O., S. 381
6 ZA, S. 254
7 Im Aufbau-Verlag ist der Zyklus über »Die ersten zwanzig Jahre« als Bildband mit 35 Zeichnungen erschienen (1975/1984). Die Zeichnungen, die sich auf einem Block mit Ringheftung befanden, stammen aus den Exiljahren in Kalifornien und fixieren Szenen und Situationen aus der Zeit von 1875 bis 1891.
8 Viktor Mann, a. a. O., S. 24
9 Ebd., S. 483
10 AW, IX (Novellen II), S. 11
11 Ebd., S. 44
12 HM: Das Wunderbare. In: Pan 2 (November 1986), H. 3, S. 203
13 ZA, S. 537
14 Ebd., S. 687
15 Brief an Inés Schmied vom 25. 7. 1905. Zit. nach HMWL, S. 107
16 Vgl. Ariane Martin: Die weibliche Stimme der Revolution. Revolutionsthema und Frauenbild bei Heinrich Mann. In: HM-Jahrbuch 7/1989. Lübeck 1989, S. 273-302
17 ÖL, S. 91
18 Vgl. Waltraut Berle: HM und die Weimarer Republik. Bonn 1983, S. 287
19 ÖL, S. 324
20 Sieben Jahre, S. 300
21 Vgl. Klaus Theweleit: Buch der Könige. Orpheus und Eurydike. Frankfurt/Main 1989. Bd. 1, S. 92 ff.
22 Ebd., S. 95 f.
23 Ein ernstes Leben, S. 299
24 ZA, S. 288
25 Ebd.
26 Ebd., S. 290
27 Briefe an Ludwig Ewers, a. a. O., S. 255
28 Ebd., S. 158
29 Ebd., S. 252
30 Ebd., S. 254
31 HMWL, S. 58
32 Brief vom 27. 10. 1948. In: Briefe an Karl Lemke, a. a. O., S. 118
33 Vgl. Sonja Rüttner-Cova: Der Matriarch. Die gespaltene Liebe des Mannes. Basel 1988, S. 49

34 Briefe an Ludwig Ewers, a. a. O., S. 403

35 Vgl. Dagny-Bettina Hirschberg: Kunststadt München. Zur Gene-
se des Münchenbildes in Heinrich Manns Roman »Die Jagd nach
Liebe«. In: HM-Jahrbuch 6/1988. Lübeck 1988, S. 1–30

36 Kurt Aram (d. i. Hans Fischer) in: Der Kunstwart. 2. Märzheft
1904, Heft 12, S. 677-1680

37 Vgl. z. B. Albert Soergel: Dichtung und Dichter der Zeit. Leipzig
1911, S. 799

38 Briefe an Ludwig Ewers, a. a. O., S. 408

39 Brief an Inés Schmied vom 25. 7. 1905, a. a. O., S. 106

40 Die Jagd nach Liebe, S. 265

41 Brief Carla Manns an Heinrich Mann vom 21. 11. 1903. Zit. nach
HMWL, S. 98

42 ZA, S. 249

43 Brief Carla Manns an Heinrich Mann vom 23. 4. 1904. In: HM,
GW, Bd. 17, S. 429 f.

44 Brief Carla Manns an Heinrich Mann vom 19. 3. 1904. In: HM,
GW, Bd. 17, S. 428 f.

45 Brief der Mutter (Julia Mann) an Heinrich Mann vom 20. 11.
1904. In: TM/HM (2), S. 387

46 Brief Carla Manns an Heinrich Mann vom 21. 11. 1904. Zit. nach
Marianne Krüll: Im Netz der Zauberer. Eine andere Geschichte
der Familie Mann. Zürich 1991., S. 133

47 Brief Carla Manns an Heinrich Mann vom 11. 11. 1904. In HM,
GW, Bd. 17, S. 430

48 Zit. nach HMWL, S. 464

49 ZA, S. 225

50 Zit. nach HMWL, S. 463

51 Ebd., S. 461-464

52 ZA, S. 253

53 HM: Tilla Durieux. In: Zeit im Bild. Berlin. Jg. 11, Nr. 17 vom
23. 4. 1913, S. 917

54 Brief an Alfred Kantorowicz vom 3. 3. 1943. Zit. nach Jürgen
Haupt, Heinrich Mann, a. a. O., S. 60

55 Autobiographie (1910), Zit. nach HMWL, S. 122

56 Viktor Mann, a. a. O., S. 291 f.

57 Brief an René Schickele vom 7. 2. 1910. Zit. nach HMWL,
S. 119

58 GW, Bd. 5, S. 356

59 Brief an Inés Schmied vom 25. 7. 1905, a. a. O., S. 106 f.

60 Wilhelm Herzog: Menschen, denen ich begegnete. Bern/Mün-
chen 1959, S. 228

61 Brief der Mutter (Julia Mann) vom 20. 4. 1908 an Ludwig Ewers.
In: TM/HM, S. 364

62 Brief Carla Manns an Heinrich Mann vom 14. 6. 1906. In: HM, GW, Bd. 17, S. 434
63 TM/HM, S. 76
64 Brief an Inés Schmied vom 27. 6. 1905. In: HM, GW, Bd. 17, S. 434
65 Ebd.
66 Brief Inés Schmieds an Heinrich Mann vom 10. 8. 1905. In: Ebd., S. 438
67 Inés Schmied an Heinrich Mann vom 26. 8. 1905. In: Ebd.
68 TM/HM, S. 59
69 Ebd., S. 108
70 Ebd.
71 Ebd., S. 96
72 Inés Schmied an Heinrich Mann vom 6. 1. 1909. In: TM/HM (2), S. 404
73 Ebd., S. 403
74 Vgl. Jürgen Haupt, Der Italiener Heinrich Mann, a. a. O., S. 14
75 Brief Heinrich Manns an Alfred Kantorowicz vom 3. 3. 1943, a. a. O.
76 Klaus Mann, Der Wendepunkt, a. a. O., S. 497
77 Brief Maria (Mimi) Manns an Heinrich Mann vom 23. 6. 1913. (Unveröffentlicht/HMA)
78 Brief der Mutter (Julia Mann) an Heinrich Mann vom 7. 1. 1918. In: TM/HM (2), S. 432
79 Viktor Mann, a. a. O., S. 490
80 Zit. nach André Banuls, HM Le poète et la politique, a. a. O., S. 596
81 Karte Martha (Mimi) Manns an HM vom 14. 1. 1920. (Unveröffentlicht/HMA)
82 Arnold Zweig: Vorwort zu: Briefe an Karl Lemke, a. a. O., S. 5
83 Martha Feuchtwanger: So sah ich Heinrich Mann. In: Neue Deutsche Literatur 19 (1971) Heft 3, S. 7
84 Wilhelm Herzog, Menschen, denen ich begegnete, a. a. O., S. 230
85 Brief HMs an Paul Havatni vom 3. 4. 1922, Jürgen Haupt a. a. O., S. 68
86 Brief Mimi Manns an HM/nach 1922 aus Prag (unveröffentlicht/HMA)
87 Brief Mimi Manns an HM vom 18. 1. 1935 (unveröffentlicht/HMA)
88 Klaus Mann, Der Wendepunkt, a. a. O., S. 498
89 Ein ernstes Leben, S. 156
90 Hermann Kesten: Meine Freunde die Poeten. München 1959, S. 48 f.
91 Vgl. Joachim Seyppel: Abschied von Europa. Die Geschichte von Heinrich und Nelly Mann, dargestellt durch Peter Aschenback und Georgiewa Mühlenhaupt. Berlin/Weimar 1976; ders.: Wer war

Nelly Mann? Biographische Notizen zur zweiten Ehefrau Heinrich Manns. In: HM-Jahrbuch 4/1986. Lübeck 1987, S. 39-55

92 Zit. nach Helmut Engel, Stefi Jersch-Wenzel, Wilhelm Treue (Hrsg.): Tiergarten. Teil 1. Vom Brandenburger Tor zum Zoo. Berlin 1989, S. 364

93 Vgl. Joachim Seyppel: Wer war Nelly Mann?, Anmerkung 91, a. a. O., S. 45

94 ZA, S. 606

95 Joachim Seyppel: Wer war Nelly Mann?, a. a. O., S. 46

96 Brief Nelly Manns an HM vom 16. 6. 1939. (Unveröffentlicht/ HMA)

97 TM/HM, S. 276

98 René Schickele: Werke in 3 Bänden. Köln 1959. Bd. III, S. 1071 f.; Ludwig Marcuse: Das sonderbare Ehepaar Nelly und Heinrich Mann. In: DIE ZEIT vom 25. 3. 1960

99 Alfred Kantorowicz: Deutsches Tagebuch. Zweiter Teil. Berlin 1979, S. 80

100 Telegramm Louis Aragons an Heinrich Mann vom 8. 6. 1937 (Original in Franz./HMA)

101 Der Brief Nellys ist ohne Datumsangabe. Er wurde auf Briefpapier mit dem Kopf »Café Gassendi, Boulevard Gassendi, Digne« geschrieben. (2 Blatt/4 Seiten) Unveröffentlicht/HMA

102 ZA, S. 474

103 Alma Mahler-Werfel: Mein Leben. Frankfurt/Main 1960/1990, S. 318

104 ZA, S. 485

105 Thomas Mann: Tagebücher 1940 bis 1943. Hrsg. von Peter de Mendelssohn. Frankfurt/Main 1982

106 Ludwig Marcuse: Mein Zwanzigstes Jahrhundert, a. a. O., S. 173

107 Brief Nelly Manns an HM vom 31. 1. 1944. (Unveröffentlicht/ HMA)

108 Thomas Mann: Tagebücher 1944-1946. Hrsg. von Inge Jens. Frankfurt/Main 1986, S. 19 f. (9. 2. 1944)

109 Salka Viertel: Das unbelehrbare Herz. Hamburg/Düsseldorf 1970, S. 408/409

110 Ulrich Weisstein: Heinrich Mann. In: Deutsche Exilliteratur seit 1933. Kalifornien. Teil 1. Hrsg. von John M. Spalek u. Joseph Strelka. Bern/München 1976, S. 456

111 Briefe der Margot Voss an Heinrich Mann. In: Sinn und Form. 38. Jg./1986, 4. Heft (Juli/August), S. 895–900; Vgl. auch Willi Jasper: »Und es wäre so mein Bock gewesen...« Aus den Briefen der Prostituierten Margot Voss an HM 1948/1949. In: Die Tageszeitung vom 11. 7. 1990

VI. Mann gegen Mann

1 Heinz Ludwig Arnold: Die Brüder. In: Ders. (Hrsg): Heinrich Mann. Sonderband Text + Kritik, a. a. O., S. 46

2 Brief Thomas Manns an Karl Strecker vom 18. 4. 1919. In: Thomas Mann: Briefe 1889–1936. Hrsg. von Erika Mann. Frankfurt/Main 1962

3 Hermann Kesten: Heinrich und Thomas Mann. In: Der Monat. Heft 125, 11. Jg., Februar 1959, S. 60

4 Klaus Mann: Der Wendepunkt, a. a. O., S. 13 f.

5 Brief vom 11. 7. 1948. In: Brief an Karl Lemke, a. a. O., S. 105

6 Golo Mann: Der Bruder zur Linken. In: FAZ vom 21. 9. 1974

7 Zit. nach Alfred Kantorowicz: Heinrich und Thomas Mann. In: Die Neue Gesellschaft. 9. Jg. (1962), S. 136

8 Jan Ross: Zauberer in der Falle. In: FAZ vom 14. 4. 1991

9 Marcel Reich-Ranicki: Thomas Mann und die Seinen. Stuttgart 1987, S. 153

10 René Schickele, Werke, a. a. O., Bd. III, S. 1052

11 TM/HM, S. 155

12 Viktor Mann, a. a. O., S. 95

13 TM/HM, Einführung, S. XVIII

14 Zit. nach ebd., S. XIX

15 Ebd.

16 ZA, S. 237

17 TM/HM, Einführung, S. XVIII

18 Thomas Mann, GW, Bd. IX, S. 114

19 TM/HM, S. 29

20 Ebd, S. 37

21 Briefe an Ludwig Ewers, a. a. O., S. 195

22 TM/HM, S. 34

23 Zit. nach TM/HM (2), S. 424

24 Thomas Mann: Tagebücher 1949-1950. Hrsg. von Inge Jens, Frankfurt/Main 1991, S. 175

25 Reinhard Baumgart: Thomas Mann als erotischer Schriftsteller. In: DIE ZEIT vom 8. 4. 1988

26 Vgl. Hans Mayer: Thomas Mann. Frankfurt/Main 1980, S. 416 f.

27 Peter de Mendelssohn: Der Zauberer, a. a. O., S. 384

28 Gerhard Härle: Männerweiblichkeit. Zur Homosexualität bei Klaus und Thomas Mann. Frankfurt/Main 1988, S. 45

29 TM/HM, S. 40

30 Ebd., Einführung, S. XXXI

31 Ebd., S. 53

32 Ebd., S. 68

34 Ebd., S. 96

33 Ebd., S. 79
35 TM/HM (2), S. 386f.
36 TM/HM, S. 42
37 TM/HM (2), S. 386
38 Golo Mann: Der Bruder zur Linken, a. a. O.; vgl. auch Joachim Fest: Die unwissenden Magier. Über Thomas Mann und Heinrich Mann. Berlin 1985, S. 14
39 Hans Magnus Enzensberger. In: Magazin der »anderen Bibliothek« (Greno) zu Ludwig Börne/Heinrich Heine. Ein deutsches Zerwürfnis. VIII/1986; vgl. auch Willi Jasper: Keinem Vaterland geboren. Ludwig Börne. Eine Biographie. Hamburg 1989, S. 264-266
40 Thomas Mann, GW, Bd. XII, S. 56
41 Zit. nach Volker Ebersbach: Heinrich Mann. Leben – Werk – Wirkung. Leipzig 1978, S. 176
42 TM/HM, S. 134-136
43 Zit. nach Marcel Reich-Ranicki, a. a. O., S. 173
44 Ebd.
45 TM/HM, S. 136-138
46 Ebd., S. 139f.
47 Marcel Reich-Ranicki, a. a. O., S. 174
48 TM/HM (2), S. 432
49 Ebd.
50 TM/HM, S. 394/395
51 Thomas Mann an Ernst Bertram vom 2. 2. 1922. In: TM/HM, S. 435
52 TM/HM, S. 142
53 Thomas Mann an Ernst Bertram vom 2. 2. 1922, a. a. O.
54 André Banuls: Thomas Mann und sein Bruder Heinrich. Stuttgart 1968, S. 11 f.
55 Brief Thomas Manns an Julius Bab vom 23. 4. 1925. In: Thomas Mann, Briefe 1889-1936, a. a. O.
56 Zit. nach TM/HM (2), S. 283 ff.
57 TM/HM, S. 165-170
58 Thomas Mann: Tagebücher 1935-1936. Frankfurt/Main 1978
59 Vgl. Thomas Mann: Freud und Psychoanalyse. Reden, Briefe, Notizen, Betrachtungen. Hrsg. von Bernd Urban. Frankfurt/Main 1991, S. 7
60 TM/HM, S. 227/228
61 Ebd., S. 228
62 Ebd.
63 Thomas-Mann-Jahrbuch. Bd. 1 (1988). Hrsg. von Eckhard Heftrich und Hans Wysling. Frankfurt/Main, S. 204
64 Zit. nach TM/HM, Einführung, S. LIX

65 Erich Frey: Thomas Mann. In: Deutsche Exilliteratur seit 1933. Kalifornien, a. a. O., S. 478

66 Klaus Schröter: HM in Selbstzeugnissen und Bilddokumenten, a. a. O., S. 138

67 TM/HM, S. 299/300

68 Ebd., S. 302

69 Ebd., S. 304

70 Konrad Kellen: Als Sekretär bei Thomas Mann. In: Neue deutsche Hefte Nr. 81 (1961), S. 38

71 Statt am 27. März fand die Geburtstagsfeier am 2. Mai 1941 statt. Sie wurde verschoben, weil Thomas Mann am Tag des offiziellen Geburtstages von Heinrich die Ehrendoktorwürde der University of California in Berkeley verliehen wurde. Die zitierte Beschreibung entstammt einem Bericht Alfred Döblins an Hermann Kesten vom 24. 7. 1941. Zit. nach TM/HM, S. 454

72 Vgl. Thomas Mann: Briefe 1937-1947. Frankfurt/Main 1963, S. 260.

73 Vgl. Golo Mann in: DIE ZEIT vom 23. 2. 1973

74 Vgl. Thomas Mann: Brief über das Hinscheiden meines Bruders Heinrich. Zit. nach: TM/HM (2), S. 337

75 Zit. nach Marcel Reich-Ranicki, a. a. O., S. 179

76 ZA, S. 248

77 Brief an Karl Lemke vom 27. 5. 1949. In: Briefe an Karl Lemke, a. a. O., S. 138

78 Klaus Mann: Der Wendepunkt, a. a. O., S. 318

79 Brief Klaus Manns an Heinrich Mann vom 1. 1. 1947. (Unveröffentlicht/HMA) Einige Monate später korrespondierte Heinrich Mann mit Klaus Mann, der damals für den Querido-Verlag tätig war und sich in Amsterdam aufhielt, über die Lizenzbeteiligung an einer italienischen Fassung des Romans »Die kleine Stadt«. Es ging unter anderem um die Einschätzung der Zielgruppe »italienisch-amerikanischer Käufer«. Vgl. Brief Heinrich Manns an Klaus Mann vom 7. 9. 1947. (Unveröffentlicht/Klaus-Mann-Archiv)

80 Vgl. Klaus Mann: Der Wendepunkt, a. a. O., S. 11 f.

VII. Das öffentliche Leben

1   MuM, S. 18
2   Zit. nach HMWL, S. 174
3   ZA, S. 231
4   Ebd.
5   W, Bd. XI, S. 400 u. 403
6   HMWL, S. 184
7   ZA, S. 260
8   ZA, S. 259
9   HMWL, S. 177
10 ZA, S. 262
11 TM/HM, S. 141/142
12 ZA, S. 261
13 MuM, S. 159/160
14 Ebd., S. 224
15 Ebd., S. 209
16 Ebd., S. 210/211
17 Ebd., S. 206
18 Ebd., S. 207
19 Ebd., S. 217
20 Viktor Mann, a. a. O., S. 427 f.
21 HMWL, S. 204
22 Zit. nach Jürgen Haupt, Heinrich Mann, a. a. O., S. 76
23 AW, XII (Essays II), S. 99
24 HMWL, S. 195
25 Brief an Arthur Schnitzler vom 4. 10. 1923. In: HMWL, S. 197
26 HM: German youth of today. In: »Evening Post«/Literary Review.
    New York 10/1920. Vgl. dtsch. Fassung »Tragische Jugend« In:
    Sieben Jahre, S. 54-72
27 HMWL, S. 224
28 Jürgen Haupt: HM, der Expressionismus und die Krise der Utopie.
    Zu HMs politischer Essayistik 1910-1923. In: Rudolff Wolff
    (Hrsg.): HM. Das essayistische Werk (Sammlung Profile 24) Bonn
    1986, S. 75
29 HMWL, S. 199
30 AW, XII, S. 487
31 MuM, S. 165/166
32 Sieben Jahre, S. 156
33 AW, XII, S. 152
34 Ebd., S. 237 f.
35 Brief an Félix Bertaux vom 14. 5. 1927. Zit. nach Jürgen Haupt,
    Heinrich Mann, a. a. O., S. 98

36 Siegfried Jacobsohn: Antworten. In: Die Weltbühne. 20. Jg., Nr. 31, 31. Juli 1924 (2. Halbjahr), S. 199

37 Sieben Jahre, S. 397

38 Vgl. ebd., S. 383-407

39 Zit. Nach Arthur Ernst Rutra: Heinrich Mann in Paris. In: Die literarische Welt. Nr. 3. Berlin 1928

40 Brief an Alfred Kantorowicz vom 3.3. 1943. Zit. nach Jürgen Haupt: Heinrich Mann, a. a. O., S. 115

41 HMWL, S. 247

42 Vgl. Thomas Koebner: Weimars Ende. Frankfurt/Main 1982, S. 11

43 TM/HM, S. 202

44 Vgl. Michael Stark: »Ihre Briefe sind selten...« Neuigkeiten zum Briefwechsel zwischen Heinrich Mann und Kurt Tucholsky. In: Arbeitskreis HM. Mitteilungsblatt Nr. 17. Lübeck 1982, S. 64-87

45 Kurt Tucholsky: Ausgewählte Briefe 1913-1935. Hrsg. von Mary Gerold-Tucholsky u. Fritz J. Raddatz. Reinbek bei Hamburg 1962, S. 186

46 Brief an Mary Gerold-Tucholsky vom 8.9. 1918. In: Ebd., S. 401

47 Brief an Mary vom 1.7. 1924, ebd., S. 475

48 Ebd., S. 458

49 Kurt Tucholsky: GW in zehn Bänden. Reinbek bei Hamburg 1975. Bd. 3, S. 335f.

50 Zit. nach Michael Stark: »Ihre Briefe sind selten...«, a. a. O., S. 74

51 HMWL, S. 211/212

52 Zit. nach Michael Stark: »Ihre Briefe sind selten...«, a. a. O., S. 83

53 HMWL, S. 214

54 Kurt Tucholsky: Unser ungelebtes Leben. Briefe an Mary. Hrsg. von Fritz J. Raddatz. Reinbek bei Hamburg 1982, S. 465f.

55 Kurt Tucholsky: Ausgewählte Briefe, a. a. O., S. 251

56 Siegfried Kracauer: Der Dichter im Warenhaus. In: Frankfurter Zeitung vom 22.9. 1930, S. 1f.

57 HM: Der Film. In: Sieben Jahre, S. 462-471

58 Sieben Jahre, S. 208

59 ZA, S. 365

60 Rudolf Leonhard: Das Werk Heinrich Manns. Zu seinem 60. Geburtstag. In: Neue Rundschau (I.) Berlin 1931, S. 547

61 ZA, S. 196

62 Vgl. Fritz (Friedrich Markus) Huebner: Die Romankunst Heinrich Manns. In: Allgemeine Zeitung vom 26. 10. 1912, S. 781f.

63 Brief an Alfred Kantorowicz vom 3.3. 1943, a. a. O.; vgl. auch André Banuls: HM. Le poète et la politique, a. a. O., S. 619

64 Die neue Dichtung (Verlagsanzeigen). In: Der neue Roman. Ein Almanach. Leipzig 1917, S. 3

65 Ebd., S. 12 u. 16

66 Kurt Wolff antwortete auf den Vorwurf Rilkes: »Ich liebe die ›Göttinnen‹, ›Die kleine Stadt‹, und es ist mir eine große Freude, wenn ich diese Bücher, die in 15 oder 8 Jahren jedes keine 6000 Leser unter 75 Millionen Deutschen finden konnten, in einem einzigen Jahr in 100000 Bänden zu vielen hunderttausend Lesern bringe (...) Wenn hier die einem Autor am Mittag seines Lebens endlich einmal geschaffene Wirkung, wenn ein solch posthumer Sieg eines guten Buches wirklich eine Brutalität gegen Herrn Kippenberg und Herrn Cassirer bedeutet, so will ich getrost den Vorwurf der Brutalität auf mich nehmen.« Vgl. Kurt Wolff an Rainer Maria Rilke vom 10. 12. 1917. In: Kurt Wolff: Briefwechsel eines Verlegers 1911-1963. Hrsg. von B. Zeller und Ellen Otten. Frankfurt/Main 1966, S. 148

67 MuM, S. 224

68 Vgl. Lorenz Winter: Heinrich Mann und sein Publikum. Eine literatursoziologische Studie zum Verhältnis von Autor und Öffentlichkeit. Köln/Opladen 1965, S. 57

69 Die Armen, S. 228

70 Brief an Félix Bertaux vom 19. 10. 1922. Zit. nach HMWL, S. 192

71 Kurt Tucholsky an Heinrich Mann vom 1. 11. 1925. Zit. nach HMWL, S. 213

72 Bertolt Brecht: GW in zwanzig Bänden. Frankfurt/Main 1967, Bd. XIX, S. 477

73 Erich Fromm: Jenseits der Illusionen. Die Bedeutung von Marx und Freud. Reinbek bei Hamburg 1962, S. 148

74 Zit. nach Waltraut Berle: HM und die Weimarer Republik. Bonn 1983, S. 189

75 ÖL, S. 51

76 Ebd., S. 65-67

77 Brief an Félix Bertaux vom 14. 8. 1926. Zit. nach Jürgen Haupt, HM, a. a. O., S. 109

78 Brief an Maximilian Brantl vom 21. 5. 1926. Ebd.

79 Vgl. Jürgen Haupt, Heinrich Mann, a. a. O.

80 Brief an Félix Bertaux vom 13. 2. 1928. Ebd., S. 111

81 ZA, S. 603

82 Thomas Mann: »Anmerkung zur großen Sache« (1930)

83 ÖL, S. 335

84 Ebd.

85 Jürgen Haupt: Heinrich Mann, a. a. O., S. 112

86 ÖL, S. 331 f.

87 Herbert Schönfeld: Antwort eines jungen Menschen an Heinrich Mann. In: Die literarische Welt, Nr. 48 vom 30. 11. 1928

88 Werner Bergengruen: Heinrich Manns »Große Sache« und

»Geist und Tat«. In: Deutsche Rundschau. Berlin 1932, Bd. 231, S. 132f.

89 Es kommt der Tag, S. 200
90 FAZ vom 13. 5. 1988
91 »Frankfurter Rundschau« vom 11. 3. 1985
92 Julius Bab: Die Chronik des deutschen Dramas. Bd. III. Berlin 1922, S. 19
93 ZA, S. 254
94 Ebd., S. 253
95 Ebd.
96 Ebd.
97 Ebd., S. 249
98 Simon Moldauer: Betrachtungen über moderne Schauspielkunst. Zit. nach Dagny Bettina Hirschberg: Kunststadt München, a. a. O., S. 10
99 HM: Max Reinhardt (1943). In: Sinn und Form, X (1958), Heft 5/6, S. 902f.
100 ZA, S. 253
101 Ebd.
102 Ebd., S. 255f.
103 Ebd., S. 254
104 Wolfram Schütte: Das dramatische Schaffen Heinrich Manns. In: Heinrich Mann. Sonderband Text + Kritik, a. a. O., S. 90
105 Alfred Kerr: Gesammelte Schriften. Berlin 1917, Bd. 3, S. 101
106 ZA, S. 256f.
107 Ebd.
108 Zit. nach HMWL, S. 166
109 Ebd., S. 168
110 ZA, S. 256
111 Brief an Maria (Mimi) Kanová vom 28. 4. 1917. Zit. nach HMWL, S. 166
112 Brief an Alfred Kantorowicz vom 3. 3. 1943, a. a. O.
113 Brief an Maria (Mimi) Kanová vom 14. 6. 1913. Zit. nach HMWL, S. 165
114 Vgl. Momos in: DIE ZEIT, Nr. 47 vom 17. 11. 1978
115 Zit. nach: »Vorwärts«, Nr. 14 vom 1. 4. 1976
116 ÖL, S. 327
117 Vgl. Wolfram Schütte: Film und Roman. Einige Notizen zur Kinotechnik in Romanen der Weimarer Republik. In: Heinrich Mann. Sonderband Text + Kritik, a. a. O., S. 70ff.
118 AW, Bd. 12, S. 298ff.
119 ÖL, S. 331
120 Vgl. Wolfram Schütte: Film und Roman, a. a. O., S. 76
121 Vgl. Waltraut Berle, a. a. O., S. 265

122 ÖL, S. 336

123 Klaus Schröter: Zugang zu Heinrich Manns »Empfang bei der Welt«. In: HM-Jahrbuch 3/1985, S. 229; Vgl. auch Ders.: HM in Selbstzeugnissen, a. a. O., S. 144 f.

124 Unveröffentlichte Manuskript-Fragmente (HMA); Zitat aus »Das blinde Schicksal« (Filmexposé), MS, S. 7

125 Alfred Döblin: Schicksalsreise. Bericht und Bekenntnis. Frankfurt/ Main 1949, S. 355

126 Carl Zuckmayer: Als wär's ein Stück von mir. Horen der Freundschaft. Frankfurt/Main, S. 484 f.

127 Über die Chronologie der Entstehung des Romans gibt ausführlich Auskunft: Uwe Naumann: Faschismus als Groteske. Heinrich Manns Roman »Lidice«. Worms 1980, S. 16 ff.

128 Vgl. ebd., S. 19

129 Vgl. Brief Jan v. Lowenbachs an Heinrich Mann vom 3. 4. 1943. Zit. nach Uwe Naumann, a. a. O., S. 2

130 Vgl. Werner Mittenzwei: Das Leben des Bertolt Brecht oder Umgang mit den Welträtseln. Berlin und Weimar 1986. Bd. 2, S. 41

131 Bertolt Brecht: GW, Bd. 17, Frankfurt/Main 1967, S. 1176

132 ZA, S. 201

133 Ebd., S. 202

134 Professor Unrat, S. 283

135 ZA, S. 202

136 ÖL, S. 325-329

137 Vgl. ZA, S. 203 und Brief an Paul Hatvani vom 3. 4. 1922, a. a. O.

138 Die Heinrich-Mann-Forschung hat diesen Zusammenhang weitgehend ignoriert. Systematische Hinweise auf Berührungspunkte zwischen Heinrich Manns Roman und dem »Berliner Tageblatt« finden sich erstmals im Aufsatz von Albert Klein: Der aus dem Häuschen geratene Schulmeister. In: Hans Georg Kirchhoff (Hrsg.): Der Lehrer in Bild und Zerrbild. 200 Jahre Lehrerausbildung Wesel–Soest–Dortmund 1784-1984. Bochum 1986

139 Sigmund Freud: Der Dichter und das Phantasieren. In: Das Unheimliche. Aufsätze zur Literatur. Frankfurt/Main, S. 15 f.

140 ÖL, S. 325-329

141 Briefe an Ludwig Ewers, a. a. O., S. 410

142 Professor Unrat, S. 274

143 Ebd., S. 18

144 Brief an Inés Schmied vom 25. 7. 1905, a. a. O.

145 Brief an Paul Hatvani, a. a. O.

146 Autobiographische Skizze. In: Albert Langens Verlagskatalog, a. a. O.

147 TM/HM, S. XXXIII f.

148 Brief an Ludwig Ewers, a. a. O., S. 416

149 Max Schroeder: Von hier und heute aus. Kritische Publizistik. Berlin 1957, S. 19
150 Brief an Eugen Bautz vom 17. 9. 1920. Zit. nach Professor Unrat, Materialienanhang, S. 282
151 Josef von Sternberg: Ich, Josef von Sternberg, Erinnerungen. Velber bei Hannover 1967, S. 154
152 Carl Zuckmayer: Als wär's ein Stück von mir, a. a. O., S. 40/41
153 Carl Zuckmayer: Aufmarsch der Filmautoren. Das Arbeitskollegium des Films »Der blaue Engel«. Zit. nach Renate Werner (Hrsg.): Heinrich Mann. Texte zu seiner Wirkungsgeschichte in Deutschland. Tübingen 1977, S. 118
154 Eine zusammenfassende Darstellung der wichtigsten Erinnerungen findet sich bei Helga Bemman: Marlene Dietrich. Ihr Weg zum Chanson. Wilhelmshaven 1987, S. 42-61
155 Ebd., S. 46f.
156 Ebd.
157 Carl Zuckmayer: Als wär's ein Stück von mir, a. a. O., S. 41
158 Zit. nach Helga Bemman, a. a. O., S. 50
159 Ebd.
160 ZA, S. 375
161 Die Weltbühne. Nr. 18, 29. April 1930, S. 665 f.
162 Die Neue Rundschau, 31. Jg. (1930), 1. Halbband, S. 861-863
163 Professor Unrat, Materialienanhang, S. 294
164 ZA, S. 201
165 Autobiographische Skizze von 1938 (unveröffentlicht/HMA)
166 Zit. nach HMWL, S. 240
167 Viktor Mann, a. a. O., S. 516 f.
168 ZA, S. 375
169 Professor Unrat, Materialienanhang, S. 302
170 C. Weiskopf an Heinrich Mann vom 28. 6. 1944. Zit. nach ebd., S. 303
171 Brief vom 28. 3. 1947. In: Briefe an Karl Lemke, a. a. O.
172 Zit. nach »Welt am Sonntag« vom 12. 4. 1959
173 Zit. nach »Saarbrücker Zeitung« vom 7. 8. 1981
174 Vgl. »Der Spiegel«, 28. Jg., Nr. 50, 9. 12. 1974, S. 131 ff.
175 Theodor W. Adorno: Gesammelte Schriften. Bd. 11 (Noten zur Literatur). Frankfurt/Main 1974, S. 655

VIII. Geist und Macht

1   ZA, S. 244 f.
2   Vgl. Frédéric Lefebre: Une heure avec Heinrich Mann. In: Les Nouvelles Littéraires. Paris, 24. 12. 1927, S. 1; HM: Der Schriftstel-ler, den der Ansager nannte. Gesprochen im Westdeutschen Rund-funk am 27. 3. 1931. In: ÖL, S. 338
3   Eine Auswertung der »Simplicissimus«-Ausgaben unter diesem Aspekt findet sich bei Paul Dehem: Zerlumpte, Uniformierte, bürgerlich gekleidete und befrackte Menschheit – und ein nackter Mann. Zu einem Motiv in Heinrich Manns »Der Untertan«. In: Arbeitskreis HM. Mitteilungsblatt. Nr. 17. Lübeck 1982, S. 57 (Anmerkung 10)
4   Der Untertan, S. 60
5   Ebd., S. 64
6   AW, Bd. 9, S. 195 f.
7   Vgl. Jochen Vogt: Diederich Heßlings autoritärer Charakter. In: Heinrich Mann. Sonderband Text + Kritik, a. a. O., S. 58-70
8   Der Untertan, S. 9
9   Ebd., S. 15
10 Ebd., S. 31 u. 34
11 Ebd., S. 34
12 Ebd., S. 62
13 Ebd., S. 144
14 Kurt Tucholsky. GW, Bd. 1: 1907-1924. Reinbek bei Hamburg 1960, S. 384
15 Albert Soergel: Dichtung und Dichter der Zeit. Neue Folge: Im Banne des Expressionismus. Leipzig 1925, S. 80 f.
16 Theodor W. Adorno: Zur Bekämpfung des Antisemitismus heute. In: Das Argument, 6. Jg. (1964), Heft 29, S. 97
17 Vgl. Wolfgang Emmerich: Heinrich Mann: »Der Untertan«. Mün-chen 1980, S. 74
18 ZA, S. 206
19 Vgl. Jürgen Haupt: Heinrich Manns traurige Geschichte von Fried-rich dem Großen. Zur Sozialpsychologie eines Typus. In: HM-Jahrbuch 3/1985, a. a. O., S. 209-222
20 Handschriftliches Manuskriptfragment (unveröffentlicht/HMA)
21 Vgl. Michael Nerlich: Der Herrenmensch bei Jean-Paul Sartre und Heinrich Mann. In: Akzente 16 (1969), S. 460-479
22 Zitate nach Michael Nerlich, a. a. O.
23 Zit. nach HMWL, S. 125
24 MuM, S. 26 ff.
25 Der Untertan, S. 59 f.
26 Die Presseberichte aus der Zeit vom Februar und März 1892

wurden detailliert ausgewertet von Paul Dehem in: Zerlumpte, Uniformierte... (HM-Mitteilungsblatt Nr. 17), a. a. O.

27 Ebd., S. 59

28 ZA, S. 515

29 Angesichts der Kanonenbootpolitik im Marokkokonflikt (1911) zwischen dem Deutschen Reich und Frankreich hatte August Bebel sich dafür ausgesprochen, daß Deutschlands Kapital- und Handelsinteressen sich im Krisengebiet »unter voller Gleichberechtigung« manifestieren müßten. Auf dem Jenaer Parteitag der SPD von 1905 gab es eine kontroverse Debatte über die Legitimität des »Massenstreiks« als politisches Mittel.

30 Paul Block: Buch des Propheten. Heinrich Manns Roman »Der Untertan«. In: Berliner Tageblatt 47, Nr. 639 vom 14. 12. 1918

31 ZA, S. 515

31a) Vgl. Gordon A. Craig: Deutsche Geschichte 1866-1945. München 1980, S. 206-209; Sebastian Haffner: Wilhelm der Zweite. In: Ders./Wolfgang Venohr: Preußische Profile. Königstein 1980

32 Kurt Tucholsky, GW, Bd. 1, S. 384, a. a. O.

33 Dieses und die folgenden Zitate nach Willibald Gutsche: Exkaiser und »Saurepublik«. Der Flirt Wilhelms II. mit den Nationalsozialisten. In: FAZ vom 28. 8. 1991, S. N 3

34 ZA, S. 20f.

35 HM: Der herrschende Typ. In: Heinrich Mann: Das Führerprinzip/Arnold Zweig: Der Typus Hitler. Berlin 1991, S. 32

36 Brief Thomas Manns an Heinrich Mann vom 7. 9. 1944. In: Thomas-Mann-Jahrbuch. Bd. 1 (1988), a. a. O., S. 222

37 ZA, S. 206

38 Ebd.

39 HMA

40 Zeitungsausschnitt (HMA)

41 Brief an Maximilian Brantl vom 14. 11. 1908. Zit. nach Der Untertan, Materialienanhang, S. 552

42 Der Untertan, Materialienanhang, S. 532

43 Zit. nach HMWL, S. 125

44 Brief vom 10. 4. 1904. In: Briefe an Ludwig Ewers, S. 409

44a Ebd., S. 422f.

45 Ebd., S. 430f.

46 TM/HM, S. 121 und 123

47 Der Untertan, Materialienanhang, S. 560

48 Karl Riha in Text + Kritik Sonderheft, S. 54ff.

49 Vgl. Brief der Übersetzerin Adele Polotsky (1911). In: HMWL, S. 135f.

50 Der Untertan, Materialienanhang, S. 582

51 Viktor Mann, a. a. O., S. 364

52 Kurt Wolff: Briefwechsel eines Verlegers, a. a. O., S. 224 f.

53 Vgl. Renate Werner (Hrsg.), HM – Texte zu seiner Wirkungsgeschichte in Deutschland, a. a. O., S. 90-116

54 Ludwig Rubiner: Untertan II. In: Die Aktion, Jg. 4 (1914), Nr. 16, S. 337

55 Otto Flake: Von der jüngsten Literatur. In: Neue Rundschau, Jg. 26 (1915), 2. Halbband, S. 1281

56 Vgl. Theodor Heuss: Mann gegen Mann. In: Ders.: Vor der Bücherwand. Tübingen 1961, S. 289

57 Zit. nach Der Untertan, Materialienanhang, S. 593

58 Thomas Mann: Tagebücher 1918-1921, S. 114

59 Paul Block: Buch des Propheten, a. a. O.

60 Josef Nadler: Literaturgeschichte der deutschen Stämme und Landschaften, Bd. IV. Regensburg 1928, S. 759

61 Johannes R. Becher: Vom »Untertan« zum Untertan. In: Die Linkskurve, 4. Jg. Nr. 4 (1932), S. 5

62 Bertolt Brecht, GW, Bd. XIX, a. a. O., S. 470

63 Georg Lukács: Deutsche Literatur im Zeitalter des Imperialismus. Berlin 1946, S. 41

64 Albert Soergel/Curt Hohoff: Dichtung und Dichter der Zeit. Vom Naturalismus bis zur Gegenwart. Bd. 1, Düsseldorf 1961, S. 841 f.

65 Klaus Matthias: Heinrich Mann 1971 – Kritische Abgrenzungen. In: Ders. (Hrsg), Heinrich Mann 1871-1971, a. a. O., S. 406

66 Heinrich Bölls Äußerung erfolgte im Rahmen einer Umfrage der Literaturzeitschrift »Akzente« über das Verhältnis deutscher Nachkriegsautoren zu Heinrich Mann. Vgl. Akzente, 10. Jg. (1969), S. 403-406

67 Zit. nach Renate Werner: HM – Texte zu seiner Wirkungsgeschichte in Deutschland, a. a. O., S. 153

68 Ein Abgesang: Auch ein Heinrich, vor dem uns graute... Leben und Taten des Dichterakademie-Präsidenten Mann. In: Völkischer Beobachter, Zweites Beiblatt, 50./51. Ausgabe vom 19./20. 2. 1933 (Dr. S. = Dr. Rainer Schlösser)

69 Adolf Bartels: Geschichte der deutschen Literatur. Kleine Ausgabe, 13./14. Auflage. Braunschweig/Berlin/Hamburg 1934, S. 648 f.

70 ÖL, S. 318

71 Zit. nach Paul W. Massing: Vorgeschichte des politischen Antisemitismus. Frankfurt/Main 1986, S. 88

72 Zit. nach Gerhard Loose, a. a. O., S. 11

73 Ebd., S. 119

74 Ebd.

75 Ebd., S. 120

76 Alfred Kantorowicz: Deutsches Tagebuch (2), a. a. O., S. 165

77 Ebd., S. 166 f.

78 Vgl. Thomas Mann: Briefe an Otto Grautoff 1894-1901 und Ida Boy-Ed 1903-1928. Hrsg. von Peter de Mendelssohn. Frankfurt/Main 1975

79 Thomas Mann an Otto Grautoff im August 1895. In: Ebd.

80 Thomas Mann an Otto Grautoff vom 23. 5. 1896. In: Ebd.

81 Thomas Mann an Otto Grautoff vom 23. 4. 1897. In: Ebd.

82 Dietz Bering: Die Intellektuellen. Geschichte eines Schimpfwortes. Frankfurt/Main/Berlin/Wien 1982, S. 90

83 MuM, 18

84 Ebd.

85 Ebd., S. 111

86 MuM, S. 43

87 Katia Mann: Meine ungeschriebenen Memoiren. Hrsg. von Elisabeth Plessen und Michael Mann. Frankfurt/Main 1973, S. 37

88 TM/HM, S. 136

89 Thomas Mann, GW, a. a. O., Bd. XII, S. 56

90 Renate Werner: Nachwort zu MuM, S. 241

91 MuM, S. 18

92 Unveröffentlicht (The Jewish National- and University Library Jerusalem)

93 HM: Judentaufen wünschenswert? In: Werner Sombart u. a.: Judentaufen. München 1912, S. 69

94 Der Haß, S. 97

95 Ebd., S. 97f.

96 Ebd., S. 98

97 Ebd., S. 101

98 »Waserl fühlt sich minderwertig«. (HMA, a. a. O.)

99 Max Brod an Heinrich Mann vom 15. 1. 1912 (unveröffentlicht/HMA)

100 Vgl. Max Brod: Die Lehre vom edlen und unedlen Unglück. In: Maß und Wert, Jg. 2 (1938/39), Heft 1, S. 105– 110

101 Vgl. Elke Emrich: Macht und Geist im Werk Heinrich Manns. Eine Überwindung Nietzsches aus dem Geist Voltaires. Berlin/New York 1981, S. 204f.

102 HM/Arthur Holitscher/Lion Feuchtwanger/Richard Coudenhove-Kalergi/Max Brod u. a.: Gegen die Phrase vom jüdischen Schädling. Prag 1933. HM schrieb das Vorwort und den Aufsatz »Gutgeartete Menschen« (ÖL, S. 312-319)

103 Brief an Carl Rössler vom 10. 3. 1940. Zit. nach Mut, Materialienanhang, S. 376

104 Brief an Alfred Ehrenstein vom 25. April 1916. (The Jewish National and University Library Jerusalem)

105 Brief an Alfred Ehrenstein vom 19. 2. 1920 (Ebd.)

106 Brief an Alfred Ehrenstein vom 10. 5. 1938 (Ebd.)

107 Brief an Stefan Zweig vom 17. 3. 1919 (Ebd.)
108 Brief an Stefan Zweig vom 15. 5. 1920 (Ebd.)
109 Ebd.
110 Vgl. Brief an Stefan Zweig vom 30. Januar 1928 (Ebd.); Zitat nach Stefan Zweig: Europäisches Erbe. Frankfurt/Main 1981, S. 269
111 Brief an Stefan Zweig vom 25. 12. 1932 (Ebd.)
112 Brief an Ludwig Strauß vom 9. 4. 1912 (Ebd.)
113 Brief an Ludwig Strauß vom 20. 10. 1916 (Ebd.)
114 Vgl. Briefwechsel Martin Buber/Ludwig Strauß 1913–1953. Hrsg. von Tuvia Rübner und Dafna Mach. Frankfurt/Main 1990
115 HM: Das auferstandene Land. In: Der Jude. Berlin und Wien, Sonderheft Nr. 1 (1925 »Antisemitismus und jüdisches Volkstum«, S. 98 f.)
116 Ebd., S. 102
117 Joseph Roth: Werke. 4 Bde. Hrsg. und eingeleitet von Hermann Kesten. Köln 1975 f., Bd. III, S. 706
118 Joseph Roth. Briefe 1911-1939. Hrsg. und eingeleitet von Hermann Kesten. Köln 1970, S. 34
119 Vgl. Alfred Riemen: Joseph Roth und Heinrich Mann. In: HM-Jahrbuch 1/1983, S. 67-83
120 MuM, S. 172
121 »Gruß an Ernst Toller«. In: »Vorwärts« vom 20. 7. 1924
122 Prager Tageblatt vom 16. 11. 1923
123 »Vorwärts« vom 20. 2. 1924
124 Joseph Roth: Werke, a. a. O., Bd. IV, S. 220 f.
125 Joseph Roth: Briefe 1911– 1939, a. a. O., S. 430
126 Ebd., S. 294
127 Vgl. Arnold Zweig: Bilanz der deutschen Judenheit 1933. Amsterdam 1934
127a Vgl. Lion Feuchtwanger/Arnold Zweig: Briefwechsel 1933-1958. Bd. I, Frankfurt/Main 1986
128 Brief vom 11. November 1935 an Hermann Budzislawski (unveröffentlicht/Nachlaß Budzislawski)
129 Unveröffentlichtes Manuskript (The Jewish National and University Library Jerusalem)
130 ZA, S. 451
131 Ebd., S. 338
132 Ebd., S. 340
133 Brief an Salomea Rottenberg vom 19. 9. 1949 (unveröffentlicht/ The Jewish National and University Library Jerusalem)
134 Sieben Jahre, S. 153-163
135 MuM, S. 14
136 Ebd., S. 25
137 ZA, S. 266

138 Sieben Jahre, S. 261

139 MuM, S. 12

140 HM: Die Französische Revolution und Deutschland. In: Internationale Literatur. Deutsche Blätter. Moskau. Jg. 9, Heft 8, August 1939, S. 7

141 Vgl. Hanno König: Heinrich Mann – Dichter und Moralist, a. a. O., S. 219

142 Vgl. Ebd., S. 221

143 ZA, S. 576

144 G. W. F. Hegel: GW. Bd. 1. Frühe Schriften. Hrsg. von Friedhelm Nicolin und Gisela Schüler. Hamburg 1989, S. 101

145 Ebd., S. 106

146 Ebd., S. 101

147 H. Löwen: Heinrich Mann aus eigenen Werken. In: Die Rote Fahne. Berlin. Jg. 11, Nr. 10 vom 12. Januar 1928

148 Hegel-Notiz (HMA); Der Berliner Professor Karl Ludwig Michelet (1801-1893), der sich mit Werken wie »Naturrecht und Rechtsphilosophie« (1866) oder »Hegel, der unwiderlegte Weltphilosoph« (1870) einen Namen als Geschichtsphilosoph gemacht hat, verstand sich selbst als »Linkshegelianer«.

149 Mut, S. 1865 f.

150 AW, Bd. XI, S. 133

151 ZA, S. 197

152 Ebd., S. 490

153 HM: Gestaltung und Lehre. In: Internationale Literatur/Deutsche Blätter. Moskau, 9. Jg., Heft 6, Juni 1939, S. 3

154 Zit. nach Volker Ebersbach: Heinrich Mann. Leben-Werk-Wirkung, a. a. O., S. 261

155 Ebd., S. 262

156 Gestaltung und Lehre, a. a. O.

157 Mut, S. 271

158 Ebd., S. 185

159 Vgl. Klaus Müller-Salget: Zum Dilemma des militanten Humanismus im Exil. In: Exilforschung. Ein Internationales Jahrbuch. Bd. 4 (1986). Hrsg. von Thomas Koebner, Wulf Köpke u. a., München 1986, S. 196–207

160 Ebd., S. 203

161 Vgl. Hans Blumenberg: Lebenszeit und Weltzeit. Frankfurt/Main 1986

IX. Exil

1   Wilhelm Herzog: Menschen, denen ich begegnete, a. a. O., S. 260;
    vgl. auch Inge Jens: Dichter zwischen rechts und links. Die Ge-
    schichte der Sektion für Dichtkunst der Preußischen Akademie der
    Künste dargestellt nach den Dokumenten. München 1971; Walter
    Huder: Die sogenannte Reinigung. Die »Gleichschaltung« der
    Sektion für Dichtkunst der Preußischen Akademie der Künste
    1933. In: Exilforschung. Ein Internationales Jahrbuch. Bd. 4 (1986),
    a. a. O., S. 144-159
2   ZA, S. 375
3   Ebd., S. 377
4   Vgl. Joachim Seyppel: Abschied von Europa, a. a. O., S. 147
5   Brief an Klaus Pinkus vom 3. 1. 1939. In: HM: Briefe an Karl
    Lemke und Klaus Pinkus 1930-1949. Hamburg 1963
6   ZA, S. 403
7   Zit. nach André Banuls: Heinrich Manns Französisch. In: HM-
    Jahrbuch 3/1985, S. 63
8   Brief an Leonie Mann vom 10. 4. 1933. Zit. nach Volker Ebersbach,
    a. a. O., S. 236
9   Eine Übersicht über die Tarnschriften bei Werner Herden: Geist
    und Macht. Heinrich Manns Weg an die Seite der Arbeiterklasse.
    Berlin und Weimar 1977, S. 165f.
10 ZA, S. 193
11 Hermann Kesten: Ein Wanderer zwischen zwei Welten. Erinnerun-
    gen an Heinrich Mann. In: Süddeutsche Zeitung, Nr. 243 vom 10./
    11. 10. 1959
12 ZA, S. 365 u. 409
13 Ebd., S. 447
14 Vgl. Adolf Wild: Propos d'exil. Articles publiés dans La Dépêche
    par les émigrés du IIIe Reich. Katalog der Ausstellung. Toulouse
    1983
15 ZA, S. 447
16 Vgl. Histoire générale de la presse française. Publiée sous la direc-
    tion de Claude Bellanger, Jaques Godechot, Pierre Guiral, Fernand
    Terrou. Tome III. Paris 1972, S. 399f.
17 ZA, S. 365
18 La Dépêche de Toulouse vom 9. 7. 1936
19 TM/HM, S. 194f.
20 Ebd., S. 204
21 Vgl. Ebd., S. 231
21a Vgl. Karl Pawek: Heinrich Manns Kampf gegen den Faschismus
    im französischen Exil 1933-1940. Diss. Hamburg 1972
22 René Schickele: Werke, Bd. III, a. a. O., S. 1071

23 Hermann Kesten: Der Haß. Deutsche Zeitgeschichte. In: Die Sammlung. Literarische Monatsschrift unter dem Patronat von André Gide, Aldous Huxley, Heinrich Mann. Hrsg. von Klaus Mann. Amsterdam, 1. Jg. (1934) IV, S. 204; vgl. Willi Jasper: Militanter Humanismus. Zur Neuausgabe von Heinrich Manns »Der Haß«. In: DIE ZEIT, Nr. 49 vom 27. 11. 1987

24 HM: Die Macht des Wortes. In: Es kommt der Tag; Vgl. Willi Jasper: Nachwort zu Mut, S. 306

25 Ebd.

26 Bertolt Brecht: GW in zwanzig Bänden, a. a. O., Bd. XIX, S. 466 und 474

27 HM: Der Weg der deutschen Arbeiter. In: Internationale Literatur, 6. Jg., Moskau 1936, Heft 11

28 Mut, S. 298

29 Mut, S. 48

30 TM/HM, S. 259

31 Brief an Klaus Pinkus vom 30. 11. 1938. In: Briefe an Karl Lemke und Klaus Pinkus 1930-1949, a. a. O., S. 137 f.

32 Brief an Carl Rössler vom 10. März 1940. Zit. nach Peter-Paul Schneider: Beinahe eine Inventaraufnahme. Die Briefe Heinrich Manns an Carl Rössler 1939-1946. In: Rowohlts Literaturmagazin. Bd. 21. Reinbek bei Hamburg 1988, S. 41 f.

33 HM: Eine große Neuheit. In: Neue Weltbühne. Jg. 4, Nr. 36, 5. 9. 1935

34 Leopold Schwarzschild: Eine Aufgabe wird sichtbar. In: Das Neue Tagebuch Nr. 31 (1935), S. 729-731

35 Eine große Neuheit, a. a. O.

36 Vgl. Henri Barbusse: Nation und Kultur. In: Rundschau über Politik, Wirtschaft und Arbeiterbewegung 4 (1935), S. 1402 f.

37 HM: Revolutionäre Demokratie. In: Europäische Hefte, Jg. 1, 1934, Heft 8, S. 211

38 HM: Der Sinn dieser Emigration. Paris (Europäischer Merkur) 1934, S. 40

39 Zit. nach Werner Herden: Geist und Macht, a. a. O., S. 192

40 Vgl. Ursula Langkau-Alex: Volksfront für Deutschland? Bd. 1: Vorgeschichte und Gründung des »Ausschusses zur Vorbereitung einer deutschen Volksfront« 1933-1936. Frankfurt/Main 1977; Willi Jasper: Heinrich Mann und die Volksfrontdiskussion. Bern/Frankfurt/Main 1982

41 HM: »Vorschläge« o. O., o. Z. (unveröffentlicht/IfGA, ZPA)

42 Rundschreiben der SAP Nr. 1 vom 12. 2. 1936. Bericht über »Versammlung der Volksfront« vom 2. 2. 1936. In: Archiv der Sozialen Demokratie/Willy Brandt – Allgemeine Korrespondenz 1933–1946. Auszüge veröffentlicht in: Willi Jasper, HM und die Volksfrontdiskussion, a. a. O., S. 144 f.

43   Zit. nach Ursula Langkau-Alex, a. a. O., S. 182

44   ZA, S. 421 f.

45   Ebd., S. 422

46   Zit. nach HMWL, S. 286

47   Ebd.

48   Heinrich Mann an Walter Ulbricht vom 31. 5. 1937 (unveröffent-
      licht/IfGA, ZPA)

49   Alfred Kantorowicz, Deutsches Tagebuch (1), a. a. O., S. 48

50   Ebd., S. 48

51   Lion Feuchtwanger: Briefwechsel mit Freunden 1933-1958. Berlin
      und Weimar 1991. Bd. 1, S. 330

52   Ebd., S. 328

53   André Gide: Retours de l'URSS. Paris 1937, S. 67

54   Kurt Hiller: Profile. Prosa aus einem Jahrzehnt. Paris 1938 (Edi-
      tions Nouvelles Internationales), S. 127 f.

55   Vgl. David Pike: Deutsche Schriftsteller im sowjetischen Exil
      1933-1945. Frankfurt/Main 1981, S. 272-309

56   ZA, S. 56

57   Arthur Koestler: Der Yogi und der Kommissar. Frankfurt/Main
      1982, S. 140

58   Als Standardwerk gilt nach wie vor das Buch von P. Seghers: La
      Résistance et ses Poètes (1974)

59   Brief Heinrich Manns an Ferdinand Bruckner vom 20. 1. 1943
      (Ferdinand-Bruckner-Archiv)

60   Vgl. Gerhard Landes: »L'Honneur des Poètes«. »Europe« – Ge-
      schichte und Gedichte. Zur Lyrik der Résistance. Gießen 1985

61   Zit. nach ebd., S. 130 f. (Übersetzung W. J.)

62   Zit. nach ebd., S. 135 ff. (Übersetzung W. J.)

63   HM: Einführung zu »Morgenröte«. Ein Lesebuch. New York
      1947, S. 11 f.

64   Vgl. Varian Fry: Auslieferung auf Verlangen. Die Rettung deut-
      scher Emigranten in Marseille 1940/41. München 1986; Daniel
      Bénédite: La Filière Marseillaise. Un chemin vers la liberté sous
      l'occupation. Paris 1984

65   Das Testament vom 28. August 1940 sah vor, daß Heinrichs ge-
      samter persönlicher Besitz (Geld, Bücher, Manuskripte, Möbel
      etc.) an seine Frau Nelly gehen, während der Anspruch auf die
      Tantiemen bezüglich der Bücher, Filme und Theaterstücke zu
      gleichen Teilen zwischen Nelly und der Tochter Leonie aufgeteilt
      werden sollte. Vgl. TM/HM, S. 284

66   ZA, S. 481

67   Ebd.

69   Ebd., S. 485

68   Ebd.

70 Alma Mahler-Werfel: Mein Leben, a. a. O., S. 320

71 Ludwig Marcuse: Mein Zwanzigstes Jahrhundert, a. a. O., S. 230

72 Klaus Mann: Der Wendepunkt, a. a. O., S. 413

73 Vgl. New York Times vom 14. 10. 1940

74 Nach seiner Ankunft stürmten Journalisten an Bord des Schiffes und drängten Feuchtwanger in die Bordbar, um Einzelheiten über seine Flucht zu erfahren. Er »wirkte verwirrt und deprimiert« und berichtete Unzusammenhängendes. Später wurde ihm der Vorwurf gemacht, er habe durch seine Presseerklärungen angeblich die weitere Arbeit der amerikanischen Helfer in Frankreich erschwert. (Vgl. Volker Skierka: Lion Feuchtwanger. Eine Biographie. Berlin 1984, S. 206 ff.)

75 Vgl. Brief an Alfred Kantorowicz vom 3. 3. 1943, a. a. O.

76 Carl Zuckmayer: Als wär's ein Stück von mir, a. a. O., S. 489

77 Zit. nach Erich A. Frey: Thomas Mann. In: Deutsche Exilliteratur seit 1933. 1. Kalifornien, a. a. O., S. 474

78 Brief an Julius Lips vom 14. 11. 1910. In: Eva Lips: Zwischen Lehrstuhl und Indianerzelt. Berlin 1966, S. 110

79 Carl Zuckmayer: Als wär's ein Stück von mir, a. a. O., S. 487

80 Hermann Kesten: Meine Freunde die Poeten, a. a. O., S. 35

81 TM/HM, S. 285

82 Zit. nach HMWL, S. 328 f.

83 Zit. nach Ulrich Weisstein: Heinrich Mann. In: Deutsche Exilliteratur seit 1933. 1. Kalifornien, a. a. O., S. 469 (Anmerkung 55)

84 Golo Mann: Die Brüder Mann und Bertolt Brecht. In: DIE ZEIT vom 23. 2. 1973, S. 17

85 Vgl. TM/HM, S. 300–302

86 Zit. nach Jürgen Haupt: Heinrich Mann, a. a. O., S. 172

87 Lion Feuchtwanger, Briefwechsel mit Freunden, a. a. O., Bd. 1, S. 338

88 TM/HM, S. 301

89 Alfred Kantorowicz: Deutsches Tagebuch (2), S. 87

90 Vgl. Bertolt Brecht: Arbeitsjournal. Hrsg. von Werner Hecht. Bd. 2: 1942-1955. Frankfurt/Main, S. 643

91 Vgl. die Auseinandersetzungen u. a. in der ZEIT vom 23. 2. 1973 und in »Akzente« 6/1973 sowie 1/1974

92 Brief an Klaus Pinkus vom 5. 4. 1942. In: Briefe an Karl Lemke und Klaus Pinkus, a. a. O.; Brief an A. Sontheimer vom 19. 3. 1946, HMWL, S. 331; TM/HM, S. 299

93 Vgl. Brief von Dr. Kurt Rosenfeld und Walter Rautenstrauch vom 24. 11. 1941 an Heinrich Mann (unveröffentlicht/HMA)

94 Brief an Erich Renn vom 12. 6. 1942. Zit. nach Jürgen Haupt: Heinrich Mann, a. a. O., S. 174

95 Im folgenden zitiert nach Mut, Materialienanhang, S. 377-386

96 Vgl. Elsbeth Woffheim: Abschied von Europa. In: HM-Jahrbuch 1/1983, S. 103

97 Brief Hermann Budzislawskis an Heinrich Mann vom 16. 8. 1941 (Budzislawski-Nachlaß)

98 Brief an Ferdinand Bruckner vom 20. 11. 1943, a. a. O.

99 Ebd.

100 Ebd.

101 TM/HM, S. 230

102 Unveröffentlicht (HMA)

103 Zit. nach Wulf Koepke: Die Exilschriftsteller und der amerikanische Buchmarkt. In: Deutsche Exilliteratur seit 1933. 1. Kalifornien, a. a. O., S. 110

104 Zit. nach HMWL, S. 328

104a TM/HM, S. 290

105 ZA, Materialienanhang, S. 627

106 Ebd.

107 Brief an den Verleger E. P. Dutton vom 20. 4. 1946. Zit. nach ZA (Rowohlt-Ausgabe), S. 421

108 Ebd., S. 422

109 Brief vom 25. 12. 1949. In: Briefe an Karl Lemke, a. a. O., S. 156

110 AW XIII, S. 545

111 Vgl. Lorenz Winter: Heinrich Mann und sein Publikum, a. a. O., S. 85

112 Thomas Mann: Die Entstehung des Doktor Faustus. Roman eines Romans. Amsterdam 1949, S. 95

113 Thomas Mann: Tagebücher 1946-1948. Frankfurt/Main 1989, S. 175

114 Brief vom 31. 1. 1948. In: Briefe an Karl Lemke, a. a. O., S. 93

115 Empfang bei der Welt, S. 29

116 Ebd, S. 17

117 Ebd., S. 134-154

118 Hermann Kesten an Fritz H. Landshoff vom 1. 8. 1949. In: H. Kesten (Hrsg.): Deutsche Literatur im Exil. Briefe europäischer Autoren. 1933-1949. Wien/München/Basel 1964, S. 365-368

119 Briefe an Karl Lemke, a. a. O., S. 122

120 Ebd.

121 Fritz H. Landshoff: Amsterdam, Keizersgracht 333. Querido Verlag. Erinnerungen eines Verlegers. Mit Briefen und Dokumenten. Berlin und Weimar 1991, S. 412

122 Brief an F. C. Weiskopf vom 10. 7. 1947. In: Neue Deutsche Literatur, 30. Jg. 11/1982, S. 48

123 Zit. nach HMWL, S. 338

124 Brief vom 10. 2. 1948. In: Briefe an Karl Lemke, a. a. O., S. 95

125 Vgl. Briefe an Karl Lemke, a. a. O., S. 121

126 Brief an F. C. Weiskopf vom 18. 4. 1941. In: Neue Deutsche Literatur, a. a. O., S. 11

127 André Fontaine hat in seinem Buch (Le Camps d'étrangers Les Milles 1939-1943. Aix-en-Provence 1989) die Entwicklung der ehemaligen Ziegelfabrik in Les Milles bei Aix en Provence von einem Zivilinternierungslager zum Konzentrationslager als Durchgangsstation für Auschwitz beschrieben. Ein zentraler Abschnitt ist der Dokumentation der von den Lagerinsassen gemalten großformatigen Wandbilder gewidmet. »Die Ernte«, »Weinlese« oder »Parade der Zwerge« lauten einzelne Themen, die sich, durchweg in blauem Grundton gehalten (5 × 3 Meter mißt das größte Format), zu einem gigantischen Zyklus »Arbeit, Wein, Brot« formieren. Das Motiv ist eine spöttische Kontrastierung der Pétain-Losung »Arbeit, Familie, Vaterland«. Einzelbilder wie »Angoisse du Juif« von Max Ernst sind bereits Vision des schrecklichen Finales.

128 Empfang bei der Welt, S. 135

129 HMA, a. a. O.

130 Brief an F. C. Weiskopf vom 9. 7. 1944. In: Neue Deutsche Literatur, a. a. O., S. 24

131 Briefe an Lemke, a. a. O., S. 134

132 Brief an F. C. Weiskopf vom 10. 7. 1947, a. a. O., S. 49

133 Briefe an Lemke, a. a. O., S. 122

134 Annie Cohen-Solal: Sartre 1905– 1980. Reinbek bei Hamburg 1991, S. 359

135 Brief an Maximilian Brantl vom 18. 4. 1948. Zit. nach Klaus Schröter: Zugang zu Heinrich Manns »Empfang bei der Welt«. In: HM-Jahrbuch 3/1985, S. 235

136 Vgl. Der Atem, S. 19ff., 22, 48f., 71, 285

137 Vgl. Klaus Schröter: Der Atem. Anmerkungen zu Heinrich Manns letztem Roman. In: Ders. (Hrsg.): Grüße. Hans Wolffheim zum sechzigsten Geburtstag. Frankfurt/Main 1965, S. 133-144

138 Das blinde Schicksal, Filmexposé/Outline, S. 2 (HMA)

139 Victor Farias: Heidegger und der Nationalsozialismus. Frankfurt/Main 1989

140 Brief Heideggers an Victor Schwoerer vom 2. 10. 1929. In: DIE ZEIT vom 22. 12. 1989

141 ZA, S. 551

142 Ebd.

143 Thomas Mann: Tagebücher 1944-1. 4. 1946, a. a. O., S. 137

144 Ebd.

145 Zit. nach Jürgen Haupt: Heinrich Mann, a. a. O., S. 175

146 Zit. nach HMWL, S. 322

147 Thomas Mann: Bericht über meinen Bruder. In: GW, Bd. 11, S. 479f.
148 Brief an Klaus Pinkus vom 20. 12. 1947. In: Briefe an Karl Lemke und Klaus Pinkus, a. a. O.
149 HM/TM, S. 324
150 Katia Mann, a. a. O., S. 143
151 Brief vom 30. 9. 1948. In: Briefe an Karl Lemke, a. a. O., S. 113
152 Brief an Walter Schröder-Kiewert vom 6. 1. 1949. In: Deutsche Volkszeitung, Nr. 15 vom 8. 4. 1971
153 Thomas Mann: Tagebücher 1949-1950. Frankfurt/Main 1991, S. 12
154 Ebd., S. 16
155 Ebd., S. 24
156 Zit. nach Ulrich Weisstein: Heinrich Mann. In: Deutsche Exilliteratur seit 1933. 1. Kalifornien, a. a. O., S. 456
157 HMWL, S. 551
158 Neues Deutschland vom 28. 3. 1947
159 Unveröffentlicht (HMA)
160 Margot Voss: Brief an Heinrich Mann. In: Sinn und Form, a. a. O., S. 895 und 898
161 Thomas Mann: Tagebuch 1949-1950, a. a. O., S. 34
162 Ebd., S. 38f.
163 Ebd., S. 93
164 Ebd., S. 93 und 99
165 Unveröffentlicht (HMA)
166 Brief an Maximilian Brantl vom 23. 9. 1949. Zit. nach »Die Welt« vom 28. 11. 1957
167 Thomas Mann: Tagebücher 1949-1950, a. a. O., S. 106
168 Ebd., S. 116
169 HMA
170 Brief an Alfred Kantorowicz vom 22. 8. 1946. In: A. Kantorowicz: Deutsches Tagebuch (1), S. 137
171 Brief an Maximilian Brantl vom 23. 9. 1949. Zit. nach »Die Welt«, a. a. O.
172 HMWL, S. 344
173 Alfred Kantorowicz, Deutsches Tagebuch (1), S. 293
174 Ost und West. Beiträge zu kulturellen und politischen Fragen der Zeit. Hrsg. von Alfred Kantorowicz. Berlin. 1/1947, S. 7
175 Ost und West, 12/1949, S. 77
176 Alfred Kantorowicz, Deutsches Tagebuch (1), S. 656
177 Brief an Maximilian Brantl vom 4. 3. 1950. In: »Die Welt« vom 28. 11. 1957
178 Briefe an Karl Lemke und Klaus Pinkus, a. a. O., S. 96

179 Brief vom 5. 2. 1950. In: Eva Lips: Vom Lehrstuhl zum India-
    nerzelt, a. a. O.
180 HMWL, S. 551
181 TM/HM (2) S. 337f.
182 Ebd.
183 HMWL, S. 356
184 Ebd., S. 545

Zeittafel

1870/1871	Deutsch-Französischer Krieg. Gründung des Deutschen Reiches unter preußischer Vorherrschaft (18. 1. 1871). Bismarck Reichskanzler
1871	Luiz Heinrich Mann am 27. März als erster Sohn von Thomas Johann Heinrich Mann und seiner Ehefrau Julia, geb. da Silva-Bruhns, in Lübeck geboren
1875	Geburt des Bruders Thomas
1877	Wahl des Vaters zum Senator von Lübeck
1878–1890	Sozialistengesetz
1884	Reise nach St. Petersburg
Seit 1885	Erste erzählerische, seit 1887 erste poetische Versuche
1889	Abgang vom Gymnasium aus Unterprima. Buchhandelslehrling in Dresden
1890	Entlassung Bismarcks. Heinrich Manns erste Veröffentlichung einer Erzählung in der ›Lübeckischen Zeitung‹
1891–1892	Volontär im S. Fischer Verlag, Berlin. Studien an der Friedrich-Wilhelms-Universität
1891	Tod des Vaters (geb. 1840). Liquidierung der Firma Johann Siegmund Mann. Erste Rezensionen in ›Die Gesellschaft‹
1892	Sanatoriumsaufenthalt nach Lungenblutung in Berlin; danach Kuraufenthalte in Wiesbaden, im Schwarzwald und in Lausanne. Rezensionen in ›Die Gegenwart‹
1893	Übersiedlung der Familie nach München Reisen nach Paris, Italien
1894	*In einer Familie*, Roman
1895–1896	Herausgeber der Monatsschrift ›Das Zwanzigste Jahrhundert. Blätter für deutsche Art und Wohlfahrt‹
1895–1898	Aufenthalt in Rom und Palestrina, zeitweilig zusammen mit dem Bruder Thomas *Im Schlaraffenland* begonnen Erste Notizen zu den *Göttinnen*
1897	*Das Wunderbare und andere Novellen*
1898	*Ein Verbrechen und andere Geschichten*
1899–1914	Ohne festen Wohnsitz. Aufenthalte in München, Berlin, meistens in Italien, oft in Riva am Gardasee im Sanatorium von Dr. von Hartungen
1900	*Im Schlaraffenland. Ein Roman unter feinen Leuten*

1903	*Die Göttinnen oder Die drei Romane der Herzogin von Assy* *Die Jagd nach Liebe*, Roman
1905	*Flöten und Dolche*, Novellen *Professor Unrat oder Das Ende eines Tyrannen*, Roman *Eine Freundschaft: Gustave Flaubert und George Sand*, Essay Übersetzung von Choderlos de Laclos' *Gefährliche Freundschaften* Bekanntschaft mit Inés (Nena) Schmied
1906	Erste Notizen zum *Untertan* Drei Novellenbände: *Schauspielerin, Stürmische Morgen, Mnais und Ginevra*
1907	*Zwischen den Rassen*, Roman
1908	*Gretchen*, Novelle aus dem Stoffkreis des *Untertans*. *Die Bösen*, Novellen
1909	*Die kleine Stadt*, Roman
1910–1913	Jährliche Uraufführungen der Schauspiele Heinrich Manns in Berlin
1910	*Französischer Geist* (später *Voltaire – Goethe*); *Geist und Tat*, kulturpolitische Essays *Das Herz*, Novellen Freitod der Schwester Carla (geb. 1881) *Variété*, Einakter
1911	*Die Rückkehr vom Hades*, Novellen *Schauspielerin*, Drama
1912	Bekanntschaft mit der Prager Schauspielerin Maria (Mimi) Kanová während der Proben zu *Die große Liebe* im Deutschen Theater, Berlin Beginn der Niederschrift von *Der Untertan*
1913	*Madame Legros*, Drama
1914	*Der Untertan* als Fortsetzungsroman in ›Zeit im Bild‹ 13. August: Abbruch des Vorabdrucks nach Beginn des Ersten Weltkrieges. Weiterer Abdruck der russischen Übersetzung bis Oktober in Petersburg (›Sowremennij Mir‹) 12. August: Heirat mit Maria (Mimi) Kanová. Wohnsitz in München
1915	Russische Buchausgabe des *Untertan* Konflikt mit dem Bruder. Abbruch der Beziehungen nach dem Erscheinen von Thomas Manns *Gedanken im Kriege* *Zola*, Essay; in ›Die Weißen Blätter‹, hg. von René Schikkele
1916	*Der Untertan*, Privatdruck in etwas mehr als 10 Exemplaren Geburt der Tochter Henriette Maria Leonie

1917	*Die Armen*, Roman
	Brabach, Drama
	Madame Legros an den Münchener Kammerspielen und am Lessing-Theater in Berlin uraufgeführt
	Grabrede auf Frank Wedekind
	Versuch einer Versöhnung mit Thomas Mann
1918	Ende des Ersten Weltkrieges. Abdankung Wilhelms II. Novemberrevolution in Deutschland
	Mitarbeit Heinrich Manns im ›Politischen Rat geistiger Arbeiter‹ in München
	Der Untertan, Roman
	Beginn der Arbeit am Roman *Der Kopf*
1919	Ermordung Karl Liebknechts und Rosa Luxemburgs. Friedrich Ebert Reichspräsident. Beginn der Weimarer Republik (Weimarer Reichsverfassung)
	Macht und Mensch, Essays (Gewidmet *Der deutschen Republik*)
	Gedenkrede für Kurt Eisner, den ermordeten Ministerpräsidenten der bayerischen Räterepublik
1920	*Der Weg zur Macht* im Residenz-Theater München uraufgeführt. In den folgenden Jahren wachsende publizistische Tätigkeit
	Die Ehrgeizige, Novelle
1921	*Die Tote und andere Novellen*
1922	Aussöhnung mit Thomas Mann
	Bekanntschaft mit dem französischen Germanisten Félix Bertaux
	Rapallo-Vertrag zwischen Deutschland und der UdSSR
1923	Ruhrbesetzung, Generalstreik. Putschversuch der Nationalsozialisten in München. Hitler in Festungshaft. Inflation und erster Nachkriegsbesuch Heinrich Manns in Frankreich (Teilnahme an den Entretiens de Pontigny)
	Rede bei der Verfassungsfeier in der Staatsoper Dresden
	11. März: Tod der Mutter Julia (geb. 1851). *Diktatur der Vernunft*, Reden und Aufsätze
1924	Reise in die Tschechoslowakei, Begegnung mit Tomáš G. Masaryk auf Schloß Lana bei Prag
	Abrechnungen, Novellen
	Der Jüngling, Novellen
	Das gastliche Haus, Komödie
1925–1932	*Gesammelte Werke in 13 Bänden* im Paul Zsolnay Verlag, Wien

1925	Zweite Frankreichreise nach dem Krieg, erste Impulse für den *Henri Quatre* in den Pyrenäen und in Pau
	Der Kopf, Roman
	Kobes, Novelle
	Tod Friedrich Eberts. Hindenburg zum Reichspräsidenten gewählt.
	Zusammenfassung der Romane *Der Untertan, Die Armen, Der Kopf* zur *Kaiserreich-Trilogie,* der *Romane der deutschen Gesellschaft im Zeitalter Wilhelms II.*
1926	Wahl zum Mitglied der Preußischen Akademie der Künste zu Berlin, Sektion Dichtkunst am 27. Oktober
	Liliane und Paul, Novelle
1927	Verstärktes Wirken für eine Verständigung zwischen Deutschland und Frankreich
	Rede im Trocadéro, Paris, zum 125. Geburtstag von Victor Hugo
	Begegnungen Gustav Stresemanns mit Aristide Briand
	Freitod der Schwester Julia (geb. 1877)
	Mutter Marie, Roman
1928	Trennung von Maria Mann, Übersiedlung nach Berlin
	Vorsitzender des Volksverbandes für Filmkunst
	Eugénie oder Die Bürgerzeit, Roman
1929	Bekanntschaft mit Nelly Kröger, seiner späteren zweiten Frau
	Sie sind jung, Novellen
	Sieben Jahre. Chronik der Gedanken und Vorgänge (1921–1928), Essays
	Weltwirtschaftskrise
1930	Scheidung von Maria Mann
	›Der blaue Engel‹, Verfilmung des Romans *Professor Unrat*
	Die große Sache, Roman
1931	Wahl zum Präsidenten der Sektion Dichtkunst bei der Preußischen Akademie der Künste. Feier in Berlin zu Heinrich Manns 60. Geburtstag mit Reden von Gottfried Benn, Lion Feuchtwanger, Adolf Grimme, Max Liebermann und Thomas Mann. Teilnahme an einem internationalen Schriftstellerkongreß in Paris. Gespräch mit Aristide Briand. Rede im Admiralspalast zur deutsch-französischen Verständigung
	Geist und Tat. Franzosen 1780–1930, Essays
1932	Wiederwahl Hindenburgs zum Reichspräsidenten
	Ein ernstes Leben, Roman

1932	*Das öffentliche Leben*, Essays
	Das Bekenntnis zum Übernationalen, Essay
	Beginn der Arbeit am *Henri Quatre*
1932/1933	Unterzeichnung von Aufrufen zur Aktionseinheit von KPD und SPD gegen die Nationalsozialisten, gemeinsam mit Käthe Kollwitz und Albert Einstein
1933	30. Januar: Hitler Reichskanzler
	15. Februar: Ausschluß mit Käthe Kollwitz aus der Akademie der Künste
	21. Februar: Flucht nach Frankreich über Frankfurt am Main, Kehl am Rhein und Straßburg
	25. August: Aberkennung der deutschen Staatsbürgerschaft
	Der Haß. Deutsche Zeitgeschichte, Essays
1933–1940	Wohnsitz in Sanary-sur-Mer, dann in Nizza. Reisen nach Prag, Genf und Zürich. Politische Artikel in der ›Dépêche de Toulouse‹
	Vorsitzender des Vorbereitenden Ausschusses der deutschen Volksfront, Ehrenpräsident des SDS. Antifaschistische Flug- und Tarnschriften
1934	10. Mai: Heinrich Mann Präsident der Deutschen Freiheitsbibliothek
	Der Sinn dieser Emigration, Essays
1935	Juni: Rede auf dem Internationalen Schriftstellerkongreß zur Verteidigung der Kultur in Paris
	Die Jugend des Königs Henri Quatre, Roman
1936	Heinrich Mann wird tschechoslowakischer Staatsbürger
	Beginn des spanischen Bürgerkriegs
	Es kommt der Tag. Deutsches Lesebuch, Essays
1937	10./11. April: Volksfrontkonferenz in Paris, Eröffnungsansprache Heinrich Manns
1938	Münchner Abkommen
	Die Vollendung des Königs Henri Quatre, Roman
1939	*Mut*, Essays; *Nietzsche* (Kommentar zu einer Auswahl)
	9. September: Heirat mit Nelly (Emmy) Kröger in Nizza Hitler-Stalin-Pakt. Ausbruch des Zweiten Weltkriegs Verschleppung Maria Manns ins KZ Theresienstadt
1940	Kapitulation Frankreichs vor den Hitler-Truppen
	Flucht über Spanien und Portugal in die USA. Aufenthalte in New York, Princeton, Hollywood, Wohnsitz in Los Angeles und Santa Monica bis zum Tod
1941	Beginn der Arbeit am Roman *Empfang bei der Welt*

1943	Ehrenpräsident des Lateinamerikanischen Komitees der Freien Deutschen
	Lidice, Roman
1944	17. Dezember: Freitod Nelly Manns (geb. 1898)
1945	Bedingungslose Kapitulation Deutschlands
	Ein Zeitalter wird besichtigt, Autobiographie
	Klaus Mann bringt die gesundheitlich schwergeschädigte Maria Mann aus dem KZ Theresienstadt nach Prag zurück
1947	Ehrendoktor der Humboldt-Universität Berlin
	Tod Maria Manns in Prag (geb. 1886)
1949	Nationalpreis I. Klasse für Kunst und Literatur der DDR
	Tod des Bruders Viktor (geb. 1890)
	Der Atem, Roman
1950	Berufung Heinrich Manns zum ersten Präsidenten der neugegründeten Akademie der Künste zu Berlin/DDR. Vorbereitung zur Rückkehr mit dem polnischen Dampfer ›Batory‹
	12. März: Tod Heinrich Manns in Santa Monica bei Los Angeles
1951	DEFA-Verfilmung von *Der Untertan*
1955	Thomas Mann stirbt am 12. August
1956	*Empfang bei der Welt*, Roman
1958/1960	*Die traurige Geschichte von Friedrich dem Großen*, szenisches Romanfragment
1961	Überführung der Urne Heinrich Manns von Kalifornien nach Prag
	25. März: Überführung der Urne nach Berlin und Beisetzung auf dem Dorotheenstädtischen Friedhof in Anwesenheit von Leonie Mann

Literaturauswahl

Heinz Ludwig Arnold (Hrsg): Text + Kritik, Sonderband Heinrich Mann. Mit Beiträgen u. a. von Karl Riha, Wolfram Schütte, Klaus Schröter, Hans-Albert Walter. München 1971

André Banuls: Heinrich Mann. Le poète et la politique. Paris 1966

Ders.: Heinrich Mann. Stuttgart 1970

Ders.: Thomas Mann und sein Bruder Heinrich. Stuttgart 1968

Waltraut Berle: Heinrich Mann und die Weimarer Republik. Bonn 1983

Hugo Dittberner: Heinrich Mann. Eine kritische Einführung in die Forschung. Frankfurt/Main 1974

Volker Ebersbach: Heinrich Mann. Leben, Werk, Wirken. Leipzig 1978

Wolfgang Emmerich: Heinrich Mann: »Der Untertan«. München 1980

Elke Emrich: Macht und Geist im Werk Heinrich Manns. Eine Überwindung Nietzsches aus dem Geist Voltaires. Berlin/New York 1981

Joachim Fest: Die unwissenden Magier. Über Thomas und Heinrich Mann. Berlin 1985

Henk Harbers: Ironie, Ambivalenz, Liebe. Zur Bedeutung von Geist und Leben im Werk Heinrich Manns. Frankfurt/Main/Bern 1984

Jürgen Haupt: Heinrich Mann. Stuttgart 1980

Werner Herden: Geist und Macht. Heinrich Manns Weg an die Seite der Arbeiterklasse. Berlin und Weimar 1977

Willi Jasper: Heinrich Mann und die Volksfrontdiskussion. Bern 1982

Hanno König: Heinrich Mann. Dichter und Moralist. Tübingen 1972

Helmut Koopmann und Peter-Paul Schneider (Hrsg.): Heinrich Mann. Sein Werk in der Weimarer Republik. Zweites Internationales Symposium Lübeck. Frankfurt/Main 1983

Marianne Krüll: Im Netz der Zauberer. Eine andere Geschichte der Familie Mann. Zürich 1991; überarbeitete Neuausgabe Fischer Taschenbuch Bd. 11381, Frankfurt am Main 1993

Karl Lemke: Heinrich Mann. Berlin 1970

Gerhard Loose: Der junge Heinrich Mann. Frankfurt/Main 1979

Heinrich Mann-Jahrbücher. Hrsg. von Helmut Koopmann und Peter-Paul Schneider. Lübeck 1983/84 ff.

Golo Mann: Erinnerungen und Gedanken. Eine Jugend in Deutschland. Frankfurt/Main 1986

Katia Mann: Meine ungeschriebenen Memoiren. Frankfurt/Main 1976

Klaus Mann: Der Wendepunkt. Ein Lebensbericht. Reinbek bei Hamburg 1984

Thomas Mann: Tagebücher 1918–1952. 9 Bde. Frankfurt/Main 1977–1993

Viktor Mann: Wir waren Fünf. Bildnis der Familie Mann. Konstanz 1949

Klaus Matthias (Hrsg.): Heinrich Mann 1871/1971. Bestandsaufnahme und Untersuchung. Ergebnisse der Heinrich Mann-Tagung in Lübeck. München 1973

Peter de Mendelssohn: Der Zauberer. Das Leben des deutschen Schriftstellers Thomas Mann. Erster Teil 1875-1918. Frankfurt/Main 1982

Ders.: Der Zauberer. Das Leben des deutschen Schriftstellers Thomas Mann. Jahre der Schwebe: 1919 und 1933. Nachgelassene Kapitel und Register. Hrsg. von Albert von Schirnding. Frankfurt am Main 1992

Uwe Naumann: Faschismus als Groteske. Heinrich Manns Roman »Lidice«. Worms 1980

Fritz J. Raddatz: Geist und Macht. Reinbek bei Hamburg 1989

Marcel Reich-Ranicki: Thomas Mann und die Seinen. Stuttgart 1987

Wilfried F. Schoeller: Heinrich Mann. Bilder und Dokumente. München 1991

Klaus Schröter: Anfänge Heinrich Manns. Zu den Grundlagen seines Gesamtwerkes. Stuttgart 1965

Ders.: Heinrich Mann in Selbstzeugnissen und Bilddokumenten. Reinbek bei Hamburg 1967

Joachim Seyppel: Abschied von Europa. Die Geschichte von Heinrich und Nelly Mann dargestellt durch Peter Aschenback und Georgiewa Mühlenhaupt. Berlin/Weimar 1975

Frithjof Trapp: Kunst als Gesellschaftsanalyse und Gesellschaftskritik bei Heinrich Mann. Berlin/New York 1975

Ulrich Weisstein: Heinrich Mann. Eine historisch-kritische Einführung in sein dichterisches Werk. Tübingen 1962

Renate Werner (Hrsg.): Heinrich Mann. Texte zu seiner Wirkungsgeschichte in Deutschland. Tübingen 1977

Dies.: Skeptizismus, Ästhetizismus, Aktivismus. Der frühe Heinrich Mann. Düsseldorf 1972

Lorenz Winter: Heinrich Mann und sein Publikum. Eine literatursoziologische Studie zum Verhältnis von Autor und Öffentlichkeit. Köln/Opladen 1965

Roland Wittig: Die Versuchung der Macht. Essayistik und Publizistik Heinrich Manns im französischen Exil. Bern/Frankfurt/Main 1976

Rudolf Wolff (Hrsg): Heinrich Mann. Das essayistische Werk. Bonn 1986

Namenregister

Abusch, Alexander 315, 346
Ackeren, Robert van 198
Adenauer, Konrad 14, 344
Adler, Rosa 219
Adorf, Mario 221
Adorno, Theodor W. 11, 65, 222, 229, 331
Ahlwardt, Hermann 250
Albers, Hans 215
Albert, E. 75
Alberti, Konrad (Sittenfeld, Konrad) 39
André, Edgar 273
Anger, Sigrid 15
Aragon, Louis 105, 127, 302, 305, 329, 337
Arco-Valley Anton Graf von 170
Arnim, Bettina von 33
Arnold, Heinz Ludwig 358
August Wilhelm, Kronprinz des Deutschen Reiches und Preußens 236
Auguste Viktoria 235

Bab, Julius 193
Bach, Johann Sebastian 329
Bahr, Hermann 52
Balchin, Nigel 220
Balzac, Honoré de 52
Banuls, André 15, 358
Barbusse, Henri 293 f.
Bartels, Adolf 248
Bassermann, Albert 124
Baudelaire, Charles 53
Bauer, Erwin 250
Bautz, Eugen 211
Bazzini, Antonio 67
Bebel, August 234
Becher, Johannes R. 245, 295, 338 f., 351
Beethoven, Ludwig van 61

Behr, Paul 35
Bénédite, Daniel 302
Benn, Gottfried 91, 95, 277, 289, 355
Benner, John 220
Bergengruen, Werner 191 f.
Berle, Waltraut 358
Berlioz, Hector 329
Bernhard, Georg 265, 283 f., 286, 296
Bernhardt, Sarah 194
Bernt, Reinhold 215
Bertaux, Félix 173 f., 176, 186, 189, 271, 351, 355
Bertram, Ernst 156
Bienert, Gerhard 215
Binding, Rudolf G. 277, 289
Bismarck, Otto von 21 f., 24 f., 35, 56, 76, 86, 237
Bleichröder, Gerson 86
Bloch, Ernst 65, 306, 334
Block, Paul 235, 245
Bloem, Walter 247
Blum, Léon 261
Blumenberg, Hans 274
Blumenthal, Oskar 44
Böll, Heinrich 246
Borgia, Cesare 59
Börne, Ludwig 151, 268, 285
Botticelli, Sandro 74
Bourget, Paul 52–54, 249 f., 269 f.
Boy-Ed, Ida 153
Brahms, Johannes 329
Brandes, Georg 55 f.
Brantl, Maximilian 63, 95, 152, 156, 168, 172, 240, 342, 351
Braun, Max 296, 299
Brecht, Bertolt 65, 124, 160, 187, 193, 202 f., 245, 290, 300, 306, 314, 316, 320, 325, 331, 334, 344
Breitscheid, Rudolf 296

Hart, Julius 44
Hartungen, Christoph von 64, 73, 88 f., 353
Haupt, Jürgen 358
Hauptmann, Gerhart 75 f., 263, 282
Haver, Phyllis 213
Hegel, Georg Wilhelm Friedrich 10, 254, 268–270
Hegemann, Werner 282
Heidegger, Martin 10, 331–333
Heine, Fritz 15
Heine, Heinrich 32, 35 f., 39, 108, 151, 247, 254, 283
Heinrich IV. siehe Henri IV.
Heissenbüttel, Helmut 11
Helm, Brigitte 213
Helmholtz, Hermann Ludwig Ferdinand von 52
Hemingway, Ernest 124, 328
Henckell, Karl Friedrich 35
Henri IV. 271 f., 274
Herden, Werner 358
Herder, Johann Gottfried von 35, 269
Hermlin, Stefan 342 f.
Herriot, Edouard 176, 285
Herrnstadt, Rudolf 342
Herzfelde, Wieland 315 f., 334
Herzog, Wilhelm 113, 117, 124, 168, 171, 175, 185, 188, 278
Hesse, Hermann 95
Hesterberg, Trude 122, 193, 213 f.
Heuss, Theodor 244
Heydrich, Reinhard 202 f.
Heyse, Paul 76
Hiller, Kurt 177, 184, 254, 300
Hindenburg, Paul von Beneckendorff und von 177, 245, 290
Hitler, Adolf 10, 58–60, 62, 64 f., 125 f., 159, 177, 235–237, 266, 273, 287, 289 f., 292–295, 299 f., 304, 308, 316, 323, 325, 343
Hoddis, Jakob van 115

Hoffmann, Ernst Theodor Amadeus 35
Hofmansthal, Hugo von 52
Hoger, Hannelore 221
Holitscher, Arthur 259
Hollaender, Friedrich 214
Hölz, Max 175
Horkheimer, Max 337
Huch, Ricarda 337
Huder, Walter 15
Huebner, Friedrich Markus 183
Hugenberg, Alfred 216, 218, 246
Hugo, Victor 176, 267, 355
Husserl, Edmund 332

Jacobsohn, Siegfried 175
Jaensch 34 f., 40–42
Jakubowski 175
Janka, Walter 203
Jannings, Emil 212–214, 216, 220
Jaurès, Jean 285
Jeanne d'Arc 196
Jensen, Wilhelm 35
Juncker, Axel 258
Jürgens, Curd 220

Kadelburg, Gustav 44
Kaiser, Georg 215
Kanová, Maria (Mimi) siehe Mann, Maria
Kant, Immanuel 268–270
Kantorowicz, Alfred 84, 127 f., 197, 251 f., 298, 314, 318, 322, 337 f., 343–345, 351
Kerr, Alfred 177, 195 f., 248, 265, 279, 284
Kesten, Hermann 13, 279, 282, 288, 309, 311, 326
Kiewert, Walter 219
Kippenberg, Anton 94
Kisch, Egon Erwin 315
Klapdor, Heike 15

Klinger, Max 76
Klopstock, Friedrich Gottlieb 35
Knopf, Alfred 272, 319f., 322, 331
Kohner, Paul 200f., 219, 313
Kollwitz, Käthe 277, 356
König, Hanno 358
Koopmann, Helmut 358
Kortner, Fritz 124f.
Kracauer, Siegfried 182f., 188, 217, 265
Kraus, Karl 230f., 243
Krebs 43
Kröger, Nelly siehe Mann, Nelly
Kröger, Nicolaus Wilhelm Heinrich 123
Kronacher, Alwin 203
Kronenberger, Louis 320
Krüger, Michael 15
Krüll, Marianne 358
Kutscher, Artur 90
Kuttner, Erich 296

Laclos, Choderlos de 112, 353
Landau, Leo 108
Landauer, Gustav 169
Landsberger, Artur 256
Landshoff, Fritz H. 326f.
Lang, Fritz 124, 202
Langbehn, Julius 58, 76
Langen, Albert 19, 85, 87–89, 210f.
Lányi, Jenö 308
Lasker-Schüler, Else 115
Laube, Heinrich 31
Lazarus, Moritz 44
Lefebre, Frédéric 225
Lehmann, Heinrich 52, 78f.
Leiris, Michel 302
Lemke, Karl 46, 91, 162, 220, 324, 336, 351, 358
Lena, Magda 171
Lenau, Nikolaus 35
Lenin, Wladimir Iljitsch 173

Leonhard, Rudolf 183
Lescure, Jean 302–305, 329
Lessing, Gotthold Ephraim 30, 44
Levetzow, Magnus von 236
Lévy, Claude 302
Lewald, Fanny 76
Lichnowsky, Mechthilde 243f.
Liebermann, Max 157, 177, 277, 355
Liebknecht, Karl 124
Liebknecht, Wilhelm 234
Liebmann, Robert 212
Lienhard, Friedrich 250
Liman, Paul 239
Lindau, Paul 51
Lips, Eva 311, 351
Lips, Julius 351
Liszt, Franz 248
Loewy, Hugo 208
Löhr, Familie 147–149
Lohse-Jasper, Renate 15
Loose, Gerhard 358
Lüders, Günther 221
Ludwig I. 76
Ludwig II. 62
Ludwig, Emil 202, 261
Ludwig, Ernst (Großherzog von Hessen und bei Rhein) 243
Lukács, Georg 245, 273
Luther, Martin 337
Luxemburg, Rosa 124

Madlung 244
Maeterlinck, Maurice 51
Mahler-Werfel, Alma 307f., 320f.
Maikowski 125
Malaparte, Curzio 226
Malraux, André 329f.
Mann, Carla 12, 21, 47, 80, 90, 99, 101–103, 106–111, 114f., 117f., 145–147, 149f., 154f., 163, 194

Rubiner, Ludwig 115, 244
Rust, Bernhard 277
Rütting, Barbara 198

Salomon, Ludwig 35
Salten, Felix 185
Sand, George 102, 112
Saphir, Moritz Gottlieb 35
Sarrault, Albert 284–286
Sarrault, Maurice 284–286
Sartre, Jean-Paul 230–232, 303, 330f., 333
Scheerbart, Paul 115
Scheffel, Joseph Viktor von 35
Scheler, Max 44
Schickele, René 126, 141, 283, 287, 354
Schiller, Friedrich von 30, 35
Schillings, Max von 277
Schinkel, Karl Friedrich 30
Schlegel, August Wilhelm von 139
Schlegel, Friedrich von 139
Schmeling, Max 190
Schmidt, Erich 44
Schmied, Inés (Nena) 12, 75, 83, 99, 101, 109, 111–118, 148, 210, 225, 239, 354
Schmied, Rudolf 111, 114f.
Schneider, Peter-Paul 15, 358
Schnitzler, Arthur 168f., 171f., 244
Schoeller, Wilfried f. 359
Schoeps, Julius H. 15
Schönburg-Waldenburg, Fürst Günther zu 244
Schopenhauer, Arthur 270, 326
Schroeder, Max 211
Schröter, Klaus 359
Schütte, Wolfram 358
Schwarzschild, Leopold 265, 280, 293, 296f., 299
Schygulla, Hanna 193
Scribe, (Augustin) Eugène 31

Seghers, Anna 315
Seyppel, Joachim 123, 125, 359
Shakespeare, William 30
Sievers, Gustav 26f.
Sievers, Olga 26f.
Silva-Bruhns, Maria da 33, 35, 111
Simon, Hugo 178
Sirk, Douglas (Sierck, Detlef) 202
Soergel, Albert 229, 246
Sokrates 139
Sombart, Werner 257
Sontheimer, Kurt 284
Sorel, Georges 331
Speidel, Ludwig 62
Stalin, Jossif Wissarionowitsch 10, 237, 274, 299f., 304, 323, 342f.
Stampfer, Friedrich 308
Staudte, Wolfgang 198
Steinrück, Albert 168, 171, 195
Sternberg, Josef 198, 212–215, 220
Sternheim, Carl 168, 192
Stieler, Kurt 171
Stinnes, Hugo 173
Stoecker, Adolf 233f., 250
Storm, Theodor 35
Strauß, David 56
Strauß, Ludwig 258, 261
Stresemann, Gustav 174, 179f., 266
Sudermann, Hermann 75f.
Sukowa, Barbara 221
Szczypiorski, Andrzej 288

Taine, Hippolyte 77, 269
Tarnowski, Marceli 218
Thompson, Dorothy 318
Toller, Ernst 169, 172, 175, 263, 279
Tolstoi, Aleksej Nikolajewitsch 51, 219

Torberg, Friedrich 201
Trapp, Frithjof 359
Treitschke, Heinrich von 43, 61
Tschaikowskij, Peter Iljitsch 69,
329
Tucholsky, Kurt 9, 177–181, 187,
229, 232, 244, 248, 258, 266,
279, 282, 351
Tulpanow 343
Turgenjew, Iwan Sergejewitsch
28

Uhse, Bodo 315
Ulbricht, Walter 14, 140,
297–299, 342, 347
Umgelter, Fritz 198

Valetti, Rosa 215
Verdi, Giuseppe Fortunino Fran-
cesco 69, 329
Viertel, Berthold 320, 335
Viertel, Salka 129, 161, 320, 334
Vogt, Bernhard 15
Vollmöller, Karl 212
Voltaire (Arouet, François-
Marie) 99, 267, 291, 322
Voss, Margot 130–136, 338

Wagner, Richard 10, 56, 61–67,
241, 329
Wagner, Wieland 66
Waldau, Gustav 168, 171, 195
Wallace, Edgar 124f., 188
Walter, Hans-Albert 358
Wandel, Paul 339–341
Wassermann, Jakob 108, 181,
261, 278, 282
Wedekind, Frank 167f., 172, 184,
282, 354
Wedekind, Kadidja 308
Wedekind, Tilly 171
Weiskopf, Carl F. 219, 327, 329,
351

Weisstein, Ulrich 359
Werfel, Franz 307–309, 320f.
Werner, Renate 359
Westphal, Emmy Johanna siehe
Mann, Nelly
Wexley, John 202f.
Wicki, Bernhard 198
Wieland, Christoph Martin 35
Wilde, Oscar 108
Wilhelm I. 22, 35, 62
Wilhelm II. 225, 227, 233–236,
238f., 241f.
Williams, W. 219
Winckelmann, Johann Joachim
74
Winckler, Lutz 15
Winter, Lorenz 359
Winterfeldt, Joachim von 244
Wittig, Roland 359
Wolf, Friedrich 215
Wolff, Ch. 219
Wolff, Kurt 171–173, 184–186,
211, 243
Wolff, Rudolf 359
Wolff, Theodor 205, 265, 284
Wolff-Merck, Elisabeth 244

Zadek, Peter 221
Zahn, Robert von 34–36, 40–42
Zauritz 125
Zola, Émile 34, 44, 60, 77, 264,
267, 291, 332
Zsolnay, Paul 181, 185f., 189,
211, 319, 354
Zuckmayer, Carl 201f., 212, 214,
311f.
Zweig, Arnold 119, 175, 261,
264f., 343, 351
Zweig, Friederike 315
Zweig, Stefan 9, 65, 258, 260,
264

»Jeder Einblick in eine Familie eröffnet so viel Geheimnis,
mir scheint, von *allen* möglichen menschlichen Gemein-
schaftsformen ist die Familie die eigentlich mystische.«
Klaus Mann an Heinrich Kurtzig, 26.6.1927

Marianne Krüll
Im Netz der Zauberer
Eine andere Geschichte
der Familie Mann

Band 11381

»Was für eine sonderbare Familie sind wir! Man wird später
Bücher über uns – nicht nur über einzelne von uns - schreiben«,
ahnte Klaus Mann bereits 1936. Jetzt, da neben den Werken
auch Briefe und Tagebücher von Thomas, Heinrich, Erika
und Klaus Mann vorliegen, dazu die Erinnerungen anderer
Familienmitglieder, ist dieses »Später« erreicht, um ihre erlebten und Literatur gewordenen Geschichten im Vergleich
mit- und zueinander kritisch zu beleuchten. Die Soziologin
und Familienforscherin Marianne Krüll folgte in ihrer, auf
langjährigen intensiven Forschungen basierenden Biographie der Familie Mann den Fäden des Netzes, in dem sie alle
verstrickt waren. Ihr Ausgangspunkt ist der Selbstmord von
Klaus Mann, den sie vor dem Hintergrund des Generationen
umspannenden Gewebes von Schuld, Verzweiflung, Hoff-
nungslosigkeit und Tod betrachtet. Sie legt dar, wie Erfolg
und Scheitern, Selbstverwirklichung und Selbstvernichtung
auf unterschiedlichste Weise von den Mitgliedern dieser Familie gelebt wurden. Mit ihrer – biographische Details und
Werkzitate unkonventionell zusammenführenden – Betrach-
tungsweise entwickelt Marianne Krüll ein faszinierendes Pano-
rama und Psychogramm einer Familie, die für die Literatur
des 20. Jahrhunderts von eminent wichtiger Bedeutung war.

Fischer Taschenbuch Verlag

fi 1314 / 2

Joachim Fest
Die unwissenden Magier
Über Thomas und Heinrich Mann

Band 11259

Mit den Betrachtungen zweier Unpolitischer, unwissender Magier, setzt Joachim Fest sich in diesen beiden Essays auseinander. »Unwissend, weil schlecht informiert, weil wirklichkeitsfern, Magier, weil sich andere Wirklichkeiten erträumend oder Lieblingsträume mit Wirklichkeit gleichsetzend«, hat Golo Mann das Politisieren seines Vaters Thomas und seines Onkels Heinrich genannt. Gegensätzlichkeit der Temperamente – aus Thomas' Sicht »ethischer Individualist« der eine, »Sozialist« der andere – und Rivalität im Repräsentationsbedürfnis bestimmen nach Fest die Ausgangspositionen ihrer »politisch gebundenen Dienstleistungen« (Th. Mann). Thomas' ästhetisierender Kunstbegriff ließ ihn Heinrichs Romane kritisch, ja verächtlich beurteilen, Heinrich provozierte ihn daraufhin durch »parteiergreifenden Übertritt ins Politische« (Fest), indem er Volk, Fortschritt und Menschheitsglück zum Thema seines Schreibens machte. Thomas blieb als Erzähler von »Verfalls-und Verfeinerungsgeschichten« ein Betrachter, in dessen Werk das »gesamte politische Faszinationsvokabular der Zeit« (Fest) ohne Echo blieb. Erst Hitler hat es bewirkt, daß Thomas seine Haltung änderte, das Menschenrecht, unpolitisch zu sein, aufgab und in Sendungen der BBC von 1940-1945 »Deutsche Hörer« zum Widerstand aufrief.

Fischer Taschenbuch Verlag

fi 1547 / 2

Marcel Reich-Ranicki

Thomas Mann und die Seinen

Fischer Taschenbuch Band 6951

Marcel Reich-Ranicki gehört zu den besten Kennern der an herausragenden Begabungen und Persönlichkeiten reichen Familie Mann. »Aber so glücklich wir sein müssen, daß es diese einzigartige Familie gibt, so aufschlußreich, so faszinierend ihre Geschichte ist, so wenig brauchen wir (und die Manns) einen Hofberichterstatter.« Von einem solchen freilich ist Reich-Ranicki weit entfernt. »Entmonumentalisierung« heißt vielmehr sein Gebot. Gerade wer über Thomas Mann schreibt, »der, allen Interpreten mißtrauend, die Deutung seines Lebens und seines Werkes schon früh in die eigenen Hände genommen hat«, kann die Aufgabe nur erfüllen, »wenn sie aus der direkten oder indirekten Polemik gegen sein Autoporträt hervorgeht.« Was Reich-Ranicki über Golo Mann schreibt, der sich »nur mit oder gegen, doch nicht ohne Thomas Mann entfalten konnte«, gilt für alle Mitglieder der Familie, in höherem Maße für die Söhne Golo und Klaus, in geringerem für die Tochter Erika, möglicherweise sogar noch für den Bruder Heinrich. In ihm finden wir die zweite charakterliche und künstlerische Autorität, den einzigen Widerpart, mit dem oder gegen den auch Thomas Mann sich nur entfalten konnte. Die Gegensätze und Abhängigkeiten, die Kämpfe und der Zusammenhalt der Familie werden von Reich-Ranicki in biographischen und literaturkritischen Studien, vor allem aber vor dem Hintergrund der Tagebücher und Korrespondenzen untersucht.

Fischer Taschenbuch Verlag

»Es ist in dieser Autobiographie – und wen könnte das wundern? – viel Schwermut und auch Bitterkeit, doch keine Spur von Zynismus oder Menschenverachtung...«.

Marcel Reich-Ranicki in der FAZ

Golo Mann
Erinnerungen und Gedanken
Eine Jugend in Deutschland

Band 10714

»Eine Jugend in Deutschland« – keine alltägliche, sondern gefährdet durch Anlagen und Umstände, gleichwohl im bürgerlichen Rahmen behütet und gefördert, eigensinnig und doch in vielen Entwicklungen repräsentativ für dieses Land und für die Zeit – 1909 bis 1933 –, durch die Golo Mann seinen Weg mit beharrlicher Unabhängigkeit und kritischer Selbstzucht findet. Die Stationen: Das vom Vater überschattete Elternhaus mit den großen Geschwister Klaus und Erika. Literatur, Musik, Theater als frühe Eindrücke, Schule und Pfadfinder, Internat Schloß Salem. Nach dem Abitur Studium in München, Berlin, Heidelberg: Jaspers, der Sozialistische Studentenbund, erste Aufsätze, Versuche, dem Nazi-Geist entgegenzutreten. Hamburg, Göttingen: Selbstaufgabe der Weimarer Republik, alles Spätere vorbereitende Anfänge des »Dritten Reichs«. Golo Mann beschwört keine »besonnte Vergangenheit«, viel zu sehr litt und leidet er an den Irrtümern deutscher Politik. Dennoch weckt dieses große deutsche Bekenntnisbuch Hoffnung: »es ist weise und, aller Bitterkeit zum Trotz, zugleich auf seine Art heiter« (*Marcel Reich-Ranicki*).

Fischer Taschenbuch Verlag

fi 1318 / 4

>»... das schönste, spontanste, unwiderstehlichste und
fesselndste Mann-Buch.«
Joachim Kaiser in der Süddeutschen Zeitung

Katia Mann
*Meine ungeschriebenen
Memoiren*

Herausgegeben von
Elisabeth Plessen und Michael Mann
Band 1750

Diese Frau hat ohne Zweifel mehr erlebt als die meisten ihrer Zeitgenossen. 1973 feierte sie ihren 90. Geburtstag, keineswegs verstrickt in Erinnerungen, sondern präsent, dem
Tag zugewandt. Fast jedes Mitglied der Familie Mann hat
geschrieben oder schreibt. Sie weigert sich, es zu tun. Deshalb
hat sie ihre Memoiren, die hier vorgelegt werden, nicht selbst
geschrieben; sie hat sie erzählt, den Fragen Elisabeth Ples-
sens und ihres Sohnes Michael antwortend; erzählt freilich
in einem Ton, der unverkennbar und unverwechselbar ist.

Fischer Taschenbuch Verlag

fi 1319 /4

Heinrich Mann
Studienausgabe in Einzelbänden

Der Atem
Roman. Band 5937

Die Göttinnen
Die drei Romane
der Herzogin
von Assy
I.Band: Diana
Band 5925
II. Band: Minerva
Band 5926
III. Band: Venus
Band 5927

Empfang
bei der Welt
Roman. Band 5930

Ein ernstes Leben
Roman. Band 5932

Flöten und Dolche
Novellen
Band 5931

Der Haß
Deutsche Zeitge-
schichte. Band 5924

Die Jagd
nach Liebe
Roman. Band 5923

Die kleine Stadt
Roman. Band 5921

Es kommt der Tag
Essays. Band 10922

Macht und Mensch
Essays. Band 5933

Mut
Essays. Band 5938

Sieben Jahre
Chronik der Ge-
danken und Vor-
gänge (1921-1928)
Essays. Band 11657

Stürmische
Morgen
Novellen. Band 5936

Der Untertan
Roman. Band 10168

Professor Unrat
oder Das Ende
eines Tyrannen
Roman. Band 5934

Die Jugend
des Königs
Henri Quatre
Roman. Band 10118

Die Vollendung
des Königs
Henri Quatre
Roman. Band 10119

Zwischen
den Rassen
Roman. Band 5922

Im Schlaraffenland
Ein Roman unter
feinen Leuten
Band 5928

Ein Zeitalter
wird besichtigt
Band 5929

Fischer Taschenbuch Verlag

Thomas Mann

Die Romane

Buddenbrooks
Verfall einer Familie
Band 9431

**Königliche
Hoheit.** Band 9430

**Bekenntnisse
des Hochstaplers
Felix Krull**
Der Memoiren er-
ster Teil. Band 9429

Der Zauberberg
Band 9433

**Joseph und
seine Brüder**
I. Die Geschichten
Jaakobs. Band 9435
II. Der junge Joseph
Band 9436
III. Joseph in
Ägypten. Band 9437
IV. Joseph der
Ernährer. Band 9438

Lotte in Weimar
Band 9432

Doktor Faustus
Das Leben des
deutschen Ton-
setzers Adrian
Leverkühn erzählt
von einem Freunde
Band 9428

**Die Entstehung des
Doktor Faustus**
Roman. Band 9427

Der Erwählte
Roman. Band 9426

Die Erzählungsbände

Herr und Hund
Ein Idyll. Band 85

Der Tod in Venedig
und andere
Erzählungen
Band 54

**Tonio Kröger/
Mario und der
Zauberer**
Zwei Erzählungen
Band 1381

**Der Wille
zum Glück**
und andere Erzäh-
lungen. 1893-1903
Band 9439

Schwere Stunde
und andere Erzäh-
lungen. 1903-1912
Band 9440

**Unordnung und
frühes Leid** und
andere Erzählungen
1919-1930
Band 9441

Die Betrogene und
andere Erzählungen
1940-1953
Band 9442

Fischer Taschenbuch Verlag

fi 227 / 16

MILAN KUNDERA
Die Unsterblichkeit

»Unsterblichkeit? Ein Windhauch, den man mit
einem Schmetterlingsnetz zu fangen versucht.« Ist
Kunderas neues Buch ein philosophischer Roman?
Auch das, und Kundera-Leser wären enttäuscht,
wenn der Autor ihnen seine ganze Betrachtungs-
weise der Welt vorenthalten würde. Vor allem aber
ist Die Unsterblichkeit »die traurigste Liebesgeschichte, die ich je geschrieben habe«.

(M. Kundera)

Aus dem Französischen von Susanna Roth.
Ca. 416 Seiten. Leinen, Fadenheftung.